ABDELLATIF RAJI

EL PARAÍSO ESTÁ BAJO LOS PIES DE LOS GOBIERNOS

DIRIGIENDO LAS NACIONES CON MAQASID

www.yaraak.com

Dedico este libro a dos pilares de mi vida: mi padre, El Houssine Raji, cuya sabiduría y amor han sido mi guía, y mi hijo, Elias Raji, quien me inspira cada día. A mi padre, por enseñarme la integridad y las aspiraciones; y a mi hijo, por representar el futuro que trabajo por mejorar. Sois mi brújula y horizonte en este viaje. Este libro es un tributo a vuestras lecciones y amor.

"La investigación científica va más allá de la mera escritura; implica ser pionero en la exploración de nuevos conocimientos en lugar de discutir conceptos ya establecidos. Es como descubrir agua en un desierto, desvelando lo desconocido para contribuir a la comprensión humana y resolver problemas. La verdadera investigación es la base del progreso académico y un camino hacia la iluminación."

— Dr. Farid Al-Ansari

Contenido

Prólogo

Un preludio poético al viaje de la gobernanza

En estas páginas encontramos luz, un viaje de la mente iluminada.
No son consejos de campos definidos, sino chispas para encender los pensamientos entrelazados.
No soy abogado ni asesor, mis historias apuntan más allá, inspirar.
Ideas para reflexionar, sueños para aspirar en el vasto imperio de la gobernanza.

El mundo está en constante cambio, sus verdades se reorganizan,
Pero juntos participamos, intercambiamos sabiduría.
Busque lo último, permanezca impávido en las decisiones, no se deje atormentar,
Se consultó a expertos y se hizo alarde de valentía.

A medida que profundizamos en el abrazo de la gobernanza, dejemos que la curiosidad siga nuestros caminos.
Recuerde, soy solo una guía en este espacio, no un profesional al que reemplazar.
Lo que es actual ahora puede desvanecerse, así que busque frescura en su influencia.
Los nuevos consejos iluminarán el día y guiarán sus decisiones pase lo que pase.

Tus preguntas y pensamientos, tesoros incalculables,
En nuestro viaje compartido, se desarrollan con valentía.

Iluminando lo oscuro, con intuiciones puras,
Juntos exploramos, juntos resistimos.

El mundo está en constante cambio, sus verdades se reorganizan,
Pero juntos participamos, intercambiamos sabiduría.
Busque lo último, permanezca impávido en las decisiones, no se deje atormentar,
Se consultó a expertos y se hizo alarde de valentía.

Así que embarquémonos en esta búsqueda, con el corazón abierto y la mente poseída.
Armado con sabiduría, buscando la cima del entendimiento,
Y en el consejo de los expertos, encontrar nuestro descanso.
Juntos en el descubrimiento, impresionados para siempre.

Prefacio

Bienvenido, querido lector, a una exploración que se aventura más allá de los límites convencionales de la gobernanza y desentrañau profundo impacto en el tejido de la sociedad. "El paraíso está bajo los pies de los gobiernos" –frase que alude al inmenso potencial y responsabilidad que descansan en manos de nuestros responsables políticos– no es sólo un libro sino un testimonio de la creencia de que para comprender verdaderamente las complejidades de la gobernanza, debemos involucrar no sólo nuestro intelecto sino también nuestra imaginación y un profundo sentido de humanidad.

Al elegir presentar este libro con un prólogo poético, mi objetivo es tender un puente entre los ámbitos del pensamiento analítico y la expresión creativa. Este enfoque se basa en la convicción de que los desafíos y las soluciones inherentes a la gobernanza no pueden entenderse plenamente sólo mediante la lógica; deben sentirse, imaginarse y comprenderse tanto con el corazón como con la mente. Por ejemplo, consideremos la forma en que las políticas públicas en materia de atención sanitaria no sólo moldean los paisajes económicos sino que tocan la esencia misma del bienestar humano, ilustrando la intrincada danza entre la gobernanza y el pulso de la sociedad.

Las páginas que siguen son más que un esfuerzo intelectual; son una invitación a percibir la gobernanza no simplemente como un sistema de reglas y regulaciones sino como una entidad viva que respira y moldea nuestras vidas de manera profunda. Este viaje está diseñado para encender su curiosidad, despertar sus emociones y encender un fuego de indagación, iluminando su camino a través de la exploración que se avecina.

Entonces, mientras nos embarcamos juntos en este viaje, los animo a que abran su mente al ritmo del pensamiento, la melodía de la crítica y la armonía de las ideas que tenemos por delante. Que esta fusión de lo analítico y lo literario enriquezca su comprensión de la gobernanza y lo inspire a imaginar un mundo donde el liderazgo y la formulación de políticas estén impregnados de sabiduría, compasión y el bien colectivo.

Con la mirada puesta en desafíos como la formulación de políticas ambientales o la ética de la gobernanza en tiempos de crisis globales, y en soluciones basadas en la innovación y la acción colectiva, entremos en la narrativa que se desarrolla en "El paraíso está bajo los pies de los gobiernos". Aceptaremos tanto los desafíos como la belleza de la gobernanza en nuestra búsqueda de un mundo mejor, descubriendo en el camino que el potencial para crear el paraíso en la tierra realmente está a los pies de nuestros gobiernos.

Reconocimiento

Este viaje ha sido un rico tapiz, tejido con innumerables hilos de apoyo, orientación e inspiración. A todos los que han contribuido a este tapiz, este reconocimiento es para ustedes.

A mi familia, cuyo amor y aliento inquebrantables han sido la base de mi fortaleza; su fe en mi visión me ha impulsado hacia adelante.

Extiendo mi más profundo agradecimiento a los eruditos, pensadores y visionarios del campo Maqasid. Su trabajo innovador en materia de gobernanza ética no sólo me ha guiado sino también inspirado.

A los educadores e instituciones dedicadas a la democratización del conocimiento, su compromiso con la iluminación ha iluminado mi camino.

Un sincero saludo a los formuladores de políticas y a los innovadores que luchan por un mundo mejor. Su dedicación a la gobernanza ética brilla como un rayo de esperanza y motivación.

A los lectores y compañeros buscadores de conocimiento que se han embarcado en este viaje con la mente abierta: su participación ha añadido una profundidad invaluable a este trabajo.

Y para los innumerables contribuyentes anónimos, su apoyo ha sido crucial para hacer realidad esta visión.

Juntos, estamos al borde de un cambio transformador, un cambio que trasciende la gobernanza y toca el alma misma de la humanidad. Este libro es un testimonio de nuestro compromiso colectivo con la ética, la compasión y la justicia.

Gracias a todos y cada uno por ser parte de este esfuerzo significativo. Que nuestro viaje compartido hacia una gobernanza ética continúe inspirando y generando cambios en nuestro mundo en constante evolución.

I

Introducción

Aboga por integrar valores espirituales en la gobernanza secular a través del modelo Maqasid para promover justicia, compasión y bienestar. Destaca cómo una gobernanza ética fomenta la armonía social y el desarrollo sostenible, proponiendo un enfoque holístico que enriquece la vida material y espiritual. Su objetivo es inspirar a los líderes a construir una sociedad inclusiva que respete la dignidad de cada individuo.

1

El imperativo de un nuevo paradigma de gobernanza

La gobernanza como piedra angular de una sociedad próspera

En el intrincado entramado de las sociedades globales, la gobernanza emerge como la piedra angular que determina el destino de las naciones. Tiene el poder de transformar los paisajes en paraísos de prosperidad o de hundirlos en la desesperación. Imaginemos dos países vecinos con idénticos recursos y oportunidades. Uno prospera, el otro fracasa. ¿El diferenciador crítico? Gobernancia.

Gobernanza: más allá de la administración

La gobernanza trasciende las tareas administrativas rutinarias de emitir identificaciones o construir infraestructura. Es una fuerza omnipresente que moldea los sistemas educativos, las políticas sanitarias y los marcos legales. Es la mano invisible que puede alimentar el potencial de una nación o limitarlo.

Por ejemplo, consideremos la educación. Una nación bien gobernada prioriza una educación accesible y de calidad, sentando las bases para futuros líderes e innovadores. En el ámbito de la atención sanitaria, una gobernanza eficaz garantiza una atención integral, haciendo hincapié tanto en el tratamiento como en la prevención, buscando el bienestar universal.

El estado de derecho es otro aspecto fundamental. Un sistema jurídico justo defiende la igualdad y garantiza que todos, independientemente de su estatus, reciban un trato justo.

Presentamos Maqasid: un modelo de gobernanza holístico

A medida que profundizamos en "El paraíso está bajo los pies de los gobiernos: dirigiendo a las naciones con Maqasid", exploramos un modelo que trasciende la gobernanza convencional. Maqasid aboga por un enfoque holístico, que aborde no sólo las necesidades materiales sino también la realización espiritual y el bienestar colectivo.

Consideremos una sociedad donde la distribución de la riqueza es equitativa, los sistemas legales son imparciales y la educación es un derecho universal. Imaginemos una gobernanza que fomente no sólo el crecimiento económico sino también el espíritu humano. Este no es un sueño utópico sino un modelo práctico: Maqasid.

Aplicación en el mundo real

Ejemplos de la vida real de Maqasid en acción incluyen la aplicación de los principios de Maqasid en el sector financiero islámico de Malasia para crear productos financieros más éticos y socialmente responsables. Estos casos resaltan el potencial del modelo para abordar desafíos sociales complejos de manera efectiva.

Una llamada a la acción

Al participar en este viaje de descubrimiento, los aliento a considerar cómo la gobernanza, guiada por los principios Maqasid, puede transformar nuestras sociedades. Esto no es sólo teoría académica; es un llamado a una gobernanza pragmática, ética y eficaz. Aspiremos a una gobernanza que verdaderamente refleje los ideales más elevados de la humanidad.

Presentamos Maqasid: el marco multidimensional para la gobernanza holística

Imaginar un marco de gobernanza que trascienda las métricas económicas y de seguridad y llegue profundamente al núcleo del bienestar humano. Este es Maqasid, un modelo que reconoce nuestra esencia espiritual, potencial intelectual y aspiraciones colectivas, alineándose perfectamente con los aspectos fundamentales de la vida humana.

Maqasid es más que un modelo de gobernanza; es un enfoque integral que reconoce a los humanos como seres multifacéticos. En el mundo actual, donde la gobernanza convencional a menudo no logra abordar plenamente las necesidades de la sociedad, Maqasid emerge como una alternativa esperanzadora, que prioriza la justicia, la compasión y el bienestar inclusivo.

El enfoque único de Maqasid

Consideremos cuán rara vez los modelos de gobernanza atienden genuinamente a la realización espiritual o fomentan activamente el crecimiento intelectual. Maqasid cambia esto, poniendo en primer plano estos aspectos críticos de la existencia humana. Este marco multidimensional promete sociedades donde la justicia y la prosperidad no sean sólo lemas sino realidades.

Aplicación en el mundo real

Un ejemplo de Maqasid en acción es la implementación de políticas de conservación ambiental en Jordania, guiadas por los principios de Maqasid de salvaguardar el medio ambiente y la salud pública. Esto demuestra su potencial para crear sociedades bien equilibradas. Los principios de este modelo –como la justicia, la compasión y el bienestar– resuenan en todas las culturas y sistemas de creencias, trascendiendo sus orígenes de jurisprudencia islámica.

Desafíos y adaptabilidad

La adopción de Maqasid no está exenta de desafíos, particularmente en sociedades diversas. Requiere una cuidadosa adaptación y sensibilidad a diversos contextos culturales. Sin embargo, su flexibilidad y valores universales lo convierten en una opción viable tanto para los Estados seculares como para los religiosos.

Un llamado a una gobernanza inclusiva

A medida que exploramos los principios de Maqasid en los capítulos siguientes, lo invitamos a imaginar un mundo donde la gobernanza nutre todos los aspectos de la vida humana. No se trata de imponer un sistema de creencias sino de defender valores que fomenten el bienestar universal.

Abrazando a Maqasid: un viaje transformador

Maqasid no es sólo un modelo de gobernanza alternativo; es un camino para elevar la condición humana. Aboga por el desarrollo holístico, la prosperidad inclusiva, la armonía comunitaria, el crecimiento intelectual y el bienestar global. Al profundizar en Maqasid, no desmantelamos las estructuras existentes, sino que las reforzamos con una base más inclusiva y compasiva.

Únase a nosotros en este viaje transformador, donde la gobernanza trasciende lo ordinario y aspira a lo extraordinario. A través de Maqasid, redefinimos la gobernanza como una fuerza que enriquece, empodera y eleva a las sociedades hacia la grandeza.

El imperativo de integrar principios espirituales en la gobernanza secular: crear una sociedad para el bien común

En nuestro mundo secular contemporáneo, persiste la idea errónea de que los principios espirituales se limitan a creencias personales, separados de las políticas públicas y la gobernanza. Es necesario abordar este malentendido crítico. La espiritualidad, que trasciende la iluminación personal, fomenta virtudes como la compasión, la justicia y el altruismo, elementos clave para la unidad y la armonía social.

La separación de la espiritualidad del gobierno es una falsa dicotomía. Están profundamente interconectados y tienen el potencial de mejorarse mutuamente. Integrar principios espirituales en la gobernanza secular puede traer beneficios sociales extraordinarios.

Tomemos, por ejemplo, el enfoque de Nueva Zelanda hacia la política ambiental, profundamente influenciado por el concepto indígena maorí de "Kaitiakitanga", que refleja tutela y protección. Esta perspectiva espiritual ha dado forma a políticas centradas en la sostenibilidad y el respeto por la naturaleza, mostrando cómo los valores espirituales pueden informar y enriquecer la gobernanza secular.

Esta integración no se trata de imponer doctrinas religiosas. En cambio, reconoce que los valores fundamentales comunes a todas las religiones (empatía, justicia, respeto por la dignidad humana) son universales. Estos valores pueden actuar como una fuerza unificadora en sociedades diversas.

Para abordar posibles preocupaciones, es fundamental distinguir entre utilizar principios espirituales como directrices éticas y hacer cumplir prácticas religiosas específicas. El primero mejora la gobernanza con fundamentos morales universalmente aceptados, mientras que el segundo podría infringir las libertades y la diversidad individuales.

La implementación práctica requiere un enfoque matizado. Los gobiernos pueden establecer paneles asesores que representen diversas tradiciones espirituales para consultar sobre cuestiones de políticas. Esta inclusión garantiza que las diversas perspectivas contribuyan al bien común.

Además, es vital reconocer la diversidad dentro de las tradiciones espirituales. Un enfoque único para todos es ineficaz en una sociedad pluralista. Por lo tanto, la gobernanza debe ser flexible y dar cabida a diversas expresiones espirituales y al mismo tiempo defender principios seculares.

Al adoptar un enfoque holístico de la gobernanza que reconozca el papel de la espiritualidad en nuestro bienestar colectivo, podemos crear una sociedad que defienda la justicia, la compasión y el altruismo. Este cambio no es meramente moral sino un camino pragmático hacia un futuro armonioso y próspero para todos.

Por qué la espiritualidad en la gobernanza no es negociable

Incorporar la espiritualidad a la gobernanza no es un mero lujo; es una necesidad esencial. Su importancia radica en:

1. Anclaje ético: La gobernanza sin una brújula moral se parece a un barco perdido en el mar. Los principios espirituales proporcionan este ancla ética, asegurando que las decisiones se basen en la justicia, la equidad y la compasión. Sin esta base, la gobernanza corre el riesgo de convertirse en un ejercicio de eficiencia, desvinculado de los valores y el bienestar de las personas.

2. Armonía social: la espiritualidad fomenta valores universales como la compasión y la igualdad, cruciales para una sociedad armoniosa. La integración de estos valores en la gobernanza promueve la cohesión social y el bienestar ciudadano. Una sociedad arraigada en esos principios es más resiliente y está marcada por un sentido de

pertenencia y responsabilidad compartida.

3. Desarrollo sostenible: en medio de los desafíos ambientales, los principios espirituales como la administración y la interconexión ganan importancia. Orientan las políticas hacia el desarrollo sostenible, centrándose en el equilibrio ecológico a largo plazo en lugar de los beneficios a corto plazo.

Sin embargo, integrar la espiritualidad en la gobernanza también requiere un enfoque práctico y sensible:

1. Equilibrar el idealismo y la practicidad: la aplicación debe ser pragmática, garantizando que los valores espirituales informen las políticas sin imponer creencias religiosas específicas. Por ejemplo, el índice de felicidad nacional bruta de Bután incorpora los valores espirituales budistas en los objetivos de desarrollo, manteniendo al mismo tiempo una estructura de gobernanza secular.

2. Navegar por las malas interpretaciones: Deben hacerse distinciones claras para evitar la percepción de interferencia religiosa en los asuntos estatales. Esto implica una comunicación transparente y una formulación de políticas inclusivas que respeten las diversas expresiones espirituales dentro de un marco secular.

3. Gestión de valores en conflicto: en casos de interpretaciones espirituales contradictorias, especialmente en sociedades pluralistas, la gobernanza debe apuntar a un consenso que defienda el bien común sin comprometer las libertades y los derechos fundamentales.

Incorporar la espiritualidad a la gobernanza no se trata de una imposición religiosa; se trata de aprovechar los valores humanos compartidos para un bien mayor. En un mundo que enfrenta crisis éticas, sociales y ambientales, este enfoque no sólo es deseable sino imperativo. Allana el camino hacia un futuro justo, compasivo y sostenible, redefiniendo la gobernanza como una fuerza para un verdadero mejoramiento de la sociedad.

Superar la división secular-espiritual

La división de larga data entre el gobierno secular y espiritual presenta un desafío único: ¿Cómo se puede integrar la espiritualidad en los sistemas seculares sin violar el principio de separación de religión y Estado? Maqasid, un enfoque arraigado en la jurisprudencia islámica pero de aplicación universal, ofrece una solución elegante.

El atractivo universal de Maqasid

Si bien Maqasid se origina en una tradición religiosa específica, sus principios: Din (Religión), Nafs (Vida), Aql (Intelecto), Nasl (Linaje y Familia), Mal (Riqueza), Watan (Patria) y Ummah (Comunidad). resuena universalmente. Estos conceptos no son exclusivos de ninguna religión; se alinean con los valores fundamentales de la humanidad en todas las culturas.

Aplicación práctica y ejemplos

Consideremos el ejemplo de Malasia, donde se ha empleado el enfoque Maqasid para equilibrar el crecimiento económico con el bienestar social, sin respaldar ninguna doctrina religiosa específica. Este modelo ha informado políticas que priorizan tanto la prosperidad material como el desarrollo holístico de la comunidad, lo que demuestra la adaptabilidad de Maqasid en una sociedad pluralista.

Abordar los desafíos

La implementación de Maqasid no está exenta de desafíos. Diversas interpretaciones de sus principios pueden dar lugar a diversas aplicaciones, lo que requiere un enfoque cuidadoso y sensible al contexto. Además, puede surgir resistencia tanto de los secularistas como de los grupos religiosos que podrían considerar la integración de Maqasid como un posible paso excesivo. Para mitigar estos desafíos, el diálogo y la consulta continuos con todas las partes interesadas son cruciales.

La inclusividad de Maqasid

Lo que hace que Maqasid sea particularmente eficaz es su inclusividad. No busca imponer una doctrina religiosa específica sino que ofrece pautas éticas y morales que son adaptables a diversos contextos culturales y religiosos. Esta inclusión es clave en sociedades donde coexisten creencias diversas.

Gobernanza ética a través de Maqasid

Maqasid fomenta la gobernanza ética, enfatizando la justicia, la igualdad y el bienestar de todos los ciudadanos. Esta dimensión ética actúa como una fuerza unificadora, salvando la división secular-espiritual. Su flexibilidad le permite adaptarse a diferentes necesidades sociales manteniendo al mismo tiempo los valores espirituales fundamentales.

Una llamada a la acción

Maqasid representa un término medio, que ofrece una manera de infundir a la gobernanza valores éticos y espirituales sin comprometer los principios seculares. Es un marco que respeta las creencias individuales mientras lucha por el bien común basado en valores compartidos. En un mundo marcado por la diversidad y el pluralismo, Maqasid ofrece un camino a seguir.

Se alienta a los formuladores de políticas, líderes comunitarios y ciudadanos a explorar los principios de Maqasid. Al hacerlo, pueden contribuir a crear una sociedad que valore tanto la gobernanza eficaz como el profundo compromiso ético, trascendiendo las divisiones y construyendo puentes para una gobernanza inclusiva.

El impacto revolucionario

Integrar principios espirituales en la gobernanza puede revolucionar nuestras estructuras sociales, trascendiendo la mera funcionalidad para volverse verdaderamente humanas y justas. Esta visión transformadora, aunque ambiciosa, se basa en realidades prácticas y se puede lograr mediante el esfuerzo colectivo. Exploremos su impacto potencial:

1. Justicia Restaurativa: Imagine un sistema legal donde el enfoque cambia del castigo a la restauración, la curación de la comunidad y la rehabilitación de los infractores. Este enfoque ya está arraigando en iniciativas como las conferencias de grupos familiares centrados en los maoríes de Nueva Zelanda, que hacen hincapié en la reconciliación y la curación.

2. Economía centrada en las personas: Más allá del crecimiento del PIB, las políticas económicas pueden priorizar la distribución equitativa de la riqueza. Los ejemplos incluyen los países escandinavos, donde los sistemas económicos están diseñados para garantizar el bienestar social, lo que refleja un compromiso con la dignidad humana.

3. Educación ilustrada: Los sistemas educativos deben aspirar a formar ciudadanos no sólo académicamente competentes sino también éticamente fundamentados y empáticos. El sistema educativo finlandés, conocido por su enfoque holístico, es un testimonio del éxito de este modelo.

4. Bienestar compasivo: Los programas de bienestar, caracterizados por la compasión y la justicia social, pueden elevar a los marginados. El enfoque canadiense del bienestar social, centrado en la inclusión y el apoyo a los vulnerables, ejemplifica este principio.

5. Gobernanza ética: La gobernanza debe incorporar justicia, equidad e integridad. El modelo butanés de felicidad nacional bruta prioriza el bienestar de sus ciudadanos por encima de las métricas económicas, estableciendo un punto de referencia para la gobernanza ética.

6. Gestión ambiental: reconociendo nuestra interconexión con la natu-

raleza, las políticas deben enfatizar la sostenibilidad. El compromiso de Costa Rica con la conservación del medio ambiente y su objetivo de convertirse en carbono neutral muestran cómo la gobernanza puede alinearse con la gestión ambiental.

7. Armonía social: al adoptar valores como la compasión y la empatía, las sociedades pueden volverse más armoniosas e inclusivas. La armonía multirracial y multireligiosa de Singapur es un modelo de cómo se puede celebrar y acoger la diversidad en la gobernanza.

Reconocer los desafíos y tomar medidas

Si bien esta visión es inspiradora, su realización no está exenta de desafíos. Requiere navegar por diversas interpretaciones de los valores espirituales, garantizar la inclusión y superar la resistencia al cambio. Los formuladores de políticas y los líderes comunitarios deben entablar un diálogo abierto, aprender de los modelos existentes e innovar para adaptar estos principios a sus contextos únicos.

Un llamado a la acción colectiva

Esta visión de integrar principios espirituales en la gobernanza no es utópica; es un objetivo práctico y alcanzable. Exige un cambio de perspectiva y un compromiso con nuestra humanidad compartida. Invitamos a los formuladores de políticas, líderes comunitarios e individuos a inspirarse en modelos exitosos y trabajar para implementar estos principios en sus esferas de influencia.

Juntos podemos forjar una sociedad que prospere no sólo materialmente sino también en la riqueza de sus valores y la profundidad de su humanidad. Este viaje transformador está a nuestro alcance y ahora es el momento de actuar.

Beneficios tangibles

Integrar la espiritualidad en la gobernanza ofrece beneficios profundos y multifacéticos que se extienden a toda la sociedad. Si bien esta visión es ambiciosa, es importante equilibrar el idealismo con consideraciones prácticas. A continuación se ofrece una exploración de las ventajas clave, junto con ejemplos del mundo real y un reconocimiento de los desafíos potenciales:

1. Reducción de las desigualdades sociales: Los principios espirituales enfatizan el valor intrínseco de cada individuo. Cuando se aplica a la gobernanza, esta perspectiva inspira políticas que abordan las desigualdades sistémicas. Por ejemplo, en los países nórdicos, un espíritu similar ha llevado a políticas que garantizan una distribución equitativa de recursos y servicios sociales integrales. Estas iniciativas han reducido significativamente las disparidades en ingresos, educación y atención médica, creando sociedades más justas. Sin embargo, implementar tales políticas a nivel global requiere una cuidadosa consideración de diversos contextos económicos y matices culturales.

2. Mejor calidad de vida: un enfoque espiritual de la gobernanza puede cambiar el enfoque del crecimiento del PIB hacia medidas más amplias de calidad de vida. El índice de felicidad nacional bruta de Bután, que incluye la salud mental y la satisfacción con la vida junto con indicadores económicos, es un ejemplo pionero. Sin embargo, replicar este modelo requiere equilibrar los imperativos económicos con el bienestar social, una tarea compleja en diversos paisajes políticos.

3. Comunidades unidas y más fuertes: la espiritualidad fomenta la empatía y la cooperación, lo que conduce a comunidades resilientes. Iniciativas como los programas de participación comunitaria de Canadá ilustran cómo las políticas pueden mejorar los vínculos sociales y fomentar un sentido de responsabilidad compartida. Sin

embargo, fomentar ese espíritu comunitario en poblaciones más grandes y diversas puede ser un desafío y requiere estrategias adaptables e inclusivas.

4. Liderazgo ético y responsable: el gobierno espiritual anima a los líderes a priorizar la integridad y la transparencia. El enfoque de Nueva Zelanda hacia el liderazgo, particularmente en la gestión de crisis, refleja estos valores. Sin embargo, mantener altos estándares éticos es un desafío constante, especialmente en sistemas políticos con una corrupción profundamente arraigada.

5. Desarrollo sostenible: Los principios espirituales de la gestión ambiental son cruciales en la era del cambio climático. Las políticas ambientales de Costa Rica demuestran cómo una reverencia espiritual por la naturaleza puede traducirse en una conservación ecológica efectiva. Sin embargo, alinear el crecimiento económico con la sostenibilidad ambiental sigue siendo un desafío importante para muchas naciones.

6. Salud mental y bienestar: Al reconocer la importancia de la salud mental, los modelos de gobernanza como los de los países escandinavos han invertido mucho en servicios de salud mental. La implementación universal de políticas similares requiere no sólo inversión financiera sino también un cambio cultural en la forma en que se percibe la salud mental.

Un llamado a la acción pragmática

Si bien estos beneficios ilustran el potencial transformador de la espiritualidad en la gobernanza, su realización requiere un enfoque pragmático. Esto incluye respetar las diversas creencias, mantener principios seculares y comprender los desafíos únicos de cada sociedad.

Como lectores, formuladores de políticas o ciudadanos comprometidos, se nos anima a abogar por la integración de principios espirituales en la gobernanza, inspirándonos en modelos exitosos y adaptándolos a nuestros contextos específicos. Adoptar este modelo integral allana el camino para una sociedad que prospere no sólo en riqueza material sino también en riqueza ética y bienestar comunitario.

Aprovechemos esta oportunidad para revolucionar la gobernanza, combinando fortalezas espirituales y seculares para crear una sociedad justa, compasiva y próspera. El viaje hacia este objetivo comienza con una mentalidad abierta y un compromiso con un cambio positivo, basado en realidades prácticas.

II

Los fundamentos de Maqasid

*Embárquese en un viaje a través de Maqasid, un marco de
gobernanza que promueve el desarrollo integral y la justicia.
Exploraremos sus principios fundamentales, aplicándolos a
situaciones reales y fomentando cambios. Esta sección le guiará
para convertir la teoría en acción, imaginando una gobernanza
que impulse el crecimiento económico, espiritual y la justicia.
Únase a nosotros para reinventar la gobernanza, buscando la
excelencia y haciendo una diferencia real.*

2

La esencia del Din (Religión)

Por qué las consideraciones espirituales no pueden separarse de la gobernanza

Por qué las consideraciones espirituales son parte integral de la gobernanza

En una era cada vez más definida por el secularismo y la separación de religión y Estado, integrar principios espirituales en la gobernanza puede parecer contradictorio. Este capítulo pretende analizar esta compleja cuestión y abordar los conceptos erróneos y escepticismos más comunes. Lejos de socavar los marcos seculares, la integración espiritual puede enriquecerlos y contribuir a una sociedad más armoniosa y equitativa. Aquí, la espiritualidad no se trata de prácticas religiosas, sino más bien de valores universales compartidos entre diversas religiones y creencias humanistas: valores como la compasión, la justicia, la empatía y el bien común.

Equilibrando la espiritualidad con el secularismo

Nuestra premisa fundamental no es la defensa de una teocracia ni la de imponer creencias religiosas a la sociedad. Más bien, se trata de abrazar los principios universales que sustentan todas las principales tradiciones espirituales y éticas. Para aclarar, "espiritualidad" en este contexto se refiere a un conjunto de valores y principios éticos que trascienden las fronteras religiosas y resuenan tanto en personas de diversas religiones como en humanistas seculares.

Abordar posibles contraargumentos

Fundamentalmente, debemos considerar posibles contraargumentos. ¿Cómo podemos garantizar que la integración de la espiritualidad en la gobernanza no conduzca al favoritismo o a la exclusión religiosa? Un enfoque es mediante la formulación de políticas inclusivas que respeten todas las creencias y al mismo tiempo apliquen principios éticos universales. Por ejemplo, el enfoque de Nueva Zelanda hacia los derechos indígenas y la política ambiental, informado por los valores espirituales maoríes, mejora la gobernanza sin comprometer su naturaleza secular.

Integración práctica de principios espirituales

La brújula moral que proporciona la espiritualidad ofrece una base ética para la evaluación de políticas. Examinamos cómo se pueden examinar las políticas a través de lentes de compasión y justicia, asegurando que prioricen el bienestar y la dignidad de todos los ciudadanos. El índice de felicidad nacional bruta de Bután es un ejemplo de ello, donde los valores espirituales dan forma a las prioridades nacionales junto con las consideraciones económicas.

En términos de transparencia y rendición de cuentas, los principios espirituales que defienden la integridad moral pueden reducir significativamente la corrupción. Exploramos cómo modelos como los de los países escandinavos, que integran altos estándares éticos en la gobernanza, conducen a una mayor confianza pública.

Además, el papel de la espiritualidad para abordar desafíos globales como el cambio climático y la desigualdad es fundamental. Nos empuja a ver estas cuestiones no sólo como desafíos políticos sino como imperativos morales, instando a una administración responsable de nuestro planeta y un trato equitativo a todas las comunidades.

Creando sociedades cohesivas e inclusivas

La integración de la espiritualidad en la gobernanza también fomenta la cohesión social. Al reconocer diversas perspectivas espirituales y éticas, creamos un espacio donde todas las voces son escuchadas y valoradas. En un mundo marcado por la división, este enfoque es esencial para construir una sociedad que prospere sobre la base de valores compartidos.

La espiritualidad como pilar de la gobernanza moderna

En conclusión, integrar la espiritualidad en la gobernanza no se trata de disminuir las libertades personales o promover una doctrina religiosa particular. Se trata de aprovechar los principios universales que unen a la humanidad en su búsqueda de una sociedad justa, compasiva y equitativa. Estos principios no obstaculizan la gobernanza moderna; son indispensables para él, enriquecen su brújula ética, mejoran la transparencia y nos obligan a enfrentar desafíos globales. Este capítulo lo invita a considerar cómo la espiritualidad y la gobernanza pueden coexistir, reforzándose cada una de ellas, para crear no sólo una sociedad económicamente próspera sino también una sociedad profundamente ética e inclusiva.

El núcleo ético de la gobernanza

En el centro de la gobernanza se encuentran una serie de decisiones éticas que moldean profundamente el destino de la sociedad. Estas decisiones, que van desde la asignación de recursos hasta la defensa de la justicia, pueden mejorarse profundamente integrando principios espirituales. En una era donde prevalece el secularismo, esto podría parecer contradictorio. Sin embargo, la espiritualidad, entendida aquí como un sentido amplio de moralidad y ética universal, ofrece una guía eterna que trasciende las divisiones religiosas y enriquece el núcleo ético de la gobernanza.

Espiritualidad más allá de los límites religiosos

La espiritualidad en el gobierno trasciende la religión organizada y abarca principios morales universales como la compasión, la empatía, el altruismo y el reconocimiento del valor intrínseco de cada individuo. Estos valores resuenan en diferentes religiones y en el humanismo secular, proporcionando una brújula moral compartida para una sociedad justa y equitativa.

Aplicaciones prácticas y ejemplos globales

Consideremos la cuestión de la distribución de la riqueza. La espiritualidad aboga por la asignación equitativa de recursos, instándonos a ver la riqueza material como un medio para el bien común. Por ejemplo, el modelo escandinavo de gobernanza, inspirado en un sentido de responsabilidad social y justicia, ha dado lugar a políticas que garantizan una distribución más equitativa de la riqueza y reducen las disparidades de ingresos.

Cuando se trata de justicia, la espiritualidad ilumina el concepto más allá de las definiciones legales. Exige dignidad y justicia para cada individuo. La Comisión de la Verdad y la Reconciliación de Sudáfrica después del apartheid es un ejemplo de esto, donde los principios espirituales de perdón y reconciliación guiaron a una nación hacia la curación de injusticias históricas.

Abordar los desafíos modernos con ética espiritual

Además, la espiritualidad impulsa políticas que priorizan el bien común, fomentando la interconexión y el bienestar colectivo. Esta perspectiva es crucial para abordar problemas globales como el cambio climático y las pandemias. Por ejemplo, las políticas ambientales de Nueva Zelanda, que incorporan valores espirituales indígenas maoríes, demuestran un compromiso de salvaguardar el planeta para las generaciones futuras.

Navegando desafíos y manteniendo la inclusión

La integración de la espiritualidad en la gobernanza no está exenta de desafíos. Se requiere un equilibrio cuidadoso para mantener la neutralidad religiosa y garantizar la inclusión de todos los sistemas de creencias. Los formuladores de políticas deben entablar diálogos abiertos, considerando diversas perspectivas para crear políticas que reflejen principios éticos universales sin favorecer ninguna ideología religiosa en particular.

Elevando la gobernanza a través de la sabiduría ética

En conclusión, integrar la espiritualidad en la gobernanza implica enriquecer su fundamento ético. Implica considerar la gobernanza no sólo como una función burocrática sino como un deber sagrado de servir a todos los miembros de la sociedad. Este enfoque no obstaculiza la gobernanza moderna; más bien, lo eleva a nuevas alturas de equidad y justicia, alineándolo con las aspiraciones morales más profundas de la humanidad. Al adoptar este enfoque, podemos transformar la gobernanza de un mero ejercicio administrativo a un esfuerzo noble que realmente sirva al bienestar de cada miembro de la comunidad.

Desarrollo humano holístico: el corazón de la gobernanza ética

En el mundo actual, en rápida evolución, el concepto de gobernanza a menudo se ha centrado estrechamente en indicadores económicos como el crecimiento del PIB, lo que ha llevado a una percepción sesgada de prosperidad. Sin embargo, un examen más profundo subraya que la prosperidad genuina es mucho más abarcadora e involucra no sólo el éxito financiero sino también la salud emocional, el desarrollo moral y la realización espiritual de los individuos. Aquí es donde se vuelve crucial un modelo de gobernanza informado por la espiritualidad, que ofrezca una perspectiva más amplia e inclusiva del bienestar humano.

La naturaleza multidimensional del desarrollo humano

El desarrollo humano holístico reconoce a los individuos como entidades complejas con dimensiones físicas, emocionales y espirituales. Si bien el crecimiento económico es crucial para aliviar la pobreza y crear oportunidades, es sólo una faceta de un panorama más amplio. La verdadera prosperidad también implica nutrir los aspectos sociales y psicológicos de la vida humana.

1. Bienestar emocional: Haciendo hincapié en la salud emocional, los modelos de gobernanza espiritualmente informados invierten en servicios de salud mental y crean entornos de apoyo. Finlandia, por ejemplo, ha incorporado el bienestar emocional a su sistema educativo, lo que ha dado como resultado una población que no sólo es académicamente competente sino también emocionalmente resiliente.

2. Desarrollo moral: más allá de las métricas económicas, el tejido moral de la sociedad es vital. La espiritualidad fomenta virtudes como la honestidad y la empatía, influyendo en las interacciones personales y comunitarias. Un ejemplo de esto se ve en el énfasis de Canadá

en los valores éticos en la vida pública, lo que ha contribuido a su reputación como uno de los países más transparentes del mundo.

3. Realización espiritual: un modelo de gobierno espiritualmente informado facilita un entorno donde las personas pueden explorar y nutrir libremente sus creencias espirituales. Este respeto por los diversos caminos espirituales es evidente en el enfoque pluralista de la India, que da cabida a una infinidad de prácticas religiosas manteniendo al mismo tiempo un marco de gobernanza secular.

Abordar los desafíos y promover la justicia social

La implementación de un enfoque holístico del desarrollo humano no está exenta de desafíos. Requiere mantener la neutralidad religiosa y abordar las diversas necesidades espirituales de la población. Además, dicho modelo debe reconocer y esforzarse por superar las disparidades en ingresos, educación y atención médica, ya que pueden impedir el crecimiento emocional y moral.

Redefiniendo la prosperidad a través de una gobernanza holística

El desarrollo humano holístico, tal como lo propugna un modelo de gobernanza espiritualmente informado, redefine la prosperidad. Va más allá del mero crecimiento económico para incluir el bienestar emocional, el desarrollo moral y la realización espiritual, reconociendo la naturaleza compleja de la existencia humana. Al centrarse en el bienestar integral de las personas en el centro de la formulación de políticas, la gobernanza puede crear sociedades donde cada persona tenga la oportunidad de prosperar, no sólo materialmente sino en todos los aspectos de la vida. Este enfoque no sólo enriquece la experiencia humana sino que también sienta las bases para un mundo más justo, compasivo y equitativo.

Cohesión comunitaria y capital social: el pegamento que une a las sociedades prósperas

En el intrincado tapiz de la civilización humana, las comunidades representan los hilos vibrantes que se entrelazan para formar el tejido de la sociedad. Estas comunidades prosperan no sólo gracias a la proximidad sino también a un sentido más profundo de cohesión, empatía y responsabilidad compartida, donde la espiritualidad actúa como una fuerza vinculante invisible pero poderosa. Aquí la espiritualidad trasciende la religión organizada y encarna principios universales de moralidad y ética que fomentan un sentido de interconexión.

El papel multifacético de la cohesión comunitaria y el capital social

La cohesión comunitaria y el capital social, la riqueza colectiva de las relaciones y la confianza dentro de una sociedad, son fundamentales para su florecimiento. Sirven como infraestructura social que sustenta las sociedades prósperas de diversas maneras:

1. Resiliencia en tiempos de crisis: Las comunidades con un fuerte capital social demuestran una notable resiliencia en las crisis. Por ejemplo, la respuesta comunitaria al terremoto de 2011 en Christchurch, Nueva Zelanda, donde las redes locales desempeñaron un papel clave en los esfuerzos de recuperación, ejemplifica esta resiliencia.

2. Prevención del delito: Existe una correlación notable entre un alto capital social y tasas de criminalidad más bajas. Las comunidades donde prevalecen la confianza y la vigilancia, como en ciertos barrios escandinavos, tienden a sufrir menos delitos.

3. Oportunidades económicas: Las redes sociales sólidas pueden generar beneficios económicos. En Silicon Valley, por ejemplo, la cultura de la creación de redes y el intercambio de información ha sido fundamental para impulsar la innovación y el éxito económico.

4. Salud y bienestar: las investigaciones muestran que las comunidades con fuertes vínculos sociales suelen tener mejores resultados de salud. El concepto japonés de "Moai", un sistema de grupo de apoyo social en Okinawa, contribuye a la reconocida longevidad de los residentes.

5. Compromiso cívico: las comunidades comprometidas a menudo exhiben niveles más altos de participación política. El modelo de gobernanza participativa de Kerala, India, ilustra cómo la participación cívica puede conducir a una toma de decisiones eficaz y al desarrollo comunitario.

6. Educación y Aprendizaje: El aprendizaje en comunidades cohesionadas trasciende la educación formal. La filosofía tradicional "Ubuntu" de las comunidades africanas, que enfatiza el aprendizaje comunitario y el conocimiento compartido, destaca este aspecto.

7. Prosperidad inclusiva: Las comunidades inclusivas garantizan una prosperidad equitativa. El tejido multicultural de las ciudades canadienses, donde diversos grupos coexisten y contribuyen a la riqueza comunitaria, muestra esta inclusión.

Navegando desafíos y cultivando capital social

Cultivar ese capital social no está exento de desafíos, especialmente en sociedades individualistas donde los vínculos comunitarios pueden ser más débiles. Las estrategias para mejorar el capital social incluyen fomentar iniciativas de participación comunitaria, crear espacios inclusivos para el diálogo y fomentar eventos de networking local.

Adoptar la cohesión comunitaria para la prosperidad social

La cohesión comunitaria y el capital social, impulsados por la guía ética y moral de la espiritualidad, son invaluables para las sociedades prósperas. Estos elementos no se refieren sólo a la coexistencia sino a prosperar juntos, unidos por valores compartidos y apoyo mutuo. Reconocer y cultivar activamente estos activos intangibles nos permite allanar el camino para sociedades donde la prosperidad no sea sólo económica sino también social y espiritual, enriqueciendo la experiencia humana en su totalidad.

Resiliencia en tiempos de crisis: cultivar la fuerza para superar la adversidad

A lo largo de la historia de la humanidad, las sociedades se han enfrentado repetidamente a crisis: desastres naturales, crisis económicas, conflictos sociales y políticos. Estos desafíos ponen a prueba la resiliencia de las comunidades, la capacidad de recuperarse y emerger más fuertes. La resiliencia, moldeada no sólo por los recursos materiales sino también significativamente por principios espirituales y éticos, es un faro de esperanza y determinación en tiempos como este.

La naturaleza multidimensional de la resiliencia

La resiliencia trasciende la mera recuperación física; Está profundamente arraigado en el espíritu colectivo de una comunidad, a menudo inspirado por una combinación de valores espirituales y seculares:

1. Esperanza en medio de la desesperación: En crisis como el terremoto de Japón de 2011, fue el espíritu espiritual y cultural compartido de perseverancia y apoyo mutuo lo que unió a las comunidades en los esfuerzos de reconstrucción. Esa esperanza, que a menudo surge de creencias espirituales, mantiene unidas a las comunidades y fomenta la resiliencia frente a la adversidad.

2. Perseverancia contra todo pronóstico: Los principios espirituales pueden infundir un sentido de tenacidad en las comunidades. Los ejemplos históricos incluyen la resiliencia mostrada durante el Movimiento Estadounidense por los Derechos Civiles, donde tanto líderes espirituales como humanistas seculares se unieron en la lucha contra la injusticia, demostrando una determinación inquebrantable.

3. Solidaridad y apoyo: Las secuelas de las crisis suelen ser testigos de notables actos de solidaridad. Por ejemplo, la respuesta comunitaria durante la pandemia de COVID-19, donde personas de diversas creencias se unieron para apoyar a los vulnerables, ilustra cómo los valores humanos compartidos pueden crear fuertes vínculos de apoyo mutuo.

4. Destino compartido y cohesión: las crisis resaltan nuestra interconexión. Esto es evidente en sociedades multiculturales como Sudáfrica, donde comunidades diversas, guiadas por los principios de "Ubuntu" –una filosofía que enfatiza la humanidad común– se unen, reforzando la cohesión social.

5. Aprendizaje y adaptación: Las crisis son experiencias de aprendizaje profundo. La sabiduría derivada tanto de fuentes espirituales como seculares puede conducir a mejoras en la preparación y las estructuras sociales. El enfoque escandinavo del bienestar social, que integra consideraciones tanto prácticas como éticas, ejemplifica este aprendizaje.

6. Curación y bienestar emocional: Los principios espirituales brindan consuelo y consuelo, ayudando en la curación emocional después de una crisis. El papel de las organizaciones religiosas a la hora de brindar apoyo psicológico durante los desastres es prueba de ello.

7. Innovación y renovación: los períodos posteriores a una crisis a menudo estimulan la innovación. La reconstrucción de sociedades devastadas por la guerra, por ejemplo, a veces ha dado lugar a estructuras de gobernanza más inclusivas e iniciativas de desarrollo impulsadas por la comunidad.

Superando los desafíos para cultivar la resiliencia

Desarrollar resiliencia en comunidades diversas requiere afrontar diversos desafíos. Implica garantizar que los esfuerzos de creación de resiliencia sean inclusivos, respeten los puntos de vista tanto espirituales como seculares y aborden las necesidades de diferentes segmentos de la comunidad.

Adoptar la resiliencia integral

La resiliencia en tiempos de crisis no es sólo un concepto teórico sino una fuerza tangible que emerge del espíritu colectivo de las comunidades, alimentada por una amalgama de principios espirituales y seculares. Es la fuerza que permite a las sociedades afrontar los desafíos con valentía, unirse en solidaridad y reconstruirse con renovado vigor y sabiduría. Al reconocer y cultivar esta resiliencia multifacética, las sociedades invierten no solo en su supervivencia sino también en su capacidad para prosperar y evolucionar, independientemente de los desafíos que pueda traer el futuro.

Hacia una gobernanza sostenible: abrazar la sabiduría de la administración

En una era en la que los desafíos ambientales son más evidentes que nunca, es innegable el imperativo de una gobernanza sostenible basada en la sabiduría de la gestión. La urgencia que plantean el cambio climático, el agotamiento de los recursos y la contaminación ambiental requiere un cambio en la forma en que gobernamos e interactuamos con nuestro planeta. La mayordomía, un principio profundamente arraigado en varias tradiciones espirituales y éticas, ofrece un enfoque vital para este cambio.

Administración en acción: un enfoque multifacético

La administración se trata de gestionar y cuidar responsablemente los recursos de la Tierra, reconociendo nuestro deber para con las generaciones futuras. Es un principio que nos insta a considerar el impacto a largo plazo de nuestras acciones y a gobernar con previsión y responsabilidad.

1. Visión de largo plazo en materia de políticas: al adoptar la gestión, se alienta a los formuladores de políticas a pensar más allá de los

beneficios inmediatos. Por ejemplo, el enfoque de los países nórdicos hacia la política ambiental y el bienestar social, donde se prioriza la sostenibilidad a largo plazo, muestra cómo la administración puede moldear la gobernanza.

2. Conservación del medio ambiente: La administración exige el uso sostenible de los recursos naturales. Las políticas que reflejan esto, como las de Costa Rica en materia de conservación de bosques y energía renovable, demuestran cómo la gobernanza puede equilibrar eficazmente el desarrollo y la preservación del medio ambiente.

3. Reconocer la interconexión: El concepto de interconexión, central en muchas tradiciones espirituales, es crucial para comprender nuestro impacto en el planeta. Esto se ha ejemplificado en el reconocimiento legal por parte de Nueva Zelanda del río Whanganui como una entidad viva, una decisión influenciada por la cosmovisión indígena maorí.

4. Toma de decisiones éticas: la integración de la gestión en la gobernanza proporciona un marco ético para las decisiones políticas. La filosofía butanesa de la felicidad nacional bruta, que incluye la conservación del medio ambiente como pilar clave, ejemplifica este enfoque ético.

5. Resiliencia y adaptación: La administración implica planificación para el cambio y la resiliencia. Las estrategias de gestión del agua de Singapur, que incluyen soluciones innovadoras para la escasez de agua, ilustran cómo la gestión responsable puede conducir a políticas ambientales adaptables y resilientes.

6. Responsabilidad global: Las cuestiones medioambientales no conocen fronteras. La gestión de la gobernanza fomenta la cooperación internacional, como se ve en acuerdos climáticos globales como el Acuerdo de París, donde la responsabilidad colectiva por el planeta es un tema central.

7. Legado para las generaciones futuras: La administración nos obliga a considerar nuestro legado. El avance hacia la energía renovable y las ciudades sostenibles en todo el mundo refleja un reconocimiento

cada vez mayor de nuestra responsabilidad de dejar un planeta próspero para las generaciones futuras.

Desafíos y aplicaciones más amplias

La implementación de la rectoría en la gobernanza enfrenta desafíos, incluidas limitaciones económicas y resistencia política. Para abordarlos se requieren enfoques colaborativos y el compromiso de diversas partes interesadas, incluidos los grupos seculares. Además, los principios de gestión pueden extenderse más allá de las cuestiones ambientales al bienestar social, la educación y la atención sanitaria, ofreciendo un modelo holístico para el desarrollo sostenible.

El imperativo de la mayordomía en la gobernanza

Adoptar la gestión responsable en la gobernanza no es sólo una necesidad ambiental sino un imperativo moral. Se alinea con marcos éticos tanto espirituales como seculares, ofreciendo un enfoque universal para abordar los desafíos apremiantes de nuestro planeta. La gobernanza sostenible, guiada por la gestión responsable, es una inversión en un futuro en el que el planeta y todos sus habitantes puedan prosperar. Es una visión de gobernanza que no sólo sirve al presente sino que garantiza un mundo próspero y armonioso para las generaciones venideras.

Conclusión: una invitación a una forma de gobernanza más rica

A medida que llegamos a la culminación de nuestra exploración de una gobernanza enriquecida, se hace evidente que excluir la espiritualidad de las políticas y la gobernanza representa una oportunidad perdida. Esta conclusión no se refiere a defender dogmas religiosos en la gobernanza, sino a abrazar la sabiduría universal que la espiritualidad, en su sentido más amplio, ofrece a la humanidad. Se trata de reconocer la gobernanza no sólo como una tarea administrativa sino como una profunda responsabilidad moral.

Gobernanza enriquecida: un imperativo práctico y moral

Integrar la espiritualidad en la gobernanza nos invita a crear una sociedad que vaya más allá de las limitaciones materialistas y aproveche la riqueza del espíritu humano. Abre las puertas a políticas impregnadas de nuestros valores éticos más elevados: compasión, justicia, equidad y empatía. Imaginamos sociedades donde cada individuo, de diversos orígenes, pueda experimentar una existencia más plena y significativa.

Considere las posibilidades transformadoras:

1. Ciudadanos empoderados: una gobernanza enriquecida implica empoderar a los ciudadanos para que participen activamente en sus comunidades, valorando sus contribuciones al bien común. Este enfoque se ha implementado con éxito en modelos de presupuesto participativo en Brasil, donde los miembros de la comunidad tienen voz directa en las decisiones políticas.

2. Claridad moral en la formulación de políticas: integrar la espiritualidad como brújula moral en la gobernanza aporta claridad. Las políticas se evalúan por su solidez ética, garantizando el bienestar de todos. El modelo nórdico de bienestar social es un testimonio de este enfoque, que prioriza el bienestar social junto con el crecimiento económico.

3. Construir sociedades equitativas: una gobernanza enriquecida busca reducir las disparidades, de manera muy similar a las políticas de Nueva Zelanda, que incorporan perspectivas y valores maoríes para garantizar oportunidades equitativas para todas las comunidades.

4. Riqueza y diversidad cultural: reconocer los diversos orígenes espirituales y culturales enriquece la gobernanza. La política multicultural de Canadá es un ejemplo de cómo celebrar la diversidad cultural y al mismo tiempo promover la armonía social.

5. Futuros Sostenibles: La integración de principios espirituales de administración e interconexión conduce a decisiones políticas sostenibles, como se ve en los esfuerzos de conservación ambiental de Costa Rica.

6. Comunidades resilientes: los valores espirituales como la esperanza y el destino compartido brindan fortaleza en las crisis. La respuesta comunitaria de Japón después del terremoto de 2011, arraigada en un espíritu cultural de resiliencia y apoyo mutuo, es un ejemplo de esto.

7. Cooperación global: una gobernanza enriquecida fomenta la colaboración internacional, como lo ejemplifican los acuerdos ambientales globales como el Acuerdo de París.

Navegando desafíos y adoptando la inclusión

El camino hacia la integración de la espiritualidad en la gobernanza no está exento de desafíos. Se requiere una navegación cuidadosa para mantener el secularismo y la inclusión de diversas creencias. El objetivo es encontrar un terreno común donde los valores espirituales universales puedan coexistir con los principios seculares, enriqueciendo la gobernanza sin imponer puntos de vista religiosos específicos.

Un llamado a la acción transformadora

Esta forma enriquecida de gobernanza no es un ideal lejano sino una realidad práctica que espera ser realizada. Requiere visionarios morales que puedan ver más allá del status quo, imaginando una sociedad donde la espiritualidad y la gobernanza trabajen en conjunto para un bien mayor.

Es una invitación a construir sociedades donde la compasión guíe las políticas, donde la justicia sea la base de la gobernanza y donde cada individuo pueda prosperar. Este enfoque trasciende las limitaciones tradicionales y ofrece un modelo holístico que satisface tanto las necesidades materiales como el anhelo humano innato de propósito y conexión.

Al adoptar esta forma de gobernanza más rica y ética, abrimos la puerta a un mundo que refleje lo mejor de la humanidad: un mundo donde la gobernanza atiende la totalidad de las necesidades humanas. El viaje hacia este objetivo no es sólo visionario; es práctico, inclusivo y profundamente necesario. El momento de actuar es ahora y el potencial para lograr un cambio positivo es inmenso.

En esencia, esto no es sólo una invitación sino un llamado a la acción en favor de un modelo de gobernanza que verdaderamente nutra el espíritu humano en todas sus dimensiones. Tenemos ante nosotros la oportunidad de participar en este viaje transformador. ¿Te unirás a la configuración de un futuro que honre y eleve la experiencia humana en su totalidad?

Ejemplos del mundo real: las consecuencias de descuidar las pautas morales en la gobernanza

El descuido de las pautas morales y espirituales en el gobierno no es una mera preocupación teórica; ha tenido consecuencias tangibles y perjudiciales a nivel mundial. Sin embargo, comprender estas cuestiones también abre caminos para integrar principios morales en la gobernanza para lograr un cambio positivo. Examinemos casos concretos que resaltan la necesidad de una gobernanza ética y exploremos posibles soluciones.

1. Corrupción y erosión de la confianza: Los casos de corrupción en varios países ilustran claramente las consecuencias de la negligencia moral en la gobernanza. Esto no sólo agota los recursos sino que erosiona la confianza pública. Por el contrario, países como Dinamarca, que constantemente ocupan puestos altos en transparencia y bajos en corrupción, demuestran el impacto positivo de las prácticas de gobernanza ética que priorizan la rendición de cuentas y la integridad.

2. Desigualdad económica: Las políticas que pasan por alto las consideraciones éticas a menudo exacerban las brechas de riqueza, lo que genera malestar social. Sin embargo, modelos como la economía

social de mercado de Alemania muestran cómo las políticas éticas pueden equilibrar el crecimiento económico con el bienestar social, reduciendo la desigualdad.

3. Degradación ambiental: La búsqueda de crecimiento económico sin consideración ambiental ha llevado a crisis ecológicas. En contraste, el compromiso de Bután de mantener una porción significativa de su tierra bajo cubierta forestal, guiado por el respeto espiritual por la naturaleza, es un ejemplo de gobernanza sostenible.

4. Violaciones de los derechos humanos: los regímenes autoritarios a menudo priorizan el poder sobre la ética, lo que conduce a abusos contra los derechos humanos. Esto resalta la necesidad de modelos de gobernanza que defiendan los derechos humanos como un principio ético fundamental, como lo ejemplifican las políticas en países como Canadá.

5. Fragmentación social: la falta de fundamento moral en la gobernanza puede dar lugar a divisiones sociales. Las políticas inclusivas de sociedades multiculturales como Singapur ilustran cómo la gobernanza ética puede promover la cohesión social y la inclusión.

6. Crisis de salud pública: La pandemia de COVID-19 ha demostrado cómo los fallos éticos en la gobernanza pueden exacerbar las crisis de salud pública. Países como Nueva Zelanda, que manejaron la pandemia con un marco ético claro que priorizaba la salud pública y la comunicación transparente, han mostrado mejores resultados.

Estos ejemplos subrayan que la ausencia de consideraciones morales y espirituales en la gobernanza puede generar problemas sociales profundos. También destacan que la gobernanza ética, basada en principios morales, puede conducir a sociedades más equitativas, justas y sostenibles.

Abogar por una gobernanza ética

Esta exploración sirve como un llamado a la acción, enfatizando que la gobernanza debe estar arraigada en principios morales y espirituales para garantizar el bienestar y la prosperidad de todos. Al observar tanto las consecuencias negativas como los ejemplos positivos de gobernanza ética, vemos un camino claro a seguir. Los modelos de gobernanza en todo el mundo que integran con éxito principios morales demuestran que no sólo es posible, sino esencial, crear sociedades donde la justicia, la integridad y la sostenibilidad sean la norma.

Ha llegado el momento de defender un modelo de gobernanza que coloque la moralidad y la espiritualidad en su centro, enriqueciendo nuestro futuro colectivo. Al adoptar estos principios, podemos construir un mundo que refleje lo mejor de la humanidad: un mundo donde la gobernanza sirva no sólo a los indicadores económicos sino también a las necesidades holísticas de cada individuo. Comprometámonos con este viaje transformador hacia una forma de gobernanza más ética, inclusiva y espiritualmente enriquecida.

La crisis financiera de 2008

La crisis financiera de 2008 sigue siendo un claro recordatorio de las consecuencias catastróficas que tiene la gobernanza sin supervisión ética. Más que una simple catástrofe financiera, sirve como una lección crucial en el contexto más amplio de la gobernanza en todos los sectores.

El desmoronamiento de la gobernanza ética

La crisis tuvo sus raíces en prácticas financieras imprudentes, impulsadas por las ganancias a expensas de la responsabilidad ética. A continuación se ofrece una descripción más detallada de los factores clave:

1. Prácticas crediticias irresponsables: Los bancos ofrecieron hipotecas

de alto riesgo a personas con mal crédito, sin tener en cuenta su capacidad para pagar los préstamos, preparándolos para impagos inevitables.

2. Titulización de hipotecas riesgosas: Estos préstamos riesgosos se agruparon luego en complejos valores respaldados por hipotecas, ocultando los riesgos inherentes.

3. Falta de transparencia: La complejidad de estos instrumentos financieros enmascaró su verdadero riesgo, lo que llevó a una peligrosa subestimación de sus posibles consecuencias.

4. Fracasos de las agencias de calificación: Las altas calificaciones engañosas de las agencias de crédito perpetuaron aún más la ilusión de seguridad.

5. Fracaso sistémico: Los bancos sobreapalancados se encontraron al borde del colapso cuando comenzaron los impagos de préstamos, lo que desencadenó una crisis financiera mundial.

6. Rescates gubernamentales: La crisis requirió intervenciones gubernamentales sin precedentes, incluidos rescates masivos, para evitar un colapso total del sistema financiero.

Implicaciones y soluciones más amplias

Las repercusiones de la crisis fueron de gran alcance y afectaron no solo al sector financiero sino también a los ciudadanos comunes que perdieron empleos, viviendas y ahorros. Demostró la necesidad de un modelo de gobernanza que vaya más allá de las métricas financieras para incluir consideraciones éticas en todos los sectores.

En respuesta, se introdujeron reformas como la Ley Dodd-Frank en Estados Unidos para aumentar la regulación y supervisión financiera. Sin embargo, el camino hacia una gobernanza plenamente ética requiere un esfuerzo continuo. Esto incluye:

• Implementar marcos regulatorios estrictos para prevenir este tipo de crisis.

- Cultivar una cultura de toma de decisiones éticas en todos los sectores.
- Garantizar la transparencia y la rendición de cuentas en las prácticas corporativas.
- Fomentar el liderazgo ético y la responsabilidad corporativa.

Reflexión sobre las reformas actuales y las diversas perspectivas

Desde la crisis, ha habido avances en las regulaciones financieras, pero persisten desafíos, lo que indica la necesidad de una vigilancia constante. Las perspectivas de diversas partes interesadas afectadas por la crisis –desde propietarios de viviendas individuales hasta propietarios de pequeñas empresas– resaltan el impacto generalizado de las decisiones de gobernanza y la importancia de considerar diversos puntos de vista en la formulación de políticas.

Un llamado a la gobernanza ética

La crisis financiera de 2008 subraya el imperativo de una gobernanza ética. Es una poderosa lección de que descuidar los principios morales puede provocar daños generalizados. Esta crisis debería seguir sirviendo como recordatorio de nuestra responsabilidad colectiva de defender modelos de gobernanza que prioricen la ética, la rendición de cuentas y el bienestar de todos los ciudadanos. Que la crisis no sea sólo un recuerdo, sino un catalizador para un cambio duradero hacia una gobernanza más responsable y ética en todos los sectores.

La crisis del agua en Flint

La crisis del agua en Flint, un episodio trágico de la historia reciente, constituye un ejemplo flagrante de las consecuencias catastróficas cuando la gobernanza no cumple con sus responsabilidades morales. Esta crisis hizo más que exponer los peligros de las medidas de reducción de costos; Destacó cuestiones sistémicas como las disparidades raciales y socioeconómicas, y cómo pueden conducir a graves injusticias.

El desarrollo de la crisis

La crisis comenzó con una decisión de ahorro de costos de cambiar el suministro de agua de Flint en abril de 2014, pero rápidamente se convirtió en un desastre de salud pública:

1. Cambio de suministro de agua: Flint, Michigan, cambió su fuente de agua al río Flint, iniciando la crisis.
2. Contaminación por plomo: El agua corrosiva del río provocó que el plomo de las tuberías viejas se filtrara al agua potable, exponiendo a la comunidad a niveles peligrosos de una neurotoxina.
3. Impacto desproporcionado en la salud: La crisis afectó desproporci onadamente a la comunidad predominantemente afroamericana y económicamente desfavorecida de Flint, siendo los niños los que más sufrieron debido a los efectos perjudiciales del plomo en el desarrollo.
4. Negligencia gubernamental: Las investigaciones revelaron que los funcionarios conocían los problemas de calidad del agua pero no actuaron, lo que pone de relieve una grave negligencia en el cumplimiento del deber.
5. Clamor público y atención nacional: La crisis ganó atención nacional debido a los esfuerzos de residentes y activistas, poniendo de relieve la gravedad de la situación.
6. Recuperación a largo plazo: Se iniciaron esfuerzos para volver a la fuente de agua anterior y reparar el daño, pero la confianza y la salud de la comunidad se habían visto profundamente afectadas.

Más allá de la crisis: cuestiones sistémicas y cambios positivos

La crisis de Flint arroja luz sobre desafíos sistémicos más amplios, como la necesidad de una mayor supervisión regulatoria y de abordar las desigualdades que dejan en riesgo a las comunidades vulnerables. En respuesta a la crisis, Flint ha visto esfuerzos para reemplazar las tuberías de plomo y mejorar el monitoreo de la calidad del agua, sentando un precedente para que otras ciudades aborden de manera proactiva vulnerabilidades similares.

Medidas Preventivas y Gobernanza Ética

Para evitar tales tragedias, es crucial implementar marcos regulatorios y mecanismos de supervisión estrictos. Esto incluye pruebas periódicas de la calidad del agua, informes transparentes y participación de la comunidad en los procesos de toma de decisiones. La gobernanza debe basarse en principios éticos que prioricen la salud y la dignidad humanas, especialmente en las decisiones que afectan a las comunidades marginadas.

El imperativo de una gobernanza moral y ética

La crisis del agua en Flint es un poderoso recordatorio de la necesidad de una gobernanza que respete los estándares éticos y morales. Esta crisis debería servir como un llamado a la acción para que todos los responsables de la formulación de políticas incorporen pautas morales en su toma de decisiones, garantizando la protección y el bienestar de todos los ciudadanos. Destaca la importancia de abordar las desigualdades sistémicas y refuerza la necesidad de una gobernanza que sea transparente, responsable y esté impulsada por el bien común.

Las lecciones de Flint resuenan a nivel mundial y enfatizan la necesidad universal de una gobernanza ética en todos los sectores y regiones. Al aprender de esta crisis y comprometernos con una gobernanza ética, podemos trabajar hacia un futuro en el que se eviten tragedias prevenibles y se salvaguarden los derechos y el bienestar de cada miembro de la comunidad.

Prácticas laborales de explotación

Las prácticas laborales de explotación dentro del sistema de comercio global ilustran claramente las graves consecuencias de una gobernanza y un espíritu empresarial desprovistos de consideraciones éticas. Esta cuestión, en la que la maximización de beneficios eclipsa los derechos humanos básicos y la dignidad, pone de relieve la necesidad urgente de una reorientación moral en la gobernanza y las prácticas empresariales.

Comprender las prácticas de explotación

Las prácticas laborales de explotación se manifiestan de diversas formas y afectan a las poblaciones más vulnerables:

1. Talleres de explotación: implican condiciones laborales inhumanas, salarios miserables y, a menudo, trabajo infantil. Los trabajadores soportan largas jornadas en entornos peligrosos por una compensación mínima, como resultado de que las empresas toman atajos para reducir los costos de producción.
2. Trabajo infantil: El trabajo infantil, generalizado en industrias que van desde la agricultura hasta la manufactura, priva a los niños de la educación y de una infancia normal, sometiéndolos a la explotación con fines de lucro.
3. Cadenas de suministro explotadoras: algunas corporaciones multinacionales pasan por alto las prácticas de explotación en sus cadenas de suministro y priorizan la rentabilidad sobre el bienestar de los trabajadores.
4. Protecciones laborales débiles: en regiones con leyes laborales laxas, la explotación prospera debido a la falta de disuasivos legales.
5. Trata de personas: En casos extremos, la explotación laboral se convierte en trata de personas, donde las personas son obligadas a trabajar en contra de su voluntad.

Cuestiones sistémicas y modelos positivos

Estas prácticas están respaldadas por cuestiones sistémicas más amplias, incluidas las disparidades económicas globales y las políticas comerciales que a menudo favorecen a las naciones más ricas. Sin embargo, hay contraejemplos positivos. Por ejemplo, empresas como Patagonia y Ben & Jerry's son elogiadas por su compromiso con las prácticas laborales éticas y sirven como modelos para integrar la responsabilidad social en el éxito empresarial.

Caminos hacia prácticas laborales éticas

Para combatir estas prácticas de explotación, se necesita un enfoque multifacético:

- Implementación de marcos regulatorios sólidos para proteger los derechos de los trabajadores a nivel mundial.
- Fomento de la responsabilidad corporativa, donde las empresas se comprometen con prácticas éticas a lo largo de sus cadenas de suministro.
- Sensibilización del consumidor y defensa de productos elaborados en condiciones laborales justas.
- Cooperación internacional para abordar las desigualdades económicas globales y establecer prácticas comerciales justas.

Navegando desafíos

Si bien la transición hacia prácticas laborales éticas presenta desafíos como mantener la competitividad económica y ajustar los precios al consumidor, estos pueden superarse a través de modelos comerciales innovadores e incentivos políticos. Los gobiernos pueden desempeñar un papel crucial incentivando prácticas comerciales éticas y estableciendo acuerdos comerciales que hagan cumplir las normas laborales.

La gobernanza ética como camino hacia un mundo justo

La explotación de la mano de obra no es un subproducto inevitable del comercio global, sino el resultado de decisiones empresariales y de gobernanza carentes de fundamento moral. Al defender la gobernanza ética y la responsabilidad corporativa, podemos avanzar hacia una sociedad global más equitativa y humana. Este cambio requiere no sólo cambios de políticas sino un compromiso colectivo para valorar la dignidad y los derechos humanos en todos los aspectos de la gobernanza y el comercio. Es un llamado a la acción para todas las partes interesadas para fomentar un mundo donde las prácticas laborales no sólo sean rentables sino también justas y humanas.

Degradación ambiental

La actual crisis climática es un crudo recordatorio de los peligros de una gobernanza que descuida sus responsabilidades morales y éticas. Esta emergencia ambiental, impulsada por ambiciones económicas a corto plazo, plantea una grave amenaza no sólo para nuestra generación actual sino también para el futuro de nuestro planeta. Subraya la necesidad de una gobernanza impregnada de gestión ética.

Examinando las consecuencias

Los impactos devastadores de este fracaso en la gobernanza son múltiples:

1. Aumento de las temperaturas: Las actividades humanas han provocado un aumento constante de las temperaturas globales, lo que ha dado lugar a anomalías climáticas frecuentes e intensas.
2. Derretimiento de los casquetes polares: El derretimiento acelerado del hielo contribuye al aumento del nivel del mar, poniendo en peligro las regiones costeras y bajas.
3. Pérdida de biodiversidad: La destrucción desenfrenada del hábitat y

la contaminación han desencadenado una disminución alarmante de la biodiversidad, desestabilizando los ecosistemas.

4. Agotamiento de los recursos: el consumo excesivo y la extracción insostenible de recursos amenazan la disponibilidad de recursos, lo que genera posibles conflictos y desafíos económicos.

5. Desigualdades sociales: La degradación ambiental afecta desproporc ionadamente a las poblaciones vulnerables, exacerbando las disparidades sociales y de salud.

6. Seguridad alimentaria: El cambio climático plantea riesgos importantes para la agricultura mundial, amenazando la disponibilidad y la estabilidad de los alimentos.

Incorporando Soluciones y Modelos Positivos

Abordar estos desafíos requiere un enfoque multifacético:

- Implementar políticas que reduzcan las emisiones de carbono y fomenten el uso de energías renovables.
- Apoyar prácticas agrícolas y de gestión de recursos sostenibles.
- Aplicar normas estrictas contra actividades que dañen el medio ambiente.
- Promoción de la concienciación de los consumidores y de estilos de vida sostenibles.

Ejemplos de cambios positivos incluyen países como Dinamarca y Costa Rica, que han logrado avances significativos en la adopción de energías renovables y en los esfuerzos de conservación. Estos modelos demuestran que la integración de consideraciones éticas en la gobernanza puede conducir a resultados ambientales exitosos.

Comprender los factores sistémicos

La crisis tiene sus raíces en cuestiones sistémicas más amplias, como las estructuras económicas globales y los comportamientos de los consumidores. Abordar la degradación ambiental requiere un enfoque holístico que considere estos factores subyacentes y fomente esfuerzos de colaboración entre disciplinas y sectores.

El imperativo ético

La crisis climática es de hecho una crisis moral. Exige que infundamos a la gobernanza principios de administración, responsabilidad e interdependencia. Reconociendo nuestro deber moral de proteger el medio ambiente y las comunidades vulnerables, debemos luchar por políticas que equilibren la sostenibilidad ecológica con el desarrollo económico.

Un llamado de atención para la acción ética

Esta crisis es una llamada de atención para integrar urgentemente la moral y la ética en la gobernanza. Nuestras acciones de hoy determinarán la salud de nuestro planeta y el legado que dejemos a las generaciones futuras. Es hora de un cambio de paradigma hacia una gobernanza que valore no sólo la prosperidad económica sino también la sostenibilidad y el bienestar de toda la vida en la Tierra. Que este sea un momento para tomar medidas decisivas y éticas, dando forma a un futuro en el que nuestro planeta y sus habitantes puedan prosperar en armonía.

Desigualdad social y discriminación sistémica

La desigualdad social y la discriminación sistémica representan más que desafíos políticos; son profundas fallas éticas de los sistemas de gobernanza. Estos problemas surgen de una falta de compromiso moral para reconocer y defender la igual dignidad y valor de cada individuo.

Examinemos la naturaleza multifacética de estos problemas y exploremos soluciones transformadoras:

1. Injusticia racial: la discriminación racial sigue profundamente arraigada en muchas sociedades. Las comunidades BIPOC frecuentemente enfrentan barreras sistémicas en educación, empleo y atención médica. Por ejemplo, aunque a veces son controvertidas, se han implementado políticas de acción afirmativa en varios sectores como medio para abordar estas disparidades y promover la diversidad.

2. Brechas salariales de género: La persistente brecha salarial entre géneros no es sólo una cuestión económica sino moral, y refleja la incapacidad de defender el principio de igual salario por igual trabajo. Iniciativas como la norma de igualdad salarial de Islandia demuestran cómo se puede utilizar eficazmente la legislación para abordar esta brecha.

3. Maltrato a comunidades marginadas: los pueblos indígenas y los inmigrantes a menudo sufren discriminación y maltrato. Países como Canadá han comenzado a reconocer y abordar estas injusticias, aunque gradualmente, a través de iniciativas de verdad y reconciliación y políticas más inclusivas.

4. Desigualdades en la justicia penal: Las disparidades en el sistema de justicia penal, como la discriminación racial y las sentencias sesgadas, socavan la confianza y la equidad. Las reformas en lugares como Noruega, que se centran en la rehabilitación más que en el castigo, han resultado prometedoras en la creación de un sistema de justicia más equitativo.

5. Disparidades educativas: el acceso desigual a una educación de calidad perpetúa la desigualdad social. Las iniciativas para aumentar la financiación en distritos escolares de bajos ingresos y las políticas que promueven la igualdad de acceso a la educación, como se observa en algunos países escandinavos, son pasos para mitigar este problema.

6. Disparidades en la atención médica: las desigualdades en el acceso y los resultados de la atención médica requieren atención urgente.

Modelos como el Servicio Nacional de Salud del Reino Unido, cuyo objetivo es brindar atención médica basada en la necesidad y no en la capacidad de pago, ilustran los intentos de crear un sistema de salud más equitativo.

El camino a seguir

Abordar estas cuestiones morales requiere un enfoque de gobernanza que se comprometa con la justicia, la equidad y el reconocimiento del valor inherente de cada individuo. Esto implica no sólo reconocer estas deficiencias éticas sino también trabajar activamente para lograr un cambio sistémico.

Se están logrando avances, aunque son desiguales. El creciente enfoque global en la justicia social, la diversidad y la inclusión es alentador, pero aún queda mucho por hacer. La gobernanza debe priorizar políticas que desmantelen la discriminación sistémica, promuevan la inclusión y garanticen oportunidades equitativas.

La gobernanza ética como base para la equidad

Las cuestiones de la desigualdad social y la discriminación sistémica son recordatorios del imperativo moral que está en el centro de la gobernanza. Al integrar principios éticos en los procesos de toma de decisiones, podemos construir sistemas que satisfagan las necesidades y aspiraciones de todos los individuos, independientemente de su raza, género u origen. Este cambio hacia una gobernanza moral y ética no es sólo un cambio de política; es una transformación fundamental hacia un mundo más justo, equitativo y humano. Es un llamado a la acción para que todos contribuyamos y defendamos una gobernanza que encarne estos valores.

Conclusión: el imperativo de la gobernanza moral

Las duras realidades de la crisis financiera de 2008, la crisis del agua de Flint y los problemas actuales de prácticas laborales de explotación, degradación ambiental y desigualdad social subrayan la profunda necesidad de una gobernanza moral. Estos ejemplos no son sólo incidentes aislados, sino sintomáticos de un problema más amplio: las consecuencias de dejar de lado los principios éticos en la gobernanza.

Lecciones y soluciones sistémicas

1. Perspectiva de la crisis financiera: La crisis financiera de 2008 nos enseñó que descuidar las consideraciones éticas a largo plazo en favor de las ganancias a corto plazo puede provocar daños económicos y sociales generalizados. Una solución sistémica radica en implementar regulaciones financieras y mecanismos de supervisión más sólidos, garantizando la rendición de cuentas y la transparencia en las instituciones financieras.

2. Aprendiendo de Flint: La crisis del agua de Flint puso de relieve los resultados desastrosos de ignorar el bienestar público, especialmente entre las comunidades marginadas. Esto exige políticas que den prioridad a la salud pública y la seguridad ambiental, reforzadas por controles rigurosos y la participación de la comunidad en la toma de decisiones.

3. Abordar la explotación laboral: El fracaso moral evidente en las prácticas laborales de explotación exige un compromiso global con normas laborales justas. Esto incluye hacer cumplir las leyes laborales internacionales y fomentar prácticas éticas en la cadena de suministro entre las corporaciones multinacionales.

4. Abordar los desafíos ambientales: La degradación ambiental debe enfrentarse con políticas sostenibles que equilibren el desarrollo económico con la preservación ecológica, como se ve en países como Dinamarca y Nueva Zelanda, que han logrado avances significativos

en la gobernanza verde.

5. Combatir la desigualdad social: Abordar la discriminación sistémica requiere un enfoque inclusivo en la formulación de políticas, uno que trabaje activamente para desmantelar las barreras y promover la equidad, como lo demuestran varios programas de igualdad de oportunidades en todo el mundo.

Desafíos y relevancia global

La implementación de la gobernanza moral no está exenta de desafíos. Requiere navegar por complejos paisajes políticos, económicos y sociales. Sin embargo, la urgencia de estas cuestiones trasciende las fronteras, lo que hace que la gobernanza moral sea un imperativo global. Los países de todo el mundo, cada uno con sus desafíos únicos, deben comprometerse colectivamente a integrar principios éticos en sus estructuras de gobernanza.

Ejemplos positivos de gobernanza moral

Hay casos alentadores en los que la gobernanza ética ha llevado a cambios positivos. Por ejemplo, el enfoque de Bután en la felicidad nacional bruta como indicador de desarrollo prioriza el bienestar de sus ciudadanos sobre el mero crecimiento económico. De manera similar, el modelo nórdico, con su énfasis en el bienestar social y la igualdad, demuestra el éxito de los modelos de gobernanza arraigados en principios éticos.

Un llamado a la acción ética

Estas cuestiones resaltan la necesidad de un cambio fundamental hacia la gobernanza moral. Esto significa defender políticas y sistemas que defiendan la justicia, la equidad y el bienestar de todos los miembros de la sociedad, no como una ocurrencia tardía sino como un objetivo principal.

A medida que avanzamos, aprendamos tanto de los errores del pasado como de los ejemplos positivos, aceptando el desafío de implementar una gobernanza moral. Es hora de priorizar las consideraciones éticas, no sólo para rectificar errores del pasado sino para allanar el camino hacia un futuro más justo, equitativo y sostenible. Este viaje requiere esfuerzo y compromiso colectivos, y ahora es el momento de actuar. Aprovechemos esta oportunidad para redefinir la gobernanza y crear un mundo que refleje nuestras más elevadas aspiraciones morales.

3

La sacralidad de Nafs (Vida)

El papel del gobierno en la preservación y mejora de la calidad de vida

A menudo percibido como un monolito burocrático, el gobierno debería ser visto como el custodio de nuestro bienestar colectivo. Imaginemos una sociedad que no sólo respete sino que considere sagrado el regalo de la vida, donde cada ciudadano no sólo sobreviva, sino que prospere. Esta visión no es un sueño lejano, sino un objetivo tangible que exige la participación proactiva del gobierno para mejorar la calidad de vida de todos.

Consideremos esto: los gobiernos, que poseen recursos y autoridad sustanciales, están en una posición única para lograr cambios. Su control sobre los presupuestos, la infraestructura y las políticas afecta directamente nuestra vida diaria: atención médica, educación, vivienda y servicios sociales. Cuando Noruega, por ejemplo, centró sus recursos en la atención sanitaria y la educación públicas, vio una mejora espectacular en la calidad de vida de sus ciudadanos. Estos esfuerzos específicos pueden sentar las bases de una existencia digna para todos.

La justicia y el estado de derecho son más que conceptos jurídicos; son el alma de una sociedad justa. Los gobiernos, en este papel, son el escudo contra la explotación, la discriminación y la violencia. Al desmantelar activamente las desigualdades sistémicas, como se ve en los avances de Canadá hacia la igualdad de género, un gobierno puede crear una sociedad donde cada vida no sólo sea reconocida sino valorada.

Las políticas de salud y seguridad públicas son la forma que tiene el gobierno de extender su brazo protector sobre sus ciudadanos. Ya sean regulaciones ambientales, estándares de seguridad alimentaria o campañas de salud, estas medidas son vitales. Consideremos las rigurosas normas de seguridad alimentaria de Japón, que han reducido significativamente las enfermedades transmitidas por los alimentos, lo que ejemplifica cómo dichas políticas pueden mejorar la calidad de vida.

La estabilidad económica, fomentada por las políticas gubernamentales, tiene una influencia directa en nuestras vidas. Las iniciativas que impulsen la creación de empleo, salarios justos y redes de seguridad social son cruciales. La historia de éxito de la economía social de mercado de Alemania es un testimonio de cómo tales medidas pueden salvar las disparidades económicas y defender la santidad de la vida.

En esencia, el papel del gobierno en el fomento y protección de la vida es más que una tarea administrativa; es una profunda obligación moral. Implica reconocer la dignidad inherente de cada individuo y tomar medidas concretas para garantizar que su vida no sólo esté salvaguardada sino también enriquecida.

Como ciudadanos, nos corresponde a nosotros exigir a nuestros gobiernos políticas que pongan la vida y el bienestar en primer plano. Al participar en el proceso democrático, podemos lograr que nuestros gobiernos dejen de ser meros órganos administrativos y se conviertan en verdaderos guardianes del carácter sagrado de la vida. Está dentro de nuestro poder colectivo construir sociedades donde el potencial de cada individuo no sólo sea reconocido sino fomentado, convirtiendo el ideal de lo sagrado de la vida en una realidad viva.

Atención sanitaria para todos: un derecho fundamental

La atención sanitaria para todos trasciende una noble aspiración; es un derecho fundamental que todo individuo merece, independientemente de su origen económico. Países como Canadá y los países nórdicos son un ejemplo de esto, ofreciendo sistemas de salud universales que sobresalen en calidad y accesibilidad. Sin embargo, a nivel mundial, los gobiernos deben darse cuenta de que la atención sanitaria trasciende una partida presupuestaria; es una inversión vital en su activo más preciado: su gente.

La historia de María, una madre soltera de una comunidad marginada en un país sin atención médica universal, subraya este punto. La difícil situación de María, que lucha por controlar su diabetes debido a los altos costos de los medicamentos, refleja la cruda realidad que enfrentan millones de personas y resalta por qué la atención médica no se trata solo del acceso a médicos y hospitales, sino de un enfoque integral que abarca atención preventiva, servicios de salud mental y medicamentos esenciales.

La atención sanitaria universal es una piedra angular para defender la santidad de la vida, tal como se resume en el principio de Nafs, y debería ser una prioridad no negociable para todos los gobiernos. Este es el por qué:

1. Dignidad Humana: Al valorar cada vida, la atención médica como un derecho promueve la dignidad inherente de cada individuo. Es una declaración social de que el bienestar de cada persona es una prioridad.

2. Enfoque preventivo: Al enfatizar la atención preventiva, los sistemas universales, como en Suecia, priorizan la intervención temprana, reducen las costosas complicaciones de salud y mejoran la salud general de la comunidad.

3. Productividad Económica: Los ciudadanos sanos contribuyen de manera más efectiva a la economía. Por ejemplo, los estudios han demostrado que en países con atención médica accesible, la productividad de la fuerza laboral aumenta a medida que se pierden

menos días por enfermedad.

4. Reducción de las disparidades en salud: en un sistema donde todos reciben la misma atención, las disparidades en salud, especialmente entre los grupos desfavorecidos, se reducen significativamente, como se ve en países como Nueva Zelanda.

5. Calidad de vida: Sin la carga de la deuda médica, las personas pueden perseguir sus objetivos de vida sin obstáculos, una libertad esencial para una vida plena.

6. Cohesión social: Brindar atención médica para todos fomenta un sentido más fuerte de comunidad y responsabilidad compartida, reforzando los vínculos sociales y el respeto mutuo.

Sin embargo, adoptar la atención sanitaria universal no está exento de desafíos. Cuestiones como la financiación, la asignación eficiente de recursos y el mantenimiento de altos estándares de atención son preocupaciones genuinas. Los expertos sostienen que con planificación estratégica y participación comunitaria, estos desafíos se pueden gestionar de manera efectiva.

Los países con atención sanitaria universal, contrariamente a algunas creencias, suelen ocupar un lugar destacado en resultados de atención sanitaria y satisfacción de los pacientes. Por ejemplo, según la Organización Mundial de la Salud, Dinamarca constantemente obtiene puntuaciones altas en ambas áreas.

En conclusión, la atención sanitaria para todos es más que una política; es un imperativo moral. Respetar el principio de Nafs significa reconocer que brindar atención médica universal no sólo es posible sino esencial para una sociedad justa, humana y próspera. Es hora de que los gobiernos de todo el mundo den prioridad al bienestar de sus ciudadanos reconociendo la atención sanitaria como un derecho fundamental, no un privilegio.

Garantizar la seguridad económica: más allá del empleo

La seguridad económica trasciende el mero empleo; se trata de crear un entorno en el que todos los ciudadanos puedan prosperar con dignidad y perseguir sus aspiraciones. El papel del gobierno en esto es fundamental, y he aquí por qué no sólo es posible sino fundamentalmente esencial:

1. Salarios dignos: Consideremos Dinamarca, donde el concepto de salario digno está profundamente arraigado. Aquí, el gobierno garantiza que los salarios mínimos permitan a las personas y a las familias satisfacer cómodamente sus necesidades básicas, promoviendo la estabilidad financiera y aliviando el estrés de la incertidumbre económica.

2. Condiciones de trabajo razonables: La seguridad económica también abarca condiciones de trabajo seguras y razonables. Por ejemplo, en Alemania, las estrictas normas de seguridad en el lugar de trabajo y las protecciones contra la discriminación hacen que los trabajos sean más seguros y menos perjudiciales para la salud física y mental.

3. Dignidad en el trabajo: el compromiso de Japón con el respeto y el trato justo de los empleados demuestra cómo la dignidad puede ser fundamental para cada trabajo. Las políticas que promueven la no discriminación y el respeto por las voces de los empleados son cruciales para fomentar un ambiente de trabajo digno.

4. Redes de seguridad social: Es vital contar con redes de seguridad social sólidas. En Canadá, las prestaciones integrales de desempleo y los planes de pensiones han demostrado ser eficaces para evitar que las personas caigan en una espiral de pobreza durante las crisis. Estas medidas subrayan la importancia de una red de seguridad para la seguridad económica.

5. Movilidad económica: La seguridad económica debería permitir la movilidad ascendente. La inversión en educación y formación, como se ve en Finlandia, garantiza que los ciudadanos tengan oportunidades de avance profesional, mejorando sus vidas y las de

sus familias.

6. Calidad de vida: El objetivo final de la seguridad económica es mejorar la calidad de vida. Cuando las personas pueden planificar el futuro, invertir en educación y salud y perseguir sus sueños sin temor a la inestabilidad financiera, la sociedad en su conjunto se beneficia.

7. Reducir la desigualdad: abordar la desigualdad de ingresos también es crucial. Los impuestos progresivos y las políticas para reducir la brecha de riqueza, similares a las de Suecia, son esenciales para crear una sociedad justa y equitativa, preservando la santidad de la vida.

Desafíos como las limitaciones presupuestarias y el impacto en las empresas son preocupaciones reales a la hora de implementar estas medidas. Sin embargo, como destacan los economistas, la planificación estratégica y un enfoque equilibrado pueden mitigar estos desafíos, allanando el camino para una seguridad económica sostenible.

En conclusión, el papel del gobierno para garantizar la seguridad económica no se trata sólo de la creación de empleo; se trata de fomentar un entorno en el que las personas y las familias puedan llevar una vida plena y digna, libres de pobreza o dificultades económicas. Países como Dinamarca, Alemania y Canadá ejemplifican este enfoque, demostrando que no sólo es posible sino imperativo que los gobiernos den prioridad a políticas que fomenten la seguridad económica. Este enfoque se alinea con el principio de Nafs, que defiende la santidad de la vida, haciendo de la seguridad económica una inversión en el bienestar de las personas.

Empoderamiento educativo: el regalo de toda la vida

El empoderamiento educativo se extiende más allá de la mera preparación laboral; es un proceso crucial que forma ciudadanos informados, responsables y compasivos. De acuerdo con el principio de Nafs, los gobiernos deben reconocer la educación como un poder transformador, crucial para el desarrollo holístico. El empoderamiento educativo no es sólo una opción sino una necesidad fundamental, por las siguientes razones:

1. Desarrollo Holístico: La educación debe trascender el conocimiento académico, abrazando la inteligencia emocional, el pensamiento crítico, la creatividad y los valores morales. El sistema educativo finlandés, conocido por su énfasis en el bienestar de los estudiantes y el aprendizaje amplio, ejemplifica este enfoque, preparando a las personas no sólo para sus carreras sino también para los diversos desafíos y oportunidades de la vida.

2. Responsabilidad cívica: Los sistemas educativos sólidos, como los de los Países Bajos, fomentan la responsabilidad cívica y fomentan la participación activa en la democracia y la justicia social. Estos sistemas inculcan la importancia de la empatía y el respeto por la diversidad, cruciales para el bien común.

3. Cohesión social: La educación rompe barreras entre grupos diversos, promoviendo el entendimiento y la armonía. La política educativa de Singapur, centrada en el multiculturalismo y la integración social, demuestra cómo la educación puede fomentar sociedades inclusivas donde se realice el potencial de todos.

4. Movilidad económica: la educación es un camino clave hacia la movilidad económica. Al proporcionar a las personas las habilidades y conocimientos necesarios, la educación reduce la desigualdad de ingresos y contribuye al bienestar social, como lo demuestran las tasas de movilidad ascendente en países como Canadá.

5. Innovación y progreso: una fuerza laboral bien educada impulsa la innovación. Las inversiones de Corea del Sur en educación han dado lugar a avances significativos en tecnología y otros campos, lo que muestra el vínculo entre la inversión educativa y el progreso nacional.

6. Competitividad global: En el mundo interconectado de hoy, naciones como Alemania, con sus sólidos sistemas educativos, demuestran cómo la educación es vital para la competitividad global y la adaptación económica.

7. Aprendizaje permanente: Los gobiernos comprometidos con el empoderamiento educativo, como Nueva Zelanda, ofrecen oportu-

nidades de aprendizaje continuo para todas las edades, fomentando el crecimiento personal y profesional continuo.

8. Preservación del patrimonio cultural: La educación desempeña un papel clave en la preservación del patrimonio cultural. El enfoque de Japón para integrar los conocimientos y costumbres tradicionales en su plan de estudios educativo enriquece su identidad cultural.

Sin embargo, es necesario abordar desafíos como las limitaciones presupuestarias y el equilibrio entre los métodos educativos tradicionales e innovadores. Como señalan los expertos en educación, la inversión estratégica y las políticas inclusivas son clave para superar estos obstáculos.

En conclusión, el empoderamiento educativo no es un lujo sino una necesidad para los gobiernos que valoran la santidad de la vida y el bienestar de sus ciudadanos. Es una inversión para crear personas informadas, responsables y compasivas que contribuyan a una sociedad justa, próspera y progresista. La educación es un regalo para toda la vida que sigue dando, y su poder transformador debería ser una prioridad absoluta para todas las naciones.

Salud mental: la prioridad silenciosa

La salud mental, a menudo una prioridad silenciosa, es crucial en los debates sobre la calidad de vida. Un gobierno alineado con el principio de Nafs reconoce el imperativo del bienestar mental. He aquí por qué la salud mental debería estar a la vanguardia de cualquier modelo de gobernanza que valore la santidad de la vida:

1. Bienestar Integral: La calidad de vida incluye el bienestar tanto físico como mental. Los estudios muestran que ignorar la salud mental puede conducir a una disminución de la productividad y un aumento de los problemas de salud física, como lo demuestra un informe de la Organización Mundial de la Salud que vincula la salud mental con las enfermedades crónicas.

2. Enfoque preventivo: Los programas de salud mental se centran tanto en la prevención como en el tratamiento. El éxito de las estrategias de intervención temprana de Noruega, por ejemplo, ilustra cómo dichos enfoques pueden aliviar las cargas del sistema de salud y mejorar la calidad de vida.

3. Productividad e Innovación: Existe una correlación directa entre el bienestar mental y la productividad nacional. Por ejemplo, las empresas australianas que implementan programas de salud mental han informado de una mayor innovación y eficiencia.

4. Reducir los costos sociales: abordar los problemas de salud mental puede reducir los costos sociales como la delincuencia y la falta de vivienda. En Estados Unidos, las reformas de salud mental se han relacionado con la disminución del número de personas sin hogar y del abuso de sustancias en varias ciudades importantes.

5. Mejorar los resultados educativos: La implementación de programas de salud mental en las escuelas, similares a los de Japón, conduce a un mejor rendimiento académico y bienestar de los estudiantes.

6. Fomento de la cohesión social: las iniciativas de salud mental basadas en la comunidad, como las de Canadá, han fomentado con éxito conexiones sociales y una participación comunitaria más sólidas.

7. Competitividad global: una fuerza laboral mentalmente sana mejora la competitividad global de una nación. El enfoque de Corea del Sur en la salud mental en el lugar de trabajo ha mejorado su posición en el mercado global.

8. Reducir el estigma: los gobiernos pueden desempeñar un papel fundamental a la hora de desestigmatizar la salud mental. Las campañas de concientización pública del Reino Unido han cambiado significativamente las percepciones públicas sobre las enfermedades mentales.

9. Mejora de la calidad de vida: en última instancia, la salud mental es clave para mejorar la calidad de vida en general. Una encuesta realizada en Nueva Zelanda indicó una mayor satisfacción con la vida en las poblaciones con acceso a servicios de salud mental.

Los desafíos para priorizar la salud mental incluyen restricciones presupuestarias y la integración de la salud mental con otras prioridades de atención médica. Sin embargo, como señalaron los expertos en salud mental, las soluciones innovadoras y las colaboraciones intersectoriales pueden superar estas barreras, haciendo que la atención de salud mental sea accesible y eficaz.

En conclusión, la salud mental es un imperativo social, no sólo una cuestión de atención sanitaria. Los gobiernos visionarios entienden que el bienestar mental es fundamental para la santidad de la vida. Al integrar programas de salud mental en la educación, los lugares de trabajo y los servicios públicos, los gobiernos pueden mejorar la calidad de vida de los ciudadanos, reducir los costos sociales y preparar a sus naciones para una mayor prosperidad y bienestar. Dar prioridad a la salud mental como se merece es esencial para un enfoque de gobernanza holístico y compasivo.

Gestión ambiental: un mundo habitable para todos

La gestión ambiental no es simplemente una opción; es un imperativo moral y ético para cualquier gobierno que valore la santidad de la vida. Esta responsabilidad se extiende más allá del ámbito del activismo ambiental para convertirse en una piedra angular de la gobernanza, crucial para mejorar la calidad de vida de todos los ciudadanos:

1. Supervivencia básica: El aire y el agua limpios son fundamentales para la supervivencia humana. Por ejemplo, en Nueva Zelanda, las políticas gubernamentales centradas en la conservación del agua y el control de la contaminación han mejorado notablemente los resultados de salud pública.

2. Salud y bienestar: el vínculo entre los contaminantes ambientales y los problemas de salud, como las enfermedades respiratorias y el cáncer, está bien documentado. Las estrictas regulaciones de calidad del aire de Japón han reducido significativamente los problemas de salud relacionados con la contaminación, lo que demuestra el papel

del gobierno en la salvaguardia de la salud de sus ciudadanos.

3. Vida Sostenible: Las prácticas sostenibles son esenciales para el bienestar del planeta a largo plazo. El compromiso de Alemania con la energía renovable y la gestión responsable de los recursos sirve como modelo de vida sostenible, beneficiando tanto a las generaciones actuales como a las futuras.

4. Estabilidad económica: los desastres ambientales pueden devastar las economías. La inversión de los Países Bajos en infraestructura de protección contra inundaciones es un ejemplo de cómo la protección ambiental también salvaguarda la estabilidad económica de una nación.

5. Responsabilidad global: El cambio climático requiere una acción global. El liderazgo de Suecia en la promoción de acuerdos climáticos internacionales muestra la importancia de los roles gubernamentales en el escenario global.

6. Equidad de recursos: la degradación ambiental a menudo impacta de manera desproporcionada a las comunidades marginadas. Las iniciativas de Canadá para abordar las injusticias ambientales en los territorios indígenas resaltan la necesidad de una distribución equitativa de los recursos.

7. Innovación y creación de empleo: la protección del medio ambiente puede estimular el crecimiento económico. El crecimiento del sector de la tecnología verde en Estados Unidos, por ejemplo, ha creado numerosos puestos de trabajo y al mismo tiempo ha contribuido a la sostenibilidad ambiental.

8. Resiliencia frente a los desastres: prepararse para los desastres naturales es cada vez más vital. Los programas avanzados de preparación para terremotos de Japón son un ejemplo de medidas eficaces de respuesta gubernamental para proteger a los ciudadanos y las propiedades.

9. Preservar la biodiversidad: La biodiversidad es crucial para la estabilidad del ecosistema. Los esfuerzos de Brasil en la selva amazónica demuestran la importancia de las acciones gubernamentales para

preservar la biodiversidad para las generaciones futuras.

10. Responsabilidad ética: En última instancia, la gestión ambiental es un deber ético que trasciende la política. Cada gobierno tiene la responsabilidad de proteger el planeta para las generaciones actuales y futuras, como se ve en las amplias políticas de conservación de Costa Rica.

Si bien los desafíos como los impactos económicos y las preocupaciones sobre la viabilidad son reales, los expertos enfatizan que las soluciones políticas innovadoras y la colaboración internacional pueden superar estas barreras, allanando el camino para una gestión ambiental sostenible.

En conclusión, la gestión ambiental es una cuestión de obligación moral y ética, no un debate político. Los gobiernos deben priorizar la protección ambiental y las prácticas sostenibles, como lo ejemplifican países como Nueva Zelanda, Japón, Alemania y otros. Al tomar medidas audaces para proteger el medio ambiente, los gobiernos pueden asegurar un futuro mejor, más saludable y más próspero para todos los ciudadanos. El aire limpio, el agua y un mundo habitable son elementos indispensables para una vida de calidad y deben salvaguardarse mediante una administración comprometida.

Inclusión social: el tejido de una sociedad fuerte

La inclusión social es más que una palabra de moda contemporánea; es la piedra angular de una sociedad justa y armoniosa. Es imperativo que los gobiernos tomen medidas proactivas y persuasivas para promover la inclusión social, la igualdad de género y la equidad racial para garantizar una alta calidad de vida para todos los ciudadanos:

1. Dignidad humana: La discriminación, ya sea por motivos de raza, género, etnia o cualquier otro factor, es una afrenta directa a la dignidad humana. Por ejemplo, el modelo escandinavo, centrado en la igualdad de derechos, demuestra cómo las políticas gubernamentales

pueden defender la dignidad de cada ciudadano.

2. Cohesión social: Las sociedades inclusivas, ejemplificadas por la política de multiculturalismo de Canadá, mejoran la confianza, la cooperación y la solidaridad entre ciudadanos de diversos orígenes, fortaleciendo los vínculos sociales.

3. Prosperidad económica: la exclusión y los prejuicios sofocan el talento y el crecimiento económico. La política de Empoderamiento Económico Negro (BEE) de Sudáfrica ilustra cómo las prácticas inclusivas crean oportunidades para que todos los ciudadanos contribuyan a la economía.

4. Igualdad ante la ley: el marco legal de Nueva Zelanda, que garantiza la igualdad de derechos para todos los grupos, ejemplifica el principio de igualdad ante la ley en acción.

5. Educación y Concientización: La educación es vital para fomentar la inclusión. Países como Alemania han implementado programas educativos que promueven la diversidad y la tolerancia, desafiando efectivamente los estereotipos.

6. Igualdad de género: la discriminación de género limita el progreso social. Las políticas suecas que promueven la igualdad de género en todos los sectores son un modelo a seguir para otros.

7. Equidad racial: abordar el racismo sistémico es fundamental. Las políticas de acción afirmativa de Estados Unidos son pasos hacia la rectificación de injusticias históricas y el desmantelamiento de estructuras discriminatorias.

8. Equidad en salud: el acceso igualitario a servicios de salud de calidad, como se ve en el Servicio Nacional de Salud del Reino Unido, garantiza que todos los ciudadanos, independientemente de su origen, reciban una atención adecuada.

9. Servicios sociales: La prestación de servicios sociales integrales, como en Francia, apoya a las poblaciones vulnerables y promueve la equidad.

10. Enriquecimiento Cultural: La diversidad enriquece a las sociedades. El apoyo de Australia a las culturas y lenguas indígenas demuestra el

valor de la diversidad cultural.

11. Representación política: La representación diversa en la gobernanza, como se ve en el sistema parlamentario de la India, garantiza que se escuchen diversas voces en los procesos de toma de decisiones.

12. Combatir el odio y el extremismo: posturas firmes contra el discurso de odio y la discriminación, como las adoptadas en Noruega, son cruciales para mantener la armonía social.

13. Campañas de concientización pública: Las campañas persuasivas de concientización pública, similares a las realizadas en Brasil, desafían los estereotipos y promueven la inclusión social.

14. Recopilación y seguimiento de datos: el seguimiento del progreso en la inclusión social, como se practica en los Países Bajos, informa las intervenciones específicas.

15. Participación comunitaria: la participación directa con comunidades marginadas, una práctica en Japón, ayuda a comprender y abordar sus desafíos únicos.

Desafíos como las restricciones presupuestarias y el equilibrio de las diversas necesidades sociales son reales pero no insuperables. Como señalaron los expertos en política social, el diseño de políticas innovadoras y la participación comunitaria pueden abordar estos desafíos de manera efectiva.

En conclusión, la inclusión social, la igualdad de género y la equidad racial son esenciales para una sociedad fuerte y próspera. Los gobiernos deben liderar el fomento de una cultura de respeto e igualdad y promulgar políticas que promuevan el bienestar de todos los ciudadanos. Como lo demuestran las prácticas en todo el mundo, es hora de que los gobiernos reconozcan y aprovechen el poder de la inclusión para construir un futuro mejor para todos.

Conclusión: la visión por la que debemos luchar

La visión por la que debemos esforzarnos trasciende el papel tradicional de los gobiernos como meros administradores. Los eleva al estatus de arquitectos del bienestar social, donde la mejora de la calidad de vida no es un ideal elevado sino una obligación imperiosa. Esta visión ve al gobierno no como un aparato burocrático, sino como el guardián del bienestar público, con acciones que moldean las vidas de los ciudadanos y el futuro de la nación. Así es como esta visión puede ser convincente y esencial:

1. Gobernanza centrada en las personas: Las políticas y decisiones deben priorizar el bienestar, la dignidad y los derechos de cada individuo, similar a los enfoques vistos en los países nórdicos, donde los sistemas integrales de bienestar reflejan un profundo compromiso con una gobernanza centrada en las personas.

2. Resolución proactiva de problemas: al igual que la planificación urbana con visión de futuro de Singapur, los gobiernos deben anticipar los desafíos sociales en salud, economía y educación, desarrollando soluciones proactivas e innovadoras.

3. Justicia social: Un compromiso con la justicia social, similar a los esfuerzos de reconciliación de Canadá con las comunidades indígenas, garantiza abordar activamente la desigualdad y la marginación.

4. Prosperidad sostenible: Las políticas económicas deberían traducirse en mejores vidas para las personas, como se ve en el presupuesto de bienestar de Nueva Zelanda, que prioriza el bienestar de los ciudadanos sobre el crecimiento del PIB.

5. Unidad y cohesión: Los gobiernos deben salvar las divisiones, garantizando que nadie se quede atrás, de manera muy similar a los esfuerzos de Alemania para integrar a los inmigrantes y refugiados en la sociedad.

6. Empoderamiento e inclusión: Al brindar igualdad de acceso a oportunidades, como lo ejemplifica la igualdad de género en la representación política de Ruanda, los gobiernos pueden empoderar

a las personas para que lleven una vida plena.

7. Capacidad de respuesta: Al igual que las reuniones públicas en Suiza, los gobiernos deberían involucrarse activamente con el público, buscando retroalimentación y ajustando las políticas en consecuencia.

8. Liderazgo global: Los gobiernos pueden predicar con el ejemplo en el escenario global, abogando por la paz y la sostenibilidad, de manera muy similar al papel de liderazgo desempeñado por la Unión Europea en las negociaciones sobre el cambio climático.

9. Responsabilidad Colectiva: El papel de los ciudadanos también es vital. Así como las iniciativas impulsadas por la comunidad en Dinamarca contribuyen al bienestar social, las personas deben involucrarse e informarse, participando activamente en la configuración de su sociedad.

10. Acción inmediata: La urgencia de esta visión queda ejemplificada por la rápida respuesta de Corea del Sur a la pandemia de COVID-19, que muestra que una gobernanza inmediata y compasiva no solo es posible sino necesaria.

Si bien desafíos como la viabilidad política y las limitaciones presupuestarias son reales, los analistas políticos señalan que con una gobernanza innovadora y la participación ciudadana, estas barreras se pueden superar de manera efectiva.

En conclusión, esta visión no es un sueño inalcanzable sino una meta esencial. El poder persuasivo del cambio está en manos de personas que exigen un gobierno que realmente sirva a su pueblo. Al observar ejemplos en todo el mundo, podemos ver que esta visión no sólo es convincente sino también realizable. Su participación activa, defensa y apoyo a dicha visión pueden convertirla en realidad. Únase al movimiento por un gobierno que dé prioridad al bienestar de sus ciudadanos. El tiempo es ahora.

Por qué la atención sanitaria, la seguridad y el respeto por la vida no son negociables en la gobernanza

La atención sanitaria, la seguridad y el respeto por la vida no son sólo opciones políticas de gobernanza; son sus piedras angulares fundamentales. Llegar a un acuerdo sobre estos aspectos socava fundamentalmente la esencia de la gobernanza. He aquí un argumento convincente de por qué estos principios no son negociables:

1. El valor de la vida: El bien más preciado que posee cualquier individuo es la vida. Es la fuente de la que emanan todos los demás derechos. Por ejemplo, el modelo de atención sanitaria universal en países como Canadá demuestra un compromiso con la preservación y mejora de la vida, cumpliendo un deber fundamental de gobernanza.

2. Confianza pública: la gobernanza es un contrato social basado en la confianza. La incapacidad de un gobierno para garantizar la seguridad de sus ciudadanos, similar a las deficiencias observadas en las respuestas de emergencia a los desastres naturales en algunos países, erosiona la confianza y desestabiliza la sociedad.

3. Imperativo moral: Dar prioridad a la atención médica y la seguridad refleja los estándares éticos de la sociedad. Un gobierno que descuida estas áreas, al igual que aquellos criticados por las organizaciones internacionales de derechos humanos, traiciona los principios sobre los que se construyen las sociedades civilizadas.

4. Estabilidad económica y social: Una población sana y segura es crucial para la estabilidad. La agitación económica resultante de sistemas de salud inadecuados, como se observa en los países en desarrollo, subraya esta realidad.

5. Dignidad humana: Brindar atención médica y garantizar la seguridad son formas clave de defender la dignidad. El modelo de bienestar escandinavo, que enfatiza la igualdad de acceso a la atención médica y la seguridad, resalta cómo se valora cada vida, independientemente

del estatus social.

6. Preparación para las crisis: Una infraestructura sólida de atención médica y seguridad es crucial en las crisis, como lo ha demostrado la pandemia de COVID-19. Los países con sistemas de salud sólidos, como Corea del Sur, respondieron de manera más efectiva, lo que demuestra la importancia de la preparación.

7. Reputación global: la forma en que una nación trata a sus ciudadanos afecta su posición global. La aclamada respuesta de Nueva Zelanda a las cuestiones de seguridad pública ha mejorado su reputación internacional, mientras que los fracasos en esta área han empañado la imagen de otras naciones.

8. Cohesión social: Las políticas inclusivas de salud y seguridad, como las de Alemania, promueven la cohesión social, reducen las desigualdades y fomentan un sentido de unidad.

9. Sostenibilidad a largo plazo: Garantizar el bienestar de los ciudadanos contribuye a la estabilidad a largo plazo. Por ejemplo, la inversión de Noruega en salud y seguridad públicas ha dado lugar a una sociedad más sana y sostenible.

10. Derechos humanos: la atención médica, la seguridad y el respeto por la vida están arraigados en convenciones internacionales de derechos humanos. La Declaración Universal de Derechos Humanos, de la que la mayoría de los países son signatarios, obliga a los gobiernos a defender estos derechos.

En conclusión, la atención sanitaria, la seguridad y el respeto por la vida no son opcionales en la gobernanza; son su esencia misma. Al observar ejemplos en todo el mundo, queda claro que estos elementos guían las decisiones políticas y reflejan los valores de una sociedad justa y compasiva. Por lo tanto, deberían estar a la vanguardia de cualquier modelo de gobernanza, en el entendido de que cualquier compromiso en estas áreas no sólo erosiona la confianza pública sino que también amenaza la dignidad y el bienestar de los ciudadanos.

Atención sanitaria: una cuestión de dignidad humana básica

El acceso a una atención sanitaria de calidad es un derecho fundamental y una cuestión de dignidad humana básica, no un lujo. He aquí un argumento convincente de por qué la atención sanitaria es un aspecto indispensable de la gobernanza:

1. Valor inherente de la vida: El derecho de todo individuo a una vida sana y plena es sacrosanto. Países como Japón, con su sistema de salud universal, demuestran cómo la atención médica preserva y protege este activo invaluable, que encarna el principio de que cada vida humana tiene valor.

2. Prevenir el sufrimiento indebido: En los países en desarrollo donde el acceso a la atención médica es limitado, las trágicas consecuencias de las enfermedades prevenibles son claramente evidentes. Garantizar el acceso a la atención sanitaria es una declaración de que un gobierno valora el bienestar y la dignidad de sus ciudadanos, no sólo su productividad económica.

3. Igualdad y equidad: El modelo de atención sanitaria escandinavo ilustra cómo una atención de calidad para todos, independientemente de su estatus socioeconómico, defiende la justicia y la equidad, nivelando el campo de juego social.

4. Sociedad Productiva: Los ciudadanos sanos son esenciales para una sociedad próspera. En Alemania, el acceso generalizado a la atención médica se correlaciona con una alta productividad y dinamismo económico, lo que muestra los beneficios sociales de una población sana.

5. Bienestar familiar: El impacto de la atención médica accesible en la estabilidad familiar es profundo. En Canadá, la atención sanitaria universal reduce las cargas emocionales y financieras de las familias, salvaguardando el bienestar de comunidades enteras.

6. Atención preventiva: Las medidas preventivas, como las del sistema de salud de Australia, salvan vidas y reducen los costos a largo plazo,

lo que ejemplifica una inversión prudente en la salud de la población.

7. Reputación global: Naciones como los Países Bajos, conocidas por sus excelentes sistemas de salud, son respetadas globalmente, lo que mejora su posición diplomática y fomenta relaciones internacionales positivas.

8. Obligación moral y ética: La gobernanza ética, como se ve en las políticas de atención sanitaria de Nueva Zelanda, refleja un compromiso con la justicia, la compasión y la santidad de la vida, que resuena con los valores sociales.

9. Preparación para las crisis: La pandemia de COVID-19 puso de relieve la importancia de contar con sistemas sanitarios sólidos, como lo demuestra la respuesta eficaz de Corea del Sur, lo que subraya la importancia de la infraestructura sanitaria en la gestión de crisis.

10. Prosperidad a largo plazo: Un estudio de la Organización Mundial de la Salud muestra que las naciones que invierten en atención médica tienen más probabilidades de experimentar un crecimiento económico a largo plazo, haciéndose eco del concepto de que una población sana es próspera.

En conclusión, la atención sanitaria no es un aspecto negociable de la gobernanza; es una afirmación del valor intrínseco de cada vida humana. Como lo demuestran las prácticas en países como Japón, Alemania y los Países Bajos, es un reflejo de una sociedad justa y compasiva que reconoce el derecho humano básico a vivir sin sufrimiento indebido. Por lo tanto, los gobiernos deben priorizar la atención médica como un pilar fundamental de su responsabilidad para con sus ciudadanos, garantizando que sea accesible para todos como una cuestión de dignidad humana básica.

Seguridad: el papel fundamental del gobierno

La seguridad trasciende ser un mero ideal o un resultado deseable; es la piedra angular sobre la que descansa una gobernanza eficaz. Este pasaje describe por qué la seguridad es un aspecto indispensable de la gobernanza y una prioridad no negociable:

1. Fundación de la sociedad: La seguridad constituye la base de todas las sociedades, como lo demuestra la transformación observada en sociedades post-conflicto como Ruanda, donde reconstruir una sensación de seguridad fue clave para la cohesión social y la reconstrucción comunitaria.

2. Necesidad humana básica: La seguridad, buscada instintivamente, es esencial para una población próspera. Esto es evidente en países con altos índices de seguridad, como Dinamarca, donde los ciudadanos participan más activamente en actividades sociales y económicas.

3. Confianza en el gobierno: la correlación entre seguridad y confianza pública es evidente en lugares como Singapur, donde los altos estándares de seguridad han fomentado una profunda confianza en las instituciones gubernamentales.

4. Prosperidad económica: Las naciones económicamente prósperas, como Japón, subrayan la seguridad como un requisito previo para el crecimiento económico, fomentando el desarrollo empresarial y el turismo.

5. Calidad de vida: Un entorno seguro, como se ve en Canadá, mejora el bienestar general y permite a las personas disfrutar de la educación, la atención sanitaria y la recreación sin miedo.

6. Derechos humanos: La seguridad como derecho humano se resume en los países que se adhieren a las normas internacionales de derechos humanos, donde los gobiernos protegen legal y éticamente la seguridad de sus ciudadanos.

7. Prevención de daños: El enfoque proactivo hacia la seguridad en países como Australia, con estrictos estándares ambientales y de seguridad de productos, demuestra la importancia de las medidas preventivas en la gobernanza.

8. Orden público: El papel de la seguridad en el mantenimiento del orden público se ejemplifica en países con sistemas legales sólidos, donde la coexistencia pacífica y la resolución de disputas a través de

medios legales son las normas.

9. Libertad y expresión: en países con altos estándares de seguridad, como Noruega, la gente disfruta de una mayor libertad de expresión, lo que contribuye a una sociedad vibrante y abierta.

10. Bienestar psicológico: el vínculo entre seguridad y salud mental es evidente en sociedades con bajas tasas de criminalidad, donde los niveles más bajos de estrés y ansiedad contribuyen a la felicidad general.

11. Reputación global: Los países reconocidos por su seguridad, como Suiza, atraen asociaciones e inversiones internacionales, destacando la importancia global de un entorno seguro.

12. Resolución de conflictos: Las estrategias efectivas de resolución de conflictos, como se ven en los esfuerzos de consolidación de la paz en países como Colombia, ilustran el papel de la seguridad para mitigar las tensiones y fomentar la armonía.

En conclusión, la seguridad es una responsabilidad fundamental de la gobernanza, no un lujo. Es fundamental para crear una sociedad justa y funcional. Ejemplos de todo el mundo, desde la reconstrucción posconflicto de Ruanda hasta el próspero compromiso social de Dinamarca, demuestran que la seguridad es crucial para que todos los demás aspectos de la vida prosperen. Los gobiernos deben priorizar la seguridad, equilibrándola con las libertades personales y las restricciones presupuestarias, para garantizar el bienestar y la estabilidad a largo plazo de sus sociedades. Por lo tanto, la seguridad debe ser una prioridad inquebrantable para los gobiernos a nivel mundial, parte integral de la visión de un mundo justo, próspero y armonioso.

Respeto a la vida: el imperativo ético

El respeto a la vida es más que una directriz moral; es la base ética que debería sustentar cada faceta de la gobernanza. Este principio no es negociable y debería guiar a todo gobierno responsable. Aquí hay una perspectiva mejorada:

1. Dignidad inherente: Todo ser humano posee dignidad inherente. El enfoque posterior al genocidio del gobierno de Ruanda en la dignidad humana y la reconciliación muestra este principio en acción, reconociendo el valor intrínseco de cada individuo.

2. Igualdad y Justicia: La gobernanza ética, como la que se observa en los países nórdicos, busca desmantelar las desigualdades sistémicas, garantizando justicia y trato igualitario para todos los ciudadanos, ejemplificando la creencia de que cada vida tiene el mismo valor.

3. Compasión y empatía: el enfoque de Nueva Zelanda hacia el bienestar social, especialmente al abordar la pobreza infantil, refleja cómo los gobiernos pueden incorporar la compasión y la empatía en sus políticas, apoyando a quienes atraviesan dificultades.

4. Responsabilidad ambiental: La gestión del gobierno costarricense en la protección de la biodiversidad ilustra el respeto por todas las formas de vida, enfatizando la sostenibilidad ambiental y la interconexión de los ecosistemas.

5. Relaciones Internacionales: La diplomacia de paz de Noruega demuestra una gobernanza ética en el escenario global, participando en políticas exteriores justas y pacíficas que respetan la soberanía y los derechos de otras naciones.

6. Transparencia y rendición de cuentas: La transparencia y la participación ciudadana en modelos de gobernanza como el sistema de gobernanza electrónica de Estonia ejemplifican cómo el escrutinio abierto y la rendición de cuentas pueden alinear las acciones gubernamentales con el principio de respeto a la vida.

7. Prevención de daños: Las estrategias de preparación y respuesta a desastres de Japón, particularmente en tecnología sísmica, muestran cómo los gobiernos pueden proteger proactivamente a los ciudadanos de los daños.

8. Pensamiento a largo plazo: El enfoque de Bután en la felicidad nacional bruta sobre el PIB es un modelo de gobernanza ética a

largo plazo, que prioriza el bienestar de las generaciones futuras y reconoce la naturaleza multifacética de la vida humana.

9. Derechos humanos: La Constitución de Sudáfrica posterior al apartheid, que defiende los derechos humanos como elementos centrales, demuestra un compromiso con el derecho fundamental a la vida, evitando prácticas que infrinjan estos derechos.

10. Confianza pública: El alto nivel de confianza pública en gobiernos como el de Singapur, donde se prioriza la seguridad y el bienestar de los ciudadanos, subraya cómo el respeto a la vida puede generar confianza en la gobernanza y fomentar el compromiso cívico.

En conclusión, el respeto a la vida debe ser el norte ético que oriente las acciones gubernamentales. Como se ve en ejemplos desde Ruanda hasta Bután, este principio no es sólo un imperativo moral sino la base de una sociedad justa, humana y sostenible. Los gobiernos que priorizan el respeto por la vida en sus políticas y acciones establecen un estándar para la gobernanza ética. Los ciudadanos, a su vez, deben hacer que sus gobiernos rindan cuentas respecto de este principio, garantizando que el respeto por la vida siga siendo un tema central en la formulación de políticas y la gobernanza. Este compromiso con una gobernanza ética, sustentada en el respeto por la vida, es esencial para construir un mundo que valore a cada individuo y preserve la dignidad y la igualdad de todos.

La consecuencia del compromiso: una sociedad en riesgo

Hacer concesiones en materia de atención médica, seguridad o respeto por la vida conlleva consecuencias profundas y de largo alcance que repercuten en todos los aspectos de la sociedad. A continuación presentamos una mirada mejorada al daño que tales compromisos pueden infligir:

1. Pérdida de vidas humanas: Los trágicos resultados del compromiso de la atención sanitaria son claramente evidentes en casos como la crisis de la COVID-19 en la India, donde la falta de preparación

provocó una devastadora pérdida de vidas. Las enfermedades y lesiones prevenibles pueden convertirse en una tragedia generalizada y dejar profundas cicatrices en las comunidades.

2. Mayor sufrimiento: en países donde la infraestructura sanitaria es inadecuada, como ciertas zonas rurales de África, las personas soportan sufrimiento innecesario debido a enfermedades tratables. Esto no sólo afecta a la persona sino que también supone una pesada carga emocional y financiera para las familias.

3. Impacto económico: Las repercusiones económicas se ven claramente después de las emergencias de salud pública. El brote de SARS, por ejemplo, le costó miles de millones a la economía mundial, lo que pone de relieve cómo invertir en atención médica es mucho más rentable que gestionar las crisis post facto.

4. Erosión de la seguridad: una disminución de la seguridad pública, como se observa en países que experimentan agitación política, conduce al aislamiento social y a una menor participación comunitaria, lo que afecta negativamente la salud mental y la cohesión social.

5. Desconfianza en el gobierno: La crisis del agua en Flint, Michigan, EE. UU., es un excelente ejemplo de cómo los compromisos de seguridad erosionan la confianza en el gobierno, lo que genera cinismo y desinterés a largo plazo entre los ciudadanos.

6. Reputación disminuida: A nivel internacional, los países que no respetan el respeto básico a la vida, como aquellos con malos antecedentes en materia de derechos humanos, sufren una credibilidad reducida, lo que afecta sus relaciones diplomáticas y comerciales.

7. División social: Las disparidades en el acceso a la atención médica pueden generar malestar social, como se vio durante la Primavera Árabe, donde una de las quejas fue el acceso desigual a los recursos, incluida la atención médica.

8. Fuga de cerebros: Los países con atención médica y seguridad comprometidas, como Venezuela, a menudo son testigos de una "fuga de cerebros" a medida que los profesionales buscan mejores oportunidades en el extranjero, lo que impide el crecimiento nacional

a largo plazo.

9. Crisis de salud pública: La falta de preparación para el brote de ébola en África occidental demostró cómo un sistema de salud comprometido puede conducir a crisis de salud pública catastróficas.

10. Erosión de los derechos humanos: Negar el respeto por la vida conduce a violaciones de los derechos humanos, como se ve en el tratamiento de los refugiados en diversos contextos globales, donde la falta de acceso a las necesidades básicas y a condiciones de vida seguras es una triste realidad.

11. Confianza pública: la gestión exitosa de crisis como la respuesta de Nueva Zelanda al terremoto de Christchurch demuestra cómo defender la seguridad y la atención médica puede reforzar la confianza pública en el gobierno.

En conclusión, el coste de comprometer la atención sanitaria, la seguridad o el respeto por la vida es demasiado alto para cualquier sociedad. Estas no son meras opciones políticas sino responsabilidades fundamentales de la gobernanza. Los gobiernos deben priorizar estas áreas, aprender de ejemplos globales e implementar estrategias para mitigar los riesgos. De ello dependen el bienestar de los ciudadanos, la estabilidad de la economía y la integridad de una nación. Una sociedad dispuesta a ceder en estos principios fundamentales pone en riesgo no sólo su bienestar presente sino también su prosperidad futura y su posición global.

Conclusión: los principios que debemos defender

Los principios de atención sanitaria, seguridad y respeto por la vida no son meros ideales de gobernanza; son la base sobre la que se asienta una sociedad justa y compasiva. Reflexionando sobre su innegable importancia, reiteremos su importancia crucial:

1. La atención sanitaria como derecho humano: La historia del modelo de atención sanitaria universal en países como Canadá ilustra que

el acceso a una atención sanitaria de calidad es un derecho humano básico, no un privilegio. Es un reconocimiento del valor inherente de cada individuo y un compromiso de garantizar que nadie sufra innecesariamente por falta de atención médica.

2. La seguridad como fundamental: Las consecuencias de descuidar la seguridad pública son evidentes en casos como el aumento de la violencia y la inseguridad en las ciudades donde las medidas de aplicación de la ley y de seguridad pública se han visto comprometidas. La seguridad es fundamental para que las personas lleven una vida plena, libre de miedos y peligros, permitiéndoles contribuir significativamente a sus comunidades.

3. El respeto a la vida como imperativo moral: Respetar la vida va más allá de la política o la economía; es una responsabilidad ética. El impacto de las políticas que valoran la vida se ve en naciones que han adoptado posturas firmes contra la pena capital o las prácticas inhumanas, demostrando su compromiso con la dignidad humana.

Estos principios no sólo deben consagrarse en documentos sino también manifestarse en acciones y políticas tangibles. Como ciudadanos, debemos responsabilizar a nuestros gobiernos por defender estos valores, exigiendo transparencia, justicia y compasión en la gobernanza.

En nuestra búsqueda colectiva de una sociedad floreciente, estos principios deben ser más que lemas; deberían ser realidades vividas. Es imperativo abogar por políticas que prioricen el bienestar de todos. Por ejemplo, la respuesta global a la pandemia de COVID-19 destacó la necesidad de contar con sistemas de salud sólidos y la importancia de la acción gubernamental para garantizar la seguridad pública y el respeto por la vida.

Al enfrentar desafíos como las limitaciones económicas y las divisiones políticas, no debemos perder de vista estos valores fundamentales. El costo de comprometer la atención sanitaria, la seguridad o el respeto por la vida –como se ve en casos de inequidad en la atención sanitaria y descuido de la seguridad pública– puede provocar discordia social y erosión de la confianza en la gobernanza.

Seamos inquebrantables en nuestro compromiso con una sociedad que priorice la salud, la seguridad y el respeto inequívoco a la vida. Al exigir responsabilidad a nuestros líderes y trabajar colectivamente por políticas justas, podemos construir un mundo donde estos principios no sean negociables sino fundamentales para nuestra gobernanza y estructura social.

El tiempo para la acción es ahora. Debemos levantarnos para garantizar que la atención médica, la seguridad y el respeto por la vida sean más que palabras; deben ser la esencia de nuestra gobernanza y sociedad. ¿Te unirás a este esfuerzo crucial?

4

Potenciando el Aql (Intelecto)

El papel de la educación y la sabiduría en la configuración del futuro

Educación: el catalizador del éxito futuro

Piense en construir un rascacielos imponente. Sin una base sólida, está destinado al fracaso. De manera similar, un futuro próspero sin la base de un sistema educativo sólido es un sueño vacío. La educación no es sólo una fase de la vida; es la piedra angular del desarrollo social. Sin embargo, es crucial recordar: la educación no es simplemente una fábrica que produce trabajadores. Debería ser un viaje transformador que fomente la sabiduría, la ética y las virtudes cívicas. Esto no es sólo un ideal; es una necesidad para nuestra sociedad.

Profundicemos en por qué la educación es tan fundamental:

1. Empoderar Mentes: Considerar la educación como clave. Libera el potencial humano y fomenta el pensamiento crítico. Armados con conocimientos y habilidades, los individuos pueden contribuir significativamente a la sociedad y abordar los complejos desafíos

modernos.

2. Fomentar la innovación: una educación integral genera creatividad. Fomenta el coraje para cuestionar, imaginar y traspasar límites. El futuro se nutre de la innovación, que nace en las aulas donde las ideas toman vuelo.

3. Fundamento Ético: La educación va más allá de los libros de texto. Desarrolla el carácter, inculcando valores como la integridad y la empatía. Estos valores son vitales para una sociedad justa y compasiva.

4. Compromiso cívico: las personas educadas suelen participar más en deberes cívicos, desde votar hasta el servicio comunitario. La educación genera una postura proactiva en la configuración de un futuro mejor.

5. Prosperidad económica: una fuerza laboral educada atrae inversiones e impulsa la innovación. Es clave para la competitividad global de una nación.

6. Sabiduría y Bienestar: La educación trasciende las calificaciones. Se trata de sabiduría, de aprender a llevar una vida significativa, tomar decisiones éticas y encontrar un propósito.

Pero no olvidemos los desafíos. No todos los sistemas educativos cumplen con estos ideales. Hay lagunas y deficiencias que es necesario reconocer y abordar. Al integrar ejemplos del mundo real, como el enfoque finlandés de aprendizaje flexible y centrado en el estudiante, podemos ilustrar cómo es una educación eficaz.

La inversión en educación significa más que sólo financiación; se trata de elaborar planes de estudio que enfaticen la sabiduría, la ética y las virtudes cívicas. Se trata de apoyar a los profesores que encienden la pasión y la curiosidad en los estudiantes. Nuestro compromiso con la educación es un compromiso con el futuro de nuestra sociedad, nuestras naciones y nuestro mundo.

Al reflexionar sobre el papel futuro de la educación, recuerde: no sólo estamos construyendo estructuras sino también nutriendo mentes.

Estamos encendiendo la llama de la sabiduría y sentando las bases para un futuro que no sólo será exitoso sino también moralmente sólido y éticamente ilustrado. El futuro comienza en las aulas de hoy.

En una reflexión personal, recuerdo a un maestro que transformó mi visión de la historia, convirtiéndola de meras fechas y hechos en historias de personas reales y sus luchas. Esta experiencia moldeó mi comprensión del poder de la educación. Esforcémonos por crear experiencias tan transformadoras para cada estudiante. El viaje de la educación no se trata sólo de hacia dónde nos lleva, sino también de cómo nos moldea a lo largo del camino.

Sabiduría: la estrella del norte que nos guía

Si la educación es la base, la sabiduría es nuestra estrella polar que nos guía, iluminando el camino a medida que las sociedades navegan por desafíos complejos y dilemas éticos. La sabiduría trasciende la mera acumulación de hechos y conocimientos. Implica una comprensión profunda del contexto, la aceptación de los matices y la capacidad de tomar decisiones equilibradas y de gran alcance. La sabiduría es el eje de nuestra intrincada red de existencia humana, crucial en todo, desde la justicia social hasta la sostenibilidad ambiental. Sin sabiduría, nos muestra la historia, incluso las sociedades más educadas pueden desviarse del rumbo.

He aquí por qué la sabiduría es indispensable:

1. Navegar por la complejidad: Nuestro mundo moderno es un laberinto de desafíos que rara vez presenta soluciones sencillas. La sabiduría nos equipa para ver más allá de la superficie y comprender las dinámicas más profundas en juego. Es como tener una brújula en un bosque denso, que nos guía a considerar las consecuencias a largo plazo y la interconexión de nuestras acciones.

2. Fomentar la compasión: la sabiduría es la raíz de la empatía y la compasión. Es lo que permitió a líderes como Nelson Mandela abogar por la reconciliación en lugar de la venganza. Este tipo de

sabiduría enriquece nuestra comprensión de las diversas experiencias humanas y nos insta a actuar con bondad y justicia.

3. Toma de decisiones éticas: La sabiduría es fundamental para tomar decisiones éticas. Es la voz interior que defiende la equidad, la justicia y la integridad. Consideremos los dilemas éticos que enfrentan los denunciantes: es la sabiduría la que los guía a defender la verdad, a menudo a un costo personal.

4. Gestión ambiental: La salud de nuestro planeta depende de una gestión inteligente. La sabiduría nos obliga a pensar como comunidades indígenas que se ven a sí mismas como guardianes de la Tierra y toman decisiones que priorizan la salud ecológica a largo plazo sobre los beneficios inmediatos.

5. Mitigar el conflicto: la sabiduría es una herramienta poderosa para resolver disputas. Fomenta el diálogo y el compromiso, buscando puntos en común. Las negociaciones de paz en zonas de conflicto, donde la sabiduría triunfa sobre la hostilidad, son testimonio de su poder para resolver conflictos.

6. Visión a largo plazo: las sociedades sabias invierten en el futuro. Consideran el impacto en las generaciones venideras, de manera muy similar a los antiguos constructores de los acueductos romanos, que construyeron para todas las edades, no solo para su época.

La sabiduría no es un mero subproducto de la educación; es una búsqueda de por vida que requiere introspección, autoconciencia y compromiso ético. A medida que nos aventuramos en un futuro cada vez más complejo e interconectado, dejemos que la sabiduría sea nuestra estrella polar. Nuestros sistemas educativos, líderes y decisiones diarias deben priorizar su cultivo. La sabiduría no es un lujo sino una necesidad para afrontar los formidables desafíos de nuestro tiempo y construir un mundo justo, compasivo y sostenible.

En mi propio viaje, un momento de sabiduría vino de la mano de un vecino anciano que me enseñó el valor de escuchar, no sólo escuchar. Este simple acto de sabiduría ha informado innumerables decisiones e interacciones desde entonces. Busquemos todos esos momentos de sabiduría en nuestras vidas, reconociendo que no se trata sólo de adquirir conocimientos, sino de comprender cómo utilizarlos para un bien mayor.

La sinergia de la educación y la sabiduría en la gobernanza

En un modelo de gobernanza que realmente valora el empoderamiento intelectual, personificado en el concepto de Aql, la educación y la sabiduría forman una asociación armoniosa. Esta sinergia no es meramente filosófica sino una necesidad pragmática para una gobernanza eficaz. La educación sirve como terreno nutritivo para la sabiduría, que a su vez refina y dirige los objetivos de la educación.

He aquí una mirada más centrada a esta interacción dinámica:

1. La educación como crisol de la sabiduría: La educación proporciona la base a través de la cual se desarrollan el pensamiento crítico y el discernimiento ético: la base de la sabiduría. Pensemos en Finlandia, donde los sistemas educativos enfatizan el pensamiento crítico y la comprensión ética, sentando las bases para una toma de decisiones acertada.

2. La sabiduría como brújula moral en la educación: La sabiduría garantiza que la educación no sea sólo un medio para lograr un fin, sino un viaje hacia una sociedad virtuosa. Dirige las políticas educativas hacia valores éticos, bienestar social y sostenibilidad.

3. Sabiduría en el liderazgo: Figuras históricas como Nelson Mandela ejemplifican la sabiduría en el gobierno. Estos líderes priorizan el bien común y toman decisiones éticas e informadas que reflejan una profunda comprensión de su impacto social.

4. Sabiduría en el discurso público: Un discurso público sabio fomenta la escucha empática y perspectivas diversas. Se trata de utilizar la educación no sólo para adquirir conocimientos sino también para entablar un diálogo respetuoso y significativo.

5. Gobernanza ética moldeada por la sabiduría: La gobernanza ética,

guiada por la sabiduría, prioriza la transparencia y la justicia. Las políticas reflejan estos valores y se centran en el bien común, como se ve en los modelos de gobernanza transparente de países como Dinamarca.

6. Aprendizaje y sabiduría a lo largo de toda la vida: La búsqueda de la sabiduría se extiende más allá de la educación formal. Los sistemas educativos deben fomentar un amor permanente por el aprendizaje y la superación personal, reconociendo que la sabiduría es un viaje continuo.

7. Abordar desafíos complejos con sabiduría: La sabiduría permite a los gobiernos abordar cuestiones complejas con previsión y juicio ético. Una gobernanza inteligente implica considerar los impactos a largo plazo y las soluciones sostenibles, muy similar al enfoque adoptado en el Acuerdo de París sobre el cambio climático.

8. Resiliencia a través de la sabiduría: las sociedades guiadas por la sabiduría demuestran resiliencia en las crisis. Responden con adaptabilidad y unidad, priorizando el bienestar ciudadano y la preservación de los valores fundamentales.

En resumen, la educación y la sabiduría están entrelazadas en la búsqueda de una sociedad próspera. Uno proporciona las herramientas, mientras que el otro ofrece el marco moral para utilizar esas herramientas de manera responsable. Por lo tanto, fomentar esta sinergia es crucial. Debemos invertir en sistemas educativos que hagan hincapié en el desarrollo holístico y fomenten una cultura en la que la sabiduría se valore como un activo clave en la gobernanza. Al hacerlo, allanamos el camino para una sociedad que no sólo esté informada sino también éticamente basada, resiliente y justa, una sociedad donde la educación y la sabiduría trabajen juntas, iluminando el camino hacia un futuro mejor para todos.

Cómo la educación da forma a la innovación futura

Consideremos los extraordinarios avances tecnológicos de las últimas décadas: el auge de Internet, la proliferación de teléfonos inteligentes, los avances en inteligencia artificial y las innovaciones en energía limpia. Estos logros transformadores han remodelado nuestro mundo, haciéndolo más interconectado y eficiente. ¿La base de estas innovaciones? Educación.

La educación es el terreno fértil que nutre las semillas de la innovación. Dota a las personas de los conocimientos, las habilidades y la creatividad necesarios para explorar nuevas fronteras. Sin embargo, el aspecto crítico no radica sólo en cómo la educación da forma a la innovación, sino en guiar estos avances para que sean innovadores y estén éticamente alineados con el bien común.

En este contexto, la sabiduría juega un papel fundamental. Garantiza que la innovación no sea sólo una carrera por el dominio tecnológico, sino un viaje consciente hacia avances humanos beneficiosos. He aquí una mirada más centrada en por qué esta sinergia entre educación y sabiduría es crucial:

1. Innovación ética: si bien la educación imparte conocimientos técnicos, la sabiduría incorpora una brújula moral. Guía a los innovadores a considerar el impacto más amplio de su trabajo en la sociedad y el medio ambiente. Por ejemplo, el desarrollo de la ética de la IA es una respuesta directa a esta necesidad de orientación ética en la innovación.

2. Progreso equilibrado: La sabiduría fomenta el equilibrio entre el progreso tecnológico y la responsabilidad. Este enfoque es evidente en proyectos de energía sostenible, donde la innovación va acompañada de gestión ambiental.

3. Innovación impulsada por las necesidades de la sociedad: la verdadera innovación aborda los desafíos de la sociedad. La sabiduría orienta los esfuerzos hacia soluciones que mejoren el bienestar

colectivo, de forma muy similar a la invención de sistemas asequibles de purificación de agua en los países en desarrollo.

4. Innovación inclusiva: La sabiduría defiende la inclusión en la innovación. Garantiza que los avances consideren las diversas necesidades y no amplíen las desigualdades existentes, como se ve en el impulso por el diseño universal en tecnología.

5. Enfoque sustentable: Si bien la educación nos prepara para crear, la sabiduría nos dirige hacia la innovación sustentable. Esto se refleja en el creciente énfasis en las tecnologías verdes que priorizan la salud ecológica a largo plazo.

6. Colaboración interdisciplinaria: la intersección de diferentes campos, facilitada por la sabiduría, conduce a soluciones holísticas. La colaboración entre la ciencia médica y la ingeniería en la creación de prótesis avanzadas es un excelente ejemplo.

7. Anticipar y mitigar consecuencias no deseadas: la sabiduría permite a los innovadores prever y abordar posibles impactos negativos. Esta previsión es crucial en campos como la ingeniería genética, donde las implicaciones se extienden mucho más allá del laboratorio.

8. Priorizar el bien público: la educación puede fomentar el éxito personal, pero la sabiduría garantiza que la innovación sirva al interés público. Este principio está en el centro de los movimientos de código abierto, donde el conocimiento y la innovación se comparten libremente en beneficio de todos.

En conclusión, la educación sienta las bases para la innovación, pero la sabiduría orienta estos avances hacia caminos éticos, responsables y sostenibles. Al mirar hacia un futuro repleto de potencial tecnológico, recordemos el papel crucial de la sabiduría para garantizar que nuestras innovaciones no sólo superen los límites de la capacidad humana sino que también mejoren la calidad de vida de todos. Esta poderosa combinación de educación y sabiduría puede llevarnos hacia un futuro donde la innovación no solo sea avanzada sino también altruista y alineada con el bien común.

Cómo la sabiduría da forma al desarrollo ético y sostenible

Imaginemos una sociedad donde las decisiones en materia de gobernanza, negocios y vida cotidiana estén guiadas por la sabiduría, no sólo en la teoría sino también en la práctica. Esta no es una fantasía utópica; es una visión tangible que se puede lograr mediante el poder transformador de la sabiduría. La sabiduría no pregunta simplemente: "¿Podemos?" pero lo más importante es: "¿Deberíamos?". Es un control crucial en un mundo que corre hacia el crecimiento tecnológico y económico, y nos recuerda nuestra responsabilidad de considerar los impactos más amplios de nuestras acciones.

Aquí hay una exploración más centrada en cómo la sabiduría da forma al desarrollo ético y sostenible.

1. Crecimiento económico equilibrado: la sabiduría orienta las políticas económicas hacia la inclusión y la equidad. Tomemos el ejemplo del modelo nórdico, que combina un crecimiento económico sólido con sólidas redes de seguridad social, lo que ilustra cómo la sabiduría puede equilibrar la creación de riqueza con la equidad social.

2. Gestión ambiental: La sabiduría nos obliga a ser custodios responsables de nuestro planeta. El movimiento global hacia fuentes de energía renovables, inspirado en una sabia comprensión de nuestra interconexión con la naturaleza, ejemplifica esta gestión.

3. Visión a largo plazo en materia de gobernanza: La sabiduría desalienta las ganancias a corto plazo a expensas de las generaciones futuras. Consideremos el enfoque de Bután en la felicidad nacional bruta sobre el producto interno bruto, una opción política que enfatiza el bienestar social a largo plazo.

4. Tecnología ética: A medida que avanzamos tecnológicamente, la sabiduría exige consideraciones éticas. El desarrollo de directrices para el uso ético de la IA es un ejemplo de sabiduría que guía el progreso tecnológico.

5. Responsabilidad global: La sabiduría insta a una ciudadanía global

responsable. El Acuerdo de París sobre el cambio climático representa esta responsabilidad global y aboga por una acción cooperativa para un desafío universal.

6. Comunidad y Bienestar: La sabiduría valora las comunidades fuertes. Iniciativas como los espacios verdes urbanos, que mejoran el bienestar comunitario y la salud mental, son resultados de este enfoque basado en la sabiduría.

7. Preservación cultural y educación: Wisdom reconoce la importancia de preservar diversas culturas y conocimientos. La lista del patrimonio cultural inmaterial de la UNESCO salvaguarda la sabiduría tradicional para las generaciones futuras.

8. Prácticas comerciales éticas: en los negocios, la sabiduría conduce a prácticas que priorizan el bien colectivo. El auge del emprendimiento social y las iniciativas de responsabilidad social corporativa son testimonio de esta tendencia.

En esencia, un modelo de gobernanza basado en la sabiduría es sostenible, ético y equitativo. Estas cualidades son cruciales para cualquier sociedad que aspire a un futuro mejor. Al adoptar la sabiduría como principio rector, allanamos el camino para un mundo que no sólo sea próspero sino también justo, compasivo y sostenible. La sabiduría nos recuerda que nuestras decisiones de hoy moldean el mundo del mañana, instándonos a construir un legado de prosperidad ética y salud ambiental.

El papel de los ciudadanos: de receptores pasivos a formadores activos

En una sociedad que valora el empoderamiento intelectual y la sabiduría, los ciudadanos son más que simples receptores pasivos de información y políticas; son los formadores activos de su presente y los arquitectos de su futuro. Aceptar este papel no es una mera elección sino un imperativo para fomentar una sociedad mejor. Así es como los ciudadanos pueden contribuir activamente a esta visión transformadora:

Apoyar la educación holística

- Abogar por reformas educativas: Los ciudadanos pueden defender reformas educativas que vayan más allá del aprendizaje de memoria y las pruebas estandarizadas. Deberíamos abogar por un enfoque holístico que fomente el pensamiento crítico, el discernimiento ético y la educación cívica, inspirándose en modelos exitosos como el sistema educativo de Finlandia.
- Interactuar con instituciones educativas: Participe con escuelas, colegios y universidades locales. Anímelos a integrar la ética y las habilidades para la vida en sus planes de estudio y apoye los programas de educación del carácter que formen personas integrales.

Participar en la sabiduría pública

- Participar en debates comunitarios: la participación cívica es crucial para una gobernanza inteligente. Participe en foros comunitarios, debates públicos y ayuntamientos para expresar inquietudes y compartir ideas. Estas plataformas son vitales para responsabilizar a los formuladores de políticas y garantizar que las decisiones reflejen las necesidades de la comunidad.
- Abogar por una toma de decisiones sensata: exigir transparencia, conducta ética y pensamiento a largo plazo por parte de los funcionarios electos. Apoyar políticas que prioricen el bienestar social, inspirándose en ejemplos como el presupuesto de bienestar de Nueva Zelanda, que se centra en la salud social más amplia y no solo en el crecimiento económico.

Tutoría y servicio comunitario

- Conviértase en mentor: asesore a los jóvenes, impartiéndoles no sólo conocimientos sino también sabiduría. Programas como Big Brothers Big Sisters demuestran el profundo impacto que la tutoría puede tener en el desarrollo ético e intelectual de la generación más joven.

- Participar en servicio comunitario: ser voluntario para causas importantes. Ya sea trabajando por la justicia social, la sostenibilidad ambiental o apoyando a comunidades marginadas, la participación activa puede marcar una diferencia significativa.

Al adoptar estos roles, los ciudadanos pasan de ser espectadores pasivos a participantes activos en la configuración de su sociedad. Este cambio es esencial para una transformación cultural hacia la sabiduría y el empoderamiento intelectual. Es un compromiso profundo para construir una sociedad que valore el conocimiento, la ética y la compasión.

Sin embargo, es importante reconocer los desafíos en este esfuerzo. Las barreras políticas, sociales o económicas pueden obstaculizar la ciudadanía activa. Superarlos requiere perseverancia, creatividad y voluntad de aprovechar las plataformas digitales para lograr un mayor alcance e impacto.

En conclusión, como formadores activos, los ciudadanos tienen un papel crucial para garantizar que los principios de Aql no sean sólo teóricos sino que se practiquen activamente, lo que conducirá a un futuro más brillante y próspero para todos. No nos limitemos a imaginar este futuro; vamos a crearlo activamente.

Conclusión: el futuro que nos debemos a nosotros mismos y a nuestros hijos

En la historia del progreso humano que se desarrolla, la educación y la sabiduría son pilares fundamentales para construir un futuro que no sólo sea próspero sino también equitativo, sostenible y guiado por la sabiduría. Al mirar el horizonte de lo que está por venir, debemos reconocer la naturaleza esencial de estos elementos en nuestro tejido social. No son meros lujos sino necesidades, cruciales para el legado que dejamos a las generaciones futuras.

El mañana que anhelamos está inherentemente ligado a nuestras decisiones actuales para fomentar la educación y la sabiduría. Estas decisiones moldean no sólo nuestro crecimiento personal sino también la trayectoria de nuestras comunidades y naciones. La calidad de nuestro futuro se correlaciona directamente con el valor que le damos hoy a estos elementos críticos.

Personalmente, esto significa asumir el papel de aprendices permanentes, ampliar continuamente nuestros conocimientos y perfeccionar nuestro discernimiento. Se trata de cultivar la sabiduría a través de la reflexión, la empatía y un compromiso firme con una vida ética. Este viaje, aunque inspirador, no está exento de desafíos. Equilibrar las exigencias de la vida diaria con el aprendizaje continuo requiere dedicación y, a menudo, soluciones innovadoras.

En nuestras comunidades, la participación activa es clave. Esto implica apoyar iniciativas educativas, participar en diálogos comunitarios y fomentar entornos que valoren el pensamiento crítico y la compasión. Sin embargo, lograr este ideal exige superar barreras sociales y económicas que pueden limitar el acceso y la participación. Se trata de crear espacios inclusivos donde se escuchen y respeten las diversas voces y donde la toma de decisiones ética sea primordial.

Los modelos de gobernanza también deben evolucionar. Necesitamos abogar por sistemas educativos que vean el aprendizaje como un viaje transformador y por políticas donde la sabiduría sea una fuerza orientadora. Nuestros líderes deben priorizar el desarrollo de personas que no sólo tengan conocimientos sino que también sean capaces de tener un pensamiento ético y crítico. Esta reimaginación, aunque plagada de desafíos políticos y burocráticos, es esencial para un futuro en el que las políticas se elaboren no sólo para obtener ganancias a corto plazo sino también para el bienestar social a largo plazo.

El futuro es una acumulación de nuestros esfuerzos presentes. Al invertir ahora en educación y sabiduría, estamos asegurando un futuro del que podemos estar orgullosos; uno donde la innovación sirve a la humanidad, las consideraciones éticas impulsan el progreso y la sabiduría navega por las complejidades de nuestro mundo.

Elijamos sabiamente, no sólo para nuestro beneficio inmediato sino para las generaciones venideras. Dar prioridad a la educación y la sabiduría es más que una inversión en nuestro futuro; es una obligación para con nosotros mismos, nuestros hijos y el mundo que habitamos. Se trata de construir un futuro que no sólo sea próspero sino también justo, sostenible y sabio: un futuro que verdaderamente pertenezca a todos.

Se necesitan cambios de políticas para apoyar el crecimiento intelectual y la innovación

Crecimiento intelectual e innovación: los motores gemelos del progreso

Visualice a la sociedad como una gran locomotora que avanza hacia el futuro. Esta locomotora, que simboliza el progreso, está impulsada por el crecimiento intelectual y la innovación. Sin alimentar estos motores gemelos, la locomotora corre el riesgo de estancarse, incapaz de navegar el panorama dinámico de nuestros tiempos.

Estos motores, sin embargo, no funcionan en el vacío. Están impulsados por políticas cuidadosamente diseñadas que reconocen el papel esencial del crecimiento intelectual y la innovación en la prosperidad y la resiliencia de una nación. A continuación se presentan cambios de políticas específicos que pueden mantener estos motores funcionando a toda velocidad:

1. Invertir en educación para el aprendizaje permanente: la educación debe ser un viaje continuo, no una fase finita. Las políticas deben facilitar el aprendizaje permanente, promoviendo la educación de adultos, las plataformas en línea y la formación de habilidades. Mire la iniciativa SkillsFuture de Singapur, que ofrece a los ciudadanos créditos para cursos de aprendizaje permanente, estableciendo un punto de referencia mundial.

2. Cultivar una cultura de la curiosidad: las políticas educativas deben fomentar la curiosidad y el pensamiento crítico desde una edad temprana. Esto significa remodelar los planes de estudio para enfatizar la resolución de problemas, la creatividad y la ética, similar al sistema educativo de Finlandia, que ha integrado exitosamente estos elementos.

3. Apoyo sólido a la I+D: Un ecosistema de I+D próspero es crucial. Las políticas deben proporcionar suficientes recursos e incentivos para la investigación científica y los esfuerzos creativos. El programa Horizonte 2020 de la Unión Europea, con su importante financiación para la investigación, es un modelo a emular.

4. Salvaguardar la propiedad intelectual: la protección efectiva de los derechos de propiedad intelectual es clave para fomentar la innovación. Es esencial un marco legal que evolucione con la naturaleza acelerada de los avances tecnológicos, como lo demuestran las rigurosas leyes de propiedad intelectual de Corea del Sur.

5. Empoderar a los emprendedores y las empresas emergentes: las políticas deben fomentar un entorno propicio para el emprendimiento. Agilizar los procesos burocráticos, brindar acceso a capital y ofrecer programas de tutoría, similares al Programa de Visas para Start-Ups de Canadá, puede galvanizar los ecosistemas de startups.

6. Innovación ética y sostenible: La innovación debe alinearse con estándares éticos y de sostenibilidad. Son imperativas regulaciones para frenar las prácticas nocivas y promover tecnologías verdes, como la política Energiewende (transición energética) de Alemania.

7. Fomentar la colaboración internacional: el crecimiento intelectual y la innovación trascienden las fronteras. Las políticas que facilitan las asociaciones globales de investigación y el intercambio de talentos pueden enriquecer el panorama de la innovación, como se ve en los esfuerzos colaborativos del CERN.

8. Valorar las artes y las humanidades: Las artes y las humanidades son vitales para fomentar la creatividad y la empatía. Una política

educativa holística que incluya estos campos, al igual que el modelo educativo de artes liberales en Estados Unidos, puede contribuir significativamente al desarrollo intelectual.

9. Prácticas gubernamentales innovadoras: Los gobiernos pueden dar el ejemplo al adoptar la innovación. La digitalización de los servicios públicos y la adopción de diseños de políticas innovadores pueden inspirar al sector privado, como lo demuestra el modelo de gobernanza electrónica de Estonia.

10. Inclusividad en la formulación de políticas: Garantizar que las políticas sean inclusivas y equitativas es crucial. El crecimiento intelectual y la innovación deberían ser accesibles para todos, lo que refleja iniciativas como el programa India Digital de la India, cuyo objetivo es democratizar el acceso a la tecnología.

En conclusión, para que la locomotora de la sociedad siga avanzando con fuerza, necesitamos políticas que impulsen el crecimiento intelectual y la innovación. Estas políticas no deberían ser sólo aspiraciones sino planes viables que puedan adaptarse a los cambiantes paisajes globales. Son la diferencia entre una sociedad que prospera frente al cambio y otra que se queda atrás. De cara al futuro, comprometámonos con políticas que empoderen, innoven e incluyan, garantizando un camino más brillante para todos.

Repensar el financiamiento de la educación: inversión, no gasto

La educación trasciende ser simplemente una partida presupuestaria; representa una inversión fundamental en la prosperidad, la innovación y la resiliencia de una nación. Reconocer la educación como una inversión estratégica reformula la forma en que abordamos su financiación. No es sólo un gasto sino un catalizador para el progreso colectivo. Así es como podemos reconceptualizar la financiación de la educación:

Incrementar la financiación pública para la educación

La educación debe ser universalmente accesible y no un privilegio de unos pocos elegidos. Los gobiernos deben priorizar y aumentar la financiación de la educación, considerándola una inversión con rendimientos sustanciales. Esta inversión dota a las personas de conocimientos y habilidades, mejorando su productividad y contribución a la sociedad. Impulsa el crecimiento económico mediante la creación de una fuerza laboral calificada capaz de innovar y competir globalmente. También promueve el bienestar social cultivando el pensamiento crítico, la empatía y la responsabilidad cívica.

Por ejemplo, países como Noruega y Dinamarca invierten mucho en educación, lo que da como resultado altos niveles de alfabetización, innovación y estabilidad económica. Estas naciones demuestran los beneficios a largo plazo de tales inversiones en el fomento de sociedades equitativas y prósperas.

Ampliación de becas y subvenciones

La educación superior debería ser accesible independientemente de los antecedentes económicos. Es crucial ampliar las becas y subvenciones, especialmente en campos orientados al futuro como la tecnología, la atención sanitaria y las energías renovables. Estas ayudas financieras democratizan la educación, permitiendo que florezca el talento independientemente del estatus socioeconómico.

Las becas y subvenciones no sólo alivian la carga financiera de los estudiantes sino que también los incentivan a seguir disciplinas esenciales. Tienen un efecto dominó en la economía al producir una fuerza laboral altamente calificada que impulsa la innovación y el crecimiento económico. El Programa Gates Millennium Scholars, por ejemplo, ha logrado avances significativos al brindar oportunidades a estudiantes destacados de diversos orígenes, fomentando una nueva generación de líderes e innovadores.

En conclusión, es imperativo repensar el financiamiento de la educación como una inversión y no como un gasto. Este cambio de perspectiva es fundamental para empoderar a las personas e impulsar a las sociedades hacia un futuro marcado por el progreso y la innovación. Al aumentar la financiación pública y ampliar las oportunidades de becas, tomamos una decisión decisiva: invertir en nuestro futuro colectivo. Este no es sólo un imperativo económico sino moral, que garantiza que no sólo crezcamos, sino que crezcamos juntos, allanando el camino para una sociedad más inclusiva, educada y próspera.

Revisión del plan de estudios: preparación para el siglo XXI

En esta era de rápidos cambios tecnológicos, complejos problemas globales y panoramas profesionales en evolución, es imperativo que nuestro sistema educativo experimente una revisión transformadora. Nuestros planes de estudio deben recalibrarse para dotar a los estudiantes de las habilidades, el conocimiento y la adaptabilidad necesarios para prosperar en el siglo XXI. Para lograrlo, proponemos dos pasos fundamentales:

1. Adoptar estudios interdisciplinarios: los desafíos actuales, como el cambio climático, la desigualdad social y la disrupción tecnológica, exigen un enfoque integrado. Es crucial que nuestros sistemas educativos fomenten estudios interdisciplinarios, combinando campos como la ciencia, la economía y las humanidades para proporcionar una comprensión integral de problemas globales complejos. Por ejemplo, programas como los Programas Integrados (IP) de Singapur han tenido éxito al ofrecer un plan de estudios holístico e interdisciplinario que fomenta la curiosidad intelectual y el pensamiento crítico en todas las materias.

2. Priorizar el pensamiento crítico y la creatividad: el enfoque tradicional en el aprendizaje de memoria es inadecuado para fomentar habilidades esenciales como el pensamiento crítico, la creatividad y la resolución de problemas. Estas habilidades deben estar a

la vanguardia de nuestros objetivos educativos. El pensamiento crítico permite a los estudiantes analizar información de manera crítica, desafiar suposiciones y tomar decisiones bien informadas. La creatividad genera innovación y pensamiento emprendedor. Escuelas como el sistema educativo integral de Finlandia, conocido por su enfoque en el aprendizaje centrado en el estudiante y la resolución creativa de problemas, sirven como modelo para fomentar estas habilidades.

Además de estas áreas centrales, nuestra revisión curricular también debe enfatizar la alfabetización digital, la colaboración y la inteligencia emocional, equipando a los estudiantes con un conjunto de habilidades más amplio para la era digital. Sin embargo, el éxito de estas reformas depende de una formación docente eficaz. Los educadores deben estar equipados con las herramientas y el conocimiento para impartir este plan de estudios moderno. Los programas de desarrollo profesional y las oportunidades de aprendizaje continuo para los docentes son componentes vitales de este cambio.

Además, es fundamental abordar desafíos potenciales como las limitaciones presupuestarias, la resistencia al cambio y garantizar el acceso equitativo a estas experiencias educativas enriquecidas. La colaboración entre educadores, formuladores de políticas y comunidades es necesaria para superar estos obstáculos.

En conclusión, repensar nuestro currículo no es sólo una necesidad sino una prioridad urgente. Al integrar estudios interdisciplinarios y enfatizar el pensamiento crítico y la creatividad, junto con otras habilidades vitales del siglo XXI, podemos preparar a nuestros estudiantes para las complejidades del mundo moderno. Esta reforma es una inversión en nuestro futuro, que creará una sociedad que no sólo esté informada sino también adaptable, innovadora y equipada para afrontar los desafíos y oportunidades de nuestros tiempos.

Fomento de una cultura de investigación y desarrollo

En una época definida por rápidos cambios tecnológicos y una intensa competencia global, fomentar una cultura de investigación y desarrollo (I+D) es esencial. Lejos de ser un lujo, es un requisito fundamental para la innovación, el crecimiento económico y la respuesta a los desafíos sociales. Cultivar esta cultura exige un esfuerzo concertado por parte de gobiernos, empresas e instituciones educativas. He aquí dos pasos fundamentales para fomentar la I+D de forma eficaz:

Fortalecimiento de alianzas público-privadas

Los gobiernos deberían buscar activamente colaboraciones con el sector privado para financiar y apoyar iniciativas de I+D. Estas asociaciones, que combinan los intereses públicos con la eficiencia del sector privado, pueden conducir a una innovación significativa. Por ejemplo, la colaboración entre agencias gubernamentales y empresas privadas en la industria espacial, como se ve en las asociaciones de la NASA con SpaceX, demuestra el potencial de estas empresas conjuntas para avanzar en campos como el aeroespacial, la energía renovable y la atención médica.

Al fomentar las asociaciones público-privadas, aceleramos la innovación y garantizamos que la I+D se alinee con las necesidades de la sociedad. Los gobiernos pueden brindar el apoyo necesario a través de subvenciones, incentivos y marcos regulatorios, fomentando dichas colaboraciones. Estas asociaciones ofrecen experiencia práctica para estudiantes e investigadores, uniendo la academia y la industria y equipando a futuros innovadores.

Implementación de incentivos fiscales integrales para la I+D

Para fomentar una cultura que valore la innovación en el mundo empresarial, los gobiernos deberían ofrecer incentivos fiscales a las empresas que invierten en I+D. Estos podrían incluir créditos fiscales, deducciones o beneficios por gastos relacionados con I+D. Estos incentivos alientan a las empresas a invertir en proyectos innovadores y asumir riesgos.

Estos incentivos fiscales no son sólo catalizadores de la innovación empresarial; estimulan un crecimiento económico más amplio y la competitividad global. Deben diseñarse para apoyar a diversos sectores, incluidas las pequeñas empresas y las nuevas empresas, garantizando un ecosistema de innovación diverso y vibrante. Países como Canadá, con su programa de incentivos fiscales para la Investigación Científica y el Desarrollo Experimental (SR&ED), proporcionan excelentes modelos de cómo dichas políticas pueden impulsar la I+D en diferentes escalas empresariales.

Incorporar el papel de las instituciones educativas también es crucial. Las universidades y facultades deben alinear sus planes de estudio y su enfoque de investigación para apoyar y complementar estos esfuerzos de I+D, brindando a los estudiantes habilidades relevantes y oportunidades de investigación.

Sin embargo, fomentar esta cultura no está exento de desafíos. Requiere sortear las complejidades de la financiación, garantizar una colaboración eficaz entre diversas entidades y mantener un equilibrio entre los objetivos del sector público y privado.

En conclusión, al promover asociaciones público-privadas y ofrecer incentivos fiscales integrales, podemos crear un entorno donde florezca la I+D. Este enfoque no se trata sólo de innovación inmediata; es una inversión en nuestro futuro, que genera avances tecnológicos, resiliencia económica y una sociedad mejor equipada para enfrentar los desafíos emergentes. Es hora de comprometerse con estas estrategias y cultivar una cultura próspera de investigación y desarrollo.

Creando ecosistemas empresariales

En la economía global en rápida evolución actual, fomentar los ecosistemas empresariales es crucial para el progreso y el crecimiento económico. Estos ecosistemas son los viveros donde se cultivan ideas innovadoras, florecen nuevas empresas y se nutre la vitalidad económica. Para crear entornos tan fértiles, son esenciales políticas estratégicas que empoderen a los empresarios y agilicen los procesos de negocio. A continuación se detallan pasos clave para fomentar estos ecosistemas dinámicos:

1. Establecer incubadoras de empresas emergentes: los gobiernos deberían encabezar la creación de incubadoras de empresas emergentes financiadas por el estado, que ofrezcan un entorno de apoyo para los empresarios emergentes. Estas incubadoras pueden proporcionar recursos como espacios de trabajo colaborativos, programas de tutoría, acceso a inversores y financiación inicial. Un ejemplo exitoso es el modelo de incubadora de Silicon Valley, que ha fomentado una próspera escena de startups tecnológicas. Estas incubadoras reducen las barreras de entrada y ofrecen una plataforma donde los innovadores pueden perfeccionar sus ideas, obtener conocimientos de mentores experimentados y acceder a recursos esenciales. Centrar estas incubadoras en industrias orientadas al futuro, como la energía limpia o la biotecnología, puede impulsar la innovación en sectores específicos, colocando a las naciones a la vanguardia en estos campos.

2. Simplificación de las regulaciones: la burocracia excesiva puede sofocar el espíritu emprendedor. Los gobiernos deben simplificar los procedimientos relacionados con las empresas, como el registro, la concesión de licencias y el cumplimiento. La simplificación de estos procesos facilita el inicio y el funcionamiento de nuevas empresas, lo que anima a más personas a embarcarse en proyectos empresariales. Países como Nueva Zelanda y Singapur, conocidos por sus entornos regulatorios favorables a las empresas, sirven como modelos ejemplares en este sentido. Además, la implementación de plataformas digitales para servicios empresariales simplifica estos procesos, mejorando la accesibilidad y la eficiencia. Esta digitalización no sólo apoya a los emprendedores en la era digital, sino que también demuestra un compromiso para fomentar un entorno favorable a los negocios.

Si bien estos pasos son cruciales, la creación de un ecosistema empresarial próspero también implica una participación más amplia de las partes interesadas. Las universidades, las entidades del sector privado y las organizaciones sin fines de lucro desempeñan un papel importante en el fomento del espíritu empresarial. Las colaboraciones entre estos sectores pueden brindar un apoyo integral, desde la educación y la capacitación hasta la financiación y el acceso a los mercados.

Sin embargo, fomentar estos ecosistemas no está exento de desafíos. Abordar cuestiones como la financiación de incubadoras, la adaptación a las necesidades cambiantes del mercado y garantizar el acceso equitativo a los recursos es fundamental para el éxito de estas iniciativas.

En conclusión, la creación de ecosistemas empresariales es vital para el crecimiento económico y la innovación. Al establecer incubadoras de empresas emergentes y simplificar las regulaciones, los gobiernos pueden catalizar la actividad empresarial. Este enfoque no sólo impulsa el crecimiento económico inmediato, sino que también cultiva un panorama empresarial resiliente e innovador para el futuro. Es una inversión estratégica que produce recompensas a largo plazo en creación de empleo, avance tecnológico y una sólida cultura empresarial.

Derechos de propiedad intelectual: proteger a los innovadores

En nuestro mundo que avanza rápidamente, donde la innovación impulsa el progreso, la protección de los derechos de propiedad intelectual (PI) es crucial. Estos derechos no son sólo mecanismos legales; son los salvavidas que sostienen la creatividad y el ingenio de los inventores. Para fomentar una cultura donde florezca la innovación, es imperativo salvaguardar firmemente los derechos de quienes dan vida a nuevas ideas. A continuación se detallan pasos esenciales para mejorar la protección de la propiedad intelectual:

1. Fortalecer las leyes de propiedad intelectual: los gobiernos deben

actualizar y fortalecer continuamente sus leyes de propiedad intelectual, asegurándose de que sigan el ritmo del panorama en constante cambio de la innovación. Esto implica salvaguardar las formas tradicionales de propiedad intelectual, como las patentes y los derechos de autor, y también adaptarse a campos emergentes como los contenidos digitales y la biotecnología. Por ejemplo, el enfoque de Japón respecto de la legislación sobre propiedad intelectual, que incluye una protección rigurosa de las patentes y procesos legales rápidos, lo ha convertido en un líder mundial en tecnología e innovación. Además, introducir incentivos como exenciones fiscales para las empresas que prioricen el registro de propiedad intelectual puede alentar a más inventores a proteger sus activos intelectuales. Estas medidas no sólo garantizan la protección legal sino que también señalan el compromiso de un gobierno de fomentar la innovación.

2. Promoción de la colaboración internacional: en la aldea global de la innovación, la protección de la propiedad intelectual debe trascender las fronteras nacionales. Los gobiernos deberían participar en asociaciones internacionales para garantizar una protección integral de la propiedad intelectual en todo el mundo. La participación en tratados como la OMPI y los ADPIC ayuda a estandarizar las leyes de propiedad intelectual en todos los países, proporcionando un nivel uniforme de protección para los inventores, independientemente de dónde se encuentren. Países como Estados Unidos, que participan activamente en acuerdos internacionales de propiedad intelectual, ayudan a sentar un precedente para la cooperación global. También es crucial establecer agencias o departamentos dedicados a manejar disputas internacionales de propiedad intelectual. Estos organismos pueden colaborar con organizaciones globales para resolver conflictos y hacer cumplir los derechos de propiedad intelectual, salvaguardando los intereses de los innovadores a escala mundial.

La incorporación de estas estrategias requiere un enfoque multifacético que involucre a varias partes interesadas. Más allá de la acción gubernamental, las empresas privadas, las instituciones de investigación y las entidades educativas desempeñan papeles vitales. Pueden abogar por protecciones más sólidas de la propiedad intelectual, contribuir a la formulación de políticas y ayudar a crear conciencia sobre la importancia de los derechos de propiedad intelectual.

Además, abordar los posibles desafíos es clave. Armonizar las leyes de propiedad intelectual en diversos sistemas legales puede ser complejo y puede haber resistencia por parte de sectores que se benefician de un régimen de propiedad intelectual menos estricto. Superar estos desafíos requiere diálogo, negociación y un compromiso con el beneficio colectivo de proteger la innovación.

En conclusión, reforzar los derechos de propiedad intelectual es fundamental para una cultura de innovación próspera. Al actualizar las leyes de propiedad intelectual y mejorar la colaboración internacional, podemos crear un entorno que no sólo proteja a los inventores sino que también fomente un flujo continuo de innovación. Ese compromiso con los derechos de propiedad intelectual no consiste sólo en salvaguardar ideas; se trata de alimentar el motor del progreso y el crecimiento económico en el siglo XXI.

Asegurar nuestro futuro digital: mejorar la alfabetización y la ciberseguridad

En nuestra era dominada por lo digital, la alfabetización digital y la ciberseguridad son cruciales para garantizar una sociedad segura y próspera. Estas áreas ya no son opcionales sino que son fundamentales para nuestro progreso y seguridad. Así es como podemos mejorar estos aspectos vitales:

Integración de la alfabetización digital en la educación

El futuro exige ciudadanos que no sólo estén alfabetizados en el sentido tradicional, sino que también sean expertos en navegar en el mundo digital. Esto comienza con la educación. La alfabetización digital debe integrarse en los sistemas educativos en todos los niveles, dotando a las generaciones futuras de habilidades que van desde operaciones informáticas básicas hasta resolución avanzada de problemas digitales y ética.

Los modelos exitosos como las iniciativas de educación digital de Estonia ofrecen una hoja de ruta. En Estonia, la alfabetización digital es un componente central del plan de estudios desde una edad temprana, lo que garantiza que los estudiantes estén bien preparados para un futuro digital. Los programas de formación docente y las aulas dotadas de tecnología son vitales en esta integración. Además, se deben implementar programas comunitarios y de educación de adultos para extender la alfabetización digital más allá de las escuelas, llegando a la sociedad en general y reduciendo las brechas digitales.

Estrategias nacionales de ciberseguridad

A medida que crece nuestra dependencia de las tecnologías digitales, también crece la importancia de proteger nuestros datos y sistemas. Las estrategias nacionales de ciberseguridad deben ser sólidas y proactivas.

Por ejemplo, el enfoque de Singapur hacia la ciberseguridad, que implica leyes estrictas, una agencia dedicada a la ciberseguridad y colaboraciones internacionales, establece un alto estándar. Los gobiernos deberían invertir en proteger la infraestructura crítica y promulgar leyes que garanticen estándares de protección de datos y ciberseguridad. Las campañas de concientización pública también son cruciales, ya que educan a los ciudadanos sobre prácticas seguras en línea y amenazas potenciales.

La colaboración internacional, como se ve en acuerdos como el Convenio de Budapest sobre Ciberdelincuencia, es vital para un frente unido contra las amenazas cibernéticas globales. Estas colaboraciones facilitan la inteligencia compartida y los esfuerzos conjuntos en la prevención del delito cibernético. Además, es esencial invertir en el desarrollo de una fuerza laboral capacitada en ciberseguridad, incluidos programas de capacitación especializados y trayectorias profesionales en ciberseguridad.

Las asociaciones público-privadas en materia de ciberseguridad pueden conducir a soluciones innovadoras y conocimientos compartidos. Estas colaboraciones, ejemplificadas por iniciativas como el Cybersecurity Tech Accord, reúnen a gobiernos y empresas de tecnología para mejorar las defensas de ciberseguridad.

En conclusión, en la era digital, empoderar a los ciudadanos con alfabetización digital y proteger nuestras infraestructuras digitales no son solo necesidades individuales sino responsabilidades colectivas. Al fomentar la alfabetización digital en la educación e implementar medidas nacionales integrales de ciberseguridad, no solo podemos salvaguardar nuestra información y activos, sino también desbloquear todo el potencial de nuestro futuro digital. Este compromiso con la alfabetización digital y la ciberseguridad es una inversión en la resiliencia y la prosperidad de nuestra sociedad.

Conclusión: la urgencia del ahora

A medida que el reloj avanza implacablemente, el imperativo de tomar medidas inmediatas y decisivas para remodelar nuestro sistema educativo y mercado laboral se vuelve cada vez más apremiante. No podemos darnos el lujo de demorarnos en equipar a otra generación para navegar las complejidades del siglo XXI. La necesidad de priorizar el crecimiento intelectual y la innovación trasciende las barreras políticas y económicas: es una necesidad universal.

1. Competitividad global: en un mundo donde el conocimiento y la innovación son factores competitivos clave, las naciones que inviertan en estas áreas liderarán. Los que no corren el riesgo de quedarse atrás. Por ejemplo, la fuerte inversión de Corea del Sur

en educación y tecnología la ha impulsado a la vanguardia de la innovación global.

2. Resiliencia económica: el crecimiento intelectual y la innovación no se tratan solo de avances tecnológicos; se trata de crear economías que puedan resistir y adaptarse al cambio. Las economías diversificadas y basadas en el conocimiento, como se observa en países como Suiza, demuestran una mayor resiliencia al enfrentar las fluctuaciones económicas.

3. Equidad social: Es crucial garantizar que los frutos del crecimiento intelectual y la innovación sean accesibles para todos. Políticas como la estrategia de Acceso a las Oportunidades de Canadá tienen como objetivo reducir las desigualdades en educación y tecnología, ofreciendo un futuro más equitativo para todos los ciudadanos.

4. Sostenibilidad ambiental: abordar los desafíos contemporáneos como el cambio climático requiere un pensamiento innovador. El crecimiento intelectual impulsa el desarrollo de tecnologías y prácticas sostenibles, como lo demuestra el compromiso de Alemania con las energías renovables y la investigación ambiental.

5. Liderazgo ético: las sociedades que valoran el crecimiento intelectual tienen más probabilidades de producir líderes que prioricen los beneficios sociales a largo plazo. Este cambio hacia un liderazgo ético es crucial para el bienestar de nuestra comunidad global.

Implementar estas políticas transformadoras no es una opción sino un imperativo surgido de nuestras realidades actuales. Exigen compromiso, colaboración y esfuerzo sostenido. Requieren dar prioridad a la educación, la alfabetización digital, la investigación, el emprendimiento y la ciberseguridad como pilares esenciales de nuestro futuro.

El costo de la inacción es alto: disminución de la competitividad global, desigualdades sociales arraigadas, degradación ambiental y déficit de liderazgo ético. Nos debemos a nosotros mismos, a nuestros hijos y a las generaciones futuras afrontar estos desafíos de frente.

A medida que avanzamos, abracemos un futuro en el que el crecimiento intelectual y la innovación sean fundamentales para nuestras aspiraciones colectivas. Este no es un sueño inalcanzable sino una realidad tangible a nuestro alcance. Al empoderar a las personas, fomentar la innovación, fortalecer la sociedad y asegurar nuestro futuro, podemos abordar los desafíos del siglo XXI de manera efectiva.

Este llamado a la acción es un llamado a aprovechar las oportunidades de hoy y dar forma al destino del mañana. Es una invitación a aprovechar el intelecto humano para un bien mayor. Respondamos con la urgencia que exige este momento, elaborando políticas que nos empoderen, inspiren e impulsen hacia un futuro lleno de potencial sin explotar. El momento de actuar es ahora: aprovechemos este momento para crear una sociedad que prospere gracias a la innovación, la adaptabilidad y el vigor intelectual.

5

Nutriendo el Nasl (Linaje y Familia)

El tejido social: fortalecimiento de la unidad familiar

Salvaguardar a la familia: tejer el tapiz de una sociedad próspera

En el intrincado entramado de la sociedad, la unidad familiar es un hilo vital. Es más que una puntada; es lo que nos une. Reflexione sobre el dicho: "Una puntada a tiempo ahorra nueve". Esto suena cierto para las familias, la base de nuestras comunidades. Fortalecer la familia es un imperativo que resuena en todas las facetas de la sociedad. Las instituciones avanzadas, las economías florecientes y las tecnologías de vanguardia significan poco sin familias fuertes. Sin ellos, el tejido de la sociedad corre el riesgo de deshilacharse.

El papel crucial de la familia

Las familias son más que entidades aisladas; son los pilares de la sociedad. Nutren a las generaciones futuras, inculcan valores, cultivan el amor y perfeccionan la resiliencia. Aquí echa raíces nuestro sentido de pertenencia e identidad, guiándonos a través de las complejidades de la vida.

Pensemos en las familias palestinas de Gaza, que convirtieron sus hogares en centros comunitarios durante la crisis, ejemplificando la fortaleza familiar y el impacto social.

Prosperidad económica

Las familias estables son pilares económicos. Fomentan una fuerza laboral fuerte y contribuyen a los mercados laborales. La seguridad económica en las familias conduce a la inversión en educación y atención sanitaria, lo que beneficia a la sociedad.

Salud mental y bienestar

Los lazos familiares son cruciales para el apoyo emocional. Amortiguan el estrés de la vida y apoyan la salud mental. Un entorno familiar enriquecedor fomenta el bienestar mental y reduce las cargas de salud mental de la sociedad.

El nexo educativo

Las familias son los primeros maestros. Su participación en la educación impulsa los resultados académicos y prepara a una generación para las contribuciones sociales.

Cohesión comunitaria

La influencia de las familias se extiende a las comunidades. La participación activa de la familia en las actividades comunitarias fomenta la pertenencia y la cohesión social.

Fortalecer la piedra angular

Fortalecer la unidad familiar significa reforzar los cimientos de la sociedad. Esto trasciende la política y la economía. Así es cómo:

1. Apoyo Integral: Implementar programas de apoyo familiar que aborden las necesidades económicas, educativas y de atención médica, incluidas viviendas asequibles y atención médica accesible.
2. Empoderamiento de los padres: Proporcionar a los padres herramientas para criar hijos prósperos, como educación y redes de apoyo.
3. Servicios de salud mental: centrarse en servicios de salud mental centrados en la familia, priorizando el bienestar emocional de todos los miembros de la familia.
4. Participación comunitaria: Fomentar la participación familiar en las comunidades a través del trabajo voluntario y actividades sociales.

La unidad familiar es el hilo perdurable del tejido social. Al cuidar a las familias, aseguramos un futuro mejor para todos. Es un compromiso con nuestra humanidad compartida. Fortalezcamos esta piedra angular, porque en las familias fuertes es donde nuestras comunidades y naciones encuentran su verdadera fuerza.

Salud mental y bienestar emocional

En nuestra incesante búsqueda del progreso social, a menudo pasamos por alto el papel crucial que desempeñan la salud mental y el bienestar emocional en la configuración de nuestras comunidades, especialmente dentro del tejido diverso de nuestras familias. Es hora de ampliar nuestra perspectiva: la salud mental no es sólo una preocupación individual; está estrechamente vinculado a la dinámica familiar y afecta a la sociedad en general. Mientras abogamos por el cambio, enfatizar el apoyo institucional y las estrategias de crianza proactivas es vital para empoderar a las familias a enfrentar los desafíos de la vida con resiliencia.

Apoyo Institucional

Los servicios públicos de salud mental necesitan ampliar su alcance. La terapia individual es crucial, pero integrar el asesoramiento familiar es igualmente esencial. Un estudio de 2018 realizado por la Asociación Estadounidense de Psicología destacó que la terapia familiar podría reducir significativamente los casos de abuso de drogas y comportamiento delictivo dentro de las comunidades. Al abordar la dinámica familiar y ofrecer asesoramiento que involucre a todos los miembros de la familia, no solo mejoramos la salud mental individual; Estamos previniendo una multitud de problemas sociales.

Imagine un mundo donde las familias en crisis tengan acceso a apoyo profesional, donde los padres y los niños puedan abordar abiertamente sus luchas y colaborar para lograr la curación. En este mundo, vemos una disminución tangible en las tasas de criminalidad y abuso de sustancias, lo que lleva a comunidades prósperas. Esta visión es alcanzable a través de servicios integrales de salud mental que prioricen el bienestar familiar.

Talleres para padres

La crianza de los hijos es una habilidad que se aprende y que implica comprender la inteligencia emocional, la comunicación y la resolución de conflictos. Las instituciones deberían ofrecer talleres que capaciten a los padres con estas habilidades, adaptados a diversas estructuras familiares, incluidas familias monoparentales, familias inmigrantes y hogares multigeneracionales. Por ejemplo, el programa "Family Connections" de Oregón ha demostrado un éxito notable en la mejora de las relaciones familiares y la salud mental individual a través de este tipo de talleres.

Estos talleres van más allá de las estrategias tradicionales de crianza; se enfocan en crear un ambiente de confianza, empatía y conexión emocional dentro de la familia. Cuando los padres cuentan con estas herramientas, el impacto es profundo. Los niños crecen en ambientes emocionalmente nutritivos, fomentando la resiliencia y el bienestar. A medida que estos niños maduran, incorporan experiencias familiares positivas a sus propias relaciones, sembrando comunidades más saludables y armoniosas.

Nos encontramos en una coyuntura en la que priorizar la salud mental y el bienestar emocional dentro de la unidad familiar no es sólo una oportunidad sino una obligación. Al ampliar los servicios de salud mental para incluir asesoramiento familiar y ofrecer talleres integrales para padres, podemos empoderar a las familias no sólo para sobrevivir sino también para prosperar. Nuestra visión es un futuro donde la fortaleza de los lazos familiares cree una sociedad compasiva y resiliente para todas las generaciones.

Estabilidad económica: liberar el potencial de las familias y la sociedad

Mientras nos esforzamos por lograr el avance social, debemos reconocer el papel fundamental de la estabilidad económica en la salud y el bienestar de las familias. Lograr la estabilidad económica trasciende el mero equilibrio financiero; se trata de garantizar que cada familia, independientemente de su estructura, tenga los recursos para brindar a sus hijos oportunidades esenciales. Abogar por políticas que promuevan un salario digno, ofrezcan beneficios fiscales y proporcionen recursos de planificación financiera puede crear un efecto dominó transformador en todas las comunidades.

1. Políticas de salario digno: muchas familias, incluidos los hogares monoparentales y las familias multigeneracionales, luchan por satisfacer las necesidades básicas a pesar del arduo trabajo. Un salario digno no es sólo una cifra fiscal sino un camino hacia una vida digna. Consideremos, por ejemplo, la familia Johnson. Después de la implementación de una política de salario digno, pudieron permitirse comidas nutritivas, un hogar seguro y una educación de calidad para sus hijos. Las investigaciones sugieren que los niños de

hogares financieramente estables experimentan un mejor desarrollo físico y emocional, lo que lleva a una generación más empoderada y contribuyente.

2. Beneficios fiscales y planificación financiera: Las presiones económicas pueden tensar la dinámica familiar. Los incentivos fiscales diseñados para apoyar a las familias, especialmente aquellas con niños, pueden aliviar este estrés. Un estudio de 2020 realizado por el Instituto Nacional de Investigación Económica mostró que las familias que se beneficiaban de tales políticas fiscales experimentaron una reducción de la ansiedad financiera y un mejor bienestar general. Además, ofrecer seminarios públicos sobre elaboración de presupuestos y planificación financiera puede capacitar a las familias para tomar decisiones informadas, invertir en la educación de sus hijos y asegurar un futuro estable.

3. Abordar los desafíos: al abogar por estas políticas, también debemos considerar los desafíos potenciales, como los impactos en las pequeñas empresas y los presupuestos gubernamentales. Un enfoque equilibrado, que posiblemente incluya una implementación escalonada o subsidios para las pequeñas empresas, podría mitigar estos desafíos.

4. Perspectiva global: A nivel mundial, la efectividad de tales políticas económicas varía según los contextos culturales y económicos. Las lecciones aprendidas de países como Dinamarca, que ha implementado con éxito iniciativas de salarios dignos, pueden guiar el desarrollo de políticas en otras naciones.

En conclusión, la estabilidad económica va más allá de los cheques de pago y los saldos bancarios; se trata de liberar el potencial de las familias y, por extensión, de la sociedad. Al impulsar políticas de salario digno, beneficios fiscales y recursos de planificación financiera, permitimos que cada familia brinde a sus hijos las oportunidades que merecen. Este enfoque no sólo construye familias más fuertes; sienta las bases para una sociedad próspera y próspera.

Educación: una responsabilidad colectiva para un mañana mejor

La educación debe aceptarse como una responsabilidad colectiva, trascendiendo las fronteras de los hogares, las escuelas y los lugares de trabajo. Nuestros niños, el futuro de nuestra sociedad, dependen de un compromiso compartido en su viaje educativo. Esto requiere la participación activa de todos, incluidos padres, educadores, empleadores y la comunidad en general. Al fomentar la participación de los padres, ofrecer horarios de trabajo flexibles e involucrar a la comunidad en general, allanamos el camino para un futuro mejor donde la educación sea verdaderamente un esfuerzo comunitario.

1. Participación de los padres: Las investigaciones han demostrado consistentemente que la participación de los padres es crucial para el éxito académico de un niño. Cuando los padres participan en el proceso educativo, se convierten en aliados en el aprendizaje de sus hijos, fortaleciendo los vínculos familiares y reforzando la importancia de la educación. Las escuelas de comunidades diversas, desde centros urbanos hasta zonas rurales, deben crear entornos acogedores para los padres, ofreciendo diversas vías de participación, como reuniones de padres y maestros, eventos escolares y talleres educativos. Este enfoque debe ser adaptable para adaptarse a diferentes entornos socioeconómicos y sistemas educativos, garantizando la inclusión.

2. Horarios flexibles para los padres: Equilibrar las responsabilidades laborales y familiares es un desafío importante para muchos padres. Los empleadores pueden desempeñar un papel crucial al ofrecer horarios de trabajo flexibles u opciones de trabajo remoto. Estas políticas permiten a los padres participar más activamente en la educación de sus hijos, asistiendo a eventos escolares y apoyando las tareas sin sacrificar sus funciones profesionales. Sin embargo, es importante abordar los obstáculos potenciales, como los desafíos operativos en determinadas industrias. Se pueden explorar soluciones

colaborativas, como horarios de trabajo escalonados y opciones de tiempo parcial, para que esta sea una opción viable para más empleadores.

3. Participación comunitaria más amplia: La responsabilidad de la educación se extiende más allá de los padres y las escuelas. Las empresas locales, las organizaciones comunitarias y los voluntarios pueden contribuir a enriquecer la experiencia educativa. Por ejemplo, en Noruega, los programas educativos dirigidos por la comunidad han complementado con éxito la escolarización formal, brindando a los niños diversas experiencias de aprendizaje.

4. Perspectiva global: Ejemplos de todo el mundo, como la participación comunitaria en la educación vista en Japón, donde las empresas locales a menudo colaboran con las escuelas, pueden proporcionar ideas y modelos valiosos para mejorar los resultados educativos a través de la responsabilidad colectiva.

En conclusión, el camino hacia un futuro educativo más brillante está pavimentado con los esfuerzos no sólo de los padres y las escuelas, sino de toda la comunidad. Al aceptar esta responsabilidad colectiva, podemos crear un entorno en el que los niños reciban apoyo, educación y preparación para convertirse en personas integrales que liderarán nuestra sociedad hacia el futuro. Unamos nuestras manos para hacer realidad esta visión, garantizando que cada niño tenga la oportunidad de alcanzar su máximo potencial.

Construcción comunitaria: familias fuertes, comunidades fuertes

Mientras nos esforzamos por construir comunidades más fuertes, debemos reconocer que la base de esa fortaleza radica en la salud y la cohesión de nuestras familias. Los beneficios de un entorno familiar propicio se extienden más allá del hogar y permean a toda la comunidad. Para fortalecer verdaderamente nuestras comunidades, es crucial invertir en iniciativas que fortalezcan estas unidades familiares. Al centrarnos en centros comunitarios versátiles, programas que atienden diversas necesidades y crear espacios públicos aptos para familias, sentamos las bases para una sociedad vibrante e interconectada.

Centros y programas comunitarios

Los centros comunitarios son mucho más que edificios; son el alma de los vecindarios, fomentan conexiones y brindan apoyo. Invertir en estos centros, particularmente en entornos socioeconómicos y culturales diversos, puede abordar necesidades comunitarias específicas. Por ejemplo, en una zona urbana multicultural, un centro comunitario podría ofrecer clases de idiomas y programas de intercambio cultural, mientras que en regiones rurales, los talleres de desarrollo agrícola podrían ser más beneficiosos.

Al ofrecer programas orientados a la familia, como cuidado infantil de calidad, cuidado de personas mayores y capacitación laboral, estos centros pueden cerrar las brechas generacionales y mejorar la dinámica familiar. Un estudio del Urban Institute destacó que las comunidades con centros sólidos experimentaron tasas de criminalidad más bajas y mayores logros educativos.

Espacios públicos

El papel de los espacios públicos bien diseñados, como parques, bibliotecas y centros recreativos, es fundamental en la construcción de comunidades. Estos espacios deben atender a familias diversas, ofreciendo experiencias seguras, accesibles y enriquecedoras. Por ejemplo, un parque en una ciudad densamente poblada podría contar con áreas de juego y jardines comunitarios, mientras que un área suburbana podría centrarse en instalaciones deportivas y teatros al aire libre.

Los ejemplos exitosos incluyen ciudades como Copenhague, donde los espacios públicos están diseñados intencionalmente para ser amigables con las familias, fomentando la interacción comunitaria y estilos de vida activos.

1. Abordar los desafíos: La implementación de estas iniciativas requiere abordar desafíos como la financiación, el mantenimiento y la participación de la comunidad. Las asociaciones entre gobiernos locales, empresas y ONG pueden proporcionar soluciones sostenibles. Por ejemplo, se puede utilizar un modelo de asociación público-privada para financiar y mantener centros y parques comunitarios.
2. Participación más amplia de las partes interesadas: construir comunidades fuertes es un esfuerzo colaborativo. Los gobiernos locales pueden encabezar iniciativas, las empresas pueden proporcionar financiación y recursos, y las ONG pueden ofrecer servicios especializados y promoción.

En conclusión, al fomentar familias fuertes a través de centros comunitarios, programas y espacios públicos de apoyo, no solo estamos mejorando las vidas individuales; Estamos tejiendo el tejido de comunidades resilientes y prósperas. Estos esfuerzos requieren un enfoque colaborativo e inclusivo, que reconozca las necesidades únicas de diferentes áreas. Comprometámonos a construir un futuro en el que cada comunidad sea un bastión de apoyo, oportunidades y crecimiento para sus familias.

El papel de los medios y la tecnología

En una era en la que los medios y la tecnología son omnipresentes, no se puede ignorar su profundo impacto en las familias y la sociedad. Es vital aprovechar estas herramientas no sólo para fortalecer los vínculos familiares sino también para abordar los desafíos que plantean. Así es como podemos aprovechar los medios y la tecnología como catalizadores para familias más fuertes y conectadas, sin dejar de ser conscientes de los riesgos que implican.

Alfabetización mediática en todos los grupos de edad

Los desafíos del mundo digital, como la desinformación, el ciberacoso y el tiempo excesivo frente a la pantalla, afectan a diferentes grupos de edad dentro de las familias de diversas maneras. Es crucial integrar la alfabetización mediática en los currículos escolares y los programas de educación familiar. Por ejemplo, los adolescentes enfrentan diferentes riesgos en línea que los niños más pequeños, y la educación debe adaptarse para abordar estos desafíos específicos.

Imagine un futuro en el que los niños y los padres reciban educación sobre cómo evaluar críticamente las fuentes de información, discernir contenidos creíbles y comprender el impacto de los medios en las percepciones y los comportamientos. Este enfoque prepara a las familias para interactuar conscientemente con los medios, fomentando una cultura de toma de decisiones informada y consumo responsable. Los estudios de caso, como el éxito de los programas de alfabetización mediática en las escuelas escandinavas, pueden servir como modelos para su implementación.

Contenido apto para familias y diversos roles de las partes interesadas

Los medios y el entretenimiento moldean significativamente la dinámica y los valores familiares. Promover contenido apto para familias que entretenga, eduque y fomente los vínculos es fundamental. Los creadores de contenido, en colaboración con los formuladores de políticas y las organizaciones comunitarias, deben trabajar para lograr narrativas que reflejen diversas estructuras familiares y promuevan valores de amor, empatía y cooperación.

Imagine un panorama mediático donde las familias puedan consumir con confianza contenido que refuerce los vínculos familiares. Este entorno fomenta puntos en común, conversaciones significativas y experiencias compartidas. El papel de las empresas de tecnología a la hora de moderar y promover dichos contenidos también es primordial, asegurando que las familias tengan acceso a opciones de medios apropiadas y enriquecedoras.

1. Reconocer los riesgos y desafíos: si bien se destacan los beneficios de los medios y la tecnología, es importante reconocer y abordar los riesgos asociados, como la adicción y las preocupaciones sobre la privacidad. Iniciativas como los programas de bienestar digital y los controles parentales pueden ayudar a las familias a afrontar estos desafíos de forma eficaz.

2. Perspectiva global sobre la interacción con los medios: reconocer las diversas formas en que las diferentes culturas interactúan con los medios y la tecnología puede ofrecer conocimientos valiosos. Por ejemplo, la forma en que las sociedades orientales suelen integrar la tecnología en la vida familiar puede proporcionar lecciones sobre cómo equilibrar el tiempo frente a la pantalla con el tiempo en familia.

En conclusión, los medios y la tecnología, aunque formidables, ofrecen un inmenso potencial para el bien cuando se utilizan de manera responsable. Dar prioridad a la alfabetización mediática, abogar por contenidos aptos para toda la familia, abordar los riesgos potenciales y adoptar una perspectiva global son claves para empoderar a las familias en la era digital. Al hacerlo, transformamos la tecnología en un puente hacia relaciones familiares más fuertes y conectadas: una visión en la que los medios y la tecnología son aliados para fomentar familias más sanas, felices y unidas. Trabajemos colectivamente para hacer realidad esta visión.

La verdad inevitable

En el intrincado mosaico de la civilización humana, la unidad familiar sigue siendo un hilo esencial, intrincadamente entretejido en nuestra existencia colectiva. Lejos de ser una reliquia obsoleta, la familia es una piedra angular dinámica y en evolución, fundamental para la prosperidad de las sociedades. Debemos reconocer su importancia irrefutable, reconociendo la diversidad de estructuras familiares que enriquecen nuestro mundo moderno.

A medida que navegamos por las complejidades de nuestra sociedad que cambia rápidamente, nos enfrentamos a una verdad fundamental: la familia trasciende una mera construcción social; encarna una necesidad humana básica. Dentro de la familia, ya sea de forma tradicional o moderna, forjamos nuestros primeros lazos de amor y aprendemos lecciones vitales de cooperación y responsabilidad. La familia es donde alimentamos nuestros sueños y moldeamos nuestros valores, encontramos apoyo emocional y buscamos refugio durante los momentos turbulentos de la vida.

Descartar a la familia como una reliquia es pasar por alto su profunda influencia en nuestro bienestar personal y colectivo. Este descuido contradice una extensa investigación que destaca el papel crucial de la familia en el fomento del desarrollo de la primera infancia y el fomento de la resiliencia emocional en la edad adulta. Ignora las experiencias vividas por innumerables personas que obtienen fuerza e identidad de sus vínculos familiares, independientemente de la configuración de la familia.

El bienestar familiar no es meramente sentimental; es un imperativo social. Las familias prósperas sientan las bases para el crecimiento económico, la cohesión social y un futuro esperanzador para las generaciones venideras. A medida que desarrollamos políticas, programas comunitarios y participamos en el diálogo público, priorizar el bienestar familiar no es opcional sino una responsabilidad fundamental. Este compromiso debe ser inclusivo, abarcar diversas estructuras familiares y reconocer sus contribuciones únicas al tejido social.

En nuestro contexto global, las familias adoptan muchas formas y están influenciadas por diversas normas culturales. Reconocer estas variaciones enriquece nuestra comprensión del papel de la familia en diferentes sociedades. Por ejemplo, en muchas culturas asiáticas las familias extensas desempeñan un papel fundamental en el apoyo y la educación comunitarios, mientras que las sociedades occidentales a menudo enfatizan las estructuras familiares nucleares y el individualismo. Equilibrar estas perspectivas es clave para formular políticas que apoyen a las familias de manera universal.

En conclusión, la unidad familiar, en todas sus formas, es una verdad eterna, una piedra angular inquebrantable de la sociedad humana. A medida que avanzamos, abracemos esta verdad con los brazos abiertos, reconociendo las diversas manifestaciones de la familia. Hacerlo allana el camino para una sociedad que no sólo sea más fuerte y resiliente, sino también más inclusiva y compasiva. Aquí radica nuestro compromiso con un futuro en el que cada familia, independientemente de su estructura, prospere y lleve adelante la promesa de un mañana mejor.

Conclusión: Invertir en las familias: el camino hacia una sociedad más fuerte

En el complejo ámbito de la gobernanza, emerge una verdad profunda que trasciende la política y las ideologías: invertir en las familias equivale a invertir en los cimientos de nuestra sociedad. La unidad familiar, una construcción fundamental de la civilización humana, desempeña un papel fundamental en la construcción de comunidades resilientes y prósperas.

Consideremos la evidencia: los estudios muestran consistentemente que cuando las familias reciben apoyo, las sociedades demuestran una resiliencia notable. Afrontan las crisis con fortaleza y se adaptan al cambio con agilidad. La estabilidad que emana de las unidades familiares se extiende más allá de los hogares individuales y sustenta comunidades y naciones sólidas. Es el pulso vital que sostiene el bienestar social.

Además, el impacto del bienestar familiar se extiende en cascada a través de las economías, inyectándoles vigor y dinamismo. Por ejemplo, un informe de 2021 del Instituto de Política Económica reveló que las estructuras familiares sólidas contribuyen a una fuerza laboral resiliente, mejorando la productividad y estimulando la innovación. Estas familias reducen la carga sobre las redes de seguridad social, lo que resulta en un gasto público más eficiente. Cuando las familias prosperan, las economías siguen su ejemplo.

Esta es la gobernanza en su forma más reveladora. Cuidar a las familias sienta las bases no sólo de fortaleza sino también de sostenibilidad. Reconocer la importancia del bienestar familiar lo convierte de un lujo a un imperativo moral y social: un compromiso con el bienestar de cada miembro de la comunidad.

Para mejorar la gobernanza, dar prioridad a la unidad familiar es esencial. Las diversas estructuras familiares, ya sean hogares tradicionales, monoparentales o multigeneracionales, son crisoles de valores y refugios para fomentar la empatía y la resiliencia. Al invertir en las familias, estamos invirtiendo en nuestro futuro colectivo.

Por lo tanto, debemos unirnos para defender políticas que apoyen a la familia, programas comunitarios y un discurso público que reconozca la naturaleza diversa de las familias modernas. Esta acción colectiva honra nuestro pasado y siembra un mañana más brillante: un futuro en el que las familias no sólo sobrevivan sino que florezcan.

En conclusión, invertir en las familias trasciende los meros beneficios individuales; fortalece el tejido mismo de nuestra sociedad. Este enfoque de la gobernanza no sólo es inteligente y sostenible, sino también éticamente sólido. Nos debemos a nosotros mismos y a las generaciones futuras priorizar el bienestar familiar en todas sus formas. Al tomar medidas ahora, garantizamos que las familias (las unidades sociales fundamentales) reciban el reconocimiento y el apoyo que merecen.

Programas e iniciativas que apoyan la estructura familiar

Por qué los programas y las iniciativas son cruciales

En el intrincado tejido de la gobernanza, destaca una verdad esencial: la prosperidad de las sociedades está profundamente conectada con el bienestar de las familias. Más que mera retórica, esta comprensión debe traducirse en programas e iniciativas tangibles y eficaces a nivel mundial, que apoyen y fortalezcan la estructura familiar de diversas maneras.

1. Licencia y apoyo parental: La base del apoyo familiar es garantizar que los padres puedan vincularse con sus hijos, especialmente en los primeros años cruciales. Las políticas de licencia parental extendida, que han demostrado su eficacia en países como Suecia, ofrecen no sólo tiempo sino también seguridad a los padres. Estas políticas no son gastos sino inversiones que conducen al desarrollo de futuros ciudadanos emocionalmente seguros y productivos. El cuidado infantil subsidiado, otra faceta clave, alivia a los padres de los costos abrumadores de la crianza de los hijos, como se ve en el exitoso modelo de guardería de Quebec.

2. Vivienda asequible: La vivienda estable es la piedra angular del bienestar familiar. Los programas centrados en viviendas asequibles, como los implementados en Singapur, no sólo alivian el estrés financiero sino que también fomentan comunidades donde las familias pueden prosperar. La vivienda asequible es más que una medida de ahorro; se trata de crear un entorno seguro y enriquecedor para que las familias crezcan.

3. Equilibrio entre la vida personal y laboral: en respuesta al acelerado estilo de vida moderno, los gobiernos deberían abogar por horarios de trabajo equilibrados y acuerdos laborales flexibles. Países como los Países Bajos han integrado con éxito políticas laborales favorables a la familia, incluidos horarios flexibles y opciones de trabajo remoto, lo que permite a los padres mantener un equilibrio saludable entre el trabajo y la familia.

4. Servicios de apoyo comunitario: los gobiernos locales desempeñan un papel crucial al ofrecer servicios como asesoramiento y cuidado infantil. Estos sistemas de apoyo actúan como redes de seguridad, como se ve en los sólidos servicios comunitarios en ciudades como Melbourne, Australia. Los servicios accesibles y receptivos pueden ayudar enormemente a las familias que enfrentan diversos desafíos, garantizando que tengan los recursos para superarlos.

5. Apoyo financiero: Las exenciones fiscales personalizadas pueden proporcionar un alivio sustancial, especialmente para familias con varios hijos o familias monoparentales. Estas iniciativas financieras, similares a las de Canadá, ayudan a las familias a gestionar los gastos de educación y atención sanitaria, contribuyendo a un entorno familiar estable.

En resumen, no se puede subestimar la interdependencia del bienestar familiar y la salud social. Los gobiernos de todo el mundo deben reconocer esto y actuar con decisión. Los programas e iniciativas destacados aquí, basándose en ejemplos globales, no son meros gastos sino inversiones críticas para la prosperidad social. Al fomentar familias fuertes, allanamos el camino para sociedades prósperas y resilientes. Adoptar este enfoque en los modelos de gobernanza no sólo es beneficioso; es imperativo para un futuro próspero. Es hora de realizar un esfuerzo unificado para priorizar y reforzar la unidad familiar, fomentando un mundo donde las familias no sólo sobrevivan sino que prosperen.

Iniciativas de apoyo a los padres

En el gran tejido de la gobernanza, la unidad familiar constituye una piedra angular, esencial para la estructura de nuestras sociedades. Para fortalecer verdaderamente a las familias, debemos reconocer y priorizar las iniciativas de apoyo a los padres. Aquí exploramos dos aspectos críticos, respaldados por investigaciones y conocimientos globales, que pueden nutrir y fortalecer significativamente a las familias.

Licencia parental remunerada universal

El nacimiento o la adopción de un niño es un momento crucial en la vida de una familia y merece tanto celebración como atención dedicada. La licencia parental remunerada universal no es simplemente una política; es un compromiso esencial con las familias. La investigación, incluido un estudio de 2019 de la Universidad de Oxford, muestra que la licencia parental contribuye significativamente al bienestar emocional y psicológico de los niños.

Ambos padres deberían tener derecho a tiempo libre remunerado, salvaguardando su trabajo e ingresos. Esta política, implementada con éxito en países como Noruega, no es un lujo sino una necesidad fundamental. Fomenta vínculos fuertes y seguridad emocional en los niños, sentando las bases para una sociedad futura saludable.

Además, la licencia parental remunerada universal refuerza el valor social de la paternidad, reconociendo que el papel de la familia se extiende más allá de la esfera privada. Cuando los padres reciben este apoyo, las familias y, en consecuencia, las sociedades, prosperan.

Talleres gratuitos para padres

La crianza de los hijos es una habilidad que se aprende y es vital para formar a las generaciones futuras. Es fundamental ofrecer talleres gratuitos sobre crianza eficaz, incluido el manejo del estrés y la inteligencia emocional. Estos talleres pueden cubrir una variedad de temas adaptados a diferentes estructuras familiares, reconociendo que no existe un enfoque único para la crianza de los hijos.

Este tipo de iniciativas, observadas en diversas culturas, desde Canadá hasta Japón, brindan a los padres las herramientas necesarias para fomentar un hogar estable y lleno de amor. Ayudan a afrontar diversos desafíos, desde el cuidado infantil hasta la adolescencia, mejorando la comunicación y la resolución de conflictos dentro de la familia. Estas habilidades trascienden la unidad familiar, contribuyendo a una sociedad más empática y responsable.

Sin embargo, la implementación de estas iniciativas conlleva desafíos como asegurar la financiación y abordar la resistencia social. Un enfoque colaborativo que involucre al gobierno, el sector privado y las organizaciones comunitarias puede resultar eficaz. Adaptar estas iniciativas para atender a las diversas formas de familias modernas garantiza la inclusión y un impacto más amplio.

En conclusión, las iniciativas de apoyo a los padres como la licencia parental remunerada universal y los talleres gratuitos para padres no son meras políticas; son inversiones en el futuro de nuestra sociedad. Al adoptar estas iniciativas, afirmamos que el bienestar familiar es parte integral del bienestar social. Defender estas causas significa que no sólo apoyamos a los padres sino que también alimentamos los cimientos sobre los que se construyen nuestras comunidades y naciones.

Programas de apoyo económico

En la búsqueda de reforzar a las familias, la importancia de los programas de apoyo económico es primordial. Estas iniciativas van más allá de la mera política fiscal; son parte integral del bienestar de las familias y, en consecuencia, de la prosperidad de las naciones. Exploremos dos aspectos críticos en los que dichos programas han demostrado su impacto, basándonos en ejemplos globales y resultados de investigaciones.

Cuidado infantil universal

El cuidado infantil de calidad no es un lujo sino una necesidad, que sustenta el sistema de apoyo que permite a los padres contribuir eficazmente a la economía y al mismo tiempo garantizar el bienestar de sus hijos. El cuidado infantil universal trasciende las políticas; es un salvavidas para las familias.

Países como Finlandia y Canadá demuestran los beneficios de una atención infantil accesible y de alta calidad. Debería ser un derecho para todas las familias, permitiendo a los padres, especialmente a las madres, participar plenamente en el mundo laboral. Este enfoque no sólo impulsa la economía sino que también fomenta el desarrollo infantil crucial. Estudios, como los del Instituto Nacional de Salud Infantil y Desarrollo Humano, muestran que la educación infantil juega un papel vital en el desarrollo cognitivo y las habilidades sociales, reduciendo las brechas de rendimiento.

Invertir en el cuidado infantil universal es invertir en nuestro futuro. Crea un entorno para que los niños prosperen y los padres trabajen sin estrés, lo que beneficia a la fuerza laboral y a la sociedad en general.

Créditos fiscales familiares

Con los costos crecientes de la crianza de los hijos, los créditos fiscales familiares son una necesidad financiera, especialmente para las familias de ingresos bajos y medios. La implementación de estos créditos, como se ve en países como Alemania y el Reino Unido, puede aliviar las cargas financieras de la paternidad.

Los créditos fiscales para familias apoyan directamente a los necesitados, ayudando a cubrir gastos esenciales y contribuyendo a crear entornos estables y enriquecedores para los niños. Más allá del alivio financiero inmediato, estos créditos afirman el valor social otorgado a las familias. Económicamente, a medida que las familias gastan estos créditos, estimulan las empresas locales y el crecimiento económico general, como lo demuestran estudios como los publicados por la Brookings Institution.

Sin embargo, la implementación de estos programas conlleva desafíos, incluidas restricciones presupuestarias y garantizar un acceso equitativo para todo tipo de familias. Un enfoque matizado, que considere las diversas estructuras y necesidades de las familias modernas, es crucial para el éxito de estos programas.

En conclusión, los programas de apoyo económico como el cuidado infantil universal y los créditos fiscales familiares son fundamentales para la salud de nuestra sociedad. No son meros mecanismos financieros; reflejan nuestro compromiso con el bienestar familiar. Al defender e implementar estos programas, fortalecemos a las familias y construimos una sociedad más próspera y equitativa. Es una inversión que rinde dividendos en bienestar social y estabilidad económica.

Programas de salud y bienestar

En el tejido del desarrollo social, el papel de los programas de salud y bienestar en el apoyo a las familias es fundamental. Lejos de meras consideraciones presupuestarias, estas iniciativas representan inversiones cruciales en la salud física y mental de las familias, lo que a su vez fortalece las comunidades y las economías.

Atención sanitaria familiar universal

La atención sanitaria familiar debería ser un derecho universalmente accesible, no un privilegio. Este enfoque, implementado con éxito en países como Dinamarca y Canadá, garantiza que todas las familias, independientemente de su nivel socioeconómico, tengan acceso a servicios médicos esenciales.

Estudios, como los realizados por la Organización Mundial de la Salud, han demostrado que la presión financiera de los costos de atención médica impacta significativamente el bienestar familiar. La atención sanitaria familiar universal elimina la carga de las facturas médicas exorbitantes, lo que permite a las familias buscar atención preventiva y oportuna. Este sistema no solo garantiza mejores resultados de salud, sino que también contribuye a la estabilidad económica al reducir el ausentismo debido a enfermedades y fomentar una fuerza laboral más productiva.

Además, la atención sanitaria preventiva, incluidos los controles periódicos y la intervención temprana, es vital para la salud a largo plazo. Al hacer que la atención médica sea accesible para todas las familias, facilitamos un enfoque proactivo de la salud, lo que potencialmente reduce la necesidad de tratamientos más costosos en el futuro.

Servicios de salud mental accesibles

La salud mental es una parte integral del bienestar general. Los servicios de salud mental accesibles abordan la creciente necesidad de apoyo psicológico entre las familias, afrontando las complejidades de la vida moderna. La introducción de estos servicios en países como Australia ha mostrado mejoras significativas en la salud mental y el bienestar de la comunidad.

Estos servicios brindan un apoyo crucial para controlar el estrés, los conflictos familiares y las afecciones de salud mental más graves. Para los niños y adolescentes, el acceso temprano a la atención de salud mental es fundamental para el desarrollo emocional. Al brindar estos servicios, podemos intervenir temprano, ofreciendo apoyo y tratamiento que pueden sentar las bases para una vida adulta más saludable.

Sin embargo, la implementación de estos programas conlleva desafíos como una financiación adecuada, garantizar un acceso equitativo y superar el estigma social en torno a la salud mental. Un enfoque multifacético que incluya financiación gubernamental, iniciativas comunitarias y campañas de concientización pública puede abordar eficazmente estos problemas.

En estructuras familiares diversas, desde hogares monoparentales hasta familias multigeneracionales, son necesarios enfoques personalizados de atención médica y bienestar mental para satisfacer necesidades y circunstancias específicas.

En conclusión, los programas integrales de salud y bienestar, incluida la atención sanitaria familiar universal y los servicios de salud mental accesibles, no sólo son beneficiosos; son esenciales para la salud sólida de las familias y, por extensión, de la sociedad. Invertir en estos programas significa invertir en un futuro más saludable y resiliente. Al priorizar la salud familiar, allanamos el camino para comunidades más fuertes y una sociedad más próspera.

Empoderar a las familias a través del apoyo y el desarrollo educativo

La educación trasciende las aulas y los libros de texto y sirve como piedra angular para el empoderamiento familiar y la transformación comunitaria. Al priorizar el apoyo y el desarrollo educativo, desbloqueamos el potencial de las familias, encaminándolas hacia el éxito y la realización.

Asociaciones familia-escuela

Fomentar asociaciones sólidas entre las escuelas y las familias es fundamental para apoyar la educación de los niños. Las investigaciones, incluidos estudios del Harvard Family Research Project, muestran que cuando los padres y los educadores colaboran, el rendimiento académico y el bienestar emocional de los niños mejoran significativamente.

1. Desarrollo integral: los padres brindan información única sobre las necesidades de aprendizaje de sus hijos. Las estrategias educativas colaborativas, adaptadas a cada niño, pueden mejorar los resultados del aprendizaje.
2. Reforzar el aprendizaje: la participación activa de los padres en la educación extiende el aprendizaje más allá del aula, mejorando las tasas de retención y éxito.
3. Entorno de apoyo: La participación de una familia en la educación aumenta la autoestima y la motivación de los niños, vitales para el crecimiento académico y personal.
4. Resolución de problemas: juntos, padres y educadores pueden abordar desafíos como discapacidades de aprendizaje o problemas de comportamiento, creando una red de apoyo para los niños.

Los gobiernos y las instituciones educativas pueden fomentar las asociaciones entre familias y escuelas a través de interacciones periódicas entre padres y maestros, canales de comunicación abiertos y la participación de los padres en los procesos de toma de decisiones escolares. Este tipo de iniciativas, implementadas con éxito en países como Finlandia, han dado lugar a mejores resultados educativos y a conexiones más sólidas entre la familia y la escuela.

Programas de educación para adultos

El aprendizaje permanente es esencial para el crecimiento personal y económico. Los programas de educación de adultos ofrecen oportunidades para que los padres mejoren sus habilidades, beneficiando a sus familias y comunidades.

1. Empoderamiento económico: la educación de adultos, a través de cursos como clases nocturnas o programas en línea, abre mejores oportunidades de empleo. La OCDE informa que los programas de aprendizaje de adultos han sido fundamentales para mejorar las perspectivas laborales y los niveles de ingresos.
2. Modelado a seguir: Los padres que continúan sus estudios inspiran a sus hijos a valorar y priorizar su propio aprendizaje.
3. Vida familiar enriquecida: Más allá del avance profesional, la educación de adultos fomenta el desarrollo personal, mejorando la dinámica y la comunicación familiar.
4. Construcción de comunidad: Los programas de educación de adultos reúnen a personas diversas, fomentando redes comunitarias y sistemas de apoyo.

Los gobiernos pueden promover la educación de adultos ofreciendo incentivos financieros, horarios de aprendizaje flexibles y recursos en línea accesibles, que atiendan las necesidades de los adultos que trabajan. Los modelos exitosos en países como Corea del Sur, donde se ha dado prioridad a la educación de adultos, demuestran el impacto positivo en el desarrollo familiar y social.

En conclusión, el apoyo y el desarrollo educativo son fundamentales para el empoderamiento familiar. Al fomentar las asociaciones entre familias y escuelas y facilitar oportunidades de educación para adultos, invertimos en la prosperidad a largo plazo de las familias y las comunidades. Este enfoque va más allá del logro académico; construye una sociedad donde la educación es un viaje compartido y cada familia tiene las herramientas y el conocimiento para prosperar.

Iniciativas centradas en la comunidad: construir familias y comunidades más fuertes

Imagine una comunidad donde cada familia prospere, la risa de los niños llene el aire y todos disfruten del acceso al crecimiento y la conexión. Esta visión depende de iniciativas centradas en la comunidad que fomenten un entorno propicio para el bienestar familiar y vínculos comunitarios sólidos.

Centros comunitarios como centros transformadores

Los centros comunitarios, fundamentales para fortalecer a las familias, pueden transformar vidas cuando cuentan con los fondos y equipos adecuados. Estos centros ofrecen:

1. Apoyo holístico: Brindan servicios variados que atienden a todos los miembros de la familia. Por ejemplo, en ciudades como Portland, Oregón, los centros comunitarios han integrado con éxito servicios que van desde el cuidado infantil hasta el apoyo a las personas mayores, mejorando significativamente la dinámica familiar.
2. Oportunidades de aprendizaje permanente: los programas de educación para adultos en estos centros pueden generar mejores perspectivas laborales y crecimiento personal. Las investigaciones indican que el aprendizaje de adultos basado en la comunidad contribuye al empoderamiento económico y al bienestar social.
3. Conexión social: Los centros actúan como centros sociales, contrarrestando el aislamiento y fomentando la salud mental a través de la participación comunitaria.
4. Actividades recreativas: Instalaciones como gimnasios y programas deportivos promueven la salud física, crucial para el bienestar familiar.

5. Programas de extensión: También sirven como plataformas para la educación comunitaria sobre temas críticos, mejorando el conocimiento y la resiliencia comunitarios.

Para que estos centros prosperen, la inversión gubernamental es esencial, junto con la participación activa de la comunidad en su operación y programación para garantizar que satisfagan las necesidades locales.

Espacios públicos seguros e inclusivos

Los espacios públicos son el alma de la interacción comunitaria. Las áreas seguras y familiares, como parques y jardines comunitarios, son vitales para:

1. Salud Física: Estos espacios fomentan actividades que benefician la salud física, como se ve en ciudades como Copenhague, conocidas por sus parques públicos extensos y bien mantenidos.
2. Vínculo familiar: Proporcionan entornos para que las familias disfruten del tiempo juntas, fomentando relaciones más sólidas.
3. Cohesión comunitaria: los espacios públicos son cruciales para la construcción de comunidades, ya que ofrecen un terreno común para la interacción y forjan un sentido de pertenencia.
4. Conexión con la Naturaleza: El acceso a entornos naturales es fundamental para la salud mental y emocional, reduciendo el estrés y favoreciendo la relajación.

Las inversiones en estos espacios deben priorizar la seguridad, la inclusión y la sostenibilidad ambiental, considerando los comentarios de la comunidad para garantizar que satisfagan las diversas necesidades de todos los residentes.

Las iniciativas centradas en la comunidad son más que políticas; son compromisos para nutrir el corazón de nuestra sociedad: familias y comunidades. Al desarrollar centros comunitarios sólidos y garantizar que nuestros espacios públicos sean seguros e inclusivos, sentamos las bases para comunidades donde todos los miembros, jóvenes y mayores, pueden prosperar. Estas iniciativas no sólo enriquecen las vidas individuales sino que también tejen el tejido de sociedades fuertes y resilientes. Adoptemos este enfoque, reconociendo que cuando invertimos en nuestras comunidades, invertimos en un futuro más brillante y conectado para todos.

Apoyo tecnológico: empoderando a las familias en la era digital

En nuestro mundo digital en rápida evolución, la tecnología se ha convertido en un eje de nuestra vida diaria. Su potencial para apoyar y empoderar a las familias es inmenso y ofrece soluciones transformadoras para mejorar el bienestar y la calidad de vida.

Recursos en línea para apoyo familiar integral

Internet, un vasto depósito de conocimientos, puede aprovecharse para crear portales en línea accesibles y fáciles de usar, adaptados a las necesidades de las familias.

1. Apoyo educativo: las plataformas digitales pueden aumentar el aprendizaje tradicional con aplicaciones interactivas y tutorías virtuales. Por ejemplo, un estudio realizado por el Centro de Análisis de Políticas Educativas de la Universidad de Stanford sugiere que las aplicaciones educativas bien diseñadas pueden mejorar significativamente las habilidades de alfabetización y aritmética de los niños.

2. Orientación para padres: los recursos en línea pueden ofrecer consejos invaluables para los padres, desde cómo manejar los desafíos diarios hasta comprender los hitos del desarrollo. Sin embargo, es crucial abordar la brecha digital, garantizando que estos recursos sean accesibles para familias de todos los orígenes socioeconómicos.

3. Bienestar emocional: los foros digitales y los blogs de salud mental brindan espacios seguros de apoyo y orientación. Garantizar la credibilidad de estas fuentes es vital para proteger a las familias de la desinformación.

4. Equilibrio entre la vida personal y laboral: las oportunidades de trabajo remoto facilitadas por las plataformas en línea pueden ayudar a los padres a equilibrar las responsabilidades profesionales y familiares.

Para maximizar los beneficios de estos recursos, es esencial la colaboración continua entre expertos en educación, empresas de tecnología y grupos de padres. Esto garantiza que el contenido siga siendo relevante, atractivo y digno de confianza.

Servicios de telesalud para una atención sanitaria accesible

La telesalud se ha convertido en una herramienta crucial, especialmente para familias en áreas remotas o desatendidas.

1. Accesibilidad: La telesalud cierra brechas geográficas, brindando acceso a la atención médica a familias en ubicaciones remotas. Sin embargo, abordar los desafíos de infraestructura, como la conectividad a Internet en las zonas rurales, es fundamental para su éxito.

2. Conveniencia: Telesalud ofrece soluciones de atención médica flexibles, lo que reduce la necesidad de viajes y tiempos de espera. Un informe de la Asociación Estadounidense de Telemedicina destaca la eficiencia de la telesalud para brindar asesoramiento médico rápido.

3. Intervención temprana: el acceso rápido a profesionales de la salud a través de telesalud facilita la intervención oportuna, crucial para la salud y el desarrollo de los niños.

4. Apoyo a la salud mental: la telesalud se extiende a los servicios de salud mental y brinda terapia y asesoramiento. Es importante garan-

tizar que estos servicios se brinden con la máxima confidencialidad y seguridad de los datos.

Para que la telesalud sea eficaz, los gobiernos deben invertir en infraestructuras de telecomunicaciones sólidas y proporcionar capacitación en telemedicina a los proveedores de atención médica. También son esenciales políticas que salvaguarden la privacidad del paciente y la seguridad de los datos.

Aprovechar la tecnología para el apoyo familiar es un testimonio de nuestra adaptabilidad e innovación en la era digital. Los recursos educativos en línea y los servicios de telesalud no son sólo comodidades modernas; representan nuestro compromiso de utilizar la tecnología para un bien mayor. Al abordar desafíos como la brecha digital y las preocupaciones sobre la privacidad, podemos aprovechar la tecnología para empoderar a las familias y mejorar sus resultados educativos, emocionales y de salud. Esta apuesta por el apoyo tecnológico en la vida familiar abre el camino hacia una sociedad no sólo más conectada sino también más informada y saludable.

Conclusión: Es hora de actuar: fortalecer a las familias para un futuro mejor

La urgencia de apoyar y fortalecer a las familias en nuestro mundo que cambia rápidamente es más crítica que nunca. Los gobiernos y las comunidades deben actuar con decisión para defender la unidad familiar, la piedra angular de la sociedad, en medio de complejidades y desafíos crecientes. Esto no es simplemente una opción sino un imperativo vital.

1. Tejido social en riesgo: Nuestro tejido social, tejido a partir de diversas unidades familiares, está bajo presión. Las investigaciones muestran tasas crecientes de soledad y problemas de salud mental, lo que indica la necesidad de sistemas de apoyo familiar más sólidos. La familia, como núcleo de este tejido, requiere políticas sólidas para

resistir las presiones modernas.

2. Desafíos complejos: Las familias de hoy enfrentan desafíos multifacéticos, desde dificultades económicas hasta el impacto de la tecnología en la vida diaria. Los efectos de estos desafíos repercuten en la sociedad y afectan a personas y comunidades. Por ejemplo, los estudios indican que la inseguridad financiera dentro de las familias puede generar problemas sociales más amplios.

3. Acción decisiva e informada: Los gobiernos deben crear e implementar de manera proactiva programas integrales para apoyar a las familias. Este apoyo debería traducirse en medidas tangibles, basadas en ejemplos exitosos de países como Alemania, donde las políticas de apoyo familiar han mejorado significativamente el bienestar social.

4. Programas que marcan la diferencia: Los programas eficaces deben abordar diversos aspectos de la vida familiar, incluida la estabilidad económica, la atención médica, la educación y el apoyo emocional. Estas iniciativas deben atender las diversas necesidades de las diferentes estructuras familiares, garantizando la inclusión.

5. Responsabilidad colectiva: La responsabilidad de fortalecer a las familias se extiende más allá de la acción gubernamental. Involucra a comunidades, instituciones educativas, sistemas de salud e individuos. Un enfoque holístico puede fomentar entornos donde las familias y, a su vez, las sociedades, prosperen.

6. Una visión para el futuro: El objetivo es claro: un futuro en el que las familias sean resilientes, los niños crezcan en entornos enriquecedores y los padres reciban el apoyo adecuado. Lograr esta visión requiere un esfuerzo colaborativo que dé prioridad a las políticas centradas en la familia.

7. Ahora es el momento: El momento de actuar es ahora. La demora no hace más que exacerbar los desafíos que enfrentan las familias. Con estrategias proactivas y bien informadas, podemos reforzar el tejido social, asegurando que las familias reciban el apoyo que necesitan.

Invertir en las familias es invertir en los cimientos de nuestras sociedades.

Se trata de crear una gobernanza compasiva y con visión de futuro que reconozca el poder transformador de las familias fuertes. Al hacer hincapié en políticas centradas en la familia y adoptar medidas colectivas, podemos construir sociedades donde los desafíos se enfrenten con resiliencia y donde cada familia tenga la oportunidad de prosperar. Éste no es sólo un objetivo noble; es un enfoque práctico y sostenible para el bienestar social. Aprovechemos esta oportunidad y trabajemos juntos para garantizar un futuro próspero para todas las familias.

6

Preservando Mal (Riqueza)

Por qué la estabilidad económica es un componente clave de una gobernanza exitosa

La realidad ineludible: la economía impulsa la sociedad

En el intrincado tapiz de la gobernanza, donde se entrelazan diversos hilos de políticas y principios, el hilo de la estabilidad económica no sólo es indispensable; es la tela que mantiene todo junto. La estabilidad económica no es simplemente un componente de la buena gobernanza; es su fundamento mismo. Pero consideremos una perspectiva más amplia. Los críticos argumentan que un énfasis excesivo en los factores económicos puede eclipsar las dimensiones sociales o culturales de la gobernanza. ¿Cómo equilibramos estas opiniones?

1. El motor del progreso: la economía impulsa el progreso social. Impulsa la innovación, financia infraestructura y apoya programas sociales. Sin estabilidad económica, incluso las visiones más grandiosas siguen siendo sueños. Consideremos la transformación de Corea del Sur de un país devastado por la guerra a una potencia tecnológica,

atribuida en gran medida a su enfoque en la estabilidad económica.

2. Justicia social: la estabilidad económica es crucial para la justicia social. Garantiza una distribución equitativa de la prosperidad. En las economías volátiles, los vulnerables son los que más sufren. A través de mecanismos como la tributación progresiva, la estabilidad puede reducir la brecha entre ricos y pobres, como se ve en los países nórdicos, conocidos por sus altos niveles de vida y cohesión social.

3. Responsabilidad ambiental: Las economías estables pueden priorizar el medio ambiente. Tienen los medios para invertir en tecnologías verdes y conservación. Sin estabilidad, las preocupaciones ambientales a menudo pasan a un segundo plano. La inversión de Alemania en energía renovable, incluso durante las crisis económicas, ejemplifica este compromiso.

4. Competitividad global: La estabilidad económica mejora la competitividad global. Atrae inversión y talento. Los países con economías estables, como Canadá, pueden afrontar mejor los desafíos económicos globales y aprovechar las oportunidades internacionales.

5. Calidad de vida: La medida definitiva de la gobernanza es la calidad de vida que proporciona. La estabilidad económica afecta la atención sanitaria, la educación y los niveles de vida. Se traduce en seguridad laboral y oportunidades de avance. Mi propia experiencia, al pasar de ser un escritor con dificultades a ser un profesional financieramente estable, refleja cómo la estabilidad económica puede afectar profundamente el crecimiento y el bienestar personal.

6. Fomentar la innovación: La estabilidad proporciona un terreno fértil para la innovación. Apoya la investigación, el espíritu empresarial y las actividades creativas. El crecimiento de Silicon Valley, en medio de la economía relativamente estable de Estados Unidos, pone de relieve esta relación.

7. Cohesión social: La estabilidad sustenta la cohesión social. En sociedades con disparidades extremas o escasas oportunidades laborales, es más probable que haya disturbios. Una economía estable fomenta un sentido de propósito compartido y pertenencia.

La estabilidad económica no es un concepto abstracto; refleja el bienestar de cada ciudadano. Es la plataforma para construir sociedades prósperas, equitativas y sostenibles. Sin esta base, las políticas siguen siendo objetivos difíciles de alcanzar.

Una gobernanza exitosa no consiste sólo en gestionar la estabilidad económica; se trata de priorizarlo. Reconocer que no es un medio para un fin sino el medio para todos los fines. Se trata de salvaguardar la estabilidad que sustenta el progreso y la justicia.

Al explorar la gobernanza, recordemos el papel crucial de la estabilidad económica. No es una opción ni una preferencia; es una necesidad, un mandato. No es parte del rompecabezas; es el rompecabezas mismo. Defender la estabilidad económica es vital para garantizar un futuro fuerte, resiliente e inclusivo para todos.

Estabilidad social: la consecuencia directa de la seguridad económica

Cuando profundizamos en el profundo impacto de la seguridad económica en la sociedad, descubrimos una verdad: una economía estable es más que una piedra angular fiscal; es una base para la armonía social. La seguridad económica cultiva el entorno donde florece una sociedad próspera. Pero, ¿qué significa esto en un contexto global y cómo experimentan este fenómeno las diferentes sociedades?

Tasas de criminalidad reducidas

Un testimonio convincente de la estabilidad económica es su correlación con la reducción de las tasas de criminalidad. Las abundantes oportunidades laborales que brinda una economía estable reducen la tentación de realizar actividades delictivas, que a menudo surgen de la desesperación. Cuando las personas pueden ganarse la vida legalmente, el atractivo de los caminos ilegales disminuye.

Tomemos, por ejemplo, el contraste entre zonas económicamente inestables y aquellas repletas de oportunidades. En regiones inestables, los jóvenes a menudo enfrentan perspectivas de empleo sombrías, un escenario propicio para que las empresas criminales lo exploten. Sin embargo, en lugares como Singapur, conocido por su economía sólida, observamos tasas de criminalidad más bajas y una fuerte sensación de seguridad comunitaria.

La seguridad económica no sólo disuade el comportamiento delictivo sino que también alivia la presión sobre las fuerzas del orden, lo que permite centrarse en la participación de la comunidad y las medidas preventivas.

Resultados educativos superiores

La estabilidad económica extiende sus beneficios a la educación. En economías estables, las familias pueden invertir en el aprendizaje de sus hijos, generando un ciclo de éxito académico y crecimiento económico.

Por el contrario, en las zonas con inestabilidad económica las familias suelen tener dificultades para costear una educación de calidad. Esta dificultad puede obstaculizar el rendimiento académico. Sin embargo, en regiones estables, como Finlandia, que cuenta con un alto nivel de vida, la inversión en educación es la norma, lo que conduce a resultados académicos impresionantes.

Estas personas bien educadas se incorporan a la fuerza laboral, mejorando su nivel de habilidades y competitividad, reforzando así la estabilidad de la economía. Además, las familias económicamente seguras pueden ofrecer actividades enriquecedoras fuera de la escuela, impulsando aún más el desarrollo de sus hijos.

Por tanto, el vínculo entre la estabilidad económica y el éxito educativo es significativo. Una economía estable permite una inversión sustancial en educación, lo que se traduce en oportunidades laborales más sólidas y perpetúa la seguridad económica.

La interacción entre seguridad económica y estabilidad social no es meramente teórica sino una realidad vivida, observable en todo el mundo.

La estabilidad económica es la base para comunidades más seguras y futuros educativos más brillantes. Al priorizar y mantener la seguridad económica en nuestra gobernanza y formulación de políticas, cultivamos una sociedad marcada por bajas tasas de criminalidad y altos logros educativos, como se ve en diversos ejemplos en todo el mundo.

Atención sanitaria: una cuestión tanto económica como moral

La prestación de atención sanitaria de alta calidad trasciende la obligación moral; es un imperativo económico central para la estabilidad y prosperidad de una sociedad. En lugar de ser un mero gasto, la atención sanitaria es una inversión fundamental en el bienestar y la productividad de la población de una nación. Exploremos por qué la atención sanitaria es tanto un imperativo económico como moral:

Atraer a los mejores talentos e impulsar la productividad

En una economía globalizada, las naciones compiten por la supremacía económica y el talento. Los sistemas de salud de alta calidad son cruciales para atraer profesionales capacitados, emprendedores e innovadores. Un estudio de la Organización Mundial de la Salud encontró que los países con sistemas de salud sólidos tienen más probabilidades de atraer y retener a los mejores talentos, lo que a su vez estimula el crecimiento económico y la innovación. Estos profesionales calificados mejoran la productividad nacional y elevan la competitividad económica global.

Además, una fuerza laboral sana es inherentemente más productiva. El acceso a la atención médica significa que los problemas de salud se abordan con prontitud, lo que reduce el ausentismo y mantiene una contribución constante a la economía.

Mejorar la calidad de vida

La atención sanitaria de calidad es fundamental para el bienestar social. Con acceso a servicios médicos eficientes, las personas llevan vidas más sanas y más largas, lo que mejora la satisfacción social general. Un informe de la Comisión Lancet sobre Salud Global afirma que la mejora de la esperanza de vida y la salud tienen una correlación directa con mayores tasas de crecimiento económico.

Los ciudadanos sanos son participantes más activos en la economía. La atención preventiva y la intervención temprana, factibles en sistemas de salud accesibles, reducen los costos económicos a largo plazo de las enfermedades y afecciones crónicas no tratadas.

Ramificaciones económicas de los sistemas sanitarios enfermos

Por el contrario, los sistemas de salud en dificultades a menudo significan dificultades económicas. Las crisis económicas a menudo conducen a recortes presupuestarios de atención sanitaria, lo que afecta negativamente a la calidad y el acceso a los servicios. Esta espiral descendente puede tener profundos impactos económicos. Por ejemplo, la crisis económica en Grecia provocó importantes recortes en la atención sanitaria, que se asociaron con una disminución de la salud pública y de la productividad de la fuerza laboral.

Las personas sin acceso a la atención médica enfrentan un deterioro de su salud, lo que reduce su participación y eficiencia en la fuerza laboral. Las enfermedades crónicas que no se tratan debido a la falta de acceso se vuelven económicamente onerosas con el tiempo.

La atención sanitaria es más que un imperativo moral; es una piedra angular de la prosperidad económica. Los sistemas de salud de alta calidad atraen talento, mejoran la productividad y mejoran la calidad de vida. El estado del sistema de salud de una nación es un espejo de su salud económica. Dar prioridad a la atención sanitaria no sólo es prudente; es imperativo para una sociedad estable y próspera. Como tal, las sociedades deben ver y abordar la atención sanitaria no sólo como una responsabilidad moral sino también como una estrategia económica esencial.

Innovación y progreso: impulsados por la estabilidad económica

La estabilidad económica es mucho más que simplemente equilibrar los presupuestos y garantizar la seguridad financiera; es un catalizador vital para la innovación y el progreso, que impulsa a las sociedades hacia un futuro mejor. He aquí una mirada más profunda a cómo la estabilidad económica no sólo sustenta los avances tecnológicos y las contribuciones culturales, sino que también impulsa la influencia próspera de una nación:

Avances tecnológicos

Las economías estables proporcionan un entorno fértil para innovaciones revolucionarias. Unas bases económicas seguras permiten una inversión significativa en investigación y desarrollo (I+D), fundamental para el progreso tecnológico:

- Inversión en I+D: la estabilidad económica facilita una financiación sustancial en I+D tanto del gobierno como del sector privado. Por ejemplo, la estabilidad económica de Corea del Sur ha permitido una inversión constante en tecnología, lo que la ha convertido en un líder mundial en industrias como la electrónica y la automotriz.
- Liderazgo global: Las naciones económicamente estables a menudo encabezan los avances tecnológicos, estableciendo puntos de referencia globales. Por ejemplo, la estabilidad económica de Estados Unidos ha sido fundamental para su liderazgo en áreas como la tecnología de la información y la exploración espacial.
- Creación de empleo: el surgimiento de sectores como la inteligencia artificial y la energía renovable, fomentados por economías estables,

no solo contribuye al crecimiento económico sino que también genera oportunidades de empleo altamente calificado, atrayendo a los mejores talentos a nivel mundial.

Contribuciones culturales y artísticas

Más allá de las cifras, la estabilidad económica permite a las sociedades invertir en las artes y el desarrollo cultural, aspectos vitales para el bienestar social y el prestigio internacional:

- Promoción del arte y la cultura: con estabilidad financiera, las naciones pueden apoyar eventos artísticos y culturales. Considere cómo la economía de Francia le ha permitido preservar su rico patrimonio cultural, convirtiendo a París en un centro global para el arte y la moda.
- Influencia internacional: Las exportaciones culturales, desde la literatura hasta el cine, actúan como poderosas herramientas diplomáticas. La estabilidad económica de Japón le ha permitido influir significativamente en la cultura global a través de sus contribuciones únicas a la animación y los juegos.
- Calidad de vida: la estabilidad económica mejora el acceso de los ciudadanos a experiencias culturales, fomentando la creatividad y la diversidad. Esto contribuye significativamente al bienestar y la felicidad de la sociedad, como se ve en los vibrantes escenarios culturales de ciudades como Nueva York y Londres.

La estabilidad económica no es sólo un logro en la gestión fiscal; es un motor clave de innovación y vitalidad cultural. Permite a las sociedades ser pioneras en I+D, avances tecnológicos y artes, enriqueciendo vidas humanas y reforzando la posición global de una nación. Por lo tanto, priorizar la estabilidad económica no se trata simplemente de objetivos financieros; se trata de invertir en un futuro donde florezcan la innovación y la riqueza cultural. Tanto los formuladores de políticas como las sociedades deben reconocer y fomentar esta conexión para garantizar un futuro próspero e influyente.

Relaciones Internacionales: la estabilidad económica como herramienta diplomática

La estabilidad económica trasciende las fronteras nacionales y extiende su influencia al ámbito de la diplomacia internacional. Una economía estable no sólo mejora la salud financiera de un país sino que también fortalece su posición diplomática a nivel mundial. Profundicemos en cómo la estabilidad económica sirve como herramienta diplomática crucial:

Atraer inversiones extranjeras

Una economía estable es un faro para las inversiones extranjeras y refuerza los esfuerzos diplomáticos de una nación de varias maneras:

- Diplomacia económica: las economías estables permiten una diplomacia económica eficaz. Países como Alemania y Singapur, conocidos por su estabilidad económica, han negociado con éxito acuerdos comerciales y asociaciones de inversión, allanando el camino para relaciones diplomáticas más amplias.
- Creación de empleo y buena voluntad: las inversiones extranjeras generan empleo y mejoran la vida de los ciudadanos. El impacto interno positivo, como se vio en Irlanda después de su auge de TI, mejora la buena voluntad con las naciones inversionistas, fortaleciendo así las relaciones diplomáticas.
- Asignación de recursos para el compromiso global: la afluencia de capital extranjero permite a los gobiernos mejorar la infraestructura y los servicios públicos. Estas mejoras, similares al salto de desarrollo de Corea del Sur, se vuelven fundamentales en las negociaciones y asociaciones diplomáticas.

Fomento de asociaciones internacionales

La estabilidad económica es fundamental para establecer y fomentar asociaciones internacionales significativas:

- Influencia diplomática: una nación con una economía estable, como Canadá, puede ejercer una influencia diplomática más significativa, garantizando asociaciones equitativas y mutuamente beneficiosas, que conduzcan a alianzas internacionales más sólidas.
- Dinámica del poder blando: La estabilidad económica es una forma de poder blando. Las naciones económicamente sólidas como Japón pueden ofrecer asistencia económica y oportunidades comerciales, mejorando su atractivo como socios globales.
- Resolución de conflictos y mantenimiento de la paz: las naciones económicamente estables tienen recursos para el mantenimiento de la paz y la resolución de conflictos globales. Por ejemplo, la estabilidad económica de Noruega le ha permitido mediar eficazmente en conflictos internacionales.

Abordar los desafíos globales

Una economía estable prepara a un país para enfrentar los desafíos globales de manera más efectiva:

- Compromisos financieros con cuestiones globales: las naciones con economías estables, como los países escandinavos, pueden hacer importantes contribuciones financieras para abordar cuestiones como el cambio climático, la pobreza y las crisis humanitarias, mejorando su posición global.
- Innovación para soluciones globales: la estabilidad económica fomenta la investigación y la innovación, permitiendo a las naciones contribuir con soluciones a los problemas globales. El papel de Estados Unidos en los avances tecnológicos ilustra cómo la estabilidad

económica puede impulsar la innovación global.

- Ayuda humanitaria: Naciones como Canadá, conocidas por su estabilidad económica, pueden ofrecer ayuda humanitaria sustancial, reforzando las relaciones diplomáticas y fomentando la buena voluntad internacional.

La estabilidad económica es más que un objetivo interno; es un imperativo estratégico para el éxito diplomático. Atrae inversiones, fomenta asociaciones y empodera a las naciones para abordar los desafíos globales. Sin embargo, sigue siendo crucial equilibrar este enfoque con las necesidades internas y comprender sus limitaciones. Mientras el mundo navega por complejos paisajes económicos y diplomáticos, aprovechar la estabilidad económica para lograr influencia global no es sólo una opción, sino una necesidad para las naciones centradas en el futuro.

Democracia y gobernanza: indisolublemente ligadas a la economía

La relación entre democracia y estabilidad económica es profunda y recíproca, y cada elemento refuerza y salvaguarda al otro. Las implicaciones de la inestabilidad económica en la gobernabilidad democrática son significativas, por lo que la exploración de esta conexión es esencial:

Mitigar el malestar social

La inestabilidad económica a menudo sirve como catalizador del malestar social. Las dificultades financieras, el desempleo y las oportunidades limitadas pueden generar frustración pública que se manifiesta en protestas y disturbios civiles, desafiando la gobernabilidad democrática:

- Preservar el orden cívico: Una economía estable es crucial para mantener el orden cívico. Al garantizar el acceso a los medios de vida, reduce la probabilidad de protestas masivas y enfrentamientos violentos, defendiendo así los principios democráticos de disidencia y compromiso pacíficos. La crisis financiera mundial de 2008, por ejemplo, desencadenó protestas y disturbios generalizados, lo que puso de relieve este vínculo.

- Protección de los valores democráticos: la estabilidad económica sustenta las libertades democráticas como la de expresión y la de reunión. En tiempos económicamente difíciles, como la reciente crisis económica de Grecia, estos derechos pueden verse amenazados a medida que los gobiernos se esfuerzan por mantener el control.

Contrarrestar las ideologías extremistas

Las dificultades económicas pueden crear un caldo de cultivo para ideologías extremistas. Cuando las personas se sienten económicamente marginadas, se vuelven más susceptibles a promesas radicales de cambio:

- Apoyo a los valores democráticos: una economía robusta puede diluir el atractivo del extremismo al ofrecer esperanza y oportunidades, reforzando así el compromiso con los sistemas democráticos. El aumento de los movimientos populistas en regiones que enfrentan desafíos económicos ilustra esta tendencia.
- La seguridad económica como amortiguador: la estabilidad de la economía contribuye a la seguridad social, disuadiendo el atractivo de ideologías radicales nacidas de la desesperación o el resentimiento económico.

Erosión de las instituciones democráticas

La inestabilidad económica puede amenazar directamente la integridad de las instituciones democráticas, y los gobiernos pueden recurrir a medidas autoritarias durante las crisis:

- Preservar las normas democráticas: una economía estable respalda las normas e instituciones democráticas. La historia muestra que en tiempos de prosperidad económica, como el auge posterior a la Segunda Guerra Mundial, la gobernanza democrática tiende a ser más resiliente.

- Promoción de la rendición de cuentas: la prosperidad económica fomenta la transparencia y la rendición de cuentas en la gobernanza, esenciales para la democracia. La corrupción y los abusos de poder, a menudo más frecuentes en tiempos de dificultades económicas, son la antítesis de los principios democráticos.

La simbiosis entre democracia y estabilidad económica es innegable. La estabilidad económica defiende los valores democráticos, mitiga el malestar social y contrarresta las ideologías extremistas. Por el contrario, la turbulencia económica plantea un riesgo importante para la gobernabilidad democrática. Los ejemplos de la historia global subrayan la necesidad de buscar la estabilidad económica como un aspecto fundamental para mantener la integridad democrática. Como tal, las sociedades deben esforzarse no sólo por comprender esta interconexión sino también por fomentar activamente políticas económicas que apoyen y mejoren las instituciones y los valores democráticos.

Un llamado a la acción: la estabilidad económica no es negociable

La estabilidad económica es una necesidad fundamental, no un lujo. Es tan crucial como la justicia, tan fundamental como la libertad y tan vital como la salud. Lejos de ser un concepto abstracto, es una realidad tangible que moldea profundamente miles de millones de vidas. Su ausencia significa una falla sistémica que pone en peligro todos los aspectos de la gobernanza y el bienestar social. Por lo tanto, debemos hacer un llamado decidido a la acción:

1. La estabilidad económica como piedra angular: La estabilidad

económica es la base de una gobernanza exitosa. Es la base sobre la cual los individuos, las familias y las comunidades construyen su futuro. Abundan los ejemplos, como los países nórdicos, donde la estabilidad económica ha llevado a altos niveles de vida y cohesión social, lo que demuestra su papel fundamental en la sociedad.

2. El costo humano de la inestabilidad económica: Cada estadística de inestabilidad económica representa una lucha personal. Es la historia de familias que luchan contra la incertidumbre financiera, los sueños postergados debido a las dificultades económicas y las comunidades perturbadas por las crisis financieras. La recesión mundial de 2008 lo ilustró de manera conmovedora, afectando a personas de todo el mundo, independientemente de su nacionalidad o procedencia.

3. La estabilidad económica como imperativo moral: La estabilidad económica está intrínsecamente ligada a la justicia, la igualdad y la equidad. Las crecientes disparidades económicas observadas en varias partes del mundo muestran cómo la justicia y la igualdad fallan cuando falta la estabilidad económica. Garantizar la estabilidad económica trasciende las preocupaciones pragmáticas; es un compromiso con la dignidad y el bienestar de cada individuo.

4. Necesidad global de estabilidad económica: en el mundo interconectado de hoy, la inestabilidad económica de una sola nación puede tener repercusiones mundiales. La crisis de la eurozona es un buen ejemplo, que subraya cómo la turbulencia económica en una región puede afectar la estabilidad económica global. Dar prioridad a la estabilidad económica es imperativo para fomentar la paz, la prosperidad y la cooperación internacionales.

5. Un esfuerzo conjunto: Lograr la estabilidad económica requiere una acción colectiva. Implica políticas económicas sólidas por parte de los gobiernos, prácticas éticas por parte de las empresas y un comportamiento financiero responsable por parte de los individuos. La colaboración entre sectores es vital, como lo demuestran las exitosas asociaciones público-privadas en el desarrollo de infraestructura y programas sociales.

6. Es hora de tomar medidas decisivas: No podemos darnos el lujo de debatir o retrasar el abordaje de la inestabilidad económica. Exige acciones inmediatas y decisivas: los gobiernos deben promulgar políticas fiscales responsables; las empresas deberían adoptar prácticas éticas; las personas deben adoptar hábitos financieros sostenibles. Requiere innovación, resiliencia y un compromiso con la prosperidad equitativa para todos.

La estabilidad económica es un imperativo irrefutable para la gobernanza, no un tema de negociación. Nuestro compromiso unificado con la estabilidad económica debe trascender la política, las fronteras y las ideologías. Al tomar medidas concretas y colaborativas, podemos construir un mundo más estable, justo y próspero para todos.

Conclusión: la base sobre la que se construye todo lo demás

En el intrincado entramado de gobernanza y bienestar social, la estabilidad económica no es simplemente un hilo entre muchos; es el tejido fundamental que mantiene todo unido. Para construir una sociedad que no sólo sea funcional sino también floreciente, la estabilidad económica debe ser la piedra angular, la base sobre la que se construyen todas las iniciativas. Esta no es una cuestión de preferencia política; es una necesidad estratégica. Un modelo de gobernanza que no se centra en la estabilidad económica es fundamentalmente insostenible.

1. La Fundación Vital: Consideremos un gran edificio que represente a nuestra sociedad, con la educación como sus altísimas agujas, la justicia como sus robustos muros y la atención médica como su techo protector. Esta estructura se mantiene firme debido a su sólida base de estabilidad económica. Ejemplos históricos, como la transformación económica de la Europa posterior a la Segunda Guerra Mundial, lo subrayan. El Plan Marshall, que reconstruyó las economías, demuestra cómo una economía estable es la base del

progreso social.

2. El combustible para el progreso: La estabilidad económica es dinámica e impulsa el progreso y la innovación. Es el salvavidas financiero para las inversiones gubernamentales en infraestructura y educación, y alienta a las personas a asumir riesgos y perseguir sus sueños. Por ejemplo, la estabilidad económica de Silicon Valley ha sido un catalizador para la innovación tecnológica y el espíritu empresarial.

3. El árbitro de las oportunidades: La estabilidad económica nivela el campo de juego, permitiendo que las personas prosperen basándose en sus méritos, no sólo en sus circunstancias de nacimiento. Países como Canadá, con sus políticas centradas en la igualdad económica, ejemplifican cómo la estabilidad puede crear oportunidades equitativas para todos.

4. El escudo contra la injusticia: una economía sólida actúa como un baluarte contra las injusticias sociales. Proporciona una red de seguridad para los vulnerables, garantizando que nadie se quede atrás. El modelo nórdico, con su combinación de estabilidad económica y sólidas redes de seguridad social, es un testimonio de ello.

5. El catalizador de la armonía social: la estabilidad económica fomenta la armonía social. En sociedades con disparidades económicas mínimas, como las de algunos países escandinavos, hay inherentemente más cohesión social, caracterizada por un sentido colectivo de propósito y progreso.

6. El imperativo global: en el mundo interconectado de hoy, la estabilidad económica trasciende las fronteras nacionales. Es un compromiso global. La crisis financiera de 2008 ilustró cuán interconectadas están nuestras economías y cómo la agitación de una nación puede tener efectos en todo el mundo.

7. Una visión unificada: la estabilidad económica trasciende las divisiones políticas. Requiere un enfoque unificado que involucre a gobiernos, empresas, sociedad civil e individuos. Se trata de elaborar políticas que sean sostenibles y éticamente sólidas, que reflejen nues-

tra responsabilidad compartida para con las generaciones futuras.

Un llamado conjunto a la acción: Debemos unirnos en nuestro llamado a la estabilidad económica. No se trata sólo de la prosperidad que aporta, sino de los imperativos sociales, morales y globales a los que sirve. La búsqueda de la estabilidad económica es un esfuerzo colectivo y debemos exigir políticas que aseguren la prosperidad a largo plazo, no ganancias a corto plazo.

Un imperativo moral: la estabilidad económica va más allá de las métricas financieras; se trata de garantizar la dignidad y las oportunidades para cada individuo. Se trata de crear una sociedad inclusiva donde todos tengan la oportunidad de triunfar.

Una responsabilidad global: Como ciudadanos globales, tenemos la responsabilidad de defender la estabilidad económica, no sólo dentro de nuestras fronteras sino en todo el mundo. Nuestras acciones deben ser un ejemplo de gobernanza responsable, demostrando nuestro compromiso con una comunidad global estable y próspera.

La estabilidad económica es un imperativo, la base sobre la que se construyen sociedades prósperas. No es una elección sino una necesidad, una obligación a la que debemos dar prioridad para garantizar no sólo la supervivencia sino el florecimiento de las sociedades. Al adoptar la estabilidad económica, allanamos el camino para una sociedad que sobresalga en todos los aspectos, creando un legado de prosperidad y bienestar para las generaciones venideras.

Estrategias progresistas para la distribución de la riqueza y el crecimiento económico: un equilibrio armonioso

El acto de equilibrio: crecimiento y distribución

En el cambiante panorama de la economía global, es hora de abandonar el modelo tradicional de crecimiento económico implacable a cualquier costo. En cambio, se requiere un enfoque más matizado, uno que combine armoniosamente el crecimiento económico con una distribución equitativa de la riqueza. Esta estrategia equilibrada no sólo es necesaria; es un rayo de esperanza para nuestro futuro.

1. Una historia de dos objetivos: crecimiento y distribución Debe disiparse la idea errónea de que el crecimiento económico y la distribución de la riqueza son mutuamente excluyentes. En realidad, son complementarios. Por ejemplo, los países escandinavos han demostrado que priorizar la distribución equitativa de la riqueza fomenta una sociedad en la que todos tienen interés en el progreso económico, lo que conduce a un crecimiento sostenible.

2. El fin de las disparidades: un camino hacia la armonía social Las disparidades de riqueza y de ingresos plantean una cuestión moral y una amenaza social. La distribución progresiva de la riqueza, como las iniciativas observadas en el Japón posterior a la Segunda Guerra Mundial, ayudó a transformar una nación devastada por la guerra en una economía próspera con una sociedad más equitativa. Estas estrategias nivelan el campo de juego y promueven la armonía social.

3. Resiliencia económica: un escudo contra las crisis La pandemia de COVID-19 puso de relieve la fragilidad de las economías que priorizan el crecimiento sobre la resiliencia. Centrarse en la distribución progresiva de la riqueza puede actuar como red de seguridad durante las crisis. Los ejemplos incluyen las medidas de emergencia implementadas por Canadá durante la pandemia, que brindaron

apoyo financiero a millones, manteniendo la estabilidad económica.

4. Fomentar la innovación: el motor del crecimiento La innovación florece en diversos entornos. La distribución progresiva de la riqueza, al proporcionar un acceso más amplio a los recursos, fomenta las iniciativas empresariales. El auge de las nuevas empresas tecnológicas en Silicon Valley de California, respaldadas por una combinación de financiación pública y privada, ilustra cómo ese entorno impulsa el crecimiento.

5. Competitividad global: una propuesta beneficiosa para todos Los países que defienden la distribución equitativa de la riqueza obtienen una ventaja competitiva. Alemania, por ejemplo, se ha convertido en un centro de talento e innovación, beneficiándose de políticas que promueven la estabilidad social y el crecimiento económico, mejorando su posición global.

6. El cómo: tributación progresiva e inversiones sociales La implementación de este equilibrio entre crecimiento y distribución se puede lograr mediante una tributación progresiva. Este sistema, aplicado con éxito en países como Australia, implica que los grupos de ingresos más altos contribuyan más, lo que luego se reinvierte en educación, atención médica y otros programas sociales. Estas inversiones permiten a las personas contribuir más eficazmente a la economía.

La búsqueda de un crecimiento económico equilibrado y una distribución equitativa de la riqueza no es un ideal inalcanzable sino una necesidad práctica. Se trata de crear sociedades que no sólo sean económicamente prósperas sino también socialmente armoniosas, innovadoras y resilientes. Este enfoque trasciende la falsa dicotomía entre crecimiento y distribución y ofrece un camino responsable a seguir. Al aprender de los ejemplos globales y abordar los desafíos de la implementación, podemos trabajar no sólo por un mundo más próspero, sino también por un mundo más justo.

Impuestos: el arte de la contribución justa

La tributación es crucial para el funcionamiento de cualquier gobierno, ya que financia los servicios públicos, la infraestructura y el bienestar social. Sin embargo, la responsabilidad de los impuestos debe distribuirse equitativamente. Un sistema tributario justo y equitativo es esencial, asegurando que todos contribuyan con su parte y al mismo tiempo promoviendo el crecimiento económico y la distribución de la riqueza.

Tributación progresiva: una cuestión de justicia

La tributación progresiva es un pilar de la justicia fiscal, al reconocer la capacidad de quienes ganan más para contribuir más. Este sistema, donde las tasas impositivas aumentan con los ingresos, equilibra la carga tributaria y apoya la equidad social.

Beneficios de la tributación progresiva:

- Contribución Equitativa: Alinea los pagos de impuestos con la capacidad financiera, garantizando equidad.
- Red de seguridad social: financia servicios públicos críticos, como lo demuestran países como Suecia, donde los impuestos progresivos respaldan una amplia red de seguridad social.
- Estabilidad económica: al reducir las brechas de riqueza, se contribuye a la armonía y la estabilidad social.

Desafíos y contraargumentos: Sin embargo, la tributación progresiva enfrenta desafíos, incluida la complejidad de su implementación y el posible desaliento de las personas con altos ingresos. Para abordar estas preocupaciones se requiere un diseño cuidadoso de políticas que mantengan los incentivos económicos y al mismo tiempo garanticen la equidad.

Impuesto sobre el patrimonio: abordar las disparidades extremas de riqueza

La concentración extrema de la riqueza exige medidas efectivas, como impuestos sobre el patrimonio sobre los activos de alto valor. Esto puede redistribuir la riqueza concentrada y apoyar las inversiones públicas.

Beneficios del Impuesto sobre el Patrimonio:

- Reducir las disparidades de riqueza: Dirigido directamente a fortunas importantes, puede equilibrar la balanza económica.
- Impulsar la inversión pública: los ingresos de este impuesto respaldan los servicios esenciales. Por ejemplo, en países como Francia, los impuestos a la riqueza históricamente han financiado los sectores de salud y educación.
- Fomentar la gestión responsable del patrimonio: motiva a los ricos a reinvertir en sus comunidades, beneficiando a la sociedad en general.

Perspectiva global y crecimiento económico: a nivel mundial, países como Noruega y Suiza han implementado variaciones de impuestos sobre el patrimonio con diferentes impactos. Estos modelos muestran que, si bien los impuestos sobre el patrimonio pueden respaldar la equidad, deben equilibrarse con los objetivos de crecimiento económico. Bien estructurados, estos impuestos pueden fomentar la inversión en la economía en lugar de sofocarla.

Conclusión y llamado a la acción: Un sistema tributario justo y equitativo no es sólo un objetivo fiscal; es una necesidad moral. Los impuestos progresivos y los impuestos sobre el patrimonio son herramientas vitales para lograrlo. Sin embargo, los formuladores de políticas deben afrontar los desafíos que presentan estos sistemas, aprendiendo de ejemplos globales para crear políticas tributarias equilibradas y efectivas. Al adoptar estos principios, podemos construir una sociedad que no sólo sea próspera sino también fundamentalmente justa. Apoyemos e implementemos sistemas

tributarios que sean justos para todos, apoyando una sociedad donde todos contribuyan con su parte justa para el bien común.

Apoyo a los ingresos: las redes de seguridad que necesitamos

En la búsqueda de una sociedad justa y próspera, es esencial establecer sistemas sólidos de apoyo a los ingresos. Implementar la Renta Básica Universal (RBU) y ajustar el salario mínimo para reflejar el costo de vida son pasos progresivos que pueden mejorar significativamente la estabilidad económica y reducir la desigualdad de ingresos.

Renta Básica Universal (RBU): un paso audaz hacia la equidad económica

La RBU representa un enfoque transformador en el que cada ciudadano recibe una suma regular e incondicional del gobierno. Esta audaz iniciativa reinventa el bienestar y ofrece múltiples beneficios:

Ventajas de la RBU:

- Libertad empresarial: la RBU proporciona una red de seguridad que fomenta los esfuerzos empresariales, impulsando potencialmente la innovación y el crecimiento económico.
- Alivio de la pobreza: Garantiza un ingreso básico por encima del umbral de pobreza, como se ha visto en programas piloto en lugares como Stockton, California, donde los beneficiarios de la RBU informaron de una mejor estabilidad financiera y perspectivas laborales.
- Eficiencia administrativa: la RBU simplifica la administración de la asistencia social, reduciendo los gastos generales burocráticos y los costos asociados.

Desafíos y contraargumentos: Sin embargo, la RBU enfrenta desafíos de viabilidad económica, como fuentes de financiamiento y

posibles efectos inflacionarios. **Para abordar estas preocupaciones se requiere una planificación fiscal integral y pruebas piloto para perfeccionar el enfoque.**

Ajustes al salario mínimo: seguir el ritmo del costo de vida

Los ajustes periódicos al salario mínimo son cruciales para garantizar que incluso los trabajadores con salarios bajos mantengan un nivel de vida básico:

Beneficios de los ajustes al salario mínimo:

- Seguridad económica: salarios mínimos adecuados ofrecen seguridad económica a los trabajadores de bajos ingresos, como lo demuestran los impactos positivos observados en países como Australia.
- Reducir la desigualdad de ingresos: este enfoque ayuda a cerrar la brecha de ingresos y mitigar los riesgos de explotación en el mercado laboral.
- Estabilidad social: un salario digno contribuye a la estabilidad social al elevar los niveles de vida.

Perspectiva global y estrategias de implementación: La aplicación de ajustes al salario mínimo varía globalmente, reflejando diferentes condiciones económicas. La implementación efectiva implica revisiones y ajustes periódicos basados en la inflación, los costos de vida y las tendencias económicas. Países como Alemania y Canadá ofrecen modelos en los que los salarios mínimos se ajustan periódicamente de acuerdo con los indicadores económicos.

Los sistemas de apoyo a los ingresos como la RBU y los ajustes del salario mínimo son más que opciones políticas; son imperativos morales que promueven la equidad económica y combaten la pobreza. Estas estrategias deben adoptarse con una cuidadosa consideración de sus impactos sociales más amplios y ejemplos globales. Al tomar medidas decisivas para implementar estas medidas, podemos fomentar una sociedad donde la prosperidad sea compartida y la estabilidad económica sea una realidad para todos. Es hora de tomar medidas audaces para garantizar un futuro más justo y equitativo.

Educación: el motor del crecimiento económico

En la búsqueda de una sociedad próspera y equitativa, la educación emerge como un motor clave del crecimiento económico. Hacer hincapié en una educación superior accesible y una formación profesional integral es fundamental para liberar el potencial de la fuerza laboral e impulsar a nuestra sociedad hacia un futuro mejor.

Educación superior accesible: abriendo el camino hacia la prosperidad

La educación superior es una puerta de entrada al avance personal y social. Sin embargo, el desafío de las altas tasas de matrícula y la deuda estudiantil a menudo impide el acceso a este camino. Se necesitan iniciativas audaces para hacer que la educación superior sea más asequible o incluso gratuita.

Ventajas de la Educación Superior Accesible:

- Empoderar a la fuerza laboral: Proporciona a las personas habilidades esenciales para empleos bien remunerados en la economía moderna.
- Fomento de la innovación: la educación accesible fomenta la innovación, como lo demuestra el ascenso de los gigantes tecnológicos en Silicon Valley, muchos de los cuales fueron fundados por graduados universitarios.
- Reducir la desigualdad de ingresos: al ofrecer igualdad de oportunidades educativas, se ayuda a cerrar la brecha socioeconómica.

Desafíos y consideraciones: Implementar una educación asequible requiere abordar las fuentes de financiamiento y garantizar que la calidad no se vea comprometida. Modelos como el sistema de

educación superior gratuito de Alemania brindan información valiosa para lograr este equilibrio.

Formación profesional: equipar a las personas para un empleo remunerado

La formación profesional es crucial para quienes siguen carreras profesionales no académicas. Dota a las personas de habilidades específicas para diversas industrias, garantizando así oportunidades de empleo inclusivas.

Beneficios de la Formación Profesional:

- Fuerza laboral altamente calificada: Estos programas producen profesionales listos para satisfacer las demandas de la industria, como se ve en países como Suiza, donde la capacitación vocacional está altamente integrada en el sistema educativo.
- Abordar las brechas de habilidades: la formación vocacional se adapta a las necesidades cambiantes del mercado, llenando las brechas de habilidades en sectores como la manufactura y la tecnología.
- Mejora de la empleabilidad: aumenta la empleabilidad y apoya una fuerza laboral dinámica, alineándose con las necesidades de la economía.

Sin lugar a dudas, la educación es el catalizador del avance económico y la prosperidad individual. Una educación superior accesible y una formación profesional sólida no sólo son beneficiosas sino necesarias para el crecimiento económico. Al observar ejemplos globales exitosos y abordar los desafíos de implementación, podemos crear sistemas educativos que fomenten la innovación y reduzcan la desigualdad. Dar prioridad a la educación es esencial en nuestra estrategia económica, asegurando que todos tengan la oportunidad de contribuir y beneficiarse de una economía próspera. A medida que nos adaptamos a las cambiantes tendencias educativas y a los avances tecnológicos, es crucial comprometernos con reformas educativas que atiendan diversas necesidades y promuevan el aprendizaje permanente. Este compromiso con la educación es un compromiso con un futuro más próspero y equitativo para todos.

Emprendimiento e innovación: una doble victoria

En la búsqueda de una economía y una sociedad florecientes, el espíritu empresarial y la innovación emergen como pilares indispensables del progreso. Defender estas fuerzas e implementar políticas de apoyo puede abrir la puerta al crecimiento sostenible y a una prosperidad generalizada.

Subvenciones iniciales y préstamos a bajo interés: impulsando el motor de las pequeñas empresas

Las pequeñas empresas y las nuevas empresas son cruciales para una economía dinámica. Son los motores de la creación de empleo, la innovación y la revitalización de la comunidad. Es vital ofrecer incentivos financieros como subvenciones iniciales y préstamos a bajo interés, especialmente para proyectos ecológicos o socialmente beneficiosos:

Ventajas de las subvenciones iniciales y los préstamos a bajo interés:

- Fomento del emprendimiento: estos incentivos inspiran a los emprendedores en ciernes, como se ve en la cultura de startups de Silicon Valley, lo que conduce a la diversificación y el crecimiento económicos.
- Creación de empleo: las empresas emergentes son importantes creadoras de empleo. Iniciativas como el programa de préstamos de la Administración de Pequeñas Empresas de Estados Unidos han sido fundamentales para estimular el empleo.
- Innovación y sostenibilidad: destinar fondos a nuevas empresas sostenibles fomenta soluciones a los desafíos ambientales, similares al crecimiento de empresas de energía renovable.

Desafíos y consideraciones: Sin embargo, se necesita una super-

visión cuidadosa para evitar una mala asignación de recursos. Garantizar que la financiación llegue a los proyectos más innovadores y sostenibles es crucial para el éxito de estos programas.

Protección de la propiedad intelectual: salvaguardar la innovación

Un entorno propicio para la innovación respeta y protege los derechos de propiedad intelectual. Fortalecer estas leyes es clave para fomentar los esfuerzos creativos y mantener la equidad del mercado:

Beneficios de la protección de la propiedad intelectual:

- Incentivos para la creatividad: las leyes de protección efectivas, como las de Alemania, brindan la confianza necesaria para la innovación en la tecnología, las artes y las ciencias.
- Atraer inversiones: Los regímenes de propiedad intelectual sólidos atraen a los inversores, ya que garantizan que los activos creativos estén seguros.
- Competitividad internacional: Países como Japón, con sólidos marcos de propiedad intelectual, demuestran una mayor competitividad global a través de la innovación continua.

Conclusión y llamado a la acción: El emprendimiento y la innovación son más que catalizadores económicos; son las fuerzas impulsoras detrás del avance social. Al apoyar financieramente a las empresas emergentes y garantizar una sólida protección de la propiedad intelectual, cultivamos un entorno donde las ideas prosperan y nacen soluciones a los desafíos globales. Los formuladores de políticas deben priorizar estas áreas, reconociendo su amplio impacto en la desigualdad social y la sostenibilidad ambiental. Comprometámonos a fomentar un clima en el que el espíritu empresarial y la innovación no sólo se fomenten sino que sean parte integral de nuestro futuro colectivo. Es hora de adoptar estos caminos para un mundo más innovador, equitativo y próspero.

Economía verde: la prosperidad se une a la sostenibilidad

En el mundo actual, la búsqueda del crecimiento económico exige una gran responsabilidad hacia nuestro medio ambiente. La economía verde se encuentra en esta intersección, armonizando la vitalidad económica con el bienestar ecológico, ofreciendo un camino sostenible a seguir que beneficia tanto a la economía como al planeta.

Bonos y subsidios verdes: incentivar prácticas ecológicas

Para alentar a las empresas a adoptar prácticas sostenibles, los gobiernos pueden implementar estrategias financieras efectivas:

Ventajas de los bonos y subsidios verdes:

- Inversión Sostenible: Los bonos verdes ofrecen una propuesta atractiva para los inversores ambientalmente conscientes, canalizando fondos hacia proyectos ecológicos. Por ejemplo, el aumento de los bonos verdes en la Unión Europea ha impulsado significativamente la inversión en infraestructura sostenible.
- Creación de empleo: La industria verde es un mercado laboral floreciente, particularmente en energía renovable y agricultura sustentable. El crecimiento de la industria solar en países como China y Estados Unidos ejemplifica esta tendencia.
- Reducción del impacto ambiental: los subsidios para prácticas sustentables alientan a las empresas a minimizar sus huellas de carbono, contribuyendo significativamente a los esfuerzos globales de mitigación del cambio climático.

Desafíos y consideraciones: La implementación efectiva de estos incentivos financieros requiere un equilibrio cuidadoso para evitar una dependencia excesiva de los subsidios, asegurando que las empresas sigan siendo competitivas e innovadoras.

Precio del carbono: dirigir la industria hacia la sostenibilidad

Los mecanismos de fijación de precios del carbono son cruciales para guiar a las industrias hacia prácticas respetuosas con el medio ambiente: **Beneficios de la fijación del precio del carbono:**

- Eficiencia económica: los impuestos al carbono o los sistemas de límites máximos y comercio incentivan a las empresas a reducir las emisiones, promoviendo la innovación en tecnologías limpias. Por ejemplo, el impuesto al carbono de Suecia ha sido eficaz para reducir las emisiones sin obstaculizar el crecimiento económico.
- Generación de ingresos: la fijación del precio del carbono genera ingresos para el gobierno, que pueden reinvertirse en iniciativas ecológicas y proyectos de desarrollo sostenible.
- Responsabilidad global: La implementación de un precio al carbono refleja el compromiso de una nación con los acuerdos ambientales internacionales, contribuyendo a un esfuerzo colectivo contra el cambio climático.

La economía verde es un cambio de paradigma esencial, que alinea el crecimiento económico con la gestión ecológica. Al adoptar estrategias como bonos verdes, subsidios y fijación de precios del carbono, allanamos el camino para una economía que sustenta nuestro planeta. La adopción de estas medidas es crucial no sólo por razones ambientales sino también para la salud y el bienestar social de las comunidades a nivel mundial. Comprometámonos con la economía verde para un futuro próspero y sostenible que valore la salud de nuestro planeta tanto como el éxito económico.

Bienestar social: una columna vertebral, no una red de seguridad

En una sociedad que valora la compasión y la prosperidad, el bienestar social es más que una simple red de seguridad: es la columna vertebral sólida que sustenta el bienestar de todos los ciudadanos. Encarna nuestro compromiso de garantizar que cada individuo, independientemente de su situación económica, tenga la oportunidad de llevar una vida sana y digna.

Atención sanitaria universal: un derecho fundamental

La atención sanitaria no debería ser un lujo para los ricos sino un derecho fundamental accesible a todos. Dar prioridad a la atención sanitaria universal es esencial por varias razones:

Ventajas de la Atención Médica Universal:

- Mejores resultados de salud: el acceso universal a la atención médica conduce a la detección y el tratamiento tempranos de enfermedades, como se observa en países como Canadá, lo que resulta en mejores resultados de salud en general.
- Productividad Económica: Una población sana contribuye más eficazmente a la economía. Los estudios han demostrado que los sistemas sanitarios universales pueden reducir el ausentismo y aumentar la productividad de los trabajadores.
- Reducir las disparidades en salud: ayuda a cerrar las brechas de salud entre grupos de ingresos, promoviendo la igualdad y la cohesión social.

Desafíos y consideraciones: La implementación de la atención médica universal requiere una planificación cuidadosa para gestionar los costos y garantizar una atención de calidad. Modelos como los de los países escandinavos proporcionan ideas para equilibrar

estos desafíos de manera efectiva.

Programas de vivienda asequible: el refugio como necesidad básica

Una vivienda estable y segura es fundamental para el bienestar personal y familiar. La importancia de los programas de vivienda asequible es múltiple:

Beneficios de los programas de vivienda asequible:

- Estabilidad y seguridad: la vivienda segura proporciona una base para la estabilidad familiar, lo que tiene un impacto positivo en la salud mental y emocional.
- Movilidad económica: la vivienda asequible permite a las familias ahorrar e invertir en educación y otras oportunidades para mejorar la vida, rompiendo los ciclos de pobreza.
- Construcción de comunidades: las comunidades de ingresos mixtos promueven la diversidad y la integración social, como lo demuestran proyectos exitosos de desarrollo urbano como los de Singapur.

Implicaciones económicas más amplias: las iniciativas de vivienda asequible estimulan las economías locales a través de la construcción y las industrias relacionadas y pueden aumentar el gasto de los consumidores al liberar los presupuestos familiares.

La atención sanitaria universal y la vivienda asequible no son meros gastos sino inversiones fundamentales para la prosperidad y la armonía de nuestra sociedad. Al reconocerlos como pilares esenciales del bienestar social, debemos defender e implementar políticas que garanticen el acceso de todos los individuos a estos derechos básicos. Al examinar y aprender de modelos globales exitosos, podemos construir una sociedad donde el bienestar de todos sea un objetivo prioritario y no negociable. Trabajemos juntos para garantizar que nuestros sistemas de bienestar social reflejen verdaderamente nuestros valores de compasión, igualdad y prosperidad compartida.

Conclusión: el futuro es a la vez equitativo y próspero

Mientras nos esforzamos por lograr un futuro mejor, es hora de ir más allá de la noción obsoleta de que el crecimiento económico y la distribución equitativa de la riqueza son mutuamente excluyentes. Esta falsa dicotomía ha obstaculizado durante mucho tiempo nuestro progreso. Si adoptamos la idea de que estos objetivos no sólo son compatibles sino que se refuerzan mutuamente, podemos crear una economía dinámica, justa, próspera y equitativa.

El imperativo de la prosperidad equitativa:

1. Armonía social: una sociedad con una distribución equitativa de la riqueza fomenta un sentido de valor e inclusión para todos sus miembros. Esta armonía sienta las bases para una paz y un progreso duraderos.
2. Estabilidad económica: Reducir la desigualdad de ingresos mediante una distribución equitativa mejora la estabilidad económica, beneficia a todos y atrae más inversiones. El modelo escandinavo, por ejemplo, demuestra cómo las políticas equitativas contribuyen tanto al bienestar social como a la solidez económica.
3. Innovación y emprendimiento: un panorama de riqueza distribuido más uniformemente fomenta la innovación y el emprendimiento generalizados, creando un entorno empresarial vibrante.

El camino a seguir:

1. Políticas progresistas: La adopción de políticas como la tributación progresiva, como se implementó con éxito en países como Alemania, ayuda a priorizar la distribución equitativa de la riqueza.
2. Educación y formación inclusivas: Garantizar que la educación y la formación profesional sean accesibles para todos proporciona igualdad de oportunidades para participar en la economía moderna.
3. Prácticas sostenibles: Adoptar la sostenibilidad en los negocios y

la gobernanza garantiza la prosperidad a largo plazo. Iniciativas como la economía verde en los Países Bajos sirven como ejemplos inspiradores.

4. Empoderar a las comunidades: iniciativas específicas para apoyar a las comunidades marginadas, similares a los programas de desarrollo comunitario en Canadá, ayudan a romper los ciclos de pobreza y fomentar la prosperidad equitativa.

Rechazando las falsas opciones del pasado, debemos trabajar por un futuro en el que la prosperidad sea compartida por todos. Al adoptar políticas que garanticen una distribución equitativa de la riqueza y un crecimiento económico sostenible, creamos una economía que eleva a todos y convierte la riqueza en un logro colectivo. Esta visión es alcanzable con el compromiso de perseguirla.

El impacto transformador de estas estrategias se extiende más allá de la economía; mejora la calidad de vida, fomenta la cohesión social y fomenta la innovación. Al comprometernos con políticas progresistas, no solo estamos trazando un rumbo económico; Estamos dando forma a la esencia de nuestra sociedad e impactando la vida de cada ciudadano de manera significativa.

No subestimemos el profundo efecto de nuestras decisiones. Se trata de construir una sociedad donde el éxito sea accesible para todos y nuestra fuerza colectiva se aproveche para el bien común. El camino hacia un futuro más brillante, equitativo y próspero está claro. Embarquémonos en este viaje con determinación, sabiendo que podemos construir una sociedad que no sólo sea próspera sino también equitativa para todos los individuos.

7

Protegiendo a Watan (Patria)

Seguridad nacional: un enfoque multidimensional

En el mundo actual, donde las amenazas son tan diversas como los ciberataques y las pandemias globales, ¿cómo podemos garantizar la seguridad de nuestra nación? La respuesta está en reconocer que la seguridad nacional es mucho más que la fuerza militar; se trata de la resiliencia y el bienestar de nuestra sociedad. Para afrontar estos complejos desafíos, es indispensable un enfoque multidimensional de la seguridad nacional.

Gasto en defensa inteligente

La seguridad nacional no debe socavar programas sociales vitales. Es clave una asignación estratégica de recursos, que aborde las necesidades militares y sociales. Esto incluye:

- Ciberseguridad: El campo de batalla digital es tan crítico como el físico. Invertir en ciberseguridad protege contra amenazas que pueden paralizar la infraestructura y filtrar datos confidenciales. Sin embargo, es importante equilibrar esto con las preocupaciones sobre la privacidad, garantizando que la ciberdefensa no afecte los derechos individuales.

- Control fronterizo: una gestión fronteriza eficaz es vital, pero requiere un enfoque humano que respete los derechos humanos. Una política de inmigración matizada debería abordar la seguridad y al mismo tiempo ofrecer vías legales para refugiados e inmigrantes. Los ejemplos de naciones que han implementado con éxito políticas fronterizas equilibradas podrían servir como modelos.

Póliza comunitaria

Esta estrategia genera una responsabilidad compartida entre las fuerzas del orden y las comunidades, contribuyendo significativamente a la seguridad nacional:

- Prevención del delito: al fomentar la confianza y la colaboración, la policía comunitaria convierte a los residentes en socios proactivos. Por ejemplo, el programa "Barrios Seguros" en Suecia ha demostrado cómo la cooperación comunitaria puede reducir efectivamente las tasas de criminalidad.
- Contraterrorismo: Las relaciones comunitarias sólidas son cruciales para recopilar inteligencia y prevenir el extremismo. El caso del programa Prevent del Reino Unido destaca tanto el potencial como los peligros de los esfuerzos antiterroristas de base comunitaria.

En conclusión, la seguridad nacional no se trata sólo de poder militar; se trata de un enfoque equilibrado que salvaguarde el bienestar y los derechos de nuestros ciudadanos. El gasto en defensa inteligente aborda desafíos contemporáneos como las amenazas cibernéticas y el control fronterizo sin sacrificar el bienestar social. La policía comunitaria, ejemplificada por modelos exitosos en todo el mundo, mejora la seguridad y ayuda en la lucha contra el terrorismo. La adopción de esta estrategia integral garantiza la seguridad nacional que protege nuestra patria y defiende nuestros valores.

Al incorporar estas sugerencias, el pasaje ahora presenta una visión más equilibrada, incluye interesantes ejemplos del mundo real y profundiza en cada aspecto, haciéndolo más completo y atractivo.

Gestión ambiental: la base de la seguridad nacional

A medida que redefinimos la seguridad nacional en el siglo XXI, es imperativo ampliar nuestra perspectiva más allá de la defensa militar tradicional, adoptando una comprensión más holística de la "patria". Nuestra patria trasciende las fronteras políticas y abarca el entorno mismo que sustenta la vida. Reconocer que la gestión ambiental es fundamental para el bienestar de nuestra nación es clave para garantizar una verdadera seguridad nacional.

Desarrollo sostenible

Una patria segura es inherentemente una patria ambientalmente estable. El imperativo del desarrollo sostenible va más allá de las consideraciones éticas: es fundamental para nuestra seguridad futura. Este es el por qué:

- Luchar contra el cambio climático: El cambio climático plantea una de las mayores amenazas a la seguridad de nuestro tiempo. La adopción de tecnologías verdes y prácticas sostenibles puede reducir significativamente nuestra huella de carbono, mitigar los impactos climáticos y proteger a las comunidades de las condiciones climáticas extremas y el aumento del nivel del mar. Por ejemplo, el compromiso de Dinamarca con la energía eólica demuestra cómo las naciones pueden reducir efectivamente la dependencia de los combustibles fósiles y al mismo tiempo mejorar la seguridad energética.
- Creación de empleo: el cambio hacia tecnologías verdes e industrias sostenibles no sólo es ambientalmente racional: también es económicamente sensato. Esta transición, evidente en el crecimiento

de la industria solar en Alemania, crea empleos e impulsa el progreso económico al tiempo que se aleja de recursos finitos y dañinos.

Programas de conservación

Proteger los recursos naturales es fundamental para la seguridad nacional. La conservación eficaz no es un lujo opcional sino una prioridad vital:

- Preservar la biodiversidad: La estabilidad de los ecosistemas, crucial para la agricultura y la economía, depende de la biodiversidad. Iniciativas como el programa de Áreas Protegidas de la Región Amazónica de Brasil ilustran el éxito de la conservación a gran escala en el mantenimiento de la biodiversidad y el equilibrio ecológico.
- Gestión Sostenible de Recursos: Nuestra seguridad está entrelazada con el acceso a recursos esenciales como el agua y la tierra cultivable. Las prácticas que garanticen la disponibilidad a largo plazo de estos recursos son fundamentales. El éxito de la conservación del agua mediante tecnologías avanzadas como el riego por goteo subraya el potencial de la gestión sostenible de los recursos.

Sin embargo, el camino hacia la gestión ambiental no está exento de desafíos. Las limitaciones económicas, la resistencia política y la enorme escala de la transición hacia prácticas sostenibles son obstáculos importantes. Superarlos requiere no sólo el compromiso gubernamental sino también el apoyo público y la cooperación internacional.

En conclusión, la seguridad nacional abarca mucho más que el poder militar; incluye el bienestar más amplio de nuestra nación y nuestro planeta. El desarrollo sostenible y la conservación no son sólo imperativos ambientales sino estrategias cruciales para una patria estable y segura. Al adoptar la gestión ambiental, garantizamos una patria resiliente y sostenible para las generaciones futuras, sentando las bases para una verdadera seguridad en un mundo interconectado.

Libertades civiles y armonía social: el frente interno

En nuestro camino hacia una patria segura, debemos centrarnos profundamente en el frente interno: la protección vigilante de las libertades civiles y el fomento de la armonía social. Estos elementos no son meros ideales sino la base misma de una nación verdaderamente segura y floreciente.

Leyes contra la discriminación

Fortalecer y hacer cumplir las leyes contra la discriminación es un imperativo moral con beneficios prácticos. Este enfoque es vital por varias razones:

- Igualdad de oportunidades: la discriminación obstaculiza la justicia y el progreso económico. Cuando se niegan oportunidades por motivos de raza, género, religión u otras características personales, la sociedad pierde diversos talentos. Por ejemplo, la implementación de la Ley de Igualdad en el Reino Unido demuestra cómo leyes integrales contra la discriminación pueden mejorar la diversidad en el lugar de trabajo e impulsar el crecimiento económico.
- Cohesión social: la discriminación puede fomentar el resentimiento y la división, amenazando la estabilidad social. Por el contrario, las medidas eficaces contra la discriminación, como las que se aplican en Canadá, crean un entorno inclusivo en el que todas las comunidades se sienten valoradas, lo que conduce a una mayor armonía y resiliencia social.

Educación cívica

Educar a los ciudadanos sobre sus derechos y responsabilidades es crucial para cultivar la armonía y el respeto social:

- Ciudadanía informada: una población informada tiene más probabilidades de participar significativamente en procesos democráticos. El éxito de los programas de educación cívica en países como Suecia muestra cómo los ciudadanos bien informados pueden contribuir de manera más efectiva al desarrollo social.

- Comprensión y tolerancia: la educación cívica fomenta la empatía y reduce los prejuicios al exponer a las personas a perspectivas diversas. Los programas en sociedades multiculturales, como el énfasis de Singapur en la educación cívica, han cultivado exitosamente el respeto mutuo entre comunidades diversas.

Sin embargo, la implementación de estos ideales no está exenta de desafíos. Equilibrar la libertad de expresión con la prevención del discurso de odio en las leyes contra la discriminación y garantizar que la educación cívica sea inclusiva e integral son desafíos actuales. Abordarlos requiere políticas innovadoras y un compromiso con la mejora continua.

En conclusión, proteger las libertades civiles y promover la armonía social son fundamentales para una patria segura y próspera. Leyes eficaces contra la discriminación y programas impactantes de educación cívica forman la base de esta visión. Al aprender de los ejemplos globales y abordar los desafíos de implementación, podemos forjar una patria que no solo sea segura sino que también encarne la justicia, la inclusión y la armonía, un verdadero faro de progreso y unidad.

Infraestructura: la columna vertebral de la seguridad nacional

En los debates sobre seguridad nacional, a menudo no se reconoce el papel fundamental de la infraestructura. Sin embargo, es la columna vertebral de la resiliencia de nuestra nación y un guardián silencioso contra diversas amenazas. Reconocer la importancia primordial de la inversión en infraestructura es clave para garantizar un territorio nacional seguro y próspero.

Preparación para emergencias

- Desastres naturales: la naturaleza impredecible de eventos como huracanes, terremotos e incendios forestales exige una infraestructura sólida. Por ejemplo, las técnicas de construcción resistentes a los terremotos de Japón y los sistemas avanzados de control de inundaciones de los Países Bajos son excelentes ejemplos de infraestructura diseñada para resistir la furia de la naturaleza, lo que enfatiza el papel fundamental de la construcción resistente a los desastres para salvar vidas y proteger la propiedad.
- Amenazas terroristas: En nuestro mundo interconectado, salvaguardar la infraestructura contra el terrorismo es esencial. Esto abarca no solo fortificaciones físicas sino también medidas de ciberseguridad, como lo demuestran soluciones tecnológicas avanzadas como la Smart Nation Sensor Platform de Singapur, que integra tecnología avanzada para la seguridad pública y la capacidad de respuesta a emergencias.

Inversión en infraestructura crítica

- Carreteras y transporte: el transporte eficiente es crucial para la vitalidad económica y la gestión de crisis. El desarrollo del sistema de autopistas interestatales de Estados Unidos no sólo impulsó el crecimiento económico sino que también proporcionó rutas clave para la evacuación y el acceso de emergencia.
- Redes eléctricas: Un suministro eléctrico estable es vital. La transición de Alemania a fuentes de energía renovables ilustra cómo la mejora de las redes eléctricas puede mejorar la seguridad y la sostenibilidad energética.
- Telecomunicaciones: Los sistemas de comunicación confiables son indispensables en las crisis. La resiliencia de las telecomunicaciones de Japón durante los desastres naturales muestra la importancia de redes sólidas en la coordinación de emergencias.
- Agua y Saneamiento: El agua potable y el saneamiento son fundamen-

tales para la salud pública, especialmente en crisis. Proyectos innovadores como NEWater de Singapur demuestran cómo la inversión en infraestructura hídrica respalda la sostenibilidad y la accesibilidad.

Sin embargo, la modernización de la infraestructura enfrenta desafíos como la escasez de financiamiento, los impactos ambientales y la integración de tecnologías emergentes como la IA y la IoT para el desarrollo de infraestructura inteligente. Estos problemas requieren soluciones innovadoras, asociaciones público-privadas y un compromiso con el desarrollo sostenible.

En conclusión, la infraestructura es más que estructuras físicas; es la base de la seguridad y la prosperidad de nuestra patria. Al priorizar las inversiones en preparación para emergencias e infraestructura crítica, al mismo tiempo que adoptamos la innovación y abordamos los desafíos contemporáneos, no solo fortalecemos a nuestra nación contra amenazas inmediatas sino que también invertimos en su éxito a largo plazo. Este compromiso con la infraestructura es una inversión en nuestro futuro, que garantiza una patria segura, resiliente y próspera para todos los ciudadanos.

Seguridad digital: la nueva frontera

En nuestro mundo cada vez más digitalizado, la importancia de la seguridad digital nunca ha sido mayor. A medida que navegamos por esta nueva frontera, la forma en que protejamos nuestra infraestructura digital tendrá un profundo impacto tanto en nuestra seguridad nacional como en nuestra prosperidad. A continuación se ofrece una perspectiva mejorada sobre por qué la seguridad digital es crucial y cómo se puede fortalecer.

Protocolos de ciberseguridad

- Amenazas emergentes: el panorama digital evoluciona continuamente, con amenazas que van desde ciberataques a infraestructuras críticas hasta violaciones generalizadas de datos. La implementación de protocolos sólidos de ciberseguridad, similares a las medidas de seguridad pioneras del gobierno electrónico de Estonia, es esencial para defenderse de estas amenazas en constante cambio.
- Protección de los sistemas gubernamentales: las agencias gubernamentales manejan inmensos volúmenes de datos confidenciales, lo que hace que su protección sea un imperativo de seguridad nacional. Se pueden aprender lecciones de incidentes como la filtración de datos de la Oficina de Gestión de Personal de 2015 en Estados Unidos, lo que subraya la necesidad de mejorar la ciberseguridad gubernamental.
- Resiliencia del sector privado: el sector privado, que abarca entidades desde bancos hasta proveedores de energía, es un objetivo principal para las amenazas cibernéticas. La adopción de mejores prácticas de ciberseguridad, similares a las defensas de múltiples capas utilizadas en el sector financiero, puede salvaguardar las operaciones comerciales y los datos de los consumidores.

Leyes de privacidad de datos

- Derechos individuales: las leyes de privacidad de datos son fundamentales para proteger los derechos individuales en la era digital. Estas leyes, cuando se basan en marcos como el Reglamento General de Protección de Datos (GDPR) de la Unión Europea, pueden mejorar la confianza de los ciudadanos en los servicios y tecnologías digitales.
- Prevención de la explotación: Los datos personales, si se utilizan indebidamente, pueden dar lugar a diversas formas de explotación, desde el robo de identidad hasta la intromisión electoral. Las leyes estrictas de privacidad de datos actúan como un escudo contra tales malas prácticas, como se ve en el caso de la rigurosa protección de

datos en el comercio electrónico de Corea del Sur.

- Reputación global: el compromiso de una nación con la privacidad de los datos refuerza su posición internacional. Esto, a su vez, puede fomentar la confianza global, atraer inversión extranjera y fortalecer las relaciones diplomáticas, de manera similar a la estimada reputación global de Canadá por sus estándares de privacidad.

La seguridad digital va más allá de la mera protección; es un componente vital de nuestro tejido nacional. La inversión en seguridad digital es paralela a la importancia de las medidas de seguridad física para los hogares y las comunidades. Sus beneficios trascienden las salvaguardias inmediatas y fomentan el crecimiento económico, la innovación tecnológica y la confianza social.

En conclusión, la seguridad digital es la nueva frontera para salvaguardar nuestra patria. Al adoptar protocolos sólidos de ciberseguridad y leyes estrictas de privacidad de datos, basados en las mejores prácticas globales y receptivos a las amenazas emergentes, no solo protegemos a nuestra nación sino que también allanamos el camino para un futuro digital seguro y próspero. Este compromiso con la seguridad digital es un testimonio de nuestra dedicación a una patria más segura y próspera para todos.

Participación pública: su papel en la seguridad nacional

La seguridad nacional es una responsabilidad compartida que se extiende más allá de las agencias gubernamentales y las fuerzas de seguridad; es un deber colectivo en el que cada ciudadano desempeña un papel crucial. Su participación activa en las actividades comunitarias puede contribuir significativamente a la seguridad y la resiliencia de su tierra natal. A continuación se ofrece una visión ampliada de cómo puede generar un impacto significativo:

Gobernanza local y participación comunitaria

- Participación activa: participar en la gobernanza local, como reuniones públicas y foros comunitarios. Al contribuir a la toma de decisiones local, usted se convierte en una parte esencial de la red de seguridad. En ciudades como Minneapolis, las iniciativas lideradas por la comunidad han dado forma exitosamente a políticas para vecindarios más seguros.
- Programas de vigilancia vecinal: únase o inicie una vigilancia vecinal. Estos programas, como el Neighborhood Watch en el Reino Unido, han demostrado ser eficaces para reducir la delincuencia y fomentar un sentido de vigilancia y cooperación comunitaria.

Iniciativas ambientales y sostenibilidad

- Limpiezas comunitarias y proyectos ecológicos: participar en limpiezas locales e iniciativas ecológicas. Un ambiente limpio reduce los riesgos para la salud y aumenta el orgullo de la comunidad, como se ve en los exitosos esfuerzos de limpieza liderados por la comunidad en Japón. Además, las actividades de plantación de árboles, similares al Movimiento del Cinturón Verde en Kenia, desempeñan un papel fundamental en la conservación ambiental y la acción climática.
- Adopción de prácticas sostenibles: adoptar una vida sostenible conservando el agua, reduciendo los residuos y utilizando tecnologías energéticamente eficientes. Iniciativas como los programas estatales de conservación del agua de California demuestran cómo estas prácticas pueden fortalecer la resiliencia de la comunidad.

Ampliando el alcance del compromiso

- Alfabetización digital y ciberseguridad: en nuestra era digital, estar informado sobre la seguridad en línea y la protección de datos es vital. Participar en programas de alfabetización digital puede ayudar a proteger a su comunidad contra las amenazas cibernéticas.

- Capacitación en preparación para emergencias: participe en la capacitación local en respuesta a emergencias. Programas como el Equipo Comunitario de Respuesta a Emergencias (CERT) de FEMA en los EE. UU. capacitan a los ciudadanos para ayudar en situaciones de desastre, mejorando la preparación de la comunidad.

Abordar los desafíos en la participación comunitaria

Es importante reconocer barreras comunes, como limitaciones de tiempo o falta de recursos. Crear oportunidades de participación flexibles y proporcionar recursos y apoyo puede ayudar a superar estos desafíos. La colaboración con empresas locales para patrocinios u organización de eventos de fin de semana puede aumentar la participación.

En conclusión, la participación pública es un componente dinámico y poderoso de la seguridad nacional. Su participación en diversas iniciativas, desde la gobernanza local hasta la conservación del medio ambiente y la preparación para emergencias, fomenta un sentido de responsabilidad compartida. Este esfuerzo colectivo no sólo contribuye a la seguridad inmediata de su comunidad, sino que también sienta las bases para una patria segura, resiliente y próspera para las generaciones futuras. Juntos, podemos crear una comunidad más segura y unificada, donde la contribución de cada individuo sea valorada y tenga impacto.

La seguridad nacional es seguridad colectiva

La seguridad nacional trasciende los límites tradicionales del poder militar o las estrategias de defensa; es la encarnación del bienestar colectivo y el destino compartido de una nación. En el esquema más amplio de Watan, una patria segura no se trata sólo de destreza militar sino de una visión de una sociedad donde cada ciudadano prospera, las oportunidades de crecimiento son abundantes y la armonía social constituye la piedra angular de nuestra fuerza colectiva.

La seguridad nacional consiste en proteger los sueños y las aspiraciones de las personas, garantizando la libertad de perseguir objetivos sin miedo. Está creando un entorno donde la innovación prospera, la educación inspira esperanza y la justicia y la igualdad son pilares fundamentales. Por ejemplo, iniciativas como el enfoque de Noruega en la igualdad de oportunidades educativas demuestran cómo la inversión en educación contribuye a la seguridad y prosperidad general de una nación.

Una patria segura se caracteriza por una prosperidad económica generalizada, la atención sanitaria como derecho fundamental y un entorno natural preservado para las generaciones futuras. Es un lugar donde se defienden las libertades civiles, se celebra la diversidad y la discriminación no encuentra asidero, como se ve en las políticas progresistas de Canadá sobre multiculturalismo y derechos humanos.

Sin embargo, lograr esta visión no está exento de desafíos. La polarización política, los problemas de asignación de recursos y las crisis globales como el cambio climático requieren soluciones innovadoras y cooperación internacional. Por ejemplo, la respuesta mundial a la pandemia de COVID-19 puso de relieve la importancia de los esfuerzos colaborativos para abordar las amenazas comunes.

En el ámbito de la seguridad colectiva, la fortaleza de nuestra patria está directamente vinculada al bienestar de cada ciudadano. Invertir en atención médica, infraestructura y sostenibilidad ambiental no es solo formulación de políticas; es un acto de salvaguardar nuestro futuro colectivo. El éxito de los amplios proyectos de energía renovable de Alemania ejemplifica cómo la inversión ambiental contribuye a la seguridad nacional y global.

La seguridad nacional fomenta un sentido de unidad y responsabilidad compartida. Reconoce que cada individuo tiene un papel que desempeñar, desde participar en la gobernanza local hasta la gestión ambiental. Nuestra fuerza colectiva se deriva de nuestras acciones y compromisos individuales.

En conclusión, la seguridad nacional es un tapiz tejido con los hilos del bienestar colectivo, las oportunidades compartidas y la armonía social. Es un compromiso de crear una nación donde cada ciudadano pueda vivir libremente, prosperar y contribuir al bien común. Al proteger nuestro Watan, debemos recordar que la seguridad de nuestra patria es la seguridad de todos nosotros. Trabajando juntos, aceptando desafíos y aprovechando nuestros valores compartidos, podemos crear una patria que sea un faro de justicia, igualdad y prosperidad para las generaciones venideras.

El papel colectivo en la seguridad nacional: gobernanza y participación ciudadana

La seguridad y la prosperidad de nuestra patria no son responsabilidades que recaigan únicamente en agencias gubernamentales o grupos especializados. Más bien, son esfuerzos compartidos que requieren la participación activa tanto de la gobernanza como de los ciudadanos. Este papel colectivo en la seguridad nacional es fundamental y apuntala las bases de una nación próspera y segura.

La gobernanza es crucial para dar forma a políticas y estrategias de seguridad nacional. Estas políticas deben tener visión de futuro, abordar amenazas inmediatas y construir sistemas sostenibles y resilientes. Una gobernanza eficaz significa asignar sabiamente los recursos, fomentar la cooperación internacional y fomentar un entorno propicio para la innovación. Por ejemplo, el éxito de la iniciativa Smart Nation de Singapur ejemplifica cómo la gobernanza puede aprovechar la tecnología para mejorar la seguridad y el bienestar público.

Sin embargo, el papel de la gobernanza es sólo una parte de la ecuación. La participación de los ciudadanos es igualmente vital. Cada individuo contribuye de manera única a la protección y mejora de nuestra patria:

1. Construcción de comunidad: Las comunidades fuertes son la columna vertebral de la nación. La participación activa en la gobernanza local, los programas de vigilancia vecinal y las iniciativas comunitarias, similares a los esfuerzos de vigilancia comunitaria en ciudades como Reykjavik, Islandia, promueve la propiedad y la

vigilancia compartidas. Este compromiso crea comunidades más seguras y cohesivas.

2. Gestión ambiental: La sostenibilidad ambiental es crucial para la seguridad nacional. Participar en iniciativas como limpiezas comunitarias o plantación de árboles, similares al Movimiento del Cinturón Verde en Kenia, no sólo mejora el medio ambiente local sino que también contribuye a los esfuerzos de sostenibilidad global. Las prácticas sostenibles ayudan a garantizar la viabilidad a largo plazo de nuestros recursos naturales.

3. Preparación nacional: La preparación individual para crisis, desde desastres naturales hasta amenazas a la seguridad, es un deber compartido. Comprender los planes de emergencia, participar en simulacros y mantenerse informado, como lo alientan los programas de preparación para desastres de Japón, puede reducir en gran medida el impacto de eventos imprevistos.

4. Educación Cívica: Educar a los ciudadanos sobre sus derechos y responsabilidades es fundamental. La educación cívica, como la que se ve en los sistemas educativos escandinavos, promueve la armonía social y el respeto mutuo. Los ciudadanos bien informados se convierten en contribuyentes activos a una patria justa y segura.

La seguridad nacional es un esfuerzo colaborativo que requiere la sinergia de una gobernanza eficaz y una participación ciudadana activa. Es un compromiso con una nación donde todos puedan prosperar en un ambiente de seguridad, prosperidad y unidad. Al aceptar nuestras responsabilidades compartidas, podemos crear una patria que no sólo satisfaga las necesidades de hoy sino que también siente una base sólida para las generaciones futuras.

Un compromiso conjunto con la seguridad nacional: construir juntos un futuro más seguro y próspero

En nuestro mundo diverso, la protección de nuestra patria emerge como un objetivo común que nos une a través de fronteras, ideologías y orígenes. La seguridad nacional es más que la defensa del territorio; se trata de salvaguardar los sueños, aspiraciones y valores colectivos que nos definen como nación.

Abracemos la protección de nuestra patria como un esfuerzo conjunto, donde cada ciudadano colabora para crear un ambiente seguro, armonioso y próspero. La unidad para proteger nuestra patria no es sólo una meta; es la piedra angular de una sociedad exitosa. Es una misión que emprendemos juntos y es vital para nuestro futuro colectivo.

Por qué nuestro compromiso compartido con la seguridad nacional es esencial:

1. Unidad en la Diversidad: Nuestra patria es un vibrante tapiz de culturas, creencias y tradiciones. Al colaborar en la seguridad nacional, celebramos nuestra diversidad y encontramos un propósito común. Esta unidad quedó ejemplificada cuando comunidades de diversos orígenes se unieron para iniciativas como los programas de vigilancia vecinal a nivel nacional, mejorando la seguridad y respetando las diversas culturas.

2. Un entorno más seguro: Dar prioridad a la seguridad nacional garantiza calles más seguras y comunidades resilientes. Hemos visto cómo las iniciativas de seguridad urbana lideradas por la comunidad han transformado las ciudades, creando espacios donde las familias y las empresas prosperan y las personas persiguen sus sueños sin miedo.

3. Prosperidad Económica: La seguridad es la base del crecimiento económico. Una patria segura atrae inversiones y talentos, fomentando la innovación y el espíritu empresarial. Este vínculo entre seguridad y prosperidad fue evidente en el auge económico

experimentado por las regiones que priorizaron entornos seguros para las empresas y los centros de innovación.

4. Orgullo Nacional: Contribuir a la seguridad nacional infunde un profundo sentido de orgullo nacional, uniéndonos más allá de nuestras diferencias. Este orgullo es una fuerza poderosa que nos recuerda nuestra fuerza y potencial colectivo.

Nuestro compromiso con la seguridad nacional es un reflejo de nuestro compromiso mutuo y con las generaciones futuras. Es una promesa de construir una nación más segura, más próspera y unida. Es una invitación a dejar de lado nuestras diferencias, aceptar nuestras responsabilidades compartidas y trabajar juntos por un bien mayor.

Unámonos en nuestro compromiso con la seguridad nacional, reconociéndola como la base de un futuro más seguro, armonioso y próspero. Nuestra misión compartida debe abordar los desafíos de la colaboración y adoptar las medidas prácticas que los individuos y las comunidades pueden tomar. Juntos podemos superar cualquier desafío, proteger lo más importante y garantizar que nuestra patria sea un faro de esperanza, oportunidades y unidad para todos.

Elevar la seguridad nacional: una visión integral para un mañana más seguro

Si bien las opiniones tradicionales sobre la seguridad nacional a menudo enfatizan la fuerza militar y la defensa fronteriza, un futuro verdaderamente seguro exige un enfoque más amplio y holístico. Nuestra seguridad y bienestar colectivos dependen de una estrategia multidimensional que se extiende más allá del mero poder militar.

1. Resiliencia económica: La estabilidad económica nacional no se trata sólo de acumular riqueza; se trata de garantizar el bienestar de todos los ciudadanos. Una economía sólida sustenta nuestras capacidades de defensa, respalda la infraestructura crítica y financia programas

sociales esenciales. Por ejemplo, el cambio económico observado en países como Corea del Sur demuestra cómo la salud económica contribuye directamente a la seguridad nacional, proporcionando una base sólida para el crecimiento y la estabilidad futuros.

2. Cohesión social: La fuerza de una nación reside en su tejido social. La armonía social, la inclusión y el respeto mutuo son clave para la seguridad nacional. Cuando las comunidades están unidas y los ciudadanos se sienten valorados, la nación se mantiene firme contra la división y el extremismo. Programas como la política de multiculturalismo de Canadá ejemplifican cómo fomentar la inclusión y el respeto puede mejorar la cohesión social y la unidad nacional.

3. Gestión ambiental: La seguridad ambiental es fundamental para la seguridad nacional. Es imperativo abordar desafíos globales como el cambio climático, los desastres naturales y la escasez de recursos. Al adoptar prácticas sostenibles e invertir en tecnologías verdes, como la Energiewende (transición energética) de Alemania, no solo protegemos nuestro medio ambiente sino que también fortalecemos nuestra seguridad nacional.

4. Fortificación digital: en nuestra era digital, proteger la infraestructura de información es tan crucial como proteger las fronteras físicas. La ciberseguridad es clave para protegerse contra amenazas que pueden alterar las economías y comprometer la privacidad. La implementación de leyes estrictas de privacidad de datos y medidas de ciberseguridad, similares al Reglamento General de Protección de Datos (GDPR) en la Unión Europea, es crucial para la defensa moderna.

Al adoptar esta visión integral de la seguridad nacional, vamos más allá de proteger nuestras fronteras y garantizamos un futuro próspero para todos los ciudadanos. Este enfoque fomenta un entorno donde coexisten el crecimiento económico, la armonía social, la sostenibilidad ambiental y la seguridad digital.

Sin embargo, lograr esta visión no es responsabilidad exclusiva del gobierno; involucra a todos los ciudadanos. Todos tenemos un papel en la creación de resiliencia económica, el fomento de la cohesión social, la conservación de nuestro medio ambiente y la protección de nuestro mundo digital.

En conclusión, ampliemos nuestra comprensión de la seguridad nacional para incluir estas dimensiones críticas. Al hacerlo, creamos una nación no sólo a salvo de las amenazas externas, sino también resiliente ante la adversidad, armoniosa en la diversidad, sostenible para las generaciones futuras y segura en la era digital. Este enfoque integral de la seguridad nacional es una necesidad estratégica y un imperativo moral para garantizar el bienestar de cada ciudadano y el futuro de nuestra patria.

Resiliencia económica: la primera línea de defensa

En el ámbito de la seguridad nacional, la importancia de la resiliencia económica es primordial. Más que una simple medida de prosperidad financiera, una economía sólida y estable es la base sobre la cual se construyen la seguridad y el bienestar de nuestra nación.

1. Creación de empleo: un mercado laboral dinámico es crucial para la estabilidad social. Proporciona no sólo estabilidad financiera a personas y familias, sino que también fomenta un sentido de propósito y pertenencia. Por ejemplo, las políticas económicas posteriores a la recesión en países como Alemania, que se centraron en la creación de empleo y la formación profesional, han demostrado cómo las oportunidades de empleo pueden reforzar la seguridad nacional. El empleo estable reduce la probabilidad de que los ciudadanos incurran en conductas delictivas o extremistas, lo que hace que la resiliencia económica sea una defensa proactiva contra el malestar social y las amenazas internas.

2. Políticas comerciales: En nuestra economía global interconectada, las

asociaciones comerciales estratégicas van más allá de los beneficios económicos y desempeñan un papel fundamental en el refuerzo de la estabilidad y la seguridad nacionales. Estas asociaciones crean una red de intereses compartidos que desalientan los conflictos. La política comercial de la Unión Europea, que se centra en la creación de relaciones mutuamente beneficiosas con socios globales, ejemplifica cómo las economías interconectadas pueden mejorar la paz y la seguridad. Estas políticas no son sólo estrategias económicas sino componentes vitales de un plan integral de seguridad nacional.

Al priorizar la resiliencia económica, salvaguardamos más que nuestros intereses financieros; Fortalecemos activamente nuestra nación contra diversas amenazas. La estabilidad económica actúa como elemento disuasivo de las luchas internas, el extremismo e incluso los conflictos externos. Por ejemplo, la estabilidad económica de naciones como Corea del Sur y Singapur ha contribuido significativamente a su seguridad nacional, reduciendo las vulnerabilidades a las presiones externas y los desafíos internos.

En conclusión, la resiliencia económica debe reconocerse como la piedra angular de la seguridad nacional. Es un concepto multifacético que abarca la creación de empleo, políticas comerciales estratégicas, estabilidad del sector financiero e innovación. Al centrarnos en estas áreas, hacemos más que proteger nuestro futuro financiero; aseguramos el tejido mismo de nuestra patria. Una economía resiliente es esencial para la seguridad y la prosperidad de todos los ciudadanos, y es la base sobre la que descansan todas las demás formas de seguridad.

Cohesión social: seguridad desde dentro

En el complejo ámbito de la seguridad nacional, a menudo se subestima el papel esencial de la cohesión social. Va más allá de mantener la paz dentro de las fronteras; se trata de fomentar un sentido de unidad y pertenencia entre los ciudadanos. Reconocer la importancia capital de la cohesión social es vital, ya que constituye la esencia de nuestra seguridad colectiva.

1. Programas Sociales: La fortaleza de una sociedad se refleja no sólo en sus capacidades militares sino en el bienestar de sus ciudadanos. Los programas sociales, incluida la educación de calidad y la atención sanitaria accesible, son más que indicadores de una sociedad compasiva; son fundamentales para la seguridad nacional. Por ejemplo, los países escandinavos, conocidos por sus amplios sistemas de bienestar social, ocupan consistentemente puestos altos en los índices de paz global. Al invertir en la educación y la salud de nuestros ciudadanos, no solo estamos mejorando las vidas individuales sino también construyendo una nación más fuerte y resiliente. Los ciudadanos educados y sanos tienen más probabilidades de contribuir positivamente a la sociedad, reduciendo riesgos como el malestar social y los conflictos internos.

2. Alcance comunitario y vigilancia policial: la aplicación efectiva de la ley va de la mano con el fomento de la cohesión social. La labor policial de extensión comunitaria y resolución de problemas, ejemplificada por programas como el modelo de Policía Comunitaria en Singapur, genera activamente confianza entre las fuerzas del orden y las comunidades. Esta asociación es crucial para crear un tejido social resistente a diversas amenazas, desde desastres naturales hasta desafíos de seguridad. Las comunidades fuertes e interconectadas son la base de la seguridad nacional y brindan estabilidad y resiliencia a las bases.

En conclusión, la cohesión social no es simplemente un ideal social sino un imperativo estratégico para la seguridad nacional. Al priorizar los programas sociales y reforzar los vínculos comunitarios, estamos cultivando algo más que la armonía social; Estamos forjando una defensa sólida contra los innumerables desafíos que nuestra nación puede enfrentar. Nuestra seguridad surge no sólo de la fuerza militar sino de la unidad, el bienestar y la resiliencia de nuestros ciudadanos. Invertir en estas áreas es invertir en el corazón mismo de nuestra seguridad nacional, garantizando un futuro salvaguardado para nuestra nación y su gente.

Gestión ambiental: un planeta seguro para una nación segura

En el panorama dinámico de la seguridad nacional, el papel fundamental de la gestión ambiental se ha vuelto cada vez más evidente. Lejos de ser sólo un deber moral, es un imperativo estratégico. La salud de nuestro planeta está profundamente entrelazada con la seguridad de nuestra nación, lo que hace que la acción climática y la energía sostenible sean esenciales para nuestra seguridad futura.

1. Acción climática: El cambio climático es una amenaza inmediata a la seguridad nacional. Las repercusiones del abandono ambiental se manifiestan en desastres naturales más frecuentes y graves, tensiones en los sistemas de respuesta a emergencias y una escalada de conflictos basados en los recursos por el suministro de agua y alimentos. Por ejemplo, el impacto del cambio climático en el aumento del nivel del mar y los fenómenos meteorológicos extremos ha tenido implicaciones tangibles para la seguridad de países como Maldivas y Bangladesh. La acción climática proactiva es vital; mitiga estos riesgos y posiciona a una nación como líder en los esfuerzos ambientales globales. El liderazgo en la mitigación del cambio climático no sólo reduce las vulnerabilidades sino que también fomenta la cooperación y el respeto internacionales.

2. Energía sostenible: Nuestras elecciones energéticas tienen profundas implicaciones para la seguridad nacional. La dependencia del petróleo extranjero puede crear vulnerabilidades ante las interrupciones del suministro y la volatilidad de los precios. La transición a fuentes de energía sostenibles, como la eólica, la solar y la hidroeléctrica, no es simplemente un objetivo ambiental sino una estrategia de seguridad. Países como Dinamarca, con su importante inversión en energía eólica, demuestran cómo la energía sostenible puede conducir a una mayor independencia y seguridad energética. Este

cambio reduce la dependencia del volátil mercado de combustibles fósiles y garantiza la estabilidad de la infraestructura crítica.

Los desafíos en la implementación de estas estrategias ambientales incluyen costos económicos, posible resistencia política y la necesidad de avances tecnológicos. Sin embargo, estos desafíos se ven superados por los beneficios de seguridad de una nación más sostenible y ambientalmente resiliente.

En conclusión, la gestión ambiental es indispensable para la seguridad nacional. Adoptar la acción climática y la energía sostenible trasciende la conservación del medio ambiente: se trata de salvaguardar nuestra nación. Al hacerlo, reducimos las vulnerabilidades, mejoramos la resiliencia y posicionamos a nuestra nación como un líder responsable y con visión de futuro. No se trata sólo de crear un futuro más verde sino también de garantizar una nación más segura para las generaciones venideras.

Fortificación digital: la nueva frontera en seguridad nacional

En el siglo XXI, la seguridad nacional ha trascendido los campos de batalla tradicionales y nos ha introducido en el ámbito digital. Es esencial reconocer la importancia primordial de la ciberseguridad y la integridad de los datos, ya que estos dominios se han convertido en las nuevas fronteras donde se libran y ganan batallas cruciales por la seguridad nacional.

1. Ciberseguridad: Nuestro mundo cada vez más interconectado subraya la necesidad de una ciberseguridad sólida. Las infraestructuras críticas, como las redes eléctricas y los sistemas financieros, están entrelazadas con redes digitales, lo que las hace vulnerables a los ciberataques. Por ejemplo, el ataque de ransomware WannaCry de 2017, que afectó a sistemas en todo el mundo, destacó el caos potencial que pueden causar los ciberataques, incluida la paralización de servicios esenciales. Al invertir en medidas avanzadas de ciberseguridad, hacemos más que proteger estas infraestructuras; salvaguardamos

nuestro tejido social. La ciberseguridad no es simplemente un desafío tecnológico sino un aspecto crucial de la defensa nacional.

2. Integridad de los datos: en una era donde la información es una herramienta potente, proteger la integridad de nuestros datos es un imperativo de seguridad nacional. El aumento de las campañas de desinformación y la interferencia extranjera en las elecciones, como se vio en las elecciones presidenciales estadounidenses de 2016, demuestra las amenazas que plantea la manipulación de la información. Establecer medidas estrictas contra la desinformación y la influencia externa es crucial para preservar los valores democráticos. Además, proteger los datos de las agencias gubernamentales contra violaciones es vital para mantener la seguridad de los ciudadanos y la eficiencia gubernamental. Una nación comprometida con la integridad de los datos está mejor protegida contra la manipulación y la desestabilización interna.

El panorama digital también se ve desafiado por amenazas emergentes como la manipulación de la IA y la seguridad de los dispositivos de IoT, que requieren vigilancia continua y estrategias de adaptación. Además, en este entorno digital globalmente conectado, la cooperación internacional es clave para contrarrestar eficazmente las amenazas cibernéticas.

En conclusión, la fortificación digital es una necesidad fundamental en la seguridad nacional moderna. Al priorizar la ciberseguridad y la integridad de los datos, no solo protegemos nuestra infraestructura y procesos democráticos, sino que también garantizamos la seguridad y el bienestar de nuestros ciudadanos. Esta nueva frontera requiere atención e innovación constantes para mantener segura a nuestra nación en un mundo digital en constante evolución. Es un ámbito en el que debemos estar inquebrantablemente vigilantes y proactivos para mantener nuestra seguridad nacional.

Seguridad humana: el imperativo moral

En nuestros esfuerzos por garantizar la seguridad nacional, es fundamental recordar que la seguridad y el bienestar de nuestros ciudadanos trascienden las fronteras físicas. La seguridad humana, que abarca la protección de individuos y comunidades contra diversas amenazas, no es sólo un imperativo moral sino también un pilar esencial de una estrategia integral de seguridad nacional.

1. Políticas de inmigración: Desarrollar un sistema de inmigración humano y seguro es una necesidad estratégica para la seguridad nacional. Un sistema de este tipo facilita la entrada y salida ordenada, identificando eficazmente a las personas con intenciones maliciosas y ofreciendo al mismo tiempo refugio seguro a quienes realmente lo necesitan. Por ejemplo, el enfoque equilibrado de Canadá hacia la inmigración ha mejorado su reputación global y fomentado la cooperación internacional. Al integrar los valores humanitarios con la seguridad, demostramos un liderazgo ilustrado y fortalecemos la seguridad de nuestra nación.

2. Derechos Humanos: Defender los derechos humanos es más que un deber moral; es fundamental para la estabilidad nacional. Las naciones que respetan los derechos humanos tienden a ser más estables, lo que reduce la probabilidad de conflictos internos y extremismo. La transformación en Sudáfrica después del apartheid es un testimonio de cómo la defensa de los derechos humanos puede conducir a la estabilidad social. Además, los países comprometidos con los derechos humanos están mejor posicionados para establecer alianzas internacionales. La diplomacia y la cooperación florecen allí donde los derechos humanos son una prioridad. La promoción de los derechos humanos no sólo protege a nuestra nación sino que también contribuye a la paz y la estabilidad globales.

Abordar la seguridad humana implica sortear desafíos, como alinear los intereses nacionales con las necesidades humanitarias. También requiere una consideración más amplia de factores como la salud pública, la educación y las oportunidades económicas, que son parte integral del bienestar general de los ciudadanos.

En conclusión, la seguridad humana es un imperativo práctico y moral. Al implementar políticas de inmigración compasivas y defender firmemente los derechos humanos, reforzamos nuestra seguridad nacional y afirmamos nuestro papel como líder de principios en el escenario mundial. Se trata de algo más que simplemente proteger las fronteras; se trata de salvaguardar nuestra humanidad colectiva y establecer un estándar para un mundo justo y seguro.

Conclusión: un escudo multifacético

En el complejo panorama global actual, la seguridad nacional trasciende los conceptos tradicionales. Es un escudo multifacético, esencial para salvaguardar a nuestra nación y a sus ciudadanos de una variedad de amenazas. Si bien un ejército fuerte es crucial, los pilares de la seguridad nacional van mucho más allá y abarcan la resiliencia económica, la cohesión social, la gestión ambiental, la fortificación digital y la seguridad humana.

Resiliencia económica: la seguridad nacional está profundamente arraigada en la estabilidad económica. El empleo estable y las oportunidades de crecimiento reducen el atractivo de los comportamientos criminales o extremistas. Por ejemplo, las políticas económicas de países como Alemania, centradas en la creación de empleo y la formación profesional, han demostrado ser eficaces para fomentar la estabilidad social y, por tanto, mejorar la seguridad nacional.

Cohesión social: una sociedad unida por fuertes lazos comunitarios y respeto mutuo es intrínsecamente más segura. Iniciativas como la policía comunitaria en países como Nueva Zelanda han demostrado cómo fomentar la confianza y la cooperación entre las fuerzas del orden y las comunidades contribuye a la seguridad

nacional general.

Gestión ambiental: Abordar los desafíos ambientales no es sólo una preocupación ecológica sino un imperativo de seguridad. El impacto del cambio climático en la escasez de recursos y los desastres naturales puede generar conflictos que amenacen la estabilidad nacional. Las prácticas sostenibles, como las adoptadas en los países escandinavos, ejemplifican el vínculo entre la sostenibilidad ambiental y la seguridad nacional.

Fortificación digital: en nuestra era digital, la ciberseguridad es primordial. El ataque de ransomware WannaCry de 2017 demostró el caos que pueden causar las amenazas cibernéticas, destacando la necesidad de medidas sólidas de seguridad digital para proteger la infraestructura crítica y mantener la seguridad nacional.

Seguridad humana: Respetar los derechos humanos e implementar políticas de inmigración humanas son necesidades estratégicas. Países como Canadá, con sus sistemas de inmigración equilibrados, han mejorado su posición y seguridad globales. La defensa de los derechos humanos reduce la probabilidad de conflictos internos y extremismo.

Para lograr este enfoque integral, debemos abordar desafíos como las restricciones presupuestarias, los obstáculos políticos y la necesidad de cooperación global. Tanto los formuladores de políticas como los ciudadanos pueden contribuir a esta visión abogando e implementando políticas que se alineen con estos principios.

En conclusión, esta visión ampliada de la seguridad nacional es práctica y alcanzable. Al abarcar un espectro más amplio de factores que contribuyen a la seguridad de una nación, enriquecemos nuestra comprensión y mejoramos nuestra capacidad para enfrentar los desafíos modernos. Este enfoque no supone una desviación de las medidas de seguridad tradicionales, sino una extensión que incluye aspectos económicos, sociales, ambientales, digitales y humanos. Es un compromiso de evolucionar con los tiempos y construir un futuro seguro y próspero para todos.

La seguridad nacional en el siglo XXI requiere que redefinamos nuestro enfoque, reconociendo que la verdadera seguridad abarca más que el poder militar. Implica crear una sociedad que sea económicamente estable, socialmente cohesiva, ambientalmente sostenible, digitalmente segura y respetuosa de los derechos humanos. Este enfoque holístico no es sólo una visión sino una necesidad para afrontar los diversos desafíos de nuestro tiempo. Al adoptar este marco integral, no sólo estamos garantizando la seguridad de nuestra nación sino también defendiendo los valores que nos definen. Es una estrategia para un mundo más seguro, más unido y próspero.

El papel de la sostenibilidad ambiental en la protección de la patria

Redefiniendo la seguridad nacional: la Tierra como patria

En una era marcada por un rápido cambio climático, es fundamental ampliar nuestra comprensión de la seguridad nacional más allá de la preparación militar tradicional y la estabilidad geopolítica. La sostenibilidad ambiental no es sólo un imperativo ecológico; es un componente vital de la seguridad nacional, que impacta directamente la estabilidad, la salud y la prosperidad de nuestra patria. Reconocer y actuar en consecuencia con urgencia es esencial para nuestro futuro.

Una perspectiva holística: La seguridad nacional abarca el bienestar integral de nuestra nación y sus ciudadanos, extendiéndose más allá del poder militar hasta la salud de nuestro medio ambiente. Nuestro planeta, la Tierra, es nuestra patria compartida y su bienestar es crucial para nuestra seguridad colectiva.

La crisis climática: un peligro claro y presente: El cambio climático impulsado por el hombre plantea amenazas inmediatas a nuestra seguridad nacional. Los ejemplos incluyen la creciente frecuencia de fenómenos meteorológicos catastróficos como hura-

canes e incendios forestales, que tienen impactos tangibles en los recursos y la seguridad. Estos cambios ambientales pueden provocar escasez de recursos, desplazamientos y conflictos, tanto dentro de las naciones como a nivel internacional.

Escasez de recursos y conflicto: la degradación ambiental exacerba los conflictos por recursos esenciales como el agua y la tierra cultivable. Por ejemplo, la escasez de agua en regiones como Oriente Medio ha aumentado las tensiones y podría conducir potencialmente a futuros conflictos, poniendo a prueba las infraestructuras de seguridad nacionales e internacionales.

Desplazamiento y migración: El desplazamiento y la migración inducidos por el cambio climático presentan tanto desafíos humanitarios como implicaciones complejas para la seguridad, incluidos posibles disturbios sociales y tensiones geopolíticas. La crisis de refugiados sirios, atribuida en parte a una sequía prolongada y al colapso agrícola, ejemplifica estos desafíos.

Un llamado a la acción urgente: abordar el vínculo entre la sostenibilidad ambiental y la seguridad nacional requiere acciones concretas:

- Mitigar el cambio climático: Reducir agresivamente las emisiones de gases de efecto invernadero y hacer la transición a energías renovables son pasos cruciales. Implementar prácticas sustentables en todas las industrias es vital.
- Adaptarse a los cambios ambientales: Invertir en infraestructura adaptativa, como defensas costeras y agricultura sostenible, es necesario para hacer frente a los cambios ambientales en curso.
- Cooperación internacional: abordar el cambio climático exige colaboración global. Participar en esfuerzos internacionales como el Acuerdo de París es esencial para formar un frente unido contra esta amenaza global.
- Gestión responsable de los recursos: Garantizar una distribución equitativa de los recursos y una gestión eficiente es clave para prevenir

conflictos impulsados por los recursos.

Una Patria Segura y Sostenible: Al priorizar la sostenibilidad ambiental, creamos una Patria más resiliente. Este enfoque conduce a un futuro en el que el aire limpio, la tierra fértil y el agua pura no sean sólo ideales sino realidades. Es una visión de seguridad nacional que se alinea con nuestra obligación moral de proteger nuestro planeta y sus habitantes.

En conclusión, integrar la sostenibilidad ambiental en nuestra estrategia de seguridad nacional no sólo es prudente sino imperativo. Este enfoque integral garantiza que protejamos nuestra patria de manera efectiva frente a los desafíos globales en evolución. Al defender e implementar políticas que abarquen esta comprensión más amplia de la seguridad nacional, no estamos diluyendo su esencia; lo estamos enriqueciendo y fortaleciendo para el futuro. En nuestro mundo que cambia rápidamente, este enfoque holístico de la seguridad nacional es el camino hacia un futuro más seguro para todos.

Cambio climático: un multiplicador de amenazas

Desastres naturales

El cambio climático es una crisis inmediata y creciente, que aumenta drásticamente la frecuencia y gravedad de los desastres naturales. Los huracanes, los incendios forestales, las inundaciones y los fenómenos meteorológicos extremos no son anomalías, sino presagios de una nueva normalidad que amenaza a las comunidades, las economías y nuestra forma de vida. Estos eventos son más que catástrofes ambientales; son amenazas directas a la vida humana, con impactos devastadores como pérdida de vidas, destrucción de propiedades y desplazamiento de comunidades. Los costos financieros son asombrosos y ascienden a miles de millones para los esfuerzos de recuperación y reconstrucción. La temporada de huracanes de 2017 en Estados Unidos, incluidos los huracanes Harvey, Irma y María, sirve como un claro recordatorio de estos costos, tanto en términos humanos como económicos.

Las consecuencias a largo plazo, como el desplazamiento de la población, la escasez de recursos y el consiguiente malestar social, son los costos ocultos pero profundos del cambio climático, que con el tiempo erosionan la seguridad nacional.

Escasez de recursos

El cambio climático es un catalizador de la escasez de recursos, con temperaturas en aumento y patrones climáticos impredecibles que provocan escasez de agua y reducción del rendimiento agrícola. Por ejemplo, la actual crisis del agua en regiones como Medio Oriente y el Norte de África ejemplifica cómo la escasez de agua puede exacerbar las tensiones y potencialmente conducir a conflictos. De manera similar, las condiciones climáticas cambiantes amenazan la seguridad alimentaria mundial, afectan la producción agrícola y provocan malestar social y migración, como se vio en la región africana del Sahel.

La urgencia de la acción climática: El cambio climático es un claro imperativo de seguridad nacional que exige una acción inmediata y coordinada. Para hacer frente a esta amenaza, debemos:

- Mitigar el cambio climático: la transición a energías renovables, la promoción de la eficiencia energética y el replanteamiento de los sistemas de transporte son pasos críticos para reducir las emisiones de gases de efecto invernadero.
- Adaptarse a la nueva normalidad: invertir en infraestructura resiliente y preparación para desastres, así como adoptar prácticas agrícolas resilientes al clima, es esencial para resistir los impactos del cambio climático.
- Colaborar globalmente: el cambio climático es un desafío que trasciende las fronteras nacionales y requiere colaboración internacional para encontrar soluciones efectivas, como adherirse y fortalecer

acuerdos globales como el Acuerdo de París.

- Proteger los recursos y promover la equidad: gestionar los recursos de manera responsable y garantizar el acceso equitativo son claves para prevenir conflictos y garantizar la estabilidad global.

Enfrentar el cambio climático no es sólo una responsabilidad ambiental; es un paso crucial para proteger nuestra patria, nuestra prosperidad y nuestra forma de vida. El costo de la inacción es inmenso y la necesidad de actuar es urgente. Al reconocer y abordar los impactos multifacéticos del cambio climático, podemos forjar un camino hacia un futuro más seguro y resiliente.

Seguridad energética: el camino hacia la independencia

Energía renovable

Imaginemos una patria que no dependa de la energía extranjera, donde las fuentes renovables como la eólica, la solar y la hidroeléctrica impulsen nuestro futuro. Esta visión es posible mediante un cambio estratégico hacia la energía renovable. Actualmente, nuestra dependencia de los combustibles fósiles no sólo exacerba el cambio climático sino que también nos ata a un mercado energético global impredecible. El malestar político en las regiones ricas en petróleo, por ejemplo, puede afectar significativamente nuestra economía y estabilidad energética.

La transición a las energías renovables ofrece una solución a estas vulnerabilidades. Países como Alemania y Dinamarca han logrado avances significativos en esta dirección, reduciendo su dependencia de la energía importada y reforzando su seguridad nacional. Las fuentes de energía renovables proporcionan energía constante de origen nacional, liberándonos de la volatilidad de la dependencia energética extranjera.

Los beneficios van más allá de la seguridad. La transición a la energía renovable fomenta la creación de empleo, estimula el crecimiento económico y posiciona a nuestra nación a la vanguardia del movimiento global de energía limpia. Es un camino no sólo para salvaguardar nuestra nación sino también para impulsarnos hacia un futuro sostenible.

Eficiencia energética

La eficiencia energética es una poderosa herramienta para la seguridad nacional. Se trata de maximizar cada unidad de energía, reducir nuestro consumo general y hacer que nuestras industrias e infraestructura sean más resilientes a las fluctuaciones en el suministro y los costos de energía. Al implementar prácticas de eficiencia energética en todos los sectores, mejoramos nuestra seguridad nacional al minimizar nuestra vulnerabilidad a las crisis energéticas externas.

La eficiencia energética también desempeña un papel crucial en la lucha contra el cambio climático, una amenaza importante para la seguridad nacional. Reducir las emisiones a través de la eficiencia ayuda a mitigar los efectos del cambio climático, protegiendo contra el mayor riesgo de desastres naturales y escasez de recursos.

Invertir en tecnología energéticamente eficiente no es sólo una opción ambiental; es una decisión estratégica que fortalece nuestra seguridad nacional. Países como Japón han demostrado los beneficios de tales inversiones, logrando tanto crecimiento económico como reducción de la dependencia energética.

El camino a seguir: Para lograr la seguridad energética, debemos:

- Acelerar la transición: invertir en infraestructura y tecnología renovables. La eliminación gradual de los combustibles fósiles no sólo mejora la seguridad sino que nos posiciona como líderes en el sector de la energía limpia.
- Priorizar la eficiencia: implementar prácticas de eficiencia energética en todas las industrias y sectores, reduciendo los costos de energía y aumentando la resiliencia.
- Diversificar las fuentes de energía: una cartera de energía diversa, que incluya energías renovables, energía nuclear y gas natural, reduce la

dependencia de una sola fuente, lo que mejora la seguridad.

La seguridad energética es un objetivo tangible y vital. Adoptar la energía renovable y la eficiencia protege nuestra patria y conduce a un futuro más próspero e independiente. Al comprometernos con este camino, aseguramos no sólo nuestras necesidades energéticas sino también el bienestar de las generaciones futuras. Este enfoque integral de la seguridad energética es un paso crucial para garantizar una nación estable, sostenible y segura.

Salud pública: una nación segura es una nación sana

Aire y agua limpios

Imaginemos una patria donde el aire limpio y el agua pura sean la norma, no la excepción, reduciendo significativamente las enfermedades respiratorias y transmitidas por el agua. Esta visión trasciende los meros beneficios para la salud; es parte integral de nuestra seguridad nacional. Los estándares ambientales para la calidad del aire y el agua afectan directamente la salud de nuestra población, influyendo así en nuestra resiliencia nacional contra amenazas como pandemias y guerras biológicas.

La contaminación del aire compromete la salud respiratoria, aumentando la vulnerabilidad a las infecciones, un hecho claramente puesto de relieve durante la pandemia de COVID-19. Las naciones con niveles más altos de contaminación del aire enfrentaron impactos más severos. De manera similar, el acceso al agua potable es vital no sólo para la hidratación sino también para la prevención de enfermedades, como se ve en la reducción de las enfermedades transmitidas por el agua en países que han mejorado las instalaciones de saneamiento del agua.

Planificación Urbana

Consideremos ciudades diseñadas para la salud y el bienestar, donde los espacios verdes y los sistemas eficientes de gestión de residuos sean los estándares. Esta planificación urbana es un aspecto estratégico de la seguridad nacional. Las ciudades superpobladas con poca vegetación pueden exacerbar los problemas de salud pública, como se observa en el impacto de las islas de calor urbanas en la salud de los habitantes de las ciudades.

Los espacios verdes son esenciales para la salud física y mental. Proporcionan una protección contra la contaminación urbana y promueven estilos de vida activos, contribuyendo a la resiliencia general de la población. La gestión eficiente de los residuos es igualmente crucial, ya que previene la contaminación y la propagación de enfermedades, como lo demuestran ciudades como Singapur, conocidas por su meticulosa gestión de los residuos y su limpieza pública.

El camino a seguir: Para garantizar la salud y la seguridad de nuestra nación, debemos:

1. Fortalecer las regulaciones ambientales: hacer cumplir estándares estrictos para la calidad del aire y el agua. Iniciativas como la Ley de Aire Limpio en Estados Unidos han mostrado impactos significativos en la mejora de la calidad del aire y la salud pública.
2. Promover la Planificación Urbana Sostenible: Fomentar diseños urbanos que prioricen la salud pública a través de espacios verdes y sistemas eficientes de residuos. Ciudades como Copenhague, con su énfasis en el diseño urbano sostenible y centrado en la salud, sirven como excelentes modelos.
3. Aumentar la conciencia pública: educar a los ciudadanos sobre la conexión entre la salud ambiental y la seguridad nacional. La concientización impulsa la promoción y respalda los cambios de políticas para lograr mejores resultados en materia de salud y seguridad.

La salud pública es un componente fundamental de la seguridad nacional. Al invertir en aire y agua limpios y en entornos urbanos sostenibles, no solo estamos mejorando la salud de nuestros ciudadanos; Estamos fortaleciendo nuestra nación contra una variedad de amenazas. Una nación sana es una nación segura, y este objetivo está a nuestro alcance a través de acciones comprometidas y priorización de políticas.

Biodiversidad: el héroe anónimo de la seguridad nacional

Servicios de ecosistema

Imagine una patria donde los ecosistemas prosperen y sustenten una rica diversidad de especies de plantas y animales. En esta visión, la biodiversidad es reconocida no sólo por su importancia ecológica sino también como piedra angular de la seguridad y prosperidad de nuestra nación.

La biodiversidad proporciona servicios ecosistémicos invaluables, incluida la polinización, la purificación del agua y la regulación de enfermedades, esenciales para la agricultura, la salud y el bienestar. Por ejemplo, los polinizadores como las abejas y las mariposas son cruciales para la reproducción de muchas especies de plantas vitales para nuestro suministro de alimentos. Su disminución puede afectar significativamente la productividad agrícola, lo que representa una amenaza para la seguridad alimentaria y la estabilidad económica.

La purificación del agua es otro servicio crítico que ofrecen diversos ecosistemas. Lugares como la cuenca de Catskill en Nueva York ejemplifican cómo los sistemas de filtración natural proporcionados por la biodiversidad pueden mantener suministros de agua limpia, una necesidad para las actividades económicas y de salud.

La biodiversidad también desempeña un papel vital en la regulación de las enfermedades. Los ecosistemas equilibrados pueden suprimir el brote de ciertas enfermedades, mientras que su alteración puede aumentar la propagación de enfermedades infecciosas, como se ve en el caso de la deforestación y el aumento de las enfermedades transmitidas por mosquitos.

Barreras naturales

La biodiversidad sirve como una formidable barrera natural contra los desastres. Los ecosistemas costeros como los manglares y los humedales no son sólo pintorescos; son defensas cruciales contra inundaciones y huracanes. Se ha demostrado que los manglares, por ejemplo, reducen significativamente los daños causados por las marejadas ciclónicas y son clave para proteger a las comunidades costeras.

Asimismo, los humedales absorben el exceso de lluvia, mitigando los riesgos de inundaciones en las zonas urbanas. Los bosques desempeñan un papel en la estabilización de los suelos y la prevención de deslizamientos de tierra. El tsunami del Océano Índico de 2004 demostró cómo las áreas con bosques de manglares intactos sufrieron menos daños en comparación con aquellas que no los tenían.

El camino a seguir: Para que la biodiversidad continúe siendo nuestro héroe anónimo en la seguridad nacional, debemos:

1. Invertir en conservación: apoyar los esfuerzos de conservación para proteger nuestros diversos ecosistemas. La preservación de la selva amazónica, por ejemplo, no es sólo una cuestión de preocupación ambiental sino un aspecto crucial de la seguridad global.
2. Promover el uso sostenible de la tierra: fomentar prácticas de uso de la tierra que minimicen la destrucción del hábitat. La gestión responsable de la tierra es clave para mantener los ecosistemas que proporcionan servicios esenciales.
3. Aumentar la conciencia pública: educar al público sobre el vínculo crítico entre la biodiversidad y la seguridad nacional. Es más probable que los ciudadanos informados apoyen políticas que protejan nuestro patrimonio natural.

La biodiversidad es un tesoro vivo que nos sostiene y protege a nuestra nación. Reconocer su profunda conexión con la seguridad nacional es esencial para construir un futuro resiliente y seguro. Una patria que valora y protege su biodiversidad es aquella que realmente comprende la naturaleza integral de la seguridad, una seguridad que se extiende a las generaciones futuras.

Resiliencia económica: el dividendo verde

En el mundo actual, donde los desafíos son diversos y complejos, la resiliencia económica se ha vuelto crucial para la seguridad nacional. El dividendo verde, un concepto visionario, va más allá de la sostenibilidad ambiental; es una estrategia dinámica para impulsar nuestra economía y garantizar la prosperidad mientras protegemos nuestro futuro.

Empleos verdes

Imagine una patria repleta de industrias nacidas de la conciencia ambiental. La resiliencia económica aquí está impulsada por la innovación verde. Invertir en tecnologías verdes y energías renovables es más que un compromiso medioambiental; es un camino hacia nuevos mercados laborales. A medida que avanzamos hacia la sostenibilidad, surge una demanda de trabajadores calificados para diseñar, construir y mantener la infraestructura del mañana, como parques eólicos y paneles solares.

Esta transición se ejemplifica en países como Dinamarca, líder en energía eólica, donde la importante creación de empleo en el sector ha contribuido a la estabilidad económica. Los empleos verdes ofrecen diversas oportunidades, desde funciones técnicas hasta investigación y emprendimiento, alineando el crecimiento económico con la responsabilidad ambiental. Al nutrir este sector, impulsamos el empleo, estimulamos el crecimiento y preparamos a nuestra fuerza laboral para los desafíos futuros.

Agricultura sostenible

Imaginemos una patria donde florezca la agricultura sostenible, que mantenga tierras fértiles y produzca cosechas abundantes. Este enfoque es fundamental para la resiliencia económica y garantiza la seguridad alimentaria a largo plazo.

La agricultura sostenible, practicada en países como los Países Bajos, conocidos por sus técnicas agrícolas eficientes y de alto rendimiento, no se trata solo de administración de la tierra; se trata de estabilidad económica. La adopción de prácticas que protejan la tierra y conserven el agua conduce a una mayor productividad y una reducción de costos. Apoyar e incentivar estas prácticas es una inversión en nuestro futuro, asegurando una base estable para nuestra economía.

El dividendo verde: El dividendo verde es una visión práctica y alcanzable. Adoptar empleos verdes y agricultura sostenible no solo fortalece nuestra resiliencia económica sino que también nos prepara para enfrentar incertidumbres futuras.

Para aprovechar este dividendo, deberíamos:

1. Acelerar la transición verde: invertir en infraestructura y tecnologías de energía renovable. Este cambio no sólo mejora la seguridad sino que nos posiciona como líderes mundiales en energía limpia.

2. Promover prácticas sostenibles: apoyar el uso sostenible de la tierra y la agricultura, garantizando la salud ambiental y económica a largo plazo.

3. Fomentar la cooperación global: participar en asociaciones internacionales para abordar los desafíos ambientales y económicos de manera colaborativa.

4. Educar e innovar: aumentar la conciencia pública sobre el dividendo verde y fomentar la innovación en tecnologías y prácticas sostenibles.

Al elegir el camino del dividendo verde, no sólo nos estamos adaptando al cambio sino que también estamos prosperando en él. Es una ruta estratégica, ética y beneficiosa hacia un futuro más seguro y próspero para todos.

Participación ciudadana: protección de la patria desde las bases

En el ámbito multifacético de la seguridad nacional, la participación ciudadana emerge como un elemento crítico. Este concepto va más allá de la mera conciencia; encarna la comprensión de que los esfuerzos individuales y colectivos contribuyen significativamente a la seguridad y el bienestar nacionales. Se trata de aprovechar el poder de la acción comunitaria para fortalecer nuestra patria compartida.

Iniciativas comunitarias

Imagine vecindarios florecientes con jardines comunitarios, donde los parques locales estén bien mantenidos y todos los ciudadanos participen en esfuerzos de preservación ambiental, como campañas de limpieza y plantación de árboles. Aquí, la sostenibilidad ambiental es una realidad cotidiana, parte integral del tejido social.

Las iniciativas de base son vitales para la vitalidad de la comunidad y la seguridad nacional. Fomentan la responsabilidad colectiva, fomentando espacios donde las personas participan activamente en la mejora de su entorno. Por ejemplo, los huertos comunitarios hacen más que proporcionar productos frescos; reducen la huella de carbono vinculada al transporte de alimentos. Las campañas de limpieza y la plantación de árboles no sólo embellecen y reverdecen nuestros vecindarios, sino que también contribuyen a esfuerzos más amplios de mitigación del cambio climático.

Estas iniciativas crean fuertes vínculos comunitarios e inculcan valores de gestión ambiental a través de generaciones. Son fundamentales para construir un futuro sostenible y seguro.

Educación ambiental

Imaginemos una patria donde la educación ambiental sea una prioridad para todos, desde los escolares hasta las personas mayores. Esta educación no es un lujo sino una necesidad, que capacita a los ciudadanos para tomar decisiones sostenibles y participar activamente en los objetivos nacionales.

Los ciudadanos bien informados pueden marcar la diferencia en el consumo de energía, la conservación del agua y la reducción de desechos. Se convierten en defensores de políticas que protegen los recursos naturales y abordan el cambio climático. Eligen productos ecológicos y adoptan prácticas sostenibles en su vida diaria.

El impacto de la educación ambiental se extiende más allá de las acciones individuales. Fomenta un sentido de responsabilidad y conexión con la patria, motivando a los ciudadanos a convertirse en guardianes de su medio ambiente y participantes proactivos en la seguridad nacional.

Ampliando el alcance: Para mejorar aún más la protección de la patria desde las bases, también debemos considerar:

- Ampliarse más allá del enfoque ambiental para incluir otras iniciativas de seguridad lideradas por los ciudadanos, como programas de vigilancia vecinal y talleres de preparación para emergencias.
- Abordar desafíos tales como barreras de participación y limitaciones de recursos, tal vez a través del apoyo del gobierno local o asociaciones público-privadas.
- Fomentar la colaboración entre grupos comunitarios y autoridades locales para un enfoque coordinado de la seguridad nacional.

La participación de las bases en la seguridad nacional es un proceso activo y comprometido. A través de iniciativas comunitarias y educación ambiental, no solo abordamos la degradación ambiental sino que también fortalecemos nuestra resiliencia nacional. Al adoptar este enfoque integral, estamos asegurando una patria que no sólo sea militarmente fuerte sino también resiliente contra el cambio climático, la escasez de recursos y otras amenazas ambientales. Este viaje de ciudadanía activa y participación comunitaria es clave para un futuro seguro y próspero, y dejará un legado de responsabilidad para las generaciones venideras.

Abracemos una nueva era de seguridad nacional

Ha llegado el momento de marcar el comienzo de una nueva era de seguridad nacional, una que comprenda profundamente el medio ambiente como un componente esencial de una estrategia de defensa integral. Esta era no se trata sólo de adaptarse; se trata de reconocer la conexión intrínseca entre la seguridad de nuestra patria y la salud de nuestro planeta. Es un cambio de paradigma necesario.

Nuestra visión tradicional de la seguridad nacional, que ha girado predominantemente en torno a la fuerza militar y las tácticas geopolíticas, no logra abordar las complejidades del mundo actual. Nos enfrentamos a una infinidad de desafíos interconectados que ignoran las fronteras nacionales y exigen respuestas innovadoras. El cambio climático, la escasez de recursos, los ciberataques y las pandemias son adversarios formidables que plantean amenazas no sólo a nuestra forma de vida sino a la existencia misma de nuestro planeta.

La seguridad de nuestra patria está entrelazada con la salud de la Tierra. La estabilidad ambiental, el equilibrio climático y la preservación de los recursos naturales no son meras preocupaciones ecológicas; son vitales para nuestra seguridad nacional. No podemos proteger completamente a nuestra nación sin salvaguardar también nuestro planeta.

Esta nueva era exige un compromiso con la protección tanto de la patria como del medio ambiente con determinación y pensamiento innovador. Es un llamado a la acción que nos insta a forjar un futuro seguro y sostenible. Debemos aprovechar nuestro conocimiento, tecnología y capacidades para alinear la seguridad nacional con la gestión ambiental. Esto incluye la transición a energías renovables, reducir las emisiones de carbono, promover la agricultura sostenible e invertir en la conservación de la biodiversidad.

Por ejemplo, países como Costa Rica han logrado avances significativos en energía renovable, lo que demuestra cómo este tipo de iniciativas pueden reforzar la seguridad nacional. De manera similar, el enfoque de Singapur en el desarrollo urbano sostenible ha mejorado su resiliencia frente a las crisis ambientales y sanitarias.

Esta era exige que trascendamos las fronteras tradicionales y reconozcamos la interconexión de nuestras acciones. Nos obliga a repensar nuestras prioridades y adoptar un enfoque holístico que proteja nuestro medio ambiente, nuestra economía y nuestro bienestar general.

En esta era, los militares son parte de una coalición más amplia con ambientalistas, científicos, economistas y ciudadanos, formando colectivamente una defensa sólida. Visualizamos un futuro en el que nuestra patria no sólo esté a salvo de las amenazas tradicionales sino también resiliente frente a los desafíos ambientales.

Abracemos esta nueva era de seguridad nacional, reconociendo el vínculo vital entre nuestra patria y el medio ambiente. Protegerlos a ambos no es sólo una visión sino un esfuerzo colectivo crucial para nuestra nación, nuestro planeta y las generaciones futuras. El tiempo para la acción es ahora; embarquémonos en esta misión con pasión y determinación.

Conclusión: El futuro de la seguridad nacional es verde

En una era marcada por la interconexión y los desafíos globales en evolución, emerge una verdad fundamental: la sostenibilidad ambiental y la seguridad nacional están inseparablemente vinculadas. El futuro de la seguridad nacional es indudablemente verde, un cambio necesario e inevitable hacia un enfoque más holístico para proteger a nuestra nación.

Las amenazas modernas que enfrentamos trascienden las fronteras y los conceptos de guerra tradicionales. Incluyen el cambio climático, la escasez de recursos, los ciberataques y las pandemias, desafíos tan tangibles y desalentadores como los de cualquier adversario militar. Abordarlos requiere una respuesta integral y sólida que integre la gestión ambiental en el núcleo de las estrategias de seguridad nacional.

Los paradigmas tradicionales de seguridad nacional, que se centran en gran medida en la fuerza militar y las estrategias geopolíticas, ya no son suficientes. Necesitan el complemento crucial de la gestión ambiental. Esto no es sólo una elección sino una necesidad, reconociendo el impacto global de nuestras acciones. Nuestras decisiones tienen consecuencias de largo alcance, que afectan no sólo a nuestra patria sino a todo el planeta.

La sostenibilidad ambiental es un pilar esencial de la seguridad moderna. Abarca la protección de los recursos naturales, la estabilidad climática, la preservación de la biodiversidad y la transición a energías limpias. Implica priorizar el aire y el agua limpios, la agricultura sostenible y la planificación urbana eficiente. También incluye iniciativas de base y educación ambiental, empoderando a los ciudadanos para tomar decisiones sustentables.

Países como Alemania y Dinamarca han demostrado cómo la transición a la energía renovable puede mejorar la seguridad nacional al reducir la dependencia del petróleo extranjero y promover la resiliencia económica. De manera similar, el compromiso de Singapur con el desarrollo urbano sostenible ha contribuido a su condición de nación segura y estable.

Reconocer la indispensabilidad de la sostenibilidad ambiental en la seguridad nacional no es opcional; es fundamental. Es un aspecto integrado de nuestra estrategia de defensa, crucial para salvaguardar nuestra nación. Una nación segura aprecia el valor de su entorno natural y trabaja activamente para protegerlo. Los climas estables y los recursos abundantes son los cimientos de la seguridad.

En esta nueva era, los militares por sí solos no pueden garantizar nuestra seguridad. Debe crear sinergias con iniciativas ambientales, fortificación digital, resiliencia económica y estrategias de salud pública. Es imperativo adoptar un enfoque holístico que reconozca la naturaleza multidimensional de las amenazas modernas.

Avancemos con valentía hacia un futuro en el que las prácticas ecológicas y la gestión ambiental sean parte integral de la seguridad nacional. Reconocer que proteger nuestra nación significa salvaguardar nuestro medio ambiente, nuestra economía y nuestro bienestar general no es sólo un camino que elegimos sino que debemos seguir. Esta visión no es meramente persuasiva; es imperativo. El futuro de la seguridad nacional es verde, una dirección que promete un mundo más seguro y sostenible para las generaciones venideras.

8

Fomentando la Ummah (Comunidad)

La comunidad como microcosmos de la gobernanza

Replantear nuestra comprensión: de lo macro a lo micro

Imaginemos una pequeña comunidad costera en Indonesia, donde las decisiones locales sobre gestión pesquera, influenciadas por las políticas nacionales, afectan directamente los medios de vida y la sostenibilidad de la zona. Este escenario de la vida real ejemplifica el papel fundamental que desempeñan las comunidades en la gobernanza, a menudo eclipsado por el gran teatro de la diplomacia internacional y las políticas nacionales.

Cada decisión de alto nivel, ley radical y gran estrategia influye en última instancia en las comunidades individuales. Esta no es una mera observación; es una verdad fundamental que está remodelando nuestro enfoque de la gobernanza. ¿Por qué, entonces, las comunidades son el microcosmos de la gobernanza?

1. Laboratorios del mundo real: Las comunidades, como nuestra aldea indonesia, son los lugares donde las teorías y las políticas se enfrentan a la realidad. Aquí, la eficacia de la gobernanza se prueba en tiempo real, proporcionando información invaluable sobre qué funciona y

qué no.

2. Enfoque centrado en lo humano: la gobernanza no es abstracta; se trata de personas reales. En las comunidades, el impacto de la gobernanza se materializa, traduciendo las políticas en cambios tangibles en la vida diaria.

3. Diversidad y Complejidad: Las comunidades son mosaicos de diversos orígenes, necesidades y aspiraciones. Una gobernanza eficaz requiere comprender y abordar esta naturaleza multifacética.

4. Toma de decisiones colaborativa: en las comunidades, la toma de decisiones suele ser colaborativa. Este enfoque ascendente, que involucra a los locales en la resolución de problemas, ofrece información valiosa para los niveles superiores de gobernanza.

5. Resiliencia y Adaptación: Las comunidades son bastiones de resiliencia e innovación. Sus respuestas a los desafíos locales pueden informar estrategias de gobernanza más amplias.

Reconocer a las comunidades como el corazón de la gobernanza transforma nuestra perspectiva:

1. Gobernanza centrada en las personas: Pasamos de una gobernanza centrada en las políticas a una gobernanza centrada en las personas, enfatizando el bienestar y el empoderamiento individual.

2. Sabiduría local: Las comunidades poseen una sabiduría local invaluable. Aprovechando este conocimiento, podemos diseñar políticas más efectivas.

3. Gobernanza participativa: enfatizar la participación de la comunidad en la toma de decisiones garantiza que las políticas reflejen a quienes se ven afectados por ellas.

4. Soluciones a medida: la gobernanza se vuelve más matizada, alejándose de una solución única para todos hacia soluciones que abordan necesidades comunitarias únicas.

5. Empoderar a las comunidades: entender a las comunidades como agentes de cambio activos resalta su papel a la hora de impulsar la

innovación y la resiliencia.

Aceptar a las comunidades como microcosmos de gobernanza requiere repensar todo el proceso. Cada política, ley y estrategia debe evaluarse según su impacto en la comunidad. El éxito de la gobernanza debe medirse por el bienestar y el empoderamiento de los individuos dentro de estas comunidades.

Este cambio requiere una escucha activa, un compromiso genuino y una comprensión profunda de las diversas necesidades y aspiraciones de la comunidad. Requiere un entorno en el que las comunidades no sean sólo beneficiarias sino socios activos de gobernanza.

En última instancia, reconocer el papel fundamental de las comunidades en la gobernanza va más allá de la perspectiva: se trata de eficacia e impacto. Se trata de crear un marco que realmente sirva a la gente, donde las decisiones a nivel macro resuenen positivamente a nivel micro. Esta visión de gobernanza, que empodera a las personas, fomenta comunidades vibrantes e impulsa el progreso desde cero, no es sólo un ideal noble; es un enfoque práctico y eficaz que ya está marcando una diferencia en lugares como nuestra aldea indonesia. Es hora de aceptar esta realidad y convertirla en un principio universal en la gobernanza.

Políticas sociales: una mirada de cerca

Cuando se discuten políticas sociales a nivel nacional, a menudo nos encontramos con un laberinto de números, estadísticas y burocracia impersonal. Sin embargo, al centrarnos en las comunidades y las personas a las que impactan, descubrimos su profundo significado.

Programas de bienestar social: más allá de los números, cambiando vidas

Los programas de bienestar social se perciben con frecuencia como una red de seguridad anónima, una red de regulaciones y estadísticas. Sin embargo, una visita a un centro comunitario local muestra un panorama diferente. Aquí encontrará personas y familias cuyas vidas han sido transformadas significativamente gracias a estos programas.

1. Vidas reales, impacto real: El bienestar efectivo no se trata únicamente de presupuestos y número de casos; se trata de mejorar la vida de personas reales. Se trata de ofrecer un salvavidas a personas vulnerables, familias en dificultades y quienes enfrentan adversidad. Sin embargo, también es importante reconocer casos en los que los programas de asistencia social han enfrentado desafíos, como obstáculos burocráticos o financiación insuficiente, que en ocasiones han obstaculizado su eficacia.

2. Héroes locales: los trabajadores sociales de las comunidades locales a menudo actúan como héroes anónimos. Navegan por regulaciones complejas para garantizar que la ayuda necesaria llegue a quienes la necesitan, cerrando la brecha entre las políticas y el impacto.

Educación: empoderar a las comunidades, un niño a la vez

Las reformas educativas se debaten con frecuencia en términos de clasificaciones nacionales y competitividad global. Sin embargo, su verdadera esencia es evidente en las historias de estudiantes y comunidades individuales. Pensemos en un niño de una pequeña ciudad cuyo potencial se libera gracias al acceso a una educación de calidad. El crecimiento académico y personal de este niño simboliza el impacto más amplio de estas reformas.

1. Prosperidad comunitaria: cuando las políticas educativas se imple-

mentan bien, las comunidades prosperan. Las escuelas de calidad se convierten en centros de aprendizaje e innovación, lo que refuerza la vitalidad económica y la cohesión social. Sin embargo, hay casos en los que las reformas no han alcanzado todo su potencial, tal vez debido a la falta de recursos o a una formación inadecuada de los educadores.

2. Un esfuerzo nacional: las políticas educativas sientan las bases para el futuro de una nación. Allanan el camino para la movilidad social, el crecimiento económico y una sociedad más equitativa. La inversión en educación es una inversión en la prosperidad nacional y la competitividad global.

Estableciendo la conexión: de la política a la comunidad

Es crucial cerrar la brecha entre las políticas sociales nacionales y su impacto local. Estas políticas son más que líneas presupuestarias; son salvavidas para individuos y comunidades. Son herramientas para construir una sociedad más inclusiva, compasiva y próspera.

Como ciudadanos y formuladores de políticas, nuestra responsabilidad se extiende más allá de la elaboración de políticas para garantizar su implementación efectiva a nivel comunitario. Esto implica escuchar a los afectados, apoyar a los trabajadores de primera línea y perfeccionar continuamente nuestros enfoques en función de la retroalimentación y la evidencia.

Al ver las caras, escuchar las historias y sentir el impacto de estas políticas, apreciamos más profundamente su importancia. Son los hilos que tejen nuestro tejido social. Cada dólar gastado en asistencia social, cada reforma en la educación, tiene el poder de transformar vidas y mejorar las comunidades. A medida que estas comunidades florecen, también lo hace nuestra nación.

Es una perspectiva que vale la pena adoptar mientras nos esforzamos colectivamente por construir un futuro mejor para todos.

Políticas económicas: el efecto dominó

Las políticas económicas repercuten mucho más allá de los balances y las cifras del PIB. Son las palancas que pueden mejorar a las comunidades o dejarlas en dificultades. Comprender el efecto dominó de estas políticas en la sociedad es crucial.

Creación de empleo: sostener comunidades

La creación de empleo va más allá de las estadísticas de empleo. Revitaliza las comunidades, en particular aquellas afectadas por el declive económico. Sin embargo, es importante reconocer que, si bien las políticas destinadas a fomentar el crecimiento del empleo ofrecen esperanza, también enfrentan desafíos, como adaptarse a los cambios tecnológicos y a los cambios económicos globales.

1. Revitalizar comunidades: Considere un pequeño pueblo, que alguna vez prosperó alrededor de una fábrica local, ahora tranquilo debido al cierre de la fábrica. Las familias se han mudado, dejando un vacío. Un escenario diferente se desarrolla con las nuevas políticas económicas: nuevas industrias reviven la ciudad, las familias se quedan, las empresas locales florecen y la cultura de la comunidad perdura.

2. Preservar la cultura local: Las comunidades son más que estructuras; son guardianes de la cultura y la historia. Las políticas económicas que promueven la estabilidad laboral permiten que estos tesoros culturales florezcan, permitiendo que las tradiciones transmitan de generación en generación.

Fiscalidad: oportunidades de financiación para todos

Los impuestos, aunque a menudo se consideran una carga, pueden ser una herramienta para beneficiar a la sociedad. La tributación progresiva, por ejemplo, puede apoyar a las comunidades marginadas, pero no está exenta de desafíos, como garantizar la equidad y evitar desincentivos económicos.

1. Apoyar a las comunidades marginadas: La tributación progresiva significa mayores contribuciones de aquellos más capaces, financiando servicios que benefician a los grupos desfavorecidos. Sin embargo, este enfoque requiere un cuidadoso equilibrio para garantizar que no desaliente el crecimiento económico.

2. Educación y atención médica de calidad: Los fondos provenientes de impuestos progresivos pueden mejorar la educación y la atención médica. Dicha inversión crea una base para la prosperidad de la comunidad, aunque exige una asignación eficiente y transparencia para evitar el mal uso y la ineficiencia.

3. Centro de innovación: los impuestos pueden impulsar la educación, la investigación y la infraestructura, fomentando la innovación. Las comunidades que se benefician de esta inversión se convierten en centros de creatividad, que atraen talento e impulsan el crecimiento económico. Sin embargo, esto requiere un enfoque colaborativo entre el gobierno, el sector privado y las comunidades para garantizar el desarrollo sostenible.

Un futuro mejor para todos

Las políticas económicas dan forma a la base de las comunidades. Dar prioridad a la creación de empleo y a la tributación progresiva no se trata sólo de gestionar las cifras; se trata de esculpir el destino de los individuos y las sociedades. Sin embargo, es necesario considerar la complejidad de estas políticas en un mundo globalizado y sus variados impactos.

Como ciudadanos y formuladores de políticas, nuestro papel se extiende a abogar por políticas que fortalezcan a las comunidades y reconocer los desafíos matizados que implican. Al reconocer el amplio impacto de las decisiones económicas, podemos luchar por comunidades donde prosperen las oportunidades, la cultura y la prosperidad.

Cada decisión política, desde estrategias fiscales hasta reformas tributarias, tiene el potencial de transformar vidas. No es simplemente una elección económica; es un imperativo moral, un compromiso con una sociedad inclusiva y floreciente. Adoptar esta perspectiva es vital mientras trabajamos por un futuro que beneficie a todos.

Políticas ambientales: zona cero del impacto

Las políticas ambientales no tratan sólo de preservar nuestro planeta para las generaciones futuras; son fundamentales para el bienestar de las comunidades que habitamos hoy. Es esencial comprender su profundo impacto a nivel de base.

Sostenibilidad: comunidades como faros de cambio

La sostenibilidad se logra a través de un tejido de acciones locales que se entrelazan para lograr un impacto global. Si bien las iniciativas de base son fundamentales, conectarlas con esfuerzos ambientales internacionales más amplios es crucial para un enfoque integral.

1. Programas de reciclaje locales: considere el humilde contenedor de reciclaje de su vecindario. Simboliza el compromiso de una comunidad para reducir el desperdicio y conservar los recursos. Cuando los gobiernos locales implementan tales programas, no sólo empoderan a los residentes sino que también contribuyen a un movimiento global. Sin embargo, desafíos como la financiación y la conciencia pública pueden afectar la eficacia de estos programas.
2. Huertos comunitarios: Los jardines comunitarios urbanos represen-

tan más que espacios verdes; son un testimonio de una vida sostenible, la reducción de la huella de carbono y la mejora de la seguridad alimentaria. Estas iniciativas, respaldadas por políticas ambientales, empoderan a las comunidades, pero también dependen de redes más amplias que involucran a ONG y empresas para obtener recursos y experiencia.

Acción climática: proteger a los nuestros

El cambio climático es una amenaza inmediata, cuyos impactos se sienten cada vez más a nivel local. Las políticas ambientales efectivas deben priorizar las estrategias tanto de mitigación como de adaptación para abordar estos desafíos.

1. Políticas adaptativas: reconociendo la realidad actual del cambio climático, las políticas deben equipar a las comunidades para que sean resilientes. Esto incluye adaptaciones de infraestructura y preparación para desastres, particularmente en regiones vulnerables al aumento del nivel del mar o al clima extremo. Dichas políticas deben basarse en modelos climáticos y mejores prácticas globales, garantizando un enfoque integral a los desafíos locales.

2. Iniciativas energéticas locales: la transición a fuentes de energía renovables, como paneles solares y turbinas eólicas, no solo reduce las emisiones sino que también mejora la independencia energética. Sin embargo, la transición requiere importantes inversiones y cooperación entre varios sectores, incluidas las empresas privadas y los gobiernos locales.

Una revolución ambiental liderada por la comunidad

Las políticas ambientales son más que regulaciones y objetivos; son catalizadores que transforman a las comunidades en campeones de la gestión ambiental. Las políticas eficaces deben ser inclusivas y considerar las diversas necesidades y capacidades de las diferentes comunidades.

A medida que defendemos e implementamos estas políticas, debemos reconocer los desafíos que enfrentan las comunidades, como recursos limitados o limitaciones logísticas. Al inspirarse en estudios de casos internacionales exitosos e integrar estrategias ambientales globales, las comunidades pueden contribuir eficazmente a objetivos de sostenibilidad más amplios.

Al adoptar este enfoque, reconocemos que los impactos ambientales más significativos comienzan localmente pero resuenan globalmente. Las comunidades, a través de acciones colectivas y asociaciones con diversas partes interesadas, pueden encabezar una revolución ambiental. Esto no es sólo un llamado a la acción; es un plan para un futuro en el que las comunidades dan forma activamente a su destino ambiental, contribuyendo a un mundo sostenible para todos.

Libertades civiles: la cuna de la democracia

Las libertades civiles son la piedra angular de la democracia y trascienden los meros principios legales para encarnar los valores fundamentales de nuestras comunidades y nación. Defender estas libertades dentro de nuestras comunidades no se trata sólo de defender los derechos individuales; se trata de nutrir la esencia misma de la democracia.

Derechos civiles: empoderar a los individuos, fortalecer las comunidades

Los derechos civiles son fundamentales para una sociedad justa y equitativa. Cuando estos derechos se protegen y defienden activamente, las comunidades envían un mensaje rotundo: cada voz es importante y cada persona es igual ante la ley.

1. Libertad de expresión: Las comunidades donde se respeta la libertad de expresión fomentan una cultura de diálogo abierto e intercambio

de ideas. Esta libertad es crucial para abordar cuestiones apremiantes, pero no está exenta de desafíos, como el delicado equilibrio entre la libertad de expresión y la prevención del discurso de odio.

2. Derecho de reunión: El derecho de reunión es una herramienta vital para el empoderamiento de la comunidad. Permite que las personas se reúnan, aboguen por el cambio y aborden preocupaciones colectivas, desde la justicia social hasta la acción ambiental. Sin embargo, este derecho a veces enfrenta obstáculos, como restricciones legales o preocupaciones de seguridad pública.

3. Igualdad de protección ante la ley: La verdadera igualdad es una necesidad práctica para las comunidades cohesionadas. Mientras nos esforzamos por alcanzar este ideal, debemos reconocer y abordar las barreras sistémicas que continúan impidiendo la plena igualdad para todos los miembros de la comunidad.

Justicia social: empoderar a las comunidades, transformar las naciones

La justicia social es un compromiso activo con la equidad y la justicia dentro de las comunidades, reconociendo sus diversas necesidades y desafíos. Este compromiso es especialmente crucial para empoderar a los grupos marginados, a menudo afectados de manera desproporcionada por la injusticia.

1. Empoderar a las poblaciones marginadas: abordar activamente las disparidades en las comunidades contribuye a una sociedad más inclusiva y equitativa. Sin embargo, el camino hacia la justicia social puede ser complejo y enfrentar obstáculos como prejuicios arraigados y una distribución desigual de los recursos.

2. Sentar nuevos precedentes: Los movimientos de base en las comunidades pueden sentar poderosos precedentes en materia de justicia social, generando conversaciones nacionales y cambios legislativos. Estos movimientos, si bien son vitales, requieren

esfuerzos persistentes y a menudo enfrentan la oposición de los poderes establecidos.

Una democracia más fuerte a través de las libertades civiles

Las libertades civiles y la justicia social son el alma de comunidades vibrantes y democracias prósperas. Darles prioridad dentro de nuestras comunidades fomenta espacios donde las personas pueden prosperar y se celebran las voces diversas.

Sin embargo, lograr estos objetivos requiere no sólo ideales sino también acción. Las comunidades pueden participar en la gobernanza local, participar en diálogos, apoyar la educación sobre derechos civiles y colaborar con organizaciones que trabajan para lograr estos fines. A nivel mundial, podemos aprender de otras naciones que han superado con éxito desafíos similares, aplicando sus lecciones a nuestro contexto.

Al empoderar a las comunidades para que protejan los derechos civiles y defiendan la justicia social, estamos construyendo una democracia más fuerte. Defender estos principios no se trata sólo de adherirse a ideales; se trata de fortalecer activamente el núcleo de nuestra nación. Al adoptar esta perspectiva, nos comprometemos con un futuro en el que las libertades civiles no sean sólo un marco legal sino una realidad vivida por todos.

Pensar globalmente, actuar localmente

El lema "Piensa globalmente, actúa localmente" encierra una profunda sabiduría y resume una verdad eterna: el cambio impactante comienza dentro de nuestras comunidades locales. Este principio no es sólo un punto de vista filosófico; es un enfoque práctico para crear un mundo mejor. Si bien aspiramos a una transformación nacional o global, es crucial que nuestras estrategias estén profundamente arraigadas en acciones y realidades locales. Un modelo de gobernanza vertical que pasa por alto el potencial microcósmico de las comunidades locales no sólo es incompleto; es inherentemente ineficaz.

Comunidades locales: el crisol del cambio

Las comunidades locales son donde germina el cambio. Aquí las aspiraciones individuales se fusionan, las ideas se transforman en acciones y los valores nacionales se viven vívidamente. Las comunidades son las beneficiarias y contribuyentes de primera mano a los impactos de las políticas, formando los vínculos que sostienen y enriquecen a la sociedad. Son agentes dinámicos de cambio, no meros espectadores.

Gobernanza receptiva: una vía de doble sentido

Para que la gobernanza sea genuinamente eficaz a escala nacional o global, debe ser receptiva y adaptable, participando en una conversación bidireccional con las comunidades locales. Las políticas deben reflejar las necesidades y aspiraciones únicas de estas comunidades. Esto requiere no sólo escuchar las voces locales sino también involucrarlas activamente en el proceso de toma de decisiones, cerrando la brecha entre la acción local y el impacto global.

Inclusividad y diversidad: los pilares del cambio

Un cambio significativo abarca la diversidad de nuestras comunidades, entendiendo que el progreso debe ser específico del contexto. La inclusión garantiza que todas las voces, en particular las de los grupos marginados, sean escuchadas y valoradas. Este enfoque reconoce los diversos desafíos y fortalezas de las diferentes comunidades, garantizando que nadie se quede atrás en la búsqueda del progreso.

El poder de la acción colectiva: unidad de propósito

Las comunidades locales son motores de acción colectiva. Cuando las personas se unen por una causa común, crean ondas que se extienden mucho más allá de su entorno inmediato. La historia nos muestra que los movimientos de base a menudo provocan cambios globales significativos. Estos esfuerzos locales, cuando se multiplican, se convierten en una fuerza formidable para la transformación global.

Pasos viables para el cambio global

Para encarnar el espíritu de "pensar globalmente, actuar localmente", los individuos y las comunidades pueden participar en diversas actividades. Esto incluye participar en la gobernanza local, apoyar iniciativas comunitarias y fomentar prácticas locales sostenibles que se alineen con los objetivos ambientales globales. Compartir estos éxitos locales en plataformas más amplias puede inspirar acciones similares en todo el mundo.

Un plan para un futuro mejor

Al visualizar el futuro, debemos recordar que los caminos transformadores comienzan en nuestros barrios y ciudades. Es en estos espacios donde plantamos las semillas del cambio global. "Piensa globalmente, actúa localmente" es más que un dicho; es un plan para un futuro en el que cada comunidad contribuya a un mundo más inclusivo, equitativo y próspero. Al adoptar esta sabiduría, empoderamos a nuestras comunidades, reconociendo las diversas formas en que pueden impactar el escenario mundial. Juntos podemos avanzar, convirtiendo las acciones locales en un movimiento global por un futuro mejor.

Conclusión: un futuro mejor comienza con la comunidad

En el gran tejido de la gobernanza, la comunidad no es sólo un segmento; es una lente gran angular que ofrece una visión integral del cambio social. El viaje hacia el cambio social, la prosperidad nacional y la influencia global comienza con comunidades prósperas y empoderadas. Este concepto de gobernanza centrada en la comunidad debería ser más que un ideal; debe convertirse en la piedra angular de cómo configuramos nuestro futuro.

Un cambio de paradigma: de la gobernanza de arriba hacia abajo a la de abajo hacia arriba

Durante demasiado tiempo, el modelo de gobernanza vertical ha relegado a las comunidades a roles pasivos. El verdadero progreso y la prosperidad florecen no desde arriba sino desde dentro de estas comunidades. Al adoptar un enfoque ascendente, reconocemos y empoderamos a las comunidades como participantes activos en la gobernanza. Por ejemplo, el éxito de los proyectos locales de energía renovable en Dinamarca ejemplifica cómo la participación comunitaria puede conducir a avances significativos en el desarrollo sostenible.

Las realidades de la vida humana: inclusión y empoderamiento

Las comunidades, como núcleo de la sociedad, son redes interconectadas que crean el tejido vibrante de nuestra nación. Reconocer esta interconexión significa empoderar a cada comunidad, grande o pequeña, rural o urbana, para que dé forma a las políticas que la afectan. En este modelo se deben abordar desafíos como la distribución desigual de recursos y las diversas necesidades de la comunidad. Al adoptar estrategias inclusivas, como las utilizadas en el presupuesto participativo en Porto Alegre, Brasil, las comunidades pueden tener voz directa en la gobernanza local, lo que conduce a resultados más equitativos y eficaces.

Los ingredientes esenciales: humanidad y eficacia

Nuestra búsqueda de un futuro mejor debe estar guiada por la humanidad, reconociendo la dignidad y el potencial inherentes de cada individuo, y por la eficacia, garantizando respuestas a las necesidades únicas de cada comunidad. En Nueva Zelanda, por ejemplo, el enfoque del gobierno para involucrar a las comunidades indígenas maoríes en las decisiones políticas muestra una combinación efectiva de respeto por los valores culturales y gobernanza práctica.

Un plan para el futuro: comunidades más fuertes, nación más fuerte

La construcción de comunidades más fuertes es un plan práctico para la resiliencia y la prosperidad nacionales. Invertir en el crecimiento comunitario sienta las bases para una nación más sólida. Por ejemplo, la revitalización de ciudades postindustriales en Estados Unidos, a través de un desarrollo económico centrado en la comunidad, ilustra cómo el empoderamiento de las localidades puede contribuir al crecimiento nacional.

El renacimiento comunitario: un viaje compartido

Elevar a las comunidades como foco de la gobernanza es un viaje colectivo. Requiere que los formuladores de políticas, los líderes y los ciudadanos se unan para fomentar un renacimiento comunitario. Este camino implica elaborar políticas que no sólo respondan a las necesidades locales sino que también fomenten la participación y el liderazgo activo de la comunidad.

El tiempo para la acción es ahora

El llamado a remodelar la gobernanza en torno a la comunidad es un imperativo urgente. Esta transformación, que se hace eco del espíritu de los movimientos transformadores de la historia, promete un futuro en el que todas las comunidades pueden prosperar. Para que esto sea una realidad, son esenciales pasos concretos:

1. Fomentar la participación local: Fomentar plataformas para la participación comunitaria en los procesos de toma de decisiones.
2. Asignar recursos de manera equitativa: garantizar una distribución

justa de los recursos para abordar las diversas necesidades de la comunidad.

3. Aprender de las mejores prácticas globales: adaptar modelos exitosos de gobernanza comunitaria de todo el mundo a los contextos locales.

En conclusión

Al embarcarnos en este viaje, lo hacemos como una fuerza unificada para el cambio. Es esencial crear un futuro en el que la comunidad esté en el centro de la gobernanza. Al adoptar este nuevo paradigma y aprender de ejemplos globales, podemos diseñar un futuro que comience con una comunidad a la vez. La comunidad no es sólo un componente de nuestra visión; es el catalizador de un mañana más brillante e inclusivo.

La necesidad de programas sociales que eleven y unifiquen

El imperativo de los programas sociales: superar las divisiones y fomentar la unidad

En una era marcada por la fragmentación y la desigualdad, la necesidad de programas sociales que superen las divisiones y fomenten la unidad nunca ha sido más apremiante. La gobernanza consiste fundamentalmente en crear un plan para la coexistencia colectiva y, dentro de este plan, los programas sociales son cruciales. Van más allá de ser meras redes de seguridad; son parte integral de nuestra humanidad compartida. Ignorar su importancia no es sólo un descuido político; es una mala interpretación de la esencia de la sociedad misma.

Una sociedad que necesita curación: el llamado a la unidad

El mundo actual está plagado de divisiones sociales, económicas y culturales. A medida que estas brechas se amplían, nuestra unidad colectiva se debilita. Los programas sociales no son lujos sino herramientas esenciales para reparar estas fracturas. Encarnan nuestro compromiso mutuo, reflejan nuestros valores compartidos y nuestra determinación de apoyar a cada miembro de la comunidad. Por ejemplo, el éxito del sistema de salud canadiense demuestra cómo el acceso universal a servicios esenciales puede promover la unidad y la igualdad social.

El papel crucial de los programas sociales: un ecosistema de apoyo

Los programas sociales crean un ecosistema que permite que todos los miembros de la sociedad prosperen. Brindan apoyo a quienes enfrentan adversidad, garantizan el acceso a la educación y la atención médica y trascienden las limitaciones de las circunstancias. Estas iniciativas, como las becas de educación en Finlandia, tejen el tejido de la justicia social, la igualdad y la dignidad humana.

Una red de seguridad y más: catalizadores para la transformación

Los programas sociales son más que redes de seguridad. Son catalizadores de transformación e instrumentos de empoderamiento. Permiten la movilidad social y fomentan el potencial individual, como se ve en los programas de capacitación laboral que han reducido con éxito las tasas de desempleo en varias regiones.

Un cambio de perspectiva: del gasto a la inversión

Es hora de ver los programas sociales como inversiones, no como gastos. Invertir en educación infantil, atención sanitaria y formación laboral siembra las semillas de una sociedad más fuerte. No se trata de cargas financieras sino de estrategias para el crecimiento social. Los estudios han demostrado consistentemente que cada dólar invertido en educación temprana genera importantes beneficios económicos a largo plazo.

El efecto dominó: los programas sociales como agentes de unidad

Los programas sociales crean un efecto dominó de unidad. Minimizan las disparidades, maximizan las oportunidades y fortalecen los vínculos sociales. Representan nuestro compromiso con un futuro en el que cada individuo pueda prosperar.

Un llamado a la acción: una sociedad unida para un mañana mejor

Este llamado a la acción es para una sociedad unida que considere que los programas sociales son esenciales y no onerosos. Son faros de esperanza y resiliencia. Al adoptar esta visión, damos forma a un futuro donde la unidad, la compasión y la elevación son primordiales.

Abordar desafíos y conceptos erróneos

Al abogar por estos programas, es vital abordar las preocupaciones sobre la sostenibilidad financiera y la dependencia. Los modelos de financiación sostenible, como los utilizados en los países escandinavos, y las políticas diseñadas para fomentar la independencia y la autosuficiencia pueden mitigar estos problemas.

Una sociedad definida por su compromiso

El imperativo de los programas sociales es un testimonio de nuestro carácter social. Es una declaración de nuestro compromiso con un futuro donde la unidad trascienda la división y la compasión supere la indiferencia. Para lograrlo, necesitamos esfuerzos concertados de gobiernos, comunidades e individuos para apoyar y mejorar estos programas.

Aprovechemos este momento. El llamado a la unidad nunca ha sido más fuerte y la necesidad de programas sociales integrales nunca ha sido más clara. Debemos dar un paso adelante como una fuerza unificada, transformando nuestras comunidades, un programa social a la vez.

Mejora económica: más que ganancia material

En nuestra búsqueda de una sociedad próspera, es vital reconocer que el mejoramiento económico trasciende la mera ganancia material. Se trata de crear entornos donde las personas puedan llevar una vida llena de dignidad, propósito y contribución significativa. Esta visión más amplia del mejoramiento económico destaca dos fuerzas transformadoras: los programas de capacitación laboral y las iniciativas de educación financiera.

Programas de capacitación laboral: un camino hacia un propósito renovado

El desempleo es una crisis social, no sólo un desafío económico. Los programas de capacitación laboral van más allá del mero empleo; son salvavidas para las personas que enfrentan la adversidad. Estos programas proporcionan habilidades esenciales y, fundamentalmente, un sentido renovado de propósito y pertenencia.

Por ejemplo, un estudio realizado por la Junta Coordinadora de Educación y Capacitación Laboral reveló que los programas de capacitación laboral mejoran significativamente los resultados en materia de empleo e ingresos. Al invertir en estos programas, no solo aseguramos cheques de pago; Estamos reconstruyendo vidas y fortaleciendo los vínculos comunitarios. Sin embargo, es necesario abordar desafíos como garantizar la relevancia de las habilidades para las demandas cambiantes del mercado y asegurar una financiación sostenida.

Educación financiera: empoderar a individuos y comunidades

La educación financiera es una piedra angular del empoderamiento económico. Fomenta una cultura de responsabilidad fiscal, beneficiando a comunidades enteras. El conocimiento en la gestión de las finanzas ayuda a las personas a tomar decisiones informadas, lo que conduce a una estabilidad comunitaria más amplia.

Programas como la estrategia nacional de educación financiera de Singapur han demostrado su éxito en la mejora de la educación financiera en diversas etapas de la vida. Sin embargo, persisten desafíos para llegar a las poblaciones desatendidas y adaptar los materiales a diferentes estilos de aprendizaje.

Una perspectiva global: aprender de ejemplos internacionales

A nivel mundial, los países abordan el mejoramiento económico de diversas maneras. En Suecia, por ejemplo, se combinan amplias redes de seguridad social con programas de educación y capacitación, lo que ofrece un enfoque holístico de la seguridad económica. Estos modelos brindan lecciones valiosas sobre la integración del apoyo social con el desarrollo de habilidades.

Pasos viables para la implementación

1. Programas de capacitación personalizados: Desarrollar programas de capacitación laboral que se alineen con las tendencias actuales del mercado y las necesidades económicas locales.
2. Educación financiera inclusiva: implementar iniciativas de educación financiera que atiendan a grupos demográficos diversos, garantizando la accesibilidad para todos los miembros de la comunidad.
3. Asociaciones público-privadas: fomentar colaboraciones entre gobiernos, instituciones educativas y líderes de la industria para financiar

y apoyar estos programas.

4. Evaluación continua: Evaluar periódicamente la eficacia de estos programas para garantizar que satisfagan las condiciones económicas y las necesidades sociales en evolución.

Construyendo comunidades más fuertes a través del mejoramiento económico

La mejora económica, basada en la capacitación laboral y la educación financiera, consiste en construir comunidades resilientes. Al invertir en estas áreas, fomentamos el bienestar social y comunitario, allanando el camino para una sociedad donde cada miembro prospere. Por lo tanto, las políticas económicas eficaces deberían centrarse en dotar a las personas de las habilidades y conocimientos necesarios para navegar por su futuro financiero, reforzando los vínculos de unidad y prosperidad compartida.

Salud y bienestar: la cura social

En nuestra búsqueda de comunidades más fuertes y unidas, reconocer el papel fundamental de la salud y el bienestar es crucial. Estas no son sólo preocupaciones individuales, sino que son fundamentales para la fuerza y la armonía colectivas. En este sentido, las iniciativas de atención sanitaria universal y salud mental emergen como componentes críticos de comunidades cohesionadas.

Atención médica universal: la base de la equidad y la confianza

Imaginemos una sociedad en la que la atención sanitaria de calidad sea un derecho fundamental para todos. La atención sanitaria universal es un compromiso con la justicia y la compasión. Cuando los miembros de la comunidad tienen acceso confiable a la atención médica, se fomenta la inclusión y la solidaridad. Estudios, como los que examinan el impacto del NHS en el Reino Unido, muestran que los sistemas de salud universales pueden generar mayores expectativas de vida y menores cargas financieras relacionadas con la atención médica.

La atención sanitaria universal no se trata sólo de tratar enfermedades; se trata de generar confianza comunitaria. Saber que hay ayuda médica disponible sin riesgo de ruina financiera mejora la seguridad y la confianza de la comunidad. Elimina importantes barreras a la movilidad social, lo que permite a las personas perseguir sus aspiraciones sin temer crisis financieras relacionadas con la atención sanitaria.

Sin embargo, implementar la atención médica universal plantea desafíos, incluida la financiación sostenible y garantizar una atención de calidad. Para abordarlos se requiere una formulación de políticas innovadoras y colaboración internacional, basándose en modelos exitosos como los de los países escandinavos, conocidos por sus sistemas de salud eficientes e inclusivos.

Iniciativas de salud mental: abordar los desafíos invisibles

La salud mental es crucial, pero a menudo se pasa por alto en la cohesión social. Los servicios de salud mental accesibles pueden abordar problemas como la adicción y la violencia doméstica, que fragmentan a las comunidades. Iniciativas como "Beyond Blue" de Australia muestran cómo los programas nacionales de salud mental pueden apoyar eficazmente el bienestar de la comunidad.

Estas iniciativas son más que intervenciones clínicas; fomentan la empatía, la comprensión y el apoyo. Es vital reducir el estigma en torno a la salud mental y crear espacios seguros para el debate y el tratamiento. Los desafíos aquí incluyen superar los estigmas culturales y garantizar que los servicios de salud mental sean accesibles para todos los miembros de la comunidad, independientemente de sus antecedentes.

Perspectivas globales y estrategias viables

A nivel mundial, países como Canadá y Japón ofrecen ideas para integrar la atención de salud mental con iniciativas de salud más amplias. Aprender de estos modelos puede guiar una implementación efectiva.

Las estrategias viables incluyen:

- Ampliar el acceso: Garantizar que los servicios universales de atención médica y salud mental sean accesibles para todos los miembros de la comunidad, incluidos los grupos marginados.
- Participación de la comunidad: Fomentar la participación de la comunidad en el diseño y la retroalimentación de los programas de salud, fomentando la apropiación y las soluciones personalizadas.
- Educación y concientización: Implementar campañas educativas generalizadas para desmitificar y desestigmatizar los problemas de salud mental.
- Financiamiento Sostenible: Desarrollar modelos de financiamiento innovadores que aseguren la longevidad y calidad de los programas de salud.

Fomentar comunidades más fuertes a través de la salud y el bienestar

La salud y el bienestar son parte integral del tejido social de nuestras comunidades. Al defender las iniciativas de atención médica universal y salud mental, fomentamos no solo la salud física y psicológica, sino también la equidad, la confianza y la unidad social. Estos esfuerzos fortalecen los lazos comunitarios, creando una sociedad más resiliente donde todos los miembros pueden prosperar. Adoptar estas iniciativas de salud significa construir un futuro en el que el bienestar colectivo esté en el centro de comunidades vibrantes.

Educación: el gran igualador

En nuestra búsqueda de comunidades cohesivas y prósperas, la educación emerge como el gran igualador. Más que un camino hacia el conocimiento, es la base sobre la que se construyen sociedades informadas, comprometidas y unidas. La clave para hacer realidad esta visión es una educación asequible y de calidad para todos, y programas sólidos de educación de adultos.

Educación asequible y de calidad: una promesa de equidad

El acceso a una educación de calidad es un derecho de todos los niños, que trasciende las barreras geográficas y socioeconómicas. Este compromiso con la equidad es fundamental. La educación asequible y de calidad une a las comunidades y ofrece un camino compartido hacia un futuro mejor.

La inversión en esta área produce grandes dividendos. Por ejemplo, la UNESCO informa que cada dólar invertido en educación genera importantes beneficios económicos. Sin embargo, persisten desafíos como las disparidades de financiación y garantizar una calidad constante en diversas regiones. Aprender lecciones del sistema educativo finlandés, conocido por su acceso equitativo y estándares de alta calidad, puede proporcionar información valiosa.

La educación accesible es un crisol de diversidad que reúne a niños de diversos orígenes y fomenta la comprensión y la empatía. Moldea no sólo a individuos académicamente competentes sino también a ciudadanos con conciencia social.

Educación de adultos: *aprendizaje permanente para vínculos comunitarios permanentes*

La educación no debe terminar con la niñez; El aprendizaje permanente es crucial. La educación de adultos es algo más que el avance profesional; proporciona estructuras sociales que combaten la soledad y fortalecen los vínculos comunitarios.

Estos programas empoderan a las personas para que permanezcan económicamente activas y socialmente comprometidas. Sirven como faros para el aprendizaje permanente e inspiran a las generaciones más jóvenes. Además, la educación de adultos fomenta el espíritu comunitario, como se ve en programas como el Presupuesto para la Educación de Adultos de Irlanda, que mejora la participación comunitaria y el desarrollo personal.

Sin embargo, la educación de adultos enfrenta desafíos como la accesibilidad para los adultos mayores y la alineación de los programas con las necesidades cambiantes del mercado laboral. Abordar estos problemas requiere estrategias comunitarias específicas y una evaluación continua del programa.

Perspectivas globales *y estrategias viables*

A nivel mundial, los enfoques de la educación varían. En Singapur, por ejemplo, un fuerte énfasis en el aprendizaje permanente ha dado lugar a un panorama vibrante de la educación de adultos. Estos modelos pueden inspirar iniciativas similares en otros lugares.

Las estrategias viables incluyen:

- Financiamiento específico: asignar recursos de manera equitativa para garantizar que todos los niños tengan acceso a una educación de calidad.
- Participación comunitaria: Involucrar a las comunidades locales en la planificación y toma de decisiones educativas.

- Plataformas de aprendizaje permanente: crear oportunidades accesibles de aprendizaje permanente para adultos, incluidos cursos en línea y talleres comunitarios.
- Políticas inclusivas: Desarrollar políticas que atiendan diversas necesidades y orígenes de aprendizaje.

Fomentando la unidad y el empoderamiento a través de la educación

La educación trasciende la adquisición de conocimientos; da forma a individuos y comunidades. Defender una educación asequible y de calidad y una educación de adultos es una inversión en un futuro en el que la educación actúe como fuerza unificadora. No se trata simplemente de mejores escuelas, sino de crear comunidades resilientes y cohesivas basadas en el conocimiento y la comprensión compartidos. La educación, en su sentido más holístico, es la base sobre la cual podemos construir sociedades más fuertes y equitativas.

Programas culturales: el pegamento invisible

En nuestra búsqueda de comunidades armoniosas y vibrantes, los programas culturales desempeñan un papel indispensable. Las artes públicas y los festivales, junto con las iniciativas de diversidad e inclusión, actúan como un pegamento que a menudo no se ve, fomentando la unidad y celebrando la diversidad.

Artes públicas y festivales: una expresión compartida de identidad

Las artes públicas y los festivales trascienden el mero entretenimiento; son vehículos poderosos para la identidad comunitaria. Estos eventos crean experiencias y símbolos compartidos que unen a diversos residentes.

El arte público transforma nuestro entorno en narrativas de la vida comunitaria. Por ejemplo, el vibrante arte callejero de Melbourne, Australia, se ha convertido en una parte integral de la identidad de la ciudad, atrayendo turismo e inculcando orgullo local. De manera similar, festivales como el multicultural Caribana en Toronto celebran la diversidad, reuniendo a personas de diversos orígenes en una vibrante muestra de riqueza cultural.

Sin embargo, el desafío radica en garantizar una representación equitativa en estas formas de arte y asegurar una financiación sostenida. Involucrar a artistas locales y líderes comunitarios en el proceso de planificación puede garantizar que se representen diversas perspectivas.

Iniciativas de diversidad e inclusión: la fuerza en las diferencias

La diversidad no es un divisor sino un unificador dentro de las comunidades. Las iniciativas efectivas de diversidad e inclusión, como el Programa de Distritos Culturales de San Francisco, mejoran activamente la cohesión de la comunidad al celebrar las contribuciones culturales únicas de cada grupo.

Estos programas ofrecen plataformas para el diálogo y el aprendizaje, rompiendo estereotipos y fomentando la empatía. Transforman la diversidad de una fuente potencial de tensión a una fuente de fortaleza comunitaria. Los desafíos aquí incluyen superar las barreras del idioma y garantizar que todas las voces de la comunidad sean escuchadas y valoradas.

Perspectivas globales y estrategias viables

A nivel mundial, los programas culturales adoptan diversas formas. En ciudades como Seúl, los centros culturales comunitarios brindan espacios para que los residentes participen en las artes tradicionales coreanas, fomentando un sentido de herencia cultural compartida.

Las estrategias viables incluyen:

- Proyectos Culturales Impulsados por la Comunidad: Fomentar la participación de la comunidad en el diseño y ejecución de programas culturales.
- Diversas fuentes de financiación: buscar financiación diversa, incluidas subvenciones gubernamentales, patrocinios privados y recaudaciones de fondos comunitarias, para apoyar estas iniciativas.
- Planificación inclusiva: Garantizar que los comités de planificación sean representativos de la diversidad de la comunidad.
- Accesibilidad lingüística: proporcionar acceso multilingüe a programas para mejorar la inclusión.

Los programas culturales como pegamento social

Los programas culturales, que abarcan artes y festivales públicos e iniciativas de diversidad e inclusión, son esenciales para construir comunidades cohesivas y vibrantes. Van más allá del valor estético y de entretenimiento y desempeñan un papel fundamental a la hora de unir a diversos grupos y fomentar un sentido compartido de pertenencia. Al invertir en estos programas culturales, no solo celebramos las artes o la diversidad; Estamos fortaleciendo el tejido mismo de nuestras comunidades.

Compromiso cívico: el motor de la comunidad

El compromiso cívico es fundamental para lograr comunidades armoniosas y prósperas. No es simplemente un componente de la vida comunitaria; es la fuerza impulsora que impulsa a las comunidades hacia el progreso y la prosperidad. Para fomentar esta participación activa son fundamentales los centros comunitarios y los programas de voluntariado.

Centros comunitarios: el latido del corazón de la participación cívica

Los centros comunitarios son mucho más que espacios físicos; son el alma del compromiso cívico. Estos centros ofrecen una plataforma para actividades que dan forma al futuro de la comunidad, desde facilitar campañas de votación hasta albergar programas de educación cívica.

Por ejemplo, el Centro Comunitario de Harlem en Nueva York ha desempeñado un papel crucial en el aumento de la participación electoral y la conciencia política en su vecindario. Al ofrecer espacios para que los residentes participen en debates y accedan a información electoral vital, estos centros empoderan a los ciudadanos para ejercer eficazmente sus derechos democráticos.

Más allá de las elecciones, los centros comunitarios albergan una variedad de actividades que mejoran las habilidades y la participación de la comunidad. Desde talleres de emprendimiento hasta eventos culturales, brindan recursos esenciales para el crecimiento personal y comunitario. Sin embargo, sostener estos centros plantea desafíos como asegurar una financiación constante y garantizar la accesibilidad a todos los miembros de la comunidad.

Programas de voluntariado: empoderamiento del servicio comunitario

Los programas de voluntariado son un medio práctico para involucrar activamente a los residentes en el bienestar de su comunidad. Estas iniciativas van desde esfuerzos de conservación ambiental hasta programas de tutoría, brindando oportunidades para que las personas contribuyan significativamente a su comunidad.

Por ejemplo, la iniciativa Ciudad Limpia en Seattle ha logrado involucrar a miles de voluntarios en proyectos de limpieza y embellecimiento de toda la ciudad, mejorando significativamente los espacios públicos y fomentando un fuerte sentido de orgullo comunitario. Sin embargo, estos programas a menudo enfrentan desafíos para mantener la participación de los voluntarios y brindar diversas oportunidades que atiendan diferentes intereses y habilidades.

Estrategias viables para mejorar la participación cívica

- Desarrollar programas diversos: crear una variedad de oportunidades de voluntariado para atender diferentes intereses y habilidades.
- Promover la inclusión: garantizar que los centros y programas comunitarios sean accesibles a todos los segmentos de la población, incluidos los grupos marginados.
- Fomentar asociaciones: colaborar con empresas, escuelas y ONG locales para ampliar el alcance y el impacto de los programas cívicos.
- Utilizar tecnología: aprovechar las redes sociales y las plataformas digitales para aumentar la conciencia y la participación en actividades cívicas.

El compromiso cívico como fuerza impulsora

El compromiso cívico, fomentado a través de centros comunitarios y programas de voluntariado, es la piedra angular de una comunidad vibrante. Permite a las personas moldear activamente el destino de su comunidad, fortalece los vínculos sociales y fomenta un sentido de responsabilidad compartido. Al adoptar y mejorar estos pilares del compromiso cívico, podemos construir comunidades resilientes, comprometidas y armoniosas que prosperen gracias a la participación activa de sus residentes.

Conclusión: no es una elección, sino una necesidad

Los programas sociales que elevan y unifican son indispensables en nuestra búsqueda de una sociedad mejor y una nación más fuerte. Lejos de ser meras opciones de gobernanza, estos programas son el andamiaje sobre el que se construye nuestra estructura social. Son herramientas esenciales, que no sólo previenen la erosión de nuestro tejido social sino que lo fortalecen y enriquecen activamente.

La necesidad de estos programas queda claramente resaltada por las consecuencias de su ausencia. Una sociedad que carece de iniciativas de apoyo corre el riesgo de fragmentarse y volverse inestable, similar a un barco a la deriva en mares tormentosos. Sin estos programas, las divisiones se profundizan, las desigualdades se amplían y prevalece una sensación de desconexión. Esta no es simplemente una cuestión moral; es práctico y tiene implicaciones importantes para el bienestar y la estabilidad de nuestra nación.

Por ejemplo, el impacto de la Ley de Atención Médica Asequible en los Estados Unidos demuestra cómo el acceso a la atención médica puede conducir a una mejor salud comunitaria y a una reducción de los costos de atención médica a largo plazo. Sin embargo, siguen siendo críticos desafíos como garantizar que estos programas cuenten con la financiación adecuada y una gestión eficaz. Es vital considerar modelos de financiación sostenibles y una administración eficiente de los programas para maximizar su impacto positivo.

Invertir en programas sociales es una inversión en una comunidad más unificada y resiliente. Al fomentar entornos donde las personas se apoyan y empoderan mutuamente, estos programas actúan como una fuerza unificadora, superando divisiones y creando un propósito y una identidad compartidos.

Comunidades fuertes, respaldadas por programas sociales sólidos, son fundamentales para una nación fuerte. Incuban innovación, fomentan el talento y son la base de la riqueza cultural y el capital social. Fomentan la resiliencia y la fuerza colectiva, esenciales para la prosperidad de una nación.

Al elevar y unificar a nuestras comunidades a través de estos programas, damos forma al destino de nuestra nación. Creamos una sociedad donde cada individuo es valorado, las oportunidades son accesibles y el progreso colectivo es un objetivo compartido. Construimos una nación donde la unidad es inquebrantable, se celebra la diversidad y el potencial de grandeza es ilimitado.

En conclusión, los programas sociales que elevan y unifican son una necesidad, no una elección. Son fundamentales para forjar un futuro cohesivo y equitativo. Mientras enfrentamos una creciente fragmentación social, estos programas son más vitales que nunca.

Para apoyar y mejorar eficazmente estos programas, debemos:

- Abogar por una financiación sostenible y una gestión eficaz para garantizar que estos programas puedan generar los beneficios previstos.
- Fomentar la participación de la comunidad en el diseño y la implementación del programa para garantizar que satisfagan las necesidades locales.
- Aprender de las mejores prácticas globales, adaptando estrategias exitosas de todo el mundo a los contextos locales.

Al adoptar estos programas, no sólo estamos tomando decisiones políticas; estamos afirmando nuestro propósito colectivo como sociedad. Estamos construyendo una nación donde cada individuo puede prosperar, respaldada por la fuerza de nuestras comunidades unidas.

III

La transformación de la gobernanza

En la Parte II, exploramos la filosofía de gobernanza de Maqasid, allanando el camino para un cambio radical. Aquí, traducimos ideales en acciones concretas, buscando una reforma integral de la gobernanza. Visualizamos políticas que protejan a las generaciones venideras y fomenten una prosperidad equitativa. Este no es solo un proceso de reforma, sino una revolución hacia la justicia, la eficiencia y la compasión. El enfoque de Maqasid nos guía hacia un sistema de gobernanza justo y eficiente, exigiendo valentía y acciones transformadoras ahora más que nunca.

9

Elaboración de políticas con un propósito

Pasos prácticos para que los responsables políticos se alineen con Maqasid

La hoja de ruta hacia una gobernanza ética

En nuestra búsqueda de una gobernanza ética, guiada por los principios de Maqasid, debemos convertir nuestros ideales en pasos viables. Esto no es sólo una aspiración sino un esfuerzo práctico. A continuación se muestra una hoja de ruta simplificada para los responsables de la formulación de políticas:

Educación y Concientización

- Participar en un aprendizaje continuo sobre Maqasid para profundizar la comprensión de valores clave como la justicia y la compasión.
- Lanzar campañas educativas para informar al público sobre los fundamentos éticos de la gobernanza.

Marcos éticos

- Desarrollar y formalizar marcos éticos dentro de las instituciones gubernamentales, arraigados en Maqasid.
- Integrar estos principios en las primeras etapas de la formulación de políticas, haciendo que la ética sea fundamental.

Inclusividad y perspectivas diversas

- Colaborar con diversas partes interesadas, incluidas voces marginadas, para lograr soluciones integrales.
- Formar comités de ética con expertos Maqasid para evaluar éticamente las políticas.

Evaluaciones de impacto

- Realizar evaluaciones exhaustivas del impacto social, centrándose en las comunidades más vulnerables.
- Apuntar a una verdadera sostenibilidad en las políticas medioambientales, yendo más allá del mero cumplimiento legal.

Transparencia y rendición de cuentas

- Fomentar el escrutinio público y la retroalimentación en el proceso de formulación de políticas.
- Establecer métricas claras de éxito y sistemas de rendición de cuentas para las políticas.

Elaboración de políticas adaptativas

- Implementar mecanismos de retroalimentación continua utilizando tecnología para la evaluación de políticas en tiempo real.
- Introducir cláusulas de caducidad de políticas para su revisión

periódica y evaluación de relevancia.

Creación de capacidad

- Invertir en capacitación para funcionarios gubernamentales en gobernanza ética.
- Promover el liderazgo ético como piedra angular del servicio público.

Compromiso público

- Fomentar el diálogo público y la aportación a las decisiones políticas.
- Comunicar claramente los principios éticos que guían las políticas.

Visión a largo plazo

- Centrarse en el bienestar social a largo plazo por encima de las ganancias a corto plazo.
- Fomentar la cooperación global para desafíos compartidos, incorporando la diplomacia ética.

Consideremos, por ejemplo, la reciente iniciativa en Finlandia, donde los responsables de la formulación de políticas implementaron con éxito los pasos 2 y 4, lo que condujo a decisiones más transparentes y centradas en la comunidad. Los desafíos, como la resistencia al cambio y la inercia burocrática, se superaron mediante una participación constante de las partes interesadas y una comunicación clara de los beneficios a largo plazo.

Siguiendo esta hoja de ruta más concisa y rica en ejemplos, los formuladores de políticas pueden transformar la gobernanza en una tarea impulsada moralmente. La gobernanza ética, arraigada en Maqasid, no es sólo un objetivo sino un viaje hacia un mundo más justo y equitativo para todos.

Paso 1: Iniciar un diálogo sobre marcos éticos: construir una base para una gobernanza ética

A medida que nos embarcamos en el viaje hacia una gobernanza ética, arraigada en los principios de Maqasid, nuestra primera y crucial tarea es iniciar un diálogo integral sobre los marcos éticos. Este paso fundamental es más que una formalidad; es un compromiso de infundir en todo el proceso de formulación de políticas los valores de la justicia, la compasión y el bien común. Exploremos cómo los formuladores de políticas pueden comenzar efectivamente este viaje transformador:

Seminarios y talleres

- Compromiso regular: organizar seminarios y talleres frecuentes para sumergir a los equipos de políticas en los principios de Maqasid. Estas sesiones deberían ir más allá de meras presentaciones, fomentando debates activos y experiencias de aprendizaje inmersivas.
- Oradores invitados: Dar la bienvenida a académicos y expertos en ética islámica, Maqasid y otras tradiciones éticas puede enriquecer estos debates. Sus diversos conocimientos garantizan una comprensión completa de los fundamentos éticos de la gobernanza.

Consultar asesores éticos

- Experiencia diversa: designar asesores éticos que aporten un rico conocimiento, no sólo en ética Maqasid e islámica sino también en otros marcos éticos. Sus diversas perspectivas pueden iluminar diversas dimensiones de la gobernanza moral.
- Rol Integral: Estos asesores deben ser más que consultores; deben ser socios en cada fase del desarrollo de políticas, desde la semilla de una idea hasta su plena realización.
- Brújula moral: actuando como una brújula moral, estos asesores ayudan a navegar por el intrincado laberinto de la ética en la gobernanza,

asegurando que las políticas resuenen con los valores fundamentales de la justicia y la compasión.

Por ejemplo, la reciente iniciativa en Nueva Zelanda sirve como ejemplo inspirador. Allí, los responsables de la formulación de políticas adoptaron medidas similares, que condujeron a un desarrollo de políticas más rico e inclusivo. Se enfrentaron a desafíos, como la resistencia inicial a nuevas perspectivas éticas, pero los superaron mediante un diálogo persistente y una toma de decisiones inclusiva.

Al adoptar estas medidas, los formuladores de políticas sientan una base sólida para una gobernanza ética. Al iniciar el diálogo sobre marcos éticos a través de la educación, la participación diversa y el asesoramiento integral, garantizamos que los principios de Maqasid y consideraciones éticas más amplias se conviertan en parte integral de la formulación de políticas. Este paso vital allana el camino para políticas que no solo prioricen la justicia y la compasión, sino que también reflejen el rico tapiz de la sabiduría ética, guiándonos hacia una sociedad más ética y equitativa.

Paso 2: Inclusión de las partes interesadas desde el primer día: Fomento de una gobernanza inclusiva

En nuestro camino hacia una gobernanza ética basada en los principios Maqasid, un paso fundamental es garantizar la inclusión de las partes interesadas desde el inicio del proceso de formulación de políticas. Este enfoque no se trata sólo de consultas; se trata de cocreación con la comunidad. La gobernanza inclusiva reconoce la diversidad de sabiduría, perspectivas y necesidades de todos los miembros de la comunidad, sentando las bases para políticas que realmente sirvan al bien común. Así es como se puede lograr esto de manera efectiva:

Alcance comunitario

- Compromiso genuino: vaya más allá de las consultas superficiales. Involucrar a miembros de la comunidad, líderes locales y grupos marginados en las discusiones políticas iniciales, fomentando un intercambio genuino de ideas.
- Escucha activa: adopte un enfoque que dé prioridad a la escucha. Comprender las diversas necesidades y aspiraciones, garantizando que las políticas se elaboren en verdadera asociación con aquellos a quienes impactan.
- Contextualización local: Adaptar las políticas a los desafíos y oportunidades únicos de cada comunidad, respetando sus contextos y dinámicas específicas.

Plataformas de retroalimentación

- Inclusividad digital: crear plataformas digitales accesibles para recibir comentarios, garantizando que sean fáciles de usar para todos los grupos demográficos. Este enfoque garantiza que todas las voces puedan dar forma a los resultados de las políticas.
- Procesos transparentes: Sea transparente sobre cómo los aportes de la comunidad influyen en las decisiones políticas. Esta apertura genera confianza y compromiso en el proceso de gobernanza.
- Diálogo continuo: Fomentar una cultura de compromiso continuo. Fomentar el aporte regular de las partes interesadas a lo largo del ciclo de vida de la política, desde el desarrollo hasta la evaluación.

Consideremos el ejemplo de Dinamarca, donde se empleó un enfoque similar para las iniciativas de planificación urbana. Los formuladores de políticas colaboraron con residentes, empresas locales y grupos ambientalistas, lo que dio como resultado políticas más integrales y ampliamente aceptadas. Este proceso no estuvo exento de desafíos, como la conciliación de diferentes puntos de vista, pero a través de un diálogo persistente y una toma de decisiones transparente, se estableció un marco de políticas equilibrado y eficaz.

Al adoptar estas medidas, creamos una cultura de gobernanza inclusiva donde las voces de la comunidad no solo se escuchan sino que son parte integral de la formulación de políticas. Comenzar por la inclusión garantiza que las políticas estén profundamente arraigadas en las necesidades y aspiraciones reales de las personas. Este enfoque se alinea perfectamente con los principios Maqasid y conduce a políticas que no sólo elevan sino que unifican, fomentando una sociedad más ética y equitativa para todos.

Paso 3: Implementar evaluaciones de impacto ético: garantizar que las políticas reflejen valores éticos

A medida que continuamos nuestro viaje hacia una gobernanza ética, profundamente arraigada en los principios Maqasid, el tercer paso crítico es la implementación de evaluaciones de impacto ético. Estas evaluaciones no son sólo controles de procedimiento; son herramientas esenciales que examinan las políticas a través del prisma de valores éticos como la justicia, la equidad y la compasión. He aquí cómo este proceso vital puede integrarse eficazmente en el tejido de la formulación de políticas:

Cuestionarios de evaluación previa

- Criterios éticos estandarizados: desarrollar y utilizar un conjunto estandarizado de preguntas basadas en los principios Maqasid. Este marco debe cubrir de manera integral consideraciones éticas clave, incluida la equidad y el bien común.
- Evaluación temprana: integrar estos cuestionarios en las etapas iniciales del desarrollo de políticas. Aplicarlos de manera uniforme en todas las propuestas ayuda a evaluar sus implicaciones éticas desde el principio.
- Perspectiva holística: Fomentar una lente amplia en la evaluación de políticas, centrándose en los impactos potenciales sobre los grupos

marginados y el bienestar social general.

Reseñas de terceros

- Evaluación imparcial: Colaborar con organismos independientes o expertos para evaluaciones de impacto social y ambiental imparciales. Estas revisiones externas aportan una capa adicional de escrutinio, lo que mejora la credibilidad del proceso.
- Análisis objetivo: Estas evaluaciones de terceros deben basarse en datos y ser imparciales, concentrándose en los efectos tangibles de las políticas en diversos segmentos de la comunidad y el medio ambiente.
- Transparencia: publicar estos hallazgos abiertamente para fomentar la confianza pública y defender los principios de gobernanza transparente.

Por ejemplo, el gobierno de Singapur adoptó recientemente este enfoque para su política de desarrollo urbano. Se enfrentaron a desafíos iniciales, como equilibrar los diversos intereses de las partes interesadas y garantizar un análisis de datos integral. Sin embargo, a través de rigurosas evaluaciones de terceros y una comunicación transparente, lograron crear políticas que eran éticamente sólidas y ampliamente aceptadas por la comunidad.

Al incorporar evaluaciones de impacto ético en su flujo de trabajo, los formuladores de políticas no sólo se adhieren al marco legal sino que también alinean sus decisiones con valores morales más profundos. Este enfoque estructurado para evaluar políticas desde un punto de vista ético es fundamental para identificar y abordar posibles impactos negativos. En última instancia, conduce al desarrollo de políticas que no sólo son jurídicamente sólidas sino también éticamente profundas, fomentando un modelo de gobernanza que unifica y eleva a las comunidades, creando así una sociedad más justa y equitativa.

Paso 4: Proceso abierto y transparente: generar confianza a través de la rendición de cuentas

En nuestro camino hacia una gobernanza ética, profundamente arraigada en los principios Maqasid, el cuarto paso crucial es fomentar un proceso abierto y transparente. La transparencia y la rendición de cuentas no son sólo necesidades administrativas; son los pilares que sostienen la confianza pública en la gobernanza. Al garantizar que nuestros procesos sean visibles y responsables, fortalecemos el vínculo entre el gobierno y su gente. Así es como los formuladores de políticas pueden cultivar esta transparencia esencial:

seguimiento online

- Plataformas accesibles: Desarrollar plataformas en línea fáciles de usar que permitan a los ciudadanos realizar un seguimiento sin esfuerzo de las propuestas de políticas. Estas plataformas deben ofrecer información integral sobre cada política, detallando los objetivos, las partes interesadas involucradas y el progreso del desarrollo.
- Visibilidad de la alineación Maqasid: Ilustre claramente cómo cada política se alinea con los principios Maqasid. Esta transparencia permite al público ver de primera mano las consideraciones éticas en juego en la formulación de políticas.

Informes públicos

- Informes éticos periódicos: publicar informes de rutina que articulen la alineación de las políticas con los principios Maqasid. Asegúrese de que estos informes sean fácilmente accesibles, tanto en formato digital como impreso.
- Estándares de Transparencia: Mantener una transparencia rigurosa en estos informes. Detallar no solo la alineación ética de las políticas sino también sus impactos sociales, especialmente en las comunidades

marginadas.

- Participación comunitaria: Fomentar la participación pública activa con estos informes. Cree foros para comentarios y debates, permitiendo que los conocimientos de la comunidad influyan y mejoren la formulación de políticas.

Tomemos, por ejemplo, la iniciativa en Estonia, donde el gobierno implementó un marco de transparencia similar. Se enfrentaron a desafíos, particularmente a la hora de garantizar la privacidad de los datos y gestionar los aspectos tecnológicos de su plataforma en línea. Sin embargo, al establecer protocolos de datos claros e invertir en una infraestructura de TI sólida, crearon un sistema transparente e interactivo que ha mejorado significativamente la confianza y la participación del público.

Un proceso abierto y transparente hace más que generar confianza; responsabiliza a los responsables de la formulación de políticas de defender los principios éticos. Invita a los ciudadanos a ser participantes activos en la gobernanza, transformándolos de observadores en socios en la búsqueda de una sociedad ética. Al demostrar una alineación de políticas con Maqasid y mantener la visibilidad en estos procesos, los gobiernos subrayan su dedicación a la gobernanza ética. Este enfoque refuerza la noción de que la gobernanza ética es una práctica tangible, arraigada en valores de justicia, compasión y el bien común.

Paso 5: Establecer mecanismos sólidos de seguimiento y retroalimentación: garantizar la responsabilidad ética

A medida que avanzamos hacia una gobernanza ética, arraigada en los principios Maqasid, el quinto paso crítico es el establecimiento de mecanismos sólidos de seguimiento y retroalimentación. Estos mecanismos no son meras formalidades; son la base de la responsabilidad ética, asegurando que las políticas no sólo cumplan con los estándares éticos desde su inicio, sino que continúen cumpliendo con estos puntos de referencia a lo largo de su ciclo de vida. A continuación se presenta un enfoque estructurado para crear estos sistemas efectivos:

Métricas de rendimiento

- Métricas alineadas con Maqasid: diseñar un conjunto de métricas de desempeño integrales que resuenen con los principios de Maqasid, como la justicia y la compasión. Estas métricas deben evaluar diversos aspectos de las políticas, garantizando un enfoque holístico.
- Evaluación periódica: Implementar un proceso de evaluación de rutina, utilizando estas métricas como guía. Esta evaluación debe ser realizada por una entidad imparcial para garantizar la objetividad y transparencia.

Cuadros de mando comunitarios

- Participación comunitaria: adoptar cuadros de mando comunitarios para recopilar comentarios de primera mano de los ciudadanos. Estos cuadros de mando son fundamentales para medir la percepción del público y el impacto de las políticas en la vida real.
- Ajustes matizados: utilizar los conocimientos de los cuadros de mando de la comunidad para realizar ajustes éticos e informados a las políticas, abordando inquietudes y necesidades específicas de diferentes segmentos de la comunidad.
- Informes públicos: comparta públicamente los resultados de estos cuadros de mando. Demostrar un compromiso con la presentación de informes transparentes y los ajustes de políticas basados en datos fomenta la confianza y el compromiso del público.

Por ejemplo, se implementó un enfoque similar en Corea del Sur, donde el gobierno enfrentó desafíos para garantizar la recopilación y el procesamiento oportunos de los comentarios de la comunidad. Al aprovechar la tecnología y establecer canales de retroalimentación dedicados, superaron estos obstáculos, lo que generó políticas más receptivas y alineadas éticamente.

Al establecer estos mecanismos de seguimiento y retroalimentación, los gobiernos subrayan su compromiso con la responsabilidad ética. Este proceso no sólo mejora la confianza pública sino que también fomenta una cultura de mejora continua en el diseño y ejecución de políticas.

Además, estos mecanismos resaltan que la gobernanza ética es un proceso dinámico y en evolución que requiere vigilancia y adaptabilidad constantes. Empoderan a los ciudadanos para que contribuyan activamente a dar forma a los contornos éticos de su sociedad, asociándose en la búsqueda de la justicia, la compasión y el bien común.

Paso 6: Garantizar una gobernanza adaptativa: un enfoque dinámico para la gobernanza ética

En nuestro compromiso con la gobernanza ética, respaldada por los principios Maqasid, el sexto paso vital es adoptar una gobernanza adaptativa. Al reconocer que las necesidades sociales y los estándares éticos no son estáticos, la gobernanza adaptativa garantiza que nuestras políticas sean flexibles, receptivas y estén continuamente alineadas con las normas éticas en evolución. Así es como se puede lograr esto de manera pragmática:

Paneles de revisión de políticas

- Evaluación de la alineación ética: Establecer paneles de expertos en ética, derecho y principios Maqasid. Estos paneles, que se reúnen periódicamente, tienen la tarea de examinar la alineación ética de las políticas, garantizando que reflejen consistentemente los estándares cambiantes de justicia y compasión.
- Evaluación de Impacto: Estos paneles no sólo deben evaluar el cumplimiento sino también profundizar en el impacto de las políticas en el mundo real, fomentando un diálogo abierto sobre sus implicaciones éticas y su eficacia en la promoción del bien común.

Reseñas del atardecer

- Reevaluación Obligatoria: Integrar cláusulas de extinción en las pólizas, obligando a su reevaluación después de un período determinado. Este enfoque mantiene las políticas frescas, relevantes y éticamente sólidas en tiempos de cambio.
- Adaptación ética: centrar estas revisiones en la capacidad de la política para adaptarse a nuevos desafíos éticos y cambios sociales. La alineación ética se convierte en un factor clave a la hora de decidir si continuar, modificar o retirar una política.

Consideremos el enfoque adoptado en los Países Bajos, donde se aplicó la gobernanza adaptativa a su política ambiental. Inicialmente, el gobierno enfrentó resistencia a la idea de revisiones frecuentes de las políticas, pero abordó esto mostrando adaptaciones exitosas en respuesta a nuevos datos ambientales y comentarios de la sociedad, lo que condujo a políticas más efectivas y ampliamente respaldadas.

La gobernanza adaptativa trasciende la implementación estática de políticas. Es un compromiso activo y continuo para alinear las políticas tanto con los principios éticos como con el tejido cambiante de la sociedad. Al adoptar paneles de revisión de políticas y exámenes de extinción, los gobiernos demuestran su dedicación a la adaptabilidad, la transparencia y la rendición de cuentas.

Estos mecanismos son cruciales para abordar nuevos desafíos éticos, rectificar consecuencias no deseadas y garantizar que las políticas sirvan continuamente al bien común. Subrayan que las consideraciones éticas no son controles puntuales sino aspectos integrales y evolutivos de la gobernanza. Adoptar una gobernanza adaptativa se alinea con la naturaleza dinámica de la gobernanza ética, forjando una sociedad que lucha persistentemente por la justicia, la compasión y el bien común, tal como lo defienden los principios Maqasid.

La sinergia de la ética y la eficacia: dando forma a la gobernanza del siglo XXI

Al visualizar el futuro de la gobernanza en el siglo XXI, la integración de los principios Maqasid con la formulación de políticas surge no sólo como una aspiración sino como una piedra angular indispensable. Esta última parte de nuestra discusión representa más que una fusión; es la convergencia armoniosa de la ética y la eficacia, pilares gemelos que juntos forjan una sociedad próspera y justa. He aquí por qué esta síntesis no sólo es beneficiosa sino crucial:

Fundación ética para políticas sólidas

- Incorporar los principios Maqasid en la formulación de políticas sienta una base ética sólida. Las políticas nacidas de estos valores priorizan inherentemente la justicia, la compasión y el bienestar social, garantizando su integridad moral junto con su solidez técnica.

Confianza pública y legitimidad

- Un modelo de gobernanza impregnado de prácticas éticas gana la confianza y la legitimidad del público. Cuando los ciudadanos son testigos del compromiso inquebrantable de su gobierno con las normas éticas, se refuerzan los cimientos de una sociedad estable y armoniosa.

Resultados efectivos

- La ética y la eficacia no son adversarios sino aliados. Las políticas elaboradas éticamente consideran los impactos sociales a largo plazo, fomentando soluciones sostenibles que aborden los problemas fundamentales. Alinearse con Maqasid garantiza que las políticas no sólo logren sus objetivos sino que también fomenten el bien común.

Adaptación a desafíos dinámicos

- La gobernanza ética es intrínsecamente dinámica y capaz de responder a las necesidades sociales y los panoramas éticos cambiantes. Esta agilidad garantiza que las políticas sigan siendo relevantes y efectivas, respondiendo continuamente a los desafíos cambiantes de la sociedad.

Un modelo para el futuro

- La gobernanza informada por Maqasid es un faro para el futuro, redefiniendo el papel de la gobernanza de regulador a facilitador del progreso ético. Este cambio resuena con las expectativas cambiantes de una ciudadanía diversa y conectada globalmente.

Es esencial incorporar diversas perspectivas éticas y desafíos globales en este marco. Por ejemplo, alinear Maqasid con los objetivos de desarrollo sostenible puede abordar problemas globales como el cambio climático y la desigualdad, demostrando la aplicabilidad universal de estos principios.

Sin embargo, el camino hacia este ideal no está exento de desafíos. La implementación práctica de estos principios requiere una comprensión matizada de los diferentes contextos culturales y el desarrollo de asociaciones globales. Superar la resistencia al cambio y las limitaciones de recursos requerirá estrategias innovadoras, un compromiso incesante y un esfuerzo colaborativo.

Esta fusión de ética y eficacia en la gobernanza no es un lujo sino una necesidad. Presagia una sociedad donde la justicia, la compasión y el bien común son realidades tangibles. Al incorporar a Maqasid en la formulación de políticas, empoderamos a los gobiernos para liderar el progreso ético, guiar a las sociedades hacia la armonía y defender la dignidad de cada individuo. El siglo XXI exige que este enfoque transformador esté en el centro de la gobernanza, una revolución que no sólo evolucione sino que revolucione la forma en que gobernamos y somos gobernados.

Conclusión: Un futuro transformador en la gobernanza: lograr el imperativo ético

¿Transformador? Indudablemente. ¿Complejo? Ciertamente. ¿Pero inalcanzable? Lejos de ahi. El camino hacia la incorporación de principios éticos en la gobernanza, aunque desafiante, es un camino lleno de oportunidades y necesidades. Es un viaje que exige una voluntad colectiva para colocar la ética a la vanguardia de la gobernanza, entendiendo que la búsqueda del bien es esencial para lograr lo grande. Las políticas basadas en principios morales no son sólo un ideal; son una realidad tangible a nuestro alcance. Este no es un sueño lejano sino el futuro mismo de la gobernanza, un futuro que comienza ahora.

La gobernanza ética está a nuestro alcance

- La historia está repleta de ejemplos de sociedades que evolucionaron para adoptar nuevos estándares éticos. Consideremos cómo la conciencia ambiental ha remodelado dramáticamente las políticas en las últimas décadas, pasando de ser una preocupación periférica a un pilar político central.

Una tendencia global hacia la ética

- En todo el mundo se observa un cambio perceptible hacia una gobernanza ética. Desde movimientos de base hasta cumbres internacionales, el llamado a la justicia, la igualdad y la sostenibilidad está ganando impulso. Este cambio es más que una tendencia; es un testimonio de la naturaleza alcanzable de la gobernanza ética.

Herramientas para la gobernanza ética

- Con Maqasid como marco rector y los avances en tecnología y análisis de datos, estamos mejor equipados que nunca para elaborar y evaluar políticas éticas. Estas herramientas permiten una evaluación más matizada de los impactos de las políticas, allanando el camino para una toma de decisiones ética e informada.

Líderes como campeones éticos

- La gobernanza ética necesita líderes que encarnen estos valores. Líderes como la Primera Ministra de Nueva Zelanda, Jacinda Ardern, que se ha convertido en un ícono mundial del liderazgo compasivo, demuestran cómo los principios éticos pueden guiar una gobernanza eficaz.

Demanda pública de una gobernanza ética

- La creciente demanda pública de transparencia y conducta ética es un potente catalizador del cambio. Esta voz colectiva puede impulsar reformas significativas en todos los niveles de gobernanza, desde los consejos locales hasta los organismos internacionales.

El imperativo de nuestros tiempos

- En una era marcada por desafíos globales como el cambio climático y la desigualdad social, la gobernanza ética trasciende ser una mera elección; es un imperativo. Es la clave para abordar estos problemas de manera efectiva y asegurar un futuro sostenible.

El futuro de la gobernanza es aquel en el que las consideraciones éticas son la piedra angular de la toma de decisiones, en el que las políticas se juzgan no sólo por motivos económicos o técnicos sino también por sus implicaciones morales. Lograr este futuro requiere no sólo compromiso sino colaboración y una creencia profundamente arraigada en la naturaleza esencial de la gobernanza ética.

Abracemos esta visión transformadora, no como un ideal esquivo sino como un objetivo concreto. Juntos, demos prioridad a la ética en la gobernanza, reconociendo que nuestro viaje hacia una sociedad más justa y compasiva comienza con las decisiones que tomamos hoy. Este es el futuro de la gobernanza, y es un futuro que podemos crear, una política ética a la vez.

Estudios de casos ilustrativos: Maqasid en acción

Estudio de caso 1: Desarrollo sostenible en Malasia

En Malasia, la incorporación de los principios Maqasid en las estrategias de gobernanza ha influido significativamente en los esfuerzos de desarrollo sostenible. Esta aplicación ofrece un ejemplo convincente de gobernanza ética en acción.

Objetivo: Mejorar el bienestar ciudadano y garantizar la sostenibilidad ambiental.

Alivio de la pobreza con un enfoque ético

- Los programas de ayuda financiera específicos de Malasia han mejorado notablemente las vidas de las familias de bajos ingresos. Por ejemplo, bajo la iniciativa Bantuan Prihatin Nasional (BPN), las tasas de pobreza han disminuido un 15% en cinco años, lo que demuestra un compromiso con la justicia económica, un principio fundamental de Maqasid.

Conservación del medio ambiente

- Al adoptar la ética ambiental, Malasia ha integrado la sostenibilidad en sus políticas. Iniciativas como el Plan Maestro de Tecnología Verde, destinado a reducir las emisiones de carbono en un 45% y aumentar el uso de energía renovable, reflejan el principio Maqasid de administración de la naturaleza.

La educación como herramienta para la cohesión social

- Las reformas educativas de Malasia dan prioridad a la diversidad cultural y la tolerancia. El Plan de Educación de Malasia 2013-2025 ha resultado en mejores métricas de cohesión social, alineándose con el principio Maqasid de fomentar el bienestar y la armonía de la comunidad.

Prácticas comerciales éticas

- La presión del gobierno por prácticas comerciales éticas, incluida la responsabilidad social corporativa y el comercio justo, ha remodelado el panorama económico de Malasia. La certificación Malaysian Sustainable Palm Oil (MSPO) ha visto un aumento del 75% en el número de empresas que adoptan estándares éticos, promoviendo una economía más equitativa.

Resultado: La implementación de los principios Maqasid en la gobernanza de Malasia ha dado lugar a logros notables en la reducción de la pobreza, la sostenibilidad ambiental y la cohesión social. Sin embargo, estos éxitos no han estado exentos de desafíos, como equilibrar el crecimiento económico con la protección ambiental y garantizar el acceso equitativo a la educación. A pesar de estos desafíos, los esfuerzos de Malasia han obtenido reconocimiento internacional y sirven como modelo para el desarrollo ético.

Análisis comparativo: En comparación con la década anterior, donde las políticas estaban menos alineadas con los principios Maqasid, el enfoque actual ha producido mejoras más significativas en los indicadores sociales y ambientales. Además, en comparación con países vecinos que siguen modelos diferentes, Malasia muestra avances más sustanciales en estas áreas.

Implicaciones más amplias: El éxito de Malasia en la integración de los principios Maqasid en la gobernanza proporciona ideas valiosas para otras naciones. Sugiere que los marcos éticos pueden guiar eficazmente las decisiones políticas, conduciendo a un progreso social holístico, una lección que tiene relevancia más allá de las fronteras de Malasia.

Estudio de caso 2: Finanzas islámicas e inclusión económica en Indonesia

La integración de Indonesia de los principios Maqasid en su sector financiero demuestra cómo los marcos éticos pueden impactar significativamente la inclusión económica y la reducción de la pobreza.

Objetivo: Fomentar la inclusión económica y la justicia financiera a través de las finanzas islámicas.

Banca y Servicios Financieros Éticos

- Indonesia ha defendido las finanzas islámicas, que evitan la usura (riba) y las transacciones especulativas (gharar). Este cambio ha llevado al surgimiento de bancos e instituciones financieras islámicas que ofrecen servicios como préstamos sin intereses y opciones de inversión ética. Por ejemplo, el crecimiento de los activos de la banca islámica ha aumentado un 15% en los últimos cinco años, lo que indica un fuerte avance hacia las finanzas éticas.

Microfinanzas para el alivio de la pobreza

- Las instituciones de microfinanzas de Indonesia, adhiriéndose a los principios Maqasid, otorgan pequeños préstamos para empoderar a empresarios y personas de bajos ingresos. Estas iniciativas han contribuido a una disminución del 10% en las tasas de pobreza en las comunidades atendidas por las microfinanzas islámicas, lo que demuestra los beneficios tangibles de los préstamos éticos.

Gestión del azaque

- Los mecanismos eficaces de recaudación y distribución del zakat (donaciones caritativas) se alinean con el principio Maqasid de redistribución de la riqueza. Este sistema ha desempeñado un papel fundamental a la hora de garantizar la justicia económica: las recaudaciones de zakat ayudaron al 30% de la población necesitada sólo en el último año.

Resultado: La adopción de los principios Maqasid en las finanzas islámicas ha llevado a una mayor inclusión financiera y una reducción notable de las tasas de pobreza en Indonesia. En comparación con los modelos bancarios tradicionales, las finanzas islámicas han demostrado una capacidad única para integrar consideraciones éticas con los servicios financieros, lo que lleva a una distribución de la riqueza más equitativa.

Desafíos: El viaje no estuvo exento de desafíos, como integrar las finanzas islámicas con los sistemas financieros globales y superar conceptos erróneos sobre la banca islámica. Sin embargo, a través de la formulación de políticas estratégicas y la educación pública, Indonesia ha superado con éxito estos desafíos.

Implicaciones más amplias: El éxito de Indonesia con las finanzas islámicas ofrece lecciones valiosas para los esfuerzos de inclusión financiera global. Demuestra que la integración de principios

éticos en los sistemas financieros puede conducir a un crecimiento económico más justo e inclusivo. Este modelo puede inspirar a otros países que buscan equilibrar el desarrollo económico con consideraciones éticas.

Estos estudios de caso destacan el poder transformador de Maqasid en la gobernanza. Al alinear las políticas con principios éticos, las naciones pueden abordar los desafíos sociales, reducir las desigualdades y construir sociedades sostenibles e inclusivas. El ejemplo de Indonesia sirve como testimonio de la eficacia de los marcos éticos en la gobernanza, demostrando que la integración ética en la formulación de políticas no sólo es factible sino también un catalizador para un cambio positivo.

Estudio de caso 3: Atención sanitaria universal en un país escandinavo

Principio en foco: Nafs (Vida)

El compromiso de Suecia con el bienestar social se resume en su implementación de la atención médica universal, una política profundamente arraigada en el principio ético de Nafs, que prioriza la santidad de la vida.

Implementación: un enfoque holístico

En Suecia, el establecimiento de la atención sanitaria universal fue impulsado por algo más que cálculos fiscales; fue una manifestación de un compromiso ético con la preservación de la vida. Reconocer el acceso a una atención sanitaria de calidad como un derecho fundamental se alinea con el principio Maqasid de que la vida humana es sagrada y debe protegerse y cuidarse.

Resultados: beneficios tangibles para todos

El enfoque ético de la asistencia sanitaria en Suecia ha dado resultados notables. Desde la implementación del sistema, Suecia ha experimentado una disminución en las tasas de mortalidad del 15% y un aumento en la esperanza de vida promedio a 83 años. El sistema sanitario garantiza el acceso a la atención médica para todos los ciudadanos, independientemente de su situación económica, promoviendo así la justicia social y la igualdad de oportunidades en materia de salud.

Desafíos y Soluciones

El camino hacia la asistencia sanitaria universal en Suecia no estuvo exento de desafíos. Los obstáculos iniciales incluyeron gestionar la sostenibilidad financiera del sistema y garantizar la igualdad de acceso en las zonas rurales y urbanas. Estos desafíos se enfrentaron con estrategias de financiamiento innovadoras y la expansión de la infraestructura de atención médica, garantizando una atención consistente y de calidad en todo el país.

Análisis comparativo

En comparación con los países con sistemas de salud privatizados, el modelo universal de Suecia ha mostrado un menor gasto en atención médica per cápita y al mismo tiempo ha logrado mejores resultados de salud generales, como menores tasas de mortalidad infantil y mayores puntuaciones de satisfacción del paciente.

Implicaciones globales más amplias

El modelo de Suecia sirve como faro para las naciones que se esfuerzan por reformar sus sistemas de salud. Demuestra que la integración de principios éticos en la formulación de políticas, en particular aquellos que valoran la vida humana, puede generar importantes beneficios para la sociedad. Este estudio de caso muestra que la gobernanza ética, aunque desafiante, es alcanzable y beneficiosa, y ofrece una hoja de ruta para los países que buscan priorizar la salud y el bienestar de sus poblaciones.

Estudio de caso 4: Vigilancia comunitaria en una pequeña ciudad de EE. UU.

Principio en foco: Ummah (Comunidad)

En Maplewood, una pequeña ciudad de Estados Unidos que lucha contra el aumento de los índices de delincuencia y la disminución de la confianza en las fuerzas del orden, se logró una transformación significativa mediante la adopción de la policía comunitaria. Este cambio estuvo guiado por el principio ético de la Ummah, que enfatiza la importancia de una comunidad fuerte y cohesiva.

Implementación: un cambio de paradigma

El enfoque policial de Maplewood evolucionó desde métodos tradicionales de aplicación de la ley a una estrategia centrada en la comunidad. Este nuevo modelo enfatizó el compromiso, el diálogo y la colaboración. Se alentó a los agentes de policía a participar activamente en eventos comunitarios, fomentando las relaciones y el entendimiento mutuo con los residentes.

Resultados: generar confianza y seguridad

La implementación de la policía comunitaria generó cambios sustanciales:

- Las tasas de criminalidad en Maplewood disminuyeron un 25% en los primeros dos años.
- Las encuestas indicaron una mejora del 40% en la confianza de la

comunidad hacia la policía.

Los residentes comenzaron a ver a la policía no como una fuerza externa sino como un socio integral para mantener la seguridad y el bienestar de la comunidad.

Desafíos y Soluciones

La transición a la policía comunitaria no estuvo exenta de desafíos. El escepticismo inicial tanto de los agentes como de los residentes fue un obstáculo importante. La ciudad abordó esto facilitando foros abiertos para el diálogo y la retroalimentación, y brindando capacitación adicional a los oficiales en técnicas de participación comunitaria.

Análisis comparativo

En comparación con las ciudades vecinas que mantuvieron métodos policiales tradicionales, Maplewood experimentó una disminución más significativa en las tasas de criminalidad y niveles más altos de confianza de la comunidad. Por el contrario, las ciudades vecinas informaron sólo un cambio marginal en estas áreas.

Implicaciones más amplias

La experiencia de Maplewood sirve de modelo para otros pueblos pequeños. Demuestra que adaptar las estrategias policiales para priorizar la participación comunitaria, guiadas por principios éticos como la Ummah, puede conducir a una prevención del delito más eficaz y vínculos comunitarios más fuertes. Este estudio de caso es particularmente relevante para ciudades con datos demográficos similares, pero también puede ofrecer información a comunidades más grandes que buscan reconstruir la confianza en las fuerzas del orden.

Lección: Políticas para el bien común

La historia de Maplewood subraya que las políticas diseñadas teniendo en mente el bienestar comunitario pueden beneficiar a la sociedad en su conjunto. La vigilancia comunitaria, arraigada en la Ummah, muestra que la gobernanza centrada en la unidad, la cooperación y el bienestar comunitario puede producir resultados positivos de gran alcance. Refuerza el poder transformador de la gobernanza ética, ilustrando que las políticas con base moral pueden crear comunidades más seguras, más unidas y más fuertes.

Estudio de caso 5: Transición a las energías renovables en Alemania

Principio en foco: Watan (Patria)

El ambicioso cambio de Alemania hacia fuentes de energía renovables sirve como un estudio de caso ejemplar, que ilustra el impacto de las políticas guiadas por el principio Maqasid de Watan, enfatizando la protección y administración de la propia patria.

Implementación: un enfoque holístico

La transición de Alemania a las energías renovables fue impulsada por una comprensión integral de la protección del territorio nacional. Este enfoque reconocía que la dependencia de los combustibles fósiles planteaba riesgos ambientales, económicos y de seguridad nacional. El gobierno inició un ambicioso plan para eliminar gradualmente la energía nuclear y reducir la dependencia del carbón, promoviendo las energías renovables como la eólica y la solar a través de importantes inversiones y apoyo político. Al mismo tiempo, se hizo hincapié en mejorar la eficiencia energética para reducir el consumo general.

Resultados: un escenario en el que todos ganan

Los resultados de esta estrategia holística han sido impresionantes:

- Las emisiones de carbono en Alemania han disminuido un 40% desde la implementación de la política.
- Se crearon más de 300.000 puestos de trabajo en el sector de las energías renovables, impulsando el crecimiento económico.
- Una mayor independencia energética redujo la vulnerabilidad a las fluctuaciones del mercado energético global, fortaleciendo la seguridad nacional.

Desafíos y Soluciones

La transición enfrentó desafíos, incluido el costo económico de eliminar gradualmente el carbón y la energía nuclear y el escepticismo público inicial. Alemania abordó estos problemas mediante incentivos para la adopción de energías renovables, subsidios para las industrias y trabajadores afectados y campañas de concientización pública para educar a los ciudadanos sobre los beneficios de las energías renovables.

Análisis comparativo

En comparación con los países vecinos que han mantenido una mayor dependencia de los combustibles fósiles, Alemania ha experimentado reducciones más sustanciales en las emisiones de carbono y mayores avances en la independencia energética, posicionándose como líder en energía sostenible dentro de Europa.

Implicaciones globales más amplias

La transición de Alemania a las energías renovables ofrece un plan para otras naciones que buscan equilibrar la protección ambiental con los intereses económicos y de seguridad. Demuestra que una política basada en principios éticos como Watan puede generar beneficios sostenibles y multifacéticos, abordando desafíos globales como el cambio climático y al mismo tiempo mejorando la resiliencia nacional.

Estudio de caso 6: Programa de justicia restaurativa en Nueva Zelanda

Principio en foco: Aql (Intelecto)

El Programa de Justicia Restaurativa de Nueva Zelanda es un enfoque pionero en justicia penal, anclado en el principio Maqasid de Aql, que valora el intelecto y el crecimiento emocional. Este estudio de caso explora cómo priorizar la comprensión y la rehabilitación sobre las medidas punitivas puede cultivar una sociedad más cohesiva y productiva.

Implementación: Fomentar el crecimiento a través de la justicia restaurativa

Nueva Zelanda reconoció las limitaciones de un sistema puramente punitivo y adoptó un modelo restaurativo destinado a fomentar el desarrollo intelectual y emocional de los delincuentes. Este programa enfatiza el diálogo y la reconciliación, involucrando a los delincuentes, las víctimas y la comunidad en un proceso de comprensión y curación. El objetivo no es sólo la rendición de cuentas, sino también el crecimiento personal y la rehabilitación, alejándose del castigo para abordar las raíces del comportamiento delictivo.

Resultados: *transformadores y curativos*

El Programa de Justicia Restaurativa ha arrojado resultados significativos:

- Las tasas de reincidencia entre los participantes cayeron un 25% en comparación con aquellos que se sometieron a procesos de justicia tradicionales.
- Las encuestas de satisfacción de las víctimas mostraron un aumento del 70% en la sensación de ser escuchadas y comprendidas.

Estos resultados indican no sólo una reducción de la delincuencia sino también una mejora de las relaciones comunitarias. Al promover la comprensión y la reintegración, el programa fortalece los vínculos sociales y fomenta un entorno más seguro.

Desafíos y Soluciones

Los desafíos incluyeron el escepticismo de los profesionales de la justicia tradicional y la resistencia inicial de algunos miembros de la comunidad. Estos se abordaron a través de campañas educativas, demostrando los beneficios del programa y sesiones de capacitación para autoridades policiales y líderes comunitarios sobre prácticas restaurativas.

Análisis comparativo

En comparación con el sistema punitivo convencional, el Programa de Justicia Restaurativa de Nueva Zelanda ha demostrado ser un enfoque más eficaz para reducir la reincidencia y mejorar la satisfacción de las víctimas. Esto contrasta marcadamente con las tasas más altas de reincidencia y la menor satisfacción de las víctimas que se observan en los modelos tradicionales de justicia penal.

Implicaciones globales más amplias

El modelo de Nueva Zelanda ofrece un plan para reformar los sistemas de justicia penal en todo el mundo. Ejemplifica cómo alinear las políticas con principios éticos como Aql puede conducir a sociedades más justas y humanas. Al centrarse en el crecimiento y la rehabilitación, la justicia restaurativa presenta una alternativa viable a los sistemas punitivos tradicionales, con aplicaciones potenciales en diversos contextos culturales y legales.

Estudio de caso 7: Educación financiera en las escuelas de Singapur

Principio en foco: Mal (riqueza)

El enfoque innovador de Singapur para incorporar la educación financiera en los planes de estudios escolares refleja un compromiso con el principio Maqasid de Mal, lo que subraya la importancia de la gestión responsable del patrimonio. Este estudio de caso demuestra cómo integrar la educación financiera en el sistema académico puede mejorar la conciencia y la estabilidad financieras.

Implementación: Preservación y crecimiento de la riqueza a largo plazo

Singapur reconoció la importancia de dotar a sus ciudadanos de conocimientos financieros, sin dejar el bienestar económico únicamente en manos de las instituciones financieras y los responsables de la formulación de políticas. Se introdujo en las escuelas un programa integral de educación financiera, diseñado para preparar a las generaciones futuras para la preservación y el crecimiento efectivos de la riqueza.

El plan de estudios cubre la elaboración de presupuestos, el ahorro, la inversión y la comprensión de los productos financieros. Emplea escenarios del mundo real y ejercicios prácticos, lo que permite a los estudiantes desarrollar perspicacia financiera desde una edad temprana.

Resultados: Sociedad empoderada y financieramente segura

El impacto de la iniciativa de educación financiera de Singapur ha sido sustancial:

- Las encuestas posteriores a la implementación mostraron un aumento del 30% en la conciencia financiera entre los estudiantes.
- Hubo un aumento notable en las tasas de ahorro entre los adultos jóvenes, con un aumento del 20% en los primeros cinco años después de la introducción del programa.

Estos resultados no sólo han mejorado el bienestar financiero individual sino que también han contribuido a la estabilidad económica general de la nación.

Desafíos y Soluciones

Inicialmente, hubo desafíos a la hora de integrar la educación financiera en un plan de estudios que ya era sólido. Singapur abordó este problema capacitando a docentes en conceptos financieros e incorporando métodos de enseñanza interactivos y centrados en el estudiante para hacer que la educación financiera sea atractiva y relevante.

Análisis comparativo

En comparación con los países vecinos sin una educación financiera estructurada, los adultos jóvenes de Singapur muestran comportamientos financieros más prudentes y tasas de ahorro más altas. Este contraste pone de relieve la eficacia del enfoque educativo de Singapur.

Contexto global e implicaciones más amplias

El modelo de Singapur sirve como faro para las naciones que buscan mejorar la capacidad económica de sus ciudadanos. Muestra que integrar la educación financiera en la educación es un paso vital hacia la creación de una sociedad económicamente más empoderada y estable. Este enfoque es especialmente relevante en un contexto global donde los desafíos y oportunidades económicas están en constante evolución.

Rompiendo el mito: ética y eficacia unidas

Es necesario disipar el mito prevaleciente de que la ética y la eficacia son mutuamente excluyentes en la formulación de políticas. Los estudios de caso que hemos examinado proporcionan evidencia convincente de que alinear la formulación de políticas con principios éticos no sólo produce resultados positivos: puede ser transformador. La gobernanza ética no es un ideal elevado e inalcanzable; es un objetivo práctico, alcanzable y necesario. Esta comprensión depende de un compromiso firme de infundir a las políticas consideraciones éticas.

Si bien los escépticos pueden argumentar que las limitaciones éticas podrían impedir soluciones prácticas, estos ejemplos del mundo real iluminan un camino diferente: uno en el que la gobernanza ética y eficaz no sólo coexisten sino que se refuerzan mutuamente. El camino hacia la gobernanza ética está marcado por estos ejemplos, que muestran que la búsqueda de resultados políticos eficaces no tiene por qué ir a costa de consideraciones éticas.

El poder transformador de la gobernanza ética reside en su impacto en el mundo real. Estamos hablando de beneficios concretos como menores tasas de mortalidad, mayor esperanza de vida, mayor confianza en las fuerzas del orden, menores tasas de criminalidad, menores emisiones de carbono y una mayor estabilidad financiera. Se trata de cultivar una sociedad que prospere sobre la base de principios que prioricen el bienestar de los ciudadanos.

Para quienes se preguntan cómo emprender este viaje, la respuesta está en adoptar un enfoque basado en principios para la formulación de políticas. Este enfoque implica involucrarse activamente con diversos puntos de vista, comprender el contexto global más amplio y tomar medidas específicas y viables para integrar consideraciones éticas en las decisiones políticas.

Vayamos más allá del mito: la ética y la eficacia no están reñidas; son fuerzas complementarias. La gobernanza ética conduce a políticas que no sólo son técnicamente sólidas sino también moralmente justificables, sentando las bases para un mundo más justo y próspero. La hoja de ruta es clara y exige nuestra determinación inquebrantable. El momento de la gobernanza ética es ahora, y los pasos que demos hoy darán forma al mundo del mañana. Adoptemos este camino, sabiendo que la comunidad global está observando y esperando nuestra acción colectiva.

Conclusión: la realidad de la gobernanza ética

Los estudios de caso que hemos explorado iluminan una verdad vital: Maqasid, junto con una amplia gama de principios éticos, no es meramente teórico sino intensamente práctico en materia de gobernanza. Estos ejemplos del mundo real de diversos paisajes culturales y políticos demuestran que centrar las políticas en torno a directrices éticas conduce a cambios sociales transformadores. Desde la atención sanitaria universal en Escandinavia hasta la vigilancia comunitaria en una pequeña ciudad de Estados Unidos, desde las iniciativas de energía renovable de Alemania hasta la justicia restaurativa de Nueva Zelanda y los programas de educación financiera de Singapur, cada historia es un testimonio del poder de la gobernanza ética.

Estas iniciativas han producido tasas de mortalidad reducidas, mayor esperanza de vida, mayor confianza de la comunidad, menor delincuencia y emisiones de carbono y mayor estabilidad financiera. Estos resultados revelan que la gobernanza ética trasciende el discurso teórico y ofrece un camino concreto hacia una sociedad más equitativa y próspera.

Sin embargo, estos éxitos no estuvieron exentos de desafíos. En cada caso, obstáculos como las limitaciones económicas, el escepticismo público y la resistencia institucional se superaron mediante estrategias innovadoras, la participación de las partes interesadas y una dedicación persistente a los principios éticos. Estos desafíos subrayan la necesidad de adaptabilidad y resiliencia en la formulación de políticas éticas.

Las implicaciones sociales más amplias de estos estudios de caso son profundas. La gobernanza ética puede catalizar un cambio de paradigma en cómo funcionan las sociedades, promueven la justicia y priorizan el bien común. Es un llamado de atención a los formuladores de políticas de todo el mundo para que consideren el impacto de largo alcance de sus decisiones e incorporen consideraciones éticas en el centro de sus modelos de gobernanza.

En conclusión, la gobernanza ética, caracterizada por una amplia gama de marcos y principios éticos, no es un ideal utópico sino una visión práctica y alcanzable. Los estudios de caso presentados sirven como faros de esperanza y nos recuerdan que con las herramientas, el conocimiento y el compromiso moral adecuados, podemos forjar un mundo más justo, próspero y armonioso. Ahora es el momento de aceptar y actuar sobre esta realidad.

10

El papel del poder judicial en la alineación con Maqasid

Cómo los sistemas legales pueden defender los principios básicos de Maqasid

Transformar los sistemas jurídicos: el imperativo moral

En un mundo donde los sistemas legales a menudo parecen desligados de amarres éticos, la aplicación de Maqasid ofrece un camino de reforma revolucionario. No se trata sólo de modificar las estructuras existentes; se trata de incorporar un alma ética en el marco de la ley. Entonces, ¿cómo pueden los sistemas jurídicos encarnar verdaderamente los principios fundamentales de Maqasid? Descubramos pasos prácticos hacia un panorama legal más alineado con la ética.

1. Educación jurídica ética: La semilla de un sistema jurídico ético reside en sus educadores y alumnos. Imaginemos las facultades de derecho repletas de debates sobre Maqasid, moldeando a abogados y jueces que respiran ética y bienestar comunitario. Esto no es mero

conocimiento; es una transformación del corazón y la mente.

2. Jurisprudencia ética: Imagine una sala de tribunal donde los principios Maqasid no sólo se citan; resuenan en cada argumento y decisión. Es un cambio gradual pero poderoso, que construye una jurisprudencia rica en justicia, equidad y beneficio social.

3. Participación comunitaria: piense en la ley como un puente, no como una barrera. Los programas de extensión y las clínicas jurídicas pueden desmitificar la jerga jurídica, convirtiendo la ley de un enigma en una herramienta comunitaria para el empoderamiento y el progreso.

4. Asistencia y acceso legal: Imagine un mundo donde la ayuda legal no sea un lujo. Al alinearse con el principio Maqasid de preservación de la riqueza y distribución equitativa, los sistemas legales pueden convertirse en un faro de esperanza para todos los estratos sociales.

5. Resolución alternativa de disputas: Pasar del combate adversario a la mediación y la conciliación. Este enfoque, que resuena con el principio Maqasid de fomentar el intelecto y la empatía, puede transformar las disputas en oportunidades de crecimiento y reconciliación.

6. Gestión ambiental: La justicia ambiental debería ser más que un eslogan. Los tribunales ambientales especializados y las sentencias centradas en la comunidad pueden convertir los sistemas legales en guardianes de nuestro planeta.

7. Transparencia y rendición de cuentas: La transparencia no se trata sólo de abrir puertas y ventanas en los tribunales; se trata de hacer del proceso judicial un invernadero, claro y responsable ante el público al que sirve. Los jueces y las instituciones jurídicas, medidos según criterios de equidad y beneficio comunitario, se convierten en guardianes responsables de la justicia.

8. Alineación legislativa: Las leyes deben ser reflejos vivos de los principios Maqasid. Esto significa no sólo revisar las leyes antiguas, sino también elaborar otras nuevas con una lente centrada en la justicia, la igualdad y el bien común.

9. Revisión ética continua: Imagine una mesa redonda donde expertos

legales, académicos y voces de la comunidad evalúen periódicamente qué tan bien el sistema legal refleja los principios Maqasid. Esta reflexión y ajuste continuos mantienen al sistema legal alineado con su brújula moral.

La integración de Maqasid transforma los sistemas jurídicos de agentes encargados de hacer cumplir las normas a instrumentos de justicia, de reguladores de conducta a promotores de una sociedad ética. Este no es un ideal abstracto; es un imperativo moral. El viaje comienza ahora, hacia un marco legal que encarne nuestras más altas aspiraciones éticas.

Reformas constitucionales: el elemento fundacional

Las constituciones son los pilares del sistema jurídico y de gobernanza de una nación. Integrar los principios Maqasid en estos fundamentos no sólo es beneficioso; es esencial. Exploremos cómo las reformas constitucionales pueden integrar a Maqasid en el tejido de la gobernanza de una nación:

1. Enriquecimiento del preámbulo: El preámbulo es más que una introducción; es la brújula moral de la constitución. Al incorporar aquí los principios Maqasid, enviamos un mensaje rotundo sobre nuestro compromiso con la justicia, la equidad y el bienestar de todos los ciudadanos.

2. Declaración de Derechos basada en los Maqasid: Imaginemos una Declaración de Derechos que garantice no sólo las libertades sino también los elementos esenciales de los Maqasid: el derecho a la vida, la libertad intelectual y el bienestar comunitario. Esto transforma estos ideales de aspiraciones elevadas a derechos exigibles.

3. Marco de gobernanza ética: más allá de los derechos individuales, la constitución puede exigir un espíritu de gobernanza arraigado en la justicia, la equidad y el bien común. Al consagrar estos valores, trascienden los cambios políticos y se convierten en principios

nacionales duraderos.

4. Salvaguardias de la independencia judicial: Los tribunales independientes son los guardianes de Maqasid. El fortalecimiento de las garantías constitucionales de autonomía judicial garantiza que estos tribunales puedan proteger contra cualquier invasión de los principios éticos.

5. Acceso a la justicia para todos: De acuerdo con el principio Maqasid de riqueza (Mal), la constitución debe garantizar la accesibilidad a la justicia, independientemente de su situación económica. Esta cláusula podría ser un rayo de esperanza, asegurando que la justicia no sea un privilegio sino un derecho para todos.

6. Protección ambiental: reflejando la prioridad Maqasid de proteger la patria (Watan), las cláusulas constitucionales sobre gestión ambiental exigirían la preservación para las generaciones futuras, asegurando que nuestro planeta sea salvaguardado como un interés nacional vital.

7. Auditorías éticas periódicas: Considere el impacto de que un organismo independiente realice auditorías éticas de las políticas gubernamentales. Este mecanismo alinearía continuamente las políticas nacionales con los principios Maqasid, asegurando que la gobernanza ética no sea sólo un compromiso único.

8. Responsabilidad ética de los funcionarios públicos: Para garantizar que quienes están en el poder respeten estos principios, se podrían introducir disposiciones constitucionales para la destitución o sanción de los funcionarios que se desvíen de estos caminos éticos.

9. Proceso de reforma inclusivo: El proceso de reforma constitucional debe ser un tapiz de voces nacionales. Involucrar a eruditos religiosos, expertos legales, la sociedad civil y el público garantiza que la integración de Maqasid respete el tejido diverso de la nación.

Consideremos, por ejemplo, el enfoque de Sudáfrica post-apartheid, donde una amplia participación comunitaria y un debate abierto llevaron a una constitución celebrada por su inclusión y enfoque en los derechos humanos. Un enfoque así podría servir como modelo para incorporar a los

Maqasid de una manera que refleje verdaderamente el espíritu colectivo de una nación.

Al adoptar estas reformas constitucionales, una nación no se limita a hablar de boquilla sobre una gobernanza ética; sienta una base jurídica sólida para una sociedad justa, equitativa y armoniosa. Estas reformas son más que necesidades legales; son los peldaños hacia un futuro en el que la gobernanza y la ética caminan de la mano.

Legislar: legislar con conciencia

En nuestro camino hacia una gobernanza transformadora, defender los principios Maqasid en la legislación es clave. Al incorporar estos valores en la elaboración de leyes, convertimos los estatutos en encarnaciones de la conciencia moral de una nación. He aquí un enfoque refinado para lograrlo:

Pantallas de políticas basadas en Maqasid

- Requisito de revisión ética: Introducir una revisión ética obligatoria para todas las leyes propuestas, evaluando su alineación con los principios Maqasid como la preservación de la vida y la libertad intelectual. Esta no es sólo una lista de verificación; es una evaluación profunda de la fibra moral de la ley.
- Comités Interdisciplinarios: Formar comités con expertos legales, especialistas en ética y representantes de la comunidad. Por ejemplo, de manera similar a cómo algunos países europeos involucran a los consejos de ética en los procesos legislativos, estos grupos garantizarían que se consideren diversos puntos de vista, ofreciendo una revisión ética más completa.
- Criterios de evaluación transparentes: Desarrollar criterios claros basados en Maqasid para evaluar la legislación propuesta. Preguntas como: "¿Esta ley promueve el bienestar social?" o "¿Protege las libertades individuales?" debe guiar la evaluación.

- Circuitos de retroalimentación: crear canales para la opinión del público y de las partes interesadas durante el proceso de revisión, mejorando la transparencia y la confianza de la comunidad en el sistema legislativo.

Participación comunitaria

- Canales de aportación de la comunidad: Establecer foros abiertos para que los ciudadanos expresen sus puntos de vista sobre las leyes propuestas. Esto podría reflejar las reuniones públicas comunes en Estados Unidos, donde la opinión pública influye directamente en el desarrollo legislativo.
- Audiencias públicas: organizar consultas públicas accesibles e inclusivas para propuestas legislativas importantes, garantizando que todas las voces sean escuchadas. Este enfoque ha sido eficaz en países como Canadá a la hora de formular leyes que reflejen verdaderamente el sentimiento público.
- Evaluaciones de Impacto Ético: Exigir evaluaciones que evalúen las implicaciones éticas de las leyes en individuos y comunidades. Esto va más allá de las evaluaciones de impacto tradicionales y coloca la ética en primer plano.
- Legislación centrada en la comunidad: Alentar a los legisladores a redactar leyes que reflejen los valores éticos de la comunidad. Cuando las leyes resuenan con la brújula moral de la comunidad, el cumplimiento y el respeto por la ley resultan naturalmente.

Al incorporar los principios Maqasid en la elaboración de leyes, elevamos la legislación de meros textos legales a faros de gobernanza ética. Esta metodología no sólo alinea las leyes con estándares éticos sino que las arraiga en las necesidades y valores reales de los ciudadanos. Es un enfoque transformador que garantiza que la gobernanza resuene con los principios Maqasid y presagia una nueva era de sociedad ética y justa.

Poder judicial: justicia arraigada en la ética

En la búsqueda de una gobernanza transformadora alineada con los principios Maqasid, el poder judicial se erige como un agente crucial para el cambio. Al incorporar consideraciones éticas en su tejido, el poder judicial puede trascender sus roles tradicionales y convertirse en una fuerza de transformación social. Estos son los pasos clave para hacer realidad esta visión:

Paneles asesores Maqasid

- Orientación ética de expertos: formar paneles asesores Maqasid compuestos por teólogos, juristas y especialistas en ética. Inspirados por órganos asesores como el uso de opiniones de expertos por parte del Tribunal Europeo de Derechos Humanos, estos paneles ofrecerían a los jueces conocimientos profundos sobre los aspectos éticos de casos legales complejos, asegurando que las decisiones resuenen con los principios Maqasid como la preservación de la vida y la libertad intelectual.
- Colaboración interdisciplinaria: Fomentar una cultura de diálogo interdisciplinario, permitiendo a los jueces combinar perspectivas legales y éticas. Este enfoque se hace eco de la toma de decisiones holística que se observa en países como Noruega, donde las consideraciones éticas y sociales a menudo influyen en los juicios legales.
- Precedentes éticos: Fomentar la referencia a los principios Maqasid en las opiniones jurídicas, construyendo gradualmente un repositorio de precedentes éticos que orienten los casos futuros.

Sentencia Restaurativa

- Enfoque en rehabilitación: Adoptar la justicia restaurativa, yendo más allá de las medidas punitivas hacia modelos que enfaticen la rehabilitación y la restauración comunitaria. El enfoque de Nueva

Zelanda hacia la justicia juvenil, que integra las prácticas de la comunidad maorí centradas en la reconciliación, puede servir como modelo.

- Participación comunitaria: Involucrar a la comunidad en los procesos restaurativos, fomentando el diálogo entre víctimas y agresores. Este enfoque, similar al de la Comisión de la Verdad y la Reconciliación de Sudáfrica, puede mejorar la curación y el entendimiento mutuo.
- Prevención de la reincidencia: implementar programas destinados a reducir las tasas de reincidencia. Siga el ejemplo de países como Suecia, donde un fuerte énfasis en la rehabilitación ha reducido significativamente la reincidencia.
- Enfoque centrado en las víctimas: Garantizar que el proceso restaurativo aborde adecuadamente las necesidades de las víctimas, haciendo eco de los principios vistos en la Ley de Derechos de las Víctimas de Canadá, que enfatiza la participación de las víctimas y su derecho a la información.

Al adoptar estas medidas, el poder judicial puede transformarse en un bastión de justicia ética, trascendiendo los sistemas punitivos tradicionales. Puede fomentar el crecimiento moral e intelectual, contribuir activamente a la armonía comunitaria y desempeñar un papel fundamental en la configuración de una sociedad más justa y ética. Este es el camino hacia una gobernanza transformadora, en la que el poder judicial no sólo imparta justicia sino que también defienda los profundos principios de Maqasid.

Aplicación de la ley: las primeras líneas de la justicia

En nuestro camino hacia un modelo de gobernanza guiado por los principios Maqasid, la aplicación de la ley desempeña un papel fundamental. Como guardianes de primera línea de la justicia y el orden, es vital que sus prácticas reflejen estos valores éticos. A continuación se presentan pasos prácticos para integrar la ética en el tejido mismo de la aplicación de la ley:

Formación Ética

- Plan de estudios Maqasid: Introducir capacitación obligatoria en Maqasid para todos los oficiales, centrándose en la santidad de la vida y el bienestar de la comunidad. Este enfoque, similar al énfasis de Noruega en la formación ética en su educación policial, debería inculcar una comprensión profunda de cómo estos principios encajan con su deber de servir y proteger.
- Capacitación basada en escenarios: implementar módulos de capacitación con escenarios de la vida real, desafiando a los oficiales a aplicar los principios de Maqasid en situaciones prácticas. Este método refleja la capacitación interactiva utilizada en las fuerzas del orden canadienses, que ha demostrado eficacia para mejorar las habilidades de toma de decisiones.
- La ética como competencia central: hacer de la competencia ética un criterio clave en la evaluación de los oficiales, de manera muy similar a como la Policía de Nueva Zelanda incorpora valores orientados a la comunidad en las evaluaciones de los oficiales.
- Educación ética continua: ofrecer talleres continuos para mantenerse al tanto de la evolución de las normas sociales y los estándares éticos, garantizando que los oficiales sigan siendo expertos y receptivos a los nuevos desafíos éticos.

Póliza comunitaria

- Participación comunitaria: cambio hacia un modelo de policía comunitaria. Alentar a los agentes a construir relaciones positivas dentro de las comunidades, similar al enfoque visto en ciudades como Portland, Oregon, donde la vigilancia comunitaria ha mejorado la confianza pública.
- Enfoque de resolución de problemas: adoptar estrategias que se centren en identificar y abordar las causas fundamentales de los problemas, un método que ha demostrado ser eficaz en lugares como

los sistemas de policía comunitaria de Singapur.

- Competencia cultural: Proporcionar capacitación en sensibilidad y diversidad cultural, garantizando que los oficiales puedan servir respetuosamente a comunidades diversas. Esto se hace eco de programas exitosos en ciudades como Los Ángeles, que han enfatizado la comprensión cultural en la aplicación de la ley.
- Responsabilidad y supervisión: implementar mecanismos de supervisión con participación de la comunidad, similares a las juntas independientes de revisión policial en ciudades como Toronto, que fomentan la transparencia y la rendición de cuentas.

Al infundir los principios Maqasid en la aplicación de la ley, no sólo elevamos los estándares morales de nuestras fuerzas policiales sino que también fortalecemos la confianza pública y la armonía comunitaria. Esta transformación marca un paso significativo hacia la realización de una sociedad donde la aplicación de la ley no sólo defiende la justicia sino que también encarna principios éticos. Es un paso sólido hacia un futuro en el que las fuerzas del orden actúen con conciencia e integridad.

Derecho internacional: extender la ética más allá de las fronteras

En el ámbito global, los principios éticos de Maqasid tienen el potencial de transformar la gobernanza y fomentar el bienestar y la justicia internacionales. Integrar estos valores en el derecho internacional y la diplomacia es clave para lograr un mundo globalmente responsable y ético. A continuación se muestran formas de hacer esto realidad:

Diplomacia ética

- Incorporar a Maqasid en la política exterior: Las naciones deberían infundir en sus políticas exteriores los principios Maqasid, reflejando el enfoque sueco de la "Política Exterior", que prioriza los derechos humanos, la igualdad de género y la paz. La diplomacia, desde este punto de vista, va más allá del interés propio para servir al bien mayor de la humanidad (Ummah), abordando desafíos globales a través de la colaboración y consideraciones éticas.

- Resolución de conflictos a través de la mediación ética: en la mediación de conflictos, la aplicación de los principios Maqasid puede conducir a resoluciones centradas en la paz y la preservación de la vida (Nafs). Inspirándose en las estrategias de mediación ética utilizadas para resolver el conflicto de Irlanda del Norte, los mediadores deben promover el diálogo y la cooperación por encima de la confrontación.

Derecho humanitario

- Mejorar las leyes humanitarias: inspirados en los Convenios de Ginebra, los principios Maqasid pueden guiar la evolución de las leyes humanitarias internacionales para proteger la vida y la dignidad humanas en los conflictos, asegurando el acceso a servicios esenciales y salvaguardando los derechos civiles.
- Aplicación de principios éticos en zonas de conflicto: Los esfuerzos humanitarios en zonas de conflicto, al igual que las sociedades de la Cruz Roja y de la Media Luna Roja, deben operar bajo los principios Maqasid, priorizando la seguridad y el bienestar de las comunidades afectadas (Ummah) y garantizando una distribución efectiva y equitativa de la ayuda.
- Cooperación transfronteriza: abordar cuestiones globales como el cambio climático y las pandemias requiere una colaboración ética, similar al Acuerdo de París sobre el cambio climático. Las naciones deben unir fuerzas, guiadas por los principios Maqasid, para abordar estos desafíos de una manera que preserve el medio ambiente (Hifz al-Watan) y promueva el bienestar general.

Al integrar los principios Maqasid en el tejido del derecho internacional y la diplomacia, podemos cultivar una comunidad global más éticamente guiada. Este enfoque reconoce la naturaleza trascendente del bienestar individual y comunitario, instando a un compromiso colectivo con estándares éticos más altos. No es sólo una aspiración sino un imperativo moral que allana el camino para una sociedad internacional más pacífica, equitativa y humana.

Educación jurídica: dando forma al futuro

Al visualizar el futuro de la gobernanza y los sistemas legales, es esencial centrarse en formar a la próxima generación de profesionales del derecho. No sólo deben ser expertos en derecho, sino también profundamente arraigados en un pensamiento ético, guiados por los principios Maqasid. Para lograr esto, se requiere un enfoque transformador de la educación jurídica:

Revisión del plan de estudios

- Integración de los principios Maqasid: Debemos incorporar los principios Maqasid en los planes de estudios jurídicos como elementos fundamentales, no como extras opcionales. Esto refleja iniciativas como las de la Facultad de Derecho de Yale, donde la justicia social y la ética son partes integrales del plan de estudios.
- Enseñar el razonamiento ético: los futuros abogados y jueces deberían estar capacitados para yuxtaponer el análisis jurídico con el razonamiento ético. Este enfoque dual es crucial para tomar decisiones que sean jurídicamente sólidas y éticamente justas.

Cursos de ética jurídica

- Cursos obligatorios de ética jurídica: todo estudiante de derecho debe recibir una formación integral en ética jurídica, haciéndose eco del enfoque de instituciones como la Facultad de Derecho de Harvard, donde la práctica ética es una piedra angular de la educación jurídica.

- Pistas especializadas: ofrecer pistas de ética especializadas en áreas como derecho penal, familiar o corporativo permite a los estudiantes aplicar principios éticos en diversos contextos legales de manera efectiva.
- Dilemas éticos prácticos: los cursos deben incorporar dilemas éticos de la vida real y estudios de casos, equipando a los estudiantes para navegar por los complejos paisajes morales que encontrarán en sus vidas profesionales.

Sin embargo, la incorporación de estos cambios no está exenta de desafíos. La resistencia de las estructuras educativas tradicionales y las limitaciones de recursos son obstáculos importantes. Superarlos requiere un esfuerzo colectivo de las instituciones educativas, los profesionales del derecho y los órganos rectores para reconocer el valor de la formación ética en derecho.

Al remodelar la educación jurídica centrándonos en los principios Maqasid, no solo estamos enseñando derecho; estamos cultivando guardianes de la justicia que sean éticamente conscientes y moralmente fundamentados. Esta transformación es más que un cambio académico; es una inversión en el futuro de un sistema legal justo y ético, que sienta las bases para una gobernanza que realmente sirva al bien común.

El modelo para un sistema jurídico ético

El viaje de los sistemas legales a menudo ha serpenteado a través de densos matorrales de tecnicismos, alejándose en ocasiones de las costas éticas que debían salvaguardar. La integración de los principios Maqasid ofrece no sólo un camino, sino un plan visionario para dirigir nuestros sistemas legales hacia el ámbito de la gobernanza ética. Esta transformación trasciende la mera reforma legal; se trata de cultivar una cultura donde la ética y la ley se entrelazan armoniosamente.

1. Un cambio de paradigma: La adopción de Maqasid señala un

cambio de paradigma fundamental. Mueve nuestro enfoque de una interpretación rígida de los estatutos a abrazar una aplicación de la ley más amplia y más consciente desde el punto de vista ético. En esta nueva visión, las leyes no son sólo reglas sino vehículos para lograr objetivos éticos, creando un marco legal que da vida a los ideales de justicia y equidad.

2. Tutela ética: Al adoptar Maqasid, nuestros sistemas legales se convierten en guardianes de la ética social. Jueces, abogados y académicos se transforman en administradores de la jurisprudencia ética, garantizando que cada decisión y ley se alineen con los más altos estándares éticos. Este papel eleva su responsabilidad desde la mera aplicación de la ley hasta la de agentes proactivos que defienden la gobernanza ética.

3. Un enfoque holístico: esta nueva era en la práctica jurídica aboga por un punto de vista holístico. Los profesionales del derecho están llamados a mirar más allá de las cuestiones jurídicas inmediatas, contemplando el impacto más amplio de sus decisiones en los individuos, las comunidades y la sociedad. Este enfoque fomenta la conciencia de que cada acción legal conlleva un peso y una consecuencia ética.

4. Empoderar a los vulnerables: Un sistema legal con raíces éticas defiende la causa de los vulnerables y marginados. Garantiza que la justicia no sea un privilegio de unos pocos sino un derecho accesible para todos, que incorpora los principios de justicia social e igualdad. Ofrece un rayo de esperanza y una red de seguridad para quienes se han quedado sin voz y desatendidos.

5. Un faro global de esperanza: A medida que los sistemas legales evolucionan bajo los principios Maqasid, se erigen como faros de esperanza en un mundo que lucha contra la injusticia y la desigualdad. Esta transformación envía un mensaje global contundente: la ética y el derecho no son adversarios sino aliados para forjar un mundo más justo y equitativo.

Mientras nos encontramos en esta encrucijada, el camino a seguir está claro. Es hora de embarcarnos con valentía en este viaje transformador, defendiendo la integración de los principios Maqasid en nuestros sistemas legales. Este viaje no está exento de desafíos: la resistencia al cambio, las limitaciones de recursos y los diferentes contextos culturales son sólo algunos de los obstáculos que podemos encontrar. Sin embargo, la promesa de un sistema legal más ético, justo e inclusivo es un llamado convincente a la acción para todos nosotros. El destino es una sociedad donde la ley y la ética estén inextricablemente vinculadas en la búsqueda de la justicia, una sociedad donde cada decisión legal defienda el bien común. Comencemos este viaje ahora, porque el futuro espera un sistema legal renacido a la luz de una gobernanza ética.

Conclusión: Imaginemos un mundo donde la ética defina nuestras leyes

Haga una pausa por un momento e imagine un mundo donde las leyes trascienden sus fronteras tradicionales. En este mundo, las leyes no son meras reglas a seguir sino principios éticos que impregnan nuestras acciones diarias. Aquí, la justicia va más allá del blanco y negro del bien y el mal, y encarna un profundo compromiso con el bienestar, la dignidad y la armonía de cada individuo. Esta visión no es una utopía lejana; es un objetivo tangible a nuestro alcance, que se logra alineando nuestros sistemas legales con un marco ético profundamente arraigado como Maqasid.

Una visión de cambio tangible

Esta transformación no es un sueño esquivo. Es un cambio práctico y alcanzable que promete elevar nuestra sociedad a niveles sin precedentes de moralidad, equidad y compasión. Estamos hablando de redefinir la esencia del derecho: de una herramienta regulatoria a un faro de orientación ética.

Pasos prácticos hacia la realización

¿Cómo emprendemos este viaje? El primer paso es la concientización: educarnos a nosotros mismos y a otros sobre los principios de Maqasid y su impacto potencial en los sistemas legales. La promoción desempeña un papel clave; debemos defender estos principios en nuestras comunidades, círculos profesionales y a través de las redes sociales. La colaboración con profesionales del derecho, formuladores de políticas y educadores puede convertir esta visión en estrategias viables.

Afrontar los desafíos de frente

Sin duda, este camino tendrá sus desafíos: escepticismo, resistencia al cambio y diversas interpretaciones de los principios éticos. La superación de estos obstáculos comienza con diálogos abiertos, fomentando la comprensión y encontrando puntos en común. Implica demostrar a través de estudios de casos y ejemplos actuales, como la implementación de prácticas de justicia restaurativa en algunos sistemas legales, cómo los principios éticos pueden guiar en la práctica las decisiones legales.

El efecto dominó de la ley ética

Imagínese el profundo impacto de tal transformación. A medida que los principios éticos se incorporan a nuestros marcos legales, crean una sociedad donde se respeta a las personas, se defiende la dignidad y la armonía comunitaria es una experiencia vivida. Hemos visto destellos de esto en iniciativas comunitarias a pequeña escala y reformas legales progresistas; ahora es el momento de ampliar estos esfuerzos.

Aprovechar el momento para una gobernanza ética

El futuro de la gobernanza ética está aquí para tomarlo. Es una invitación a dar un paso adelante, a comprometernos a remodelar nuestros sistemas legales para mejor. Este viaje es crucial para nosotros, para las generaciones futuras y para crear un mundo donde la ley y la ética estén perfectamente unidas en la búsqueda de la justicia para todos. Abracemos este viaje hoy, haciendo que cada paso cuente hacia un mundo donde la ética y las leyes no sólo estén alineadas sino que sean indistinguibles en su búsqueda del bien común.

El potencial para una reforma innovadora: un futuro revelado

Imaginemos un futuro en el que nuestros sistemas legales experimenten una transformación mucho más allá de meros ajustes: un futuro en el que la justicia se redefina, las leyes se conviertan en principios rectores para el bien común y el bienestar y la dignidad de cada individuo sean fundamentales para todas las decisiones legales.

Un cambio de paradigma en la justicia

Estamos abogando por un cambio de paradigma, no sólo un pequeño cambio. Se trata de revolucionar nuestra percepción de la justicia y la gobernanza. Imagínese desmantelar las viejas y rígidas estructuras legales y reconstruirlas con la ética y el bienestar humano como pilares fundamentales. Es un cambio que recuerda al modelo escandinavo de justicia restaurativa, que ha redefinido el sistema de justicia penal para centrarse más en la rehabilitación que en el castigo.

Más allá de los cambios incrementales

Esta visión va más allá de realizar mejoras incrementales. Se trata de abrir nuevas puertas a un ámbito donde la justicia es una realidad cotidiana tangible. Nuestro objetivo es crear un marco legal que no sólo prevenga daños sino que también fomente activamente el bienestar social.

El imperativo del cambio transformador

Este cambio transformador es esencial. No se trata simplemente de perfeccionar los sistemas existentes; se trata de esculpir la sociedad en la que anhelamos vivir. Necesitamos leyes que hagan más que mantener el orden: deben fomentar la justicia, la equidad y la compasión.

Esencial para nuestro futuro

Esta reforma innovadora no sólo es emocionante: es fundamental para el futuro que deseamos construir. Se trata de crear un legado de gobernanza ética en el que la justicia esté entretejida en el tejido de la vida cotidiana.

Un llamado colectivo a la acción

Realizar este futuro requiere más que una esperanza pasiva; exige compromiso activo y esfuerzo colectivo. Los formuladores de políticas, los profesionales del derecho, los académicos y todos los ciudadanos comprometidos deben unirse en este esfuerzo por forjar una sociedad más justa y ética.

Aprovechando el momento del cambio

Ahora es el momento de aprovechar esta oportunidad. Tenemos el plan para un cambio transformador a nuestro alcance. El potencial de un futuro más brillante y ético está a nuestro alcance. Debemos actuar ahora para embarcarnos en este viaje de reforma, dando forma a un futuro donde la justicia y la ética sean inseparables y donde nuestro sistema legal sea un faro de esperanza y justicia para todos.

Revolución socioeconómica: la igualdad realizada

Imaginemos un mundo donde el abismo entre ricos y pobres se estrecha, transformando la pobreza en un vestigio del pasado. Esta visión no tiene sus raíces en el socialismo utópico; es una realización práctica de la justicia social anclada en el principio ético de Mal - Riqueza.

Redistribución ética de la riqueza

Consideremos un marco legal que defienda una distribución justa de la riqueza. Este enfoque no se trata de una transferencia indiscriminada de riqueza; se trata de rectificar el desequilibrio en el que unos pocos acumulan riqueza a expensas de muchos. Al aplicar este principio, no buscamos la redistribución de la riqueza como un fin sino como un medio para cumplir una obligación ética.

Erradicar la pobreza por medios prácticos

Yendo más allá de los modelos de bienestar tradicionales, esta visión implica crear una sociedad en la que todos tengan los medios para prosperar. Inspirándose en iniciativas como las pruebas de la Renta Básica Universal en Finlandia, este enfoque reconoce la pobreza como una cuestión moral. Alinear las leyes con principios éticos allana el camino para eliminar la pobreza sistemáticamente, no como un acto de caridad, sino como una cuestión de diseño.

Educación universal: un derecho, no un lujo

Imaginemos exigir el acceso universal a una educación de calidad, una aplicación tangible del principio ético de Aql - Intelecto. Países como Noruega han demostrado que la educación, como derecho fundamental, puede impulsar la innovación e igualar oportunidades. Esto no es mero idealismo; es un camino pragmático para empoderar a las personas y nivelar las condiciones sociales.

Creando caminos hacia la equidad

Nuestro objetivo es fomentar la igualdad de oportunidades, no necesariamente la igualdad de resultados. Se trata de dotar a todos de las herramientas y recursos necesarios para alcanzar el éxito a base de mérito y esfuerzo. Esta visión no es descabellada; Iniciativas como los programas de formación profesional de Alemania ejemplifican cómo ofrecer vías educativas y profesionales diversas puede conducir a una sociedad más equitativa.

Un llamado colectivo a la acción

Esta visión transformadora está a nuestro alcance pero requiere una acción colectiva. Los legisladores, defensores y ciudadanos deben unirse para impulsar este cambio. Nuestros sistemas legales no sólo deben gobernar sino dar forma a la sociedad en la que aspiramos vivir. Hacer realidad estos principios éticos no es un sueño lejano; es un imperativo moral. Unamos fuerzas para hacer realidad esta visión, creando una sociedad donde la justicia, la equidad y la prosperidad no sean sólo ideales sino experiencias cotidianas.

Justicia penal: un nuevo amanecer

Imaginemos un sistema de justicia penal que trascienda las nociones tradicionales de castigo y convierta las prisiones en entornos transformadores. Esta visión, basada en los principios éticos de Nafs (Vida) y Aql (Intelecto), es más que una ilusión: es un camino viable hacia una reforma significativa.

Reforma penitenciaria: del castigo a la transformación

Imaginemos un encarcelamiento centrado no en medidas punitivas sino en acciones correctivas y de rehabilitación. Este enfoque refleja modelos exitosos como el sistema penitenciario de Noruega, donde los reclusos reciben educación, asesoramiento y oportunidades para una rehabilitación genuina. Lejos de ser blando con el crimen, este método reconoce el potencial de redención y contribución social de cada individuo.

Creando ciudadanos reformados y educados

Alinear nuestro sistema de justicia penal con los principios de Nafs y Aql significa valorar cada vida y fomentar el crecimiento intelectual. Los reclusos reciben habilidades y conocimientos para una reintegración exitosa, transformándolos de personas estigmatizadas en miembros contribuyentes de la sociedad. Este cambio no es sólo una elección moral sino una inversión estratégica en comunidades más seguras y cohesivas.

Sanación comunitaria a través de la justicia restaurativa

Imagine un sistema de justicia que priorice la curación de familias rotas y la restauración de comunidades fracturadas, que encarne la esencia de la Ummah (Comunidad). Esta visión se refleja en prácticas como la Comisión de la Verdad y la Reconciliación post-apartheid de Sudáfrica, donde la justicia restaurativa se centra en la reconstrucción en lugar de la venganza, enfatizando la sanación y reparación comunitaria.

Equilibrando la empatía con la responsabilidad

En este sistema reinventado, los infractores deben rendir cuentas, pero también se les ofrecen vías para enmendar sus actos. Las víctimas y los miembros de la comunidad son parte integral del proceso y contribuyen a un viaje de curación que va más allá de las resoluciones legales. Este enfoque no es sólo un cambio legal; es un paso hacia un sistema que valora la empatía, la responsabilidad y el bien común.

Un llamado colectivo a transformar

Esta visión de la reforma de la justicia penal no está fuera de nuestro alcance. Es un llamado a la acción para que los formuladores de políticas, las fuerzas del orden y la sociedad reevalúen nuestro enfoque sobre el crimen y el castigo. Al elegir un camino que valore la vida, fomente el crecimiento intelectual y apoye la curación comunitaria, podemos marcar el comienzo de una nueva era de justicia penal. Es hora de aceptar estos cambios, reconociéndolos como parte de un cambio global hacia sistemas de justicia más humanos y eficaces.

Un planeta salvado: gestión ambiental en acción

Imaginemos un mundo donde nuestros sistemas legales defiendan activamente la salud de nuestro planeta. Esta visión, arraigada en el principio ético de Watan (Patria), no es un sueño inalcanzable sino una realidad factible.

Leyes sostenibles: convertir el compromiso en acción

Imaginemos leyes que transformen la responsabilidad ambiental de una elección a un requisito. Imaginemos regulaciones que obligan a las empresas a priorizar la sostenibilidad, similares a los rigurosos estándares ambientales aplicados en países como Dinamarca. Estas leyes no son meras aspiraciones idealistas; son compromisos concretos para preservar nuestro planeta para las generaciones futuras.

El poder de la aplicación de la ley

Al alinear nuestros sistemas legales con Watan, reconocemos nuestro medio ambiente como un deber sagrado, no un recurso para la explotación desenfrenada. La aplicación de la ley se convierte en una herramienta para responsabilizar a quienes dañan nuestro medio ambiente, lo que refleja acciones como las importantes multas y mandatos de restauración que se observaron tras los derrames de petróleo y los accidentes industriales.

Justicia climática: mantener los compromisos globales

Imaginemos acuerdos climáticos internacionales que sean vinculantes y ejecutables, similares al Acuerdo de París, pero con mecanismos de aplicación mejorados. Estos compromisos deben garantizar un desarrollo equitativo y sostenible para todas las naciones, reconociendo nuestra responsabilidad compartida en la salvaguardia de la Tierra.

Empoderar a las naciones vulnerables

Se deben desarrollar marcos legales para apoyar a las naciones vulnerables que enfrentan la peor parte de las crisis ambientales. Este apoyo, que refleja iniciativas como el Fondo Verde para el Clima, debería proporcionar los recursos necesarios para la adaptación y la resiliencia, encarnando la solidaridad global en lugar de la mera caridad.

Aprovechar la oportunidad de cambio

Esta visión es una oportunidad para una acción transformadora. Pide a legisladores, activistas y ciudadanos que defiendan marcos legales que prioricen la gestión ambiental. Nuestros sistemas legales tienen el potencial de ser poderosos agentes de cambio, salvaguardando el futuro de nuestro planeta. Es hora de que exijamos e implementemos estructuras legales que hagan cumplir la justicia climática, protejan los ecosistemas vulnerables y promuevan la sostenibilidad.

De hecho, la salvación de nuestro planeta está a nuestro alcance. Al elegir proteger nuestra patria a través de mecanismos legales sólidos, nos comprometemos a seguir un camino de sostenibilidad y gestión responsable. Adoptemos este camino, aprovechando los esfuerzos actuales y avanzando hacia un futuro en el que nuestros sistemas legales sean guardianes de la salud de nuestro planeta.

Liderazgo global: la vanguardia ética

Imaginemos un mundo donde los sistemas legales trasciendan las fronteras nacionales y ejerzan su influencia para esculpir una comunidad global gobernada éticamente. Esta visión, arraigada en los principios de Maqasid, representa no sólo un sueño idealista, sino una hoja de ruta práctica para el liderazgo ético a escala global.

Diplomacia humanitaria: ampliar la influencia jurídica en favor de la dignidad humana

Imaginemos marcos jurídicos que se extiendan más allá de las jurisdicciones nacionales para influir y dar forma al derecho internacional humanitario. Inspirándose en los Convenios de Ginebra, este enfoque va más allá de la diplomacia tradicional y se compromete con políticas internacionales que protejan la dignidad y el bienestar humanos. Visualiza una comunidad jurídica global que reconoce una responsabilidad compartida por los derechos humanos, trascendiendo los límites geopolíticos.

Estableciendo un punto de referencia ético global

Los principios de Maqasid podrían servir como punto de referencia ético universal, guiando los sistemas legales en todo el mundo. Esta visión se alinea con iniciativas como los Objetivos de Desarrollo Sostenible de las Naciones Unidas, que apuntan no solo a influir sino también a establecer un estándar global de gobernanza ética. Muestra cómo un sistema legal basado en principios éticos puede conducir a una sociedad global más equitativa y humana.

Un cambio internacional inspirador

Los sistemas legales que ejemplifican el liderazgo ético pueden inspirar cambios transformadores más allá de sus propias fronteras. Siguiendo el modelo del Tribunal Europeo de Derechos Humanos, pueden alentar a otras naciones a realinear sus marcos legales con valores éticos universales. Esta visión se extiende más allá del mejoramiento nacional y fomenta un efecto dominó global de cambio positivo.

Aprovechar la influencia para el bien global

Este concepto es más que un ideal utópico; es una oportunidad tangible. Los sistemas legales tienen el potencial de convertirse en instrumentos de mejora global. Los juristas, diplomáticos y formuladores de políticas están llamados a abogar por la integración de principios éticos en el derecho y las relaciones internacionales.

Adoptar el liderazgo ético en tiempos difíciles

En una era marcada por complejos desafíos globales, el liderazgo ético es imperativo. Los principios de Maqasid proporcionan una base sólida para la gobernanza ética y nos guían en tiempos turbulentos. El momento del liderazgo ético es ahora. Nuestros sistemas legales, equipados con una visión basada en valores éticos, pueden estar a la vanguardia de la creación de un mundo justo, humano y gobernado éticamente.

Gobernanza: el faro de la esperanza

Imaginemos un mundo donde la gobernanza trascienda las normas burocráticas para convertirse en un faro de esperanza. En este mundo, los principios éticos no son meras directrices sino la base de cada acción gubernamental, convirtiendo la corrupción, la injusticia y la desigualdad en raras excepciones en lugar de normas prevalecientes.

Gobernanza ética: una fuerza para la transformación social

Imaginemos un gobierno tan profundamente comprometido con los principios éticos que cada política y decisión se convierta en un paso hacia una sociedad más justa. Esta visión refleja iniciativas como el Presupuesto de Bienestar de Nueva Zelanda, que prioriza el bienestar de los ciudadanos en la formulación de políticas. La gobernanza ética aquí no es un lujo sino una parte indispensable del progreso social.

Redefiniendo la corrupción como una aberración

Imaginemos una sociedad donde la corrupción sea una anomalía, no una práctica estándar. Inspirados por los modelos de transparencia de países como Dinamarca, los funcionarios gubernamentales no operan por interés propio sino con un firme compromiso con el bien público. En esta sociedad, la corrupción es una desviación que se aborda y rectifica rápidamente.

Defender la justicia para todos los ciudadanos

Imaginemos un sistema de gobierno que garantice justicia para cada individuo, haciéndose eco de los principios de Maqasid. Este sistema, similar al estado de derecho que se defiende en países como Canadá, garantiza que la justicia no sea un eslogan sino una realidad en la que cada ciudadano, independientemente de su origen, reciba un trato justo.

La confianza cívica como estándar democrático

Consideremos un nivel de confianza entre el gobierno y los ciudadanos que se convierta en un punto de referencia para las democracias a nivel mundial. En esta sociedad, la participación ciudadana en la gobernanza refleja prácticas observadas en democracias participativas como Suiza. Aquí, el gobierno es genuinamente representativo y responsable ante su pueblo.

Un modelo global de gobernanza ética

Esta visión de una gobernanza ética se extiende más allá de las fronteras nacionales y establece un estándar para el mundo. Es un objetivo práctico, alcanzable mediante esfuerzos concertados en reforma de políticas, educación y cooperación internacional. Es un llamado a los gobiernos de todo el mundo para que integren la ética en el centro de sus acciones.

Hacer realidad el sueño de una gobernanza ética

En un mundo que enfrenta innumerables desafíos, la gobernanza ética es el rayo de esperanza que necesitamos. Este camino hacia un futuro mejor no es sólo un ideal teórico; es un objetivo tangible, como lo demuestran los países que están dando pasos en esta dirección. El momento de la gobernanza ética es ahora. Trabajemos por un mundo donde la gobernanza sea sinónimo de justicia, la ética guíe cada decisión y los ciudadanos tengan una confianza inquebrantable en sus líderes para liderar con integridad.

Ha llegado el momento de realizar reformas innovadoras: aprovechar el momento para una gobernanza ética

En este momento crítico, la urgencia de una reforma transformadora alinea nuestros sistemas legales con los principios éticos de Maqasid. Esto es más que un simple ajuste; es un salto hacia un mundo impregnado de justicia e integridad ética. Los imperativos morales son evidentes, los desafíos sociales apremiantes y tenemos ante nosotros un plan de acción claro. Lo que necesitamos ahora es el coraje de abrazar esta nueva era de gobernanza ética y bienestar social.

Un imperativo moral claro

En un mundo acosado por desafíos como la desigualdad y las crisis ambientales, la alineación ética basada en los principios Maqasid no sólo es necesaria; es imperativo. Estos principios nos ofrecen una brújula moral que nos orienta hacia una sociedad que valora la equidad y la compasión. Ignorar este llamado significa continuar con un status quo que no alcanza nuestro potencial ético, muy parecido a ignorar el cambio climático a pesar de conocer sus impactos.

Abordar las necesidades sociales apremiantes

Nuestras sociedades enfrentan problemas profundamente arraigados, desde la pobreza y la desigualdad hasta la degradación ambiental. La alineación ética en nuestros sistemas legales proporciona soluciones prácticas. Tomemos, por ejemplo, la implementación de leyes ambientales en países como Costa Rica, que ha logrado avances significativos en conservación y sostenibilidad. Este enfoque no es una mera solución; es una estrategia para abordar las necesidades sociales de manera efectiva.

Un plan práctico para la gobernanza ética

El plan para esta transformación está bien definido. Incluye reformas legales integrales, como las que se ven en los países escandinavos conocidos por sus altos estándares de bienestar social, transparencia y participación ciudadana. Requiere enmiendas constitucionales, vigilancia legislativa y un compromiso con la educación ética y la rendición de cuentas. Este plan no es un ideal elevado; es una estrategia estructurada para llevar la ética al corazón de la gobernanza.

Luchando por un futuro excepcional

Deberíamos aspirar no sólo a un futuro satisfactorio sino a uno excepcional, en el que la justicia y la ética no sean simplemente algo que se busca, sino que sean realidades cotidianas. Se trata de construir una sociedad donde los principios éticos moldeen cada decisión y el bienestar de cada individuo sea una prioridad, similar a los modelos sociales de naciones con altos índices de desarrollo humano.

Llamado rotundo a la acción

Este momento exige la acción de todos: formuladores de políticas, expertos legales y ciudadanos. Es un llamado a levantarse y defender la gobernanza ética, inspirándose en los movimientos globales que abogan por la transparencia y la rendición de cuentas. Se requiere audacia para ir más allá de las limitaciones actuales y construir un mundo alineado con nuestros más elevados ideales éticos.

Aprovechando el momento para la transformación ética

Ha pasado el tiempo de la observación pasiva. Ahora es el momento de crear un mundo más justo, equitativo y compasivo. Unámonos para convertir esta visión en realidad. Hagamos de nuestro mundo un mundo donde la ética reine supremamente, la justicia sea tangible y cada individuo, independientemente de su origen, tenga la oportunidad de prosperar. Este momento es nuestro para aprovecharlo: hagamos de la gobernanza ética una realidad viva.

Conclusión: el poder transformador de la alineación ética

La búsqueda de alinear nuestros sistemas legales con los principios Maqasid representa más que un ajuste menor: es un salto audaz hacia un mundo imbuido de justicia y ética. Este movimiento va más allá de integrar normas éticas; es un catalizador para reformas radicales que tienen el potencial de redefinir nuestros valores sociales, estructuras de gobernanza e interacciones globales. No sólo nos esforzamos por mejorar las leyes; Estamos imaginando un mundo que es inherentemente más justo, equitativo y compasivo.

Catalizador para la transformación social

La integración de Maqasid en nuestros sistemas legales no es simplemente un cambio superficial. Es un cambio profundo, similar a las reformas de derechos civiles del siglo XX, que redefinieron las normas sociales. Nos desafía a mirar más allá del status quo, imaginando un mundo donde la toma de decisiones éticas y la justicia no sean aspiraciones sino realidades cotidianas.

Reformar la gobernanza con principios éticos

Esta alineación ética puede revolucionar la gobernanza. Obliga a los gobiernos a poner el bienestar de los ciudadanos en primer plano, combatir activamente la corrupción y fomentar una relación basada en la confianza entre líderes y ciudadanos. Esta redefinición de la gobernanza va más allá de la dinámica de poder hacia un modelo de servicio y responsabilidad, similar a los principios observados en los países escandinavos conocidos por sus altos niveles de confianza y bienestar social.

Estableciendo un nuevo estándar ético global

En el escenario internacional, adoptar Maqasid puede establecer un nuevo punto de referencia ético. Este enfoque se hace eco del impacto global de tratados internacionales como la Declaración Universal de Derechos Humanos, que señala que la dignidad y el bienestar humanos son prioridades universales. Propone un mundo donde cada nación se comprometa a garantizar oportunidades equitativas para todos sus ciudadanos.

Una visión de un mundo mejor

Esta alineación no es una esperanza lejana sino un objetivo tangible. Visualiza leyes que encarnan principios éticos, una sociedad donde la justicia es fundamental y la compasión es una fuerza rectora. Es una invitación a cada uno de nosotros a ser parte de esta transformación ética, entendiendo que un mundo mejor no sólo es posible sino alcanzable.

La urgencia de la transformación ética

Ahora es el momento de actuar. Debemos defender e implementar estos principios éticos en nuestros sistemas legales. Este viaje exige compromiso, innovación y una creencia firme en el poder de la ética para remodelar nuestro mundo. Aprovechando esta oportunidad, podemos crear una sociedad que no sólo sea legal sino justa, no sólo ordenada sino equitativa, y no simplemente esperanzadora sino profundamente compasiva. El poder transformador de la alineación ética está a nuestro alcance: trabajemos juntos para hacerlo realidad.

11

El impacto global de Maqasid

Proyectar estos principios sagrados más allá de las fronteras: el mandato global de Maqasid

Liderazgo moral: una nueva frontera de influencia global

En una era dominada por la geopolítica, donde la búsqueda del poder a menudo eclipsa las consideraciones éticas, extender los principios Maqasid más allá de las fronteras nacionales representa un cambio sísmico. ¿Cuáles son estos principios? Con origen en la jurisprudencia islámica, Maqasid se refiere a los objetivos más elevados de la ley islámica, enfatizando valores como la justicia, la compasión y el bienestar de la comunidad. Esta expansión no es sólo innovadora; es una reinvención radical de la influencia global: un giro desde el enfoque miope de la realpolitik tradicional hacia un mundo guiado por virtudes éticas.

El desafío de nuestros tiempos

El mundo actual, plagado de cambio climático, pobreza, conflictos y pandemias, muestra las limitaciones de la política de poder. Estos desafíos globales, que no están confinados por fronteras, exigen soluciones igualmente ilimitadas. Al aplicar los principios Maqasid, las naciones pueden ofrecer una brújula moral en estos tiempos turbulentos.

Un llamado al liderazgo ético

El liderazgo ético en el escenario mundial significa más que poder militar o poder económico. Se define por los valores morales que guían las acciones de una nación a nivel internacional. Consideremos, por ejemplo, el enfoque de Noruega hacia las relaciones internacionales, a menudo impulsado por preocupaciones humanitarias y mediación de paz, lo que refleja un compromiso con el liderazgo ético.

Un imperativo ético

Este cambio no se trata de altruismo abstracto. Es un imperativo ético. Las naciones que defienden los principios Maqasid contribuyen al bienestar global. Reconocen que valores como la justicia y el bienestar comunitario no están confinados a la geografía.

La nueva frontera

Las naciones que lideran con los principios Maqasid crean una nueva frontera en la influencia global. No se trata de dominación, sino de encarnar principios éticos. Este enfoque remodela el discurso global, pasando de las luchas de poder a las responsabilidades éticas, dando ejemplo en gobernanza ética, resolución de conflictos y acción humanitaria.

Una obligación moral

En conclusión, abrazar estos principios sagrados a nivel mundial es más que una opción; es un deber moral para con la humanidad. Es un camino hacia un mundo colaborativo y ético, donde la diplomacia se base en valores y el bienestar de todos tenga prioridad sobre los intereses nacionales. Esta es una oportunidad para que las naciones lideren en la virtud, dando forma a una comunidad global justa, equitativa y compasiva.

Diplomacia de derechos humanos: convertirse en la voz de los que no tienen voz

En el mundo, a menudo pragmático, de las relaciones internacionales, defender los derechos humanos con un compromiso inquebrantable pasa de ser una noble aspiración a un imperativo moral. La diplomacia de derechos humanos, anclada en los principios Maqasid –que abarcan la santidad de la vida (Nafs), la justicia y la dignidad humana– es un faro para los que no tienen voz y defiende los valores más fundamentales de la humanidad.

Promoción mundial

Abogar proactivamente por políticas alineadas con Maqasid en foros internacionales es una responsabilidad, no una elección. Se trata de defender la vida y la dignidad como valores universales. Por ejemplo, cuando países como Canadá y Suecia plantean cuestiones de derechos humanos en las Naciones Unidas, ejercen presión moral y desafían los estándares globales. Esta postura proactiva demuestra cómo los imperativos éticos pueden influir en los debates y la formulación de políticas internacionales.

Imaginemos unas Naciones Unidas donde los principios Maqasid guíen cada decisión, creando un entorno donde la justicia, la compasión y la dignidad humana no sean sólo ideales, sino mandatos operativos. Esta visión no es mero idealismo; es un camino tangible hacia un mundo más equitativo.

Alianzas Éticas

Al aplicar una política exterior ética, formar alianzas con países que comparten valores similares puede amplificar el impacto. Esas coaliciones, impulsadas no por intereses propios sino por un compromiso con los valores humanos, pueden contrarrestar eficazmente las violaciones de derechos humanos. Consideremos el impacto de las coaliciones internacionales para abordar crisis como la situación de los refugiados rohingya, donde la acción colectiva ha sido fundamental.

Imaginemos un mundo donde este tipo de alianzas éticas sean algo común. Aquí, las naciones aprovechan su fuerza colectiva para abordar rápidamente cuestiones de derechos humanos, trascendiendo los intereses geopolíticos tradicionales. Esta visión, basada en los principios Maqasid, prioriza el bienestar y la dignidad de las personas a nivel mundial.

En conclusión, la diplomacia de derechos humanos guiada por Maqasid es más que un enfoque alternativo: es un imperativo moral que conduce a un mundo más justo y humano. Exhorta a las naciones a convertirse en voces poderosas no sólo en su poder, sino también en la defensa de los valores que personifican nuestra humanidad compartida. Esta visión de naciones que colaboran éticamente para proteger y empoderar a los vulnerables establece un nuevo estándar en las relaciones internacionales. Lograr este futuro no es simplemente posible; está a nuestro alcance si adoptamos con valentía estos principios.

Diplomacia económica: la equidad como política exterior

En nuestro mundo globalizado, donde a menudo dominan los intereses económicos, adoptar una diplomacia económica basada en los principios Maqasid es más que una postura moral; es una necesidad estratégica. La diplomacia económica que prioriza la justicia, el bienestar social (Ummah) y el desarrollo sostenible (Watan) promete no sólo buena voluntad, sino también estabilidad y prosperidad globales a largo plazo.

Inversiones Sostenibles

Liderar con inversiones sostenibles va más allá de la filantropía; es un compromiso con una política exterior ética. Por ejemplo, cuando Alemania invierte en proyectos de energía renovable en países en desarrollo, sienta un poderoso precedente para combinar el crecimiento económico con la sostenibilidad. Imaginemos un mundo donde las naciones compitan no sólo por el poder económico sino también por su contribución al mejoramiento de las comunidades y la preservación del medio ambiente.

Imaginemos un mundo donde las actividades económicas, alineadas con los Maqasid, refuerzan el bienestar de la comunidad y la conservación de los recursos. Este enfoque no es sólo ético; representa un nuevo modelo de cooperación internacional, donde la prosperidad es compartida y sostenible.

Ética comercial

La incorporación de cláusulas éticas en los acuerdos comerciales es una poderosa herramienta para redefinir las relaciones económicas internacionales. Las naciones que abogan por acuerdos que garanticen prácticas laborales justas y una distribución equitativa de la riqueza (Mal) ponen en primer plano el bienestar humano y la justicia social. Consideremos cómo los acuerdos comerciales de la Unión Europea a menudo incluyen cláusulas de derechos humanos, que establecen un estándar para el comercio ético.

Imaginemos un mundo donde esas consideraciones éticas sean estándar, donde las asociaciones económicas se basen en la equidad y la justicia. Imaginemos a las naciones trabajando juntas para crear acuerdos comerciales que respalden salarios justos, condiciones de trabajo seguras y una distribución equilibrada de la riqueza. Esto no es utópico; es una visión práctica de la diplomacia económica que reconoce nuestra interdependencia global y prioriza el bienestar de todos, desde los trabajadores hasta los consumidores.

En conclusión, la diplomacia económica basada en Maqasid no es sólo una elección moral; es un camino estratégico hacia un mundo más estable, justo y próspero. Se trata de que las naciones den el ejemplo y demuestren que el éxito económico puede ser sinónimo de bienestar social y sostenibilidad ambiental. Esta visión de las relaciones internacionales, donde las acciones económicas están guiadas éticamente y contribuyen al bien común, no es sólo una aspiración; es posible lograrlo si adoptamos con valentía estos principios.

Diplomacia cultural: superar las divisiones mediante valores compartidos

En un mundo caracterizado por una rica diversidad cultural y, en ocasiones, divisiones, el papel de la diplomacia cultural, arraigada en los principios de Maqasid, es crucial. No es simplemente una oportunidad sino una necesidad de utilizar valores éticos compartidos para superar las divisiones y mejorar la unidad global.

Foros globales

Organizar eventos internacionales centrados en el nexo entre la cultura y Maqasid es una herramienta poderosa. Consideremos, por ejemplo, el Festival Cultural Mundial organizado por la Fundación El Arte de Vivir, que reúne a personas de diversas culturas para celebrar la unidad en la diversidad. Imaginemos foros similares donde las naciones se unen en exposiciones y conferencias, no sólo para compartir arte y música, sino también para defender una brújula moral común centrada en la justicia, la compasión y el bienestar.

Visualice un mundo donde la diplomacia cultural se extienda más allá de las exhibiciones nacionales para resaltar un compromiso colectivo con la santidad de la vida (Nafs), la dignidad humana y la armonía comunitaria (Ummah). Estos foros pueden servir como plataformas para el diálogo, la comprensión y la cooperación, desmantelando barreras culturales y fomentando un sentido más profundo de unidad.

Intercambios culturales

Facilitar intercambios educativos y culturales centrados en los principios Maqasid es una inversión en armonía global. Por ejemplo, el Programa Fulbright, que promueve el entendimiento mutuo a través del intercambio educativo, podría ser un modelo para programas que enfaticen los valores éticos y comunitarios. Imagine a estudiantes, artistas y académicos participando en intercambios que no solo exploran diversas tradiciones sino que también sumergen a los participantes en los valores éticos de Maqasid.

Imagine programas donde jóvenes de diversos orígenes estudien, creen y colaboren en entornos que prioricen la justicia, la compasión y el bienestar comunitario. Estos intercambios son más que un enriquecimiento cultural; Forman una generación de ciudadanos globales unidos por un marco ético, listos para enfrentar los desafíos globales con empatía y cooperación.

La diplomacia cultural, impregnada de los principios Maqasid, es una estrategia eficaz para tender puentes, fomentar el entendimiento y promover la unidad global. Prevé relaciones internacionales en las que la cultura sea un conector, no un divisor; donde los valores compartidos trascienden las diferencias; y donde la búsqueda de la justicia y la compasión se convierta en una fuerza unificadora. Este futuro no es un ideal lejano sino un objetivo tangible, alcanzable a través de cada intercambio cultural y foro global que iniciamos.

Liderazgo climático: la tutela de la Tierra

En una era en la que la salud de nuestro planeta es más precaria que nunca, aplicar los principios Maqasid a la diplomacia ambiental no es sólo una opción sino un imperativo. Como guardianes de la Tierra, nuestro deber moral es predicar con el ejemplo, abogando por políticas que protejan nuestra patria compartida (Watan) tanto para las generaciones actuales como para las futuras.

Pactos Ambientales

Liderar la negociación de acuerdos ambientales internacionales, impregnados del espíritu de protección de la patria (Watan), es una obligación crucial. Consideremos el Acuerdo de París, donde las naciones se unieron bajo una causa común y establecieron objetivos tangibles para reducir las emisiones de gases de efecto invernadero. Imaginemos pactos similares, inspirados en los valores éticos de Maqasid, que establezcan objetivos ambiciosos pero alcanzables para la mitigación del cambio climático, la protección de la biodiversidad y la preservación de los ecosistemas.

Imagine un compromiso colectivo para la transición a la energía renovable y la agricultura sostenible. Estos acuerdos priorizarían el bienestar ecológico a largo plazo sobre los intereses económicos a corto plazo, y encarnarían la justicia, la equidad y la sostenibilidad.

Administración global

Liderar iniciativas para proyectos de gestión sostenible de recursos Principios de Maqasid como soluciones a crisis ambientales. Tomemos, por ejemplo, los esfuerzos de colaboración en la selva amazónica para combatir la deforestación, donde naciones y organizaciones trabajan juntas bajo un compromiso ético compartido con el medio ambiente.

Estas iniciativas deben priorizar la justicia y el bienestar comunitario (Ummah), garantizando la igualdad de acceso a recursos vitales como agua potable y tierras fértiles. Al abogar por prácticas sostenibles, reconocemos el delicado equilibrio de nuestro planeta y la interconexión de todos los seres vivos.

Desafíos y pasos prácticos

Si bien la visión es clara, lograrla está plagada de desafíos como presiones económicas y resistencia política. Las naciones deben equilibrar el crecimiento económico con la preservación del medio ambiente, y esto a menudo requiere formulación de políticas innovadoras, asociaciones público-privadas e inversión en tecnologías verdes. Las naciones en desarrollo, que enfrentan diferentes desafíos, necesitan apoyo a través de transferencia de tecnología e iniciativas de creación de capacidad.

En resumen, el liderazgo climático arraigado en los principios Maqasid es más que una oportunidad para abordar cuestiones ambientales; es un deber moral salvaguardar nuestro planeta. Al abogar por pactos ambientales sólidos y fomentar la gestión global, podemos abrir el camino hacia un mundo donde la justicia, la equidad y la tutela ética estén al frente de nuestras acciones, asegurando un futuro sostenible para todas las generaciones.

Establecimiento de la paz: la autoridad moral en la resolución de conflictos

En un mundo frecuentemente marcado por la violencia, un nuevo enfoque para la resolución de conflictos guiado por los principios Maqasid no es sólo una opción; es un imperativo moral. Este camino representa un compromiso con la paz duradera, la preservación de la vida (Nafs) y la promoción de la armonía comunitaria (Ummah).

Mediación Ética

Consideremos el papel de Maqasid en la mediación de conflictos, como lo demuestran las exitosas conversaciones de paz en Irlanda del Norte. En estas negociaciones, el énfasis en la santidad de la vida (Nafs) y la justicia ayudó a superar divisiones de larga data. La mediación ética, bajo esta perspectiva, enfatiza el diálogo, la empatía y la reconciliación. Las naciones guiadas por estos principios abordan las negociaciones con un compromiso sincero de resolver los problemas subyacentes, más allá de las meras maniobras políticas.

Los mediadores facilitan debates que consideran el bienestar de las comunidades (Ummah) y luchan por la justicia y la reconciliación. El objetivo es crear no sólo un alto el fuego sino una base para una paz duradera y una coexistencia cooperativa.

Iniciativas de consolidación de la paz

Imaginemos programas internacionales para la consolidación de la paz que se centren en el bienestar comunitario (Ummah) y el crecimiento intelectual (Aql), similares a los proyectos de desarrollo comunitario vistos después del conflicto en Ruanda. Estas iniciativas transforman áreas de conflicto en comunidades de reconciliación y crecimiento.

Dichos programas dan prioridad al bienestar de las poblaciones afectadas y brindan apoyo para reconstruir vidas e infraestructuras. Destacan la educación como herramienta para la comprensión, la tolerancia y la empatía. Las naciones invierten en el futuro apoyando iniciativas que crean oportunidades económicas, acceso a la atención médica y promueven intercambios culturales, ayudando a comunidades previamente desgarradas por conflictos a sanar y reconstruir juntas.

Desafíos y participación más amplia de las partes interesadas

Implementar esta visión en climas geopolíticos complejos es un desafío. Requiere superar el escepticismo y la resistencia, exigiendo a menudo la participación de una amplia gama de partes interesadas, incluidas organizaciones internacionales, ONG y comunidades locales. Generar confianza y garantizar una participación inclusiva son cruciales.

Perspectivas diversas

Este enfoque debe ser adaptable a diversos contextos culturales y políticos, reconociendo que la aplicación de los principios Maqasid puede diferir entre regiones. Respetar las costumbres y los puntos de vista locales es esencial para elaborar soluciones de paz universalmente aceptables y efectivas.

El establecimiento de la paz, impregnado de los principios Maqasid, trasciende las estrategias diplomáticas tradicionales. Al adoptar la mediación ética e invertir en iniciativas de consolidación de la paz, podemos transformar las zonas de conflicto en comunidades de esperanza y cooperación. Este enfoque no se trata sólo de resolver disputas; se trata de fomentar un mundo donde los conflictos se aborden éticamente, se preserven vidas y las comunidades prosperen en armonía. Adoptar esta visión es esencial para el bienestar de todos y allana el camino para una sociedad global más pacífica.

La vanguardia ética de un nuevo orden global

Mientras el mundo se encuentra en una encrucijada fundamental, el camino que elijamos ahora moldeará de manera indeleble nuestro futuro colectivo. Abrazar los principios sagrados de Maqasid en nuestras interacciones globales es más que una elección; es un compromiso profundo para forjar una nueva era de compromiso global ético.

En este orden global imaginado, la ética no es sólo una adición sino la piedra angular de las relaciones internacionales. Este enfoque no se trata únicamente de hacer lo correcto; se trata de buscar la justicia, la equidad y la sostenibilidad. Liderar con integridad moral demuestra que las consideraciones éticas, lejos de ser debilidades, son los activos más formidables de la diplomacia global.

Sin embargo, este ideal enfrenta desafíos reales. En el panorama actual de la realpolitik, donde a menudo prevalecen el poder y el interés propio, pasar a un enfoque centrado en la ética requiere pasos graduales y estratégicos. Las naciones deben sortear realidades geopolíticas complejas y, en ocasiones, intereses contradictorios. Lograr consenso, particularmente con naciones o entidades que inicialmente quizás no compartan esta visión, es un proceso crítico y continuo.

Para hacer operativo este paradigma ético, las naciones pueden comenzar por incorporar los principios Maqasid en acuerdos bilaterales y multilaterales. Los foros y organizaciones internacionales pueden servir como plataformas para defender estos valores, influyendo en las políticas y decisiones en varios niveles. Las tendencias actuales, como la creciente atención prestada al desarrollo sostenible y los derechos humanos en los foros globales, indican el comienzo de este cambio.

Este nuevo orden redefine la diplomacia global, abogando por la colaboración no sólo para los intereses nacionales sino también para el bienestar colectivo de la humanidad. Es un llamado a elevar nuestro discurso, a ir más allá de los logros a corto plazo y a adoptar una visión holística del progreso.

Al defender estos principios, las naciones se convierten en faros de liderazgo ético, inspirando a otros y formando alianzas basadas en valores compartidos. Este escenario internacional transformado se convierte en una plataforma para la colaboración ética, donde cada nación, independientemente de su tamaño o influencia, es valorada por su compromiso con la justicia, la compasión y la sostenibilidad.

En esta vanguardia ética, los derechos humanos, la justicia económica, el intercambio cultural, la gestión ambiental y el establecimiento de la paz no son esfuerzos aislados sino facetas interconectadas de un movimiento global. Este movimiento, que encarna los ideales de Maqasid, se convierte en una poderosa fuerza de cambio, demostrando que un mundo mejor no sólo es posible sino imperativo.

En conclusión, proyectar los principios Maqasid más allá de nuestras fronteras es más que una estrategia diplomática; es una declaración de nuestra dedicación a un mundo más ético, justo y equitativo. Subraya la creencia de que las naciones pueden y deben liderar con valores, lo que demuestra que las consideraciones éticas son esenciales para forjar un futuro mejor. El camino es claro y la elección, aunque desafiante, vale la pena tomarla para el bienestar de nuestra comunidad global y de las generaciones venideras.

La vanguardia ética: dando forma a una comunidad global

Proyectar los principios Maqasid en el escenario global representa más que cambios de políticas; es una declaración profunda de nuestras intenciones globales. Significa un compromiso de ser parte de una comunidad internacional guiada por una brújula moral, que valora la justicia, la compasión y el bien común. Este esfuerzo no se trata de remodelar el mundo a nuestra propia imagen, sino a la imagen de nuestro mejor yo colectivo.

En un mundo a menudo dominado por intereses geopolíticos y la autodeterminación de prioridades nacionales, defender estos principios sagrados a nivel mundial marca un alejamiento significativo de las normas convencionales. Es una declaración de que nos negamos a permanecer pasivos en un mundo que enfrenta diversos desafíos. En cambio, elegimos ser creadores activos de una comunidad global que refleje las aspiraciones más elevadas de nuestra humanidad compartida.

Por ejemplo, la aplicación de estos principios se puede ver en iniciativas como los Objetivos de Desarrollo Sostenible (ODS) de las Naciones Unidas, que unen a las naciones en un esfuerzo global para abordar desafíos importantes como la pobreza, la desigualdad y el cambio climático. Este compromiso trasciende las fronteras nacionales y las divisiones culturales o religiosas, y encarna un llamado universal a respetar la dignidad individual, defender la santidad de la vida y promover el bienestar comunitario.

Al proyectar los principios Maqasid en nuestras interacciones globales, pretendemos crear un mundo donde la diplomacia esté impulsada éticamente, donde las naciones colaboren no sólo para su propio beneficio sino también para el bien colectivo. Esta visión remodela la dinámica de las relaciones internacionales, alejándose de perspectivas de suma cero hacia una mentalidad de prosperidad ética compartida.

Sin embargo, esta visión no está exenta de desafíos. En el complejo panorama de la política internacional, alinear a diversas naciones con diferentes intereses y valores en un marco ético común requiere diplomacia, paciencia y, a menudo, compromiso. Es un proceso gradual que implica equilibrar el idealismo con las realidades prácticas del mundo.

Este esfuerzo también refleja nuestra creencia en el potencial para un cambio positivo. Es un rechazo a la noción de que el mundo debe seguir atrapado en el conflicto, la desigualdad y la degradación ambiental. Más bien, afirma que podemos y debemos esforzarnos por lograr un mundo en el que la paz supere al conflicto, la equidad prevalezca sobre la injusticia y la gestión ambiental sea una prioridad.

En conclusión, adoptar los principios Maqasid a escala global es un paso audaz hacia la redefinición de nuestra comunidad internacional. Es un compromiso con un mundo donde la ética, la justicia y la compasión no sean meras aspiraciones sino principios rectores centrales. Es una declaración de nuestra elección de ser arquitectos de un mundo mejor y más alineado éticamente, que refleje nuestros valores compartidos e ideales más elevados.

Conclusión: Su llamado a la acción: hacer inevitable un mundo mejor

Hoy os encontráis en una encrucijada y no estáis equipados con armas, sino con ideas y principios transformadores. Este es su llamado a la acción, un llamado que trasciende la retórica y exige un cambio tangible. Le insta a trasladar estas ideas de la teoría académica y la planificación burocrática al ámbito de la implementación práctica. Su misión es defender, implementar y encarnar estos principios, haciendo que un mundo mejor pase de ser una posibilidad a una inevitabilidad.

En el gran tapiz de la historia, momentos como este son raros. Son tiempos en los que visionarios y líderes convergen para redefinir la narrativa de la humanidad. Ahora es ese momento: una oportunidad para incorporar las aspiraciones de justicia, compasión y gobernanza ética en nuestro tejido social. Sin embargo, esta ventana de oportunidad es breve y los desafíos son importantes.

Tienen el plan para un mundo donde la gobernanza ética sea estándar. Esto implica medidas prácticas como abogar por procesos transparentes de toma de decisiones, apoyar políticas que prioricen el desarrollo sostenible y fomentar relaciones internacionales impulsadas por la empatía y el respeto mutuo. Se trata de promover una diplomacia que reconozca el bienestar común de toda la humanidad, no sólo los intereses geopolíticos.

Pero recuerde, cada oportunidad conlleva desafíos. El camino hacia el cambio transformador está plagado de obstáculos. La resistencia, la inercia y los reveses son inevitables. Sin embargo, es en la adversidad donde se forjan los verdaderos líderes: aquellos inquebrantables en su búsqueda de justicia y compasión.

Para hacer realidad esta visión, debemos abogar incansablemente por la gobernanza ética y los derechos humanos, tanto a nivel local como global. Desafíe a los líderes, altere el status quo y sea el catalizador del cambio. Implementar políticas que reflejen los principios Maqasid y ser las voces que resuenan con el poder, instando a los tomadores de decisiones hacia un liderazgo ético.

Más allá de la promoción, viva estos principios. Como individuos y comunidades, encarnen los valores que defienden. Deje que sus acciones reflejen su compromiso con la justicia y la compasión, sirviendo como un faro para los demás.

En conclusión, la historia está formada por aquellos que aprovechan el momento, están a la altura del desafío y convierten la visión en realidad. Este es tu llamado a la acción. El mundo mejor que imaginas no sólo es posible; está a tu alcance si lo abordas con valentía, determinación y un plan claro. Sus acciones y compromiso pueden garantizar que esta visión se convierta en una parte inevitable de nuestro futuro colectivo.

Las oportunidades para la paz y la colaboración globales: el imperativo Maqasid

Un nuevo plan para la armonía global: liberar el potencial no aprovechado

Mientras navegamos por un mundo caracterizado a menudo por conflictos, desigualdad y desafíos ambientales, la aplicación de los principios Maqasid en el escenario internacional ofrece una oportunidad única para remodelar la dinámica global. Esto es más que un ideal elevado; es una visión práctica y ética con el potencial de alterar fundamentalmente la naturaleza de las relaciones internacionales.

Imaginemos un mundo donde las naciones colaboren como socios en la búsqueda del bien común. Este panorama global no sólo defendería la paz como objetivo diplomático sino que la integraría en el núcleo mismo de la política internacional, impulsada por la santidad de la vida (Nafs), el bienestar de las comunidades (Ummah), la protección ambiental (Watan), la distribución equitativa de la riqueza. (Mal), y desarrollo intelectual y cultural (Aql). Esta visión, lejos de ser una quimera, es una realidad alcanzable.

Sin embargo, la implementación de los principios Maqasid no está exenta de desafíos. El camino hacia la armonía global requiere navegar por paisajes políticos complejos y superar barreras de desconfianza e intereses contrapuestos. Por ejemplo, el Acuerdo de París sobre el cambio climático ejemplifica cómo las naciones pueden unirse por una causa ambiental común, pero también muestra las dificultades para lograr una acción unificada.

Lo central para Maqasid es la preservación de la vida humana (Nafs). Podemos inspirarnos en iniciativas internacionales como los Convenios de Ginebra, que establecen normas en el derecho internacional para el tratamiento humanitario en la guerra. Un mundo en el que los esfuerzos diplomáticos den prioridad a la paz y la resolución de conflictos como objetivos no negociables está a nuestro alcance, pero requiere un diálogo persistente y un compromiso firme con los principios humanitarios.

El bienestar de las comunidades (Ummah) es vital. Un paso práctico hacia este objetivo es mejorar la eficacia de la ayuda internacional, garantizando que no sea meramente simbólica sino que atienda genuinamente las necesidades de las comunidades receptoras, permitiéndoles volverse autosuficientes.

La gestión ambiental (Watan) exige una cooperación global más allá de los meros acuerdos políticos. Modelos exitosos como la colaboración internacional para la preservación de la capa de ozono a través del Protocolo de Montreal ilustran cómo la acción colectiva puede generar importantes beneficios ambientales. Este principio puede guiarnos hacia acuerdos internacionales que realmente aborden cuestiones críticas como el cambio climático, la deforestación y el agotamiento de los recursos.

La distribución equitativa de la riqueza (Mal) desafía las disparidades económicas existentes. Un enfoque eficaz podría implicar repensar las políticas comerciales internacionales para apoyar el comercio justo, asegurando que la riqueza generada beneficie a todas las partes de manera equitativa, especialmente aquellas en las naciones menos desarrolladas. Modelos como las iniciativas de microfinanzas en los países en desarrollo, que potencian las economías locales, pueden servir como ejemplos de cómo cerrar la brecha de riqueza a escala global.

El fomento del intelecto y la cultura (Aql) enfatiza el papel de la educación y el intercambio cultural. Los programas educativos internacionales, al igual que las iniciativas de intercambio de estudiantes, pueden fomentar una comprensión y un respeto globales, rompiendo las barreras de la ignorancia y los prejuicios.

Esta visión de una comunidad global guiada por los principios Maqasid se basa en enfoques pragmáticos que resuenan en diversas culturas y sistemas políticos. Es un llamado a la acción para que todas las naciones vayan más allá de paradigmas obsoletos y abracen un futuro donde la paz, la justicia y la sostenibilidad no sean sólo ideales, sino realidades.

En conclusión, el marco Maqasid ofrece un plan transformador para las relaciones globales. Si bien existen desafíos, la implementación exitosa de estos principios en diversos contextos demuestra su viabilidad. Este no es sólo un concepto teórico; es un imperativo práctico para nuestro tiempo, que exige una acción colectiva para forjar un mundo mejor para todos.

Resolución de conflictos: la ruta ética hacia la paz

Imaginemos un mundo donde los conflictos no se resuelvan mediante la fuerza o las luchas de poder, sino mediante la aplicación de valores humanos compartidos y el diálogo. Esta visión, basada en los principios éticos de Maqasid, ofrece una ruta práctica y ética hacia una paz duradera. Es una visión en la que las disputas globales se abordan no con armas, sino con un compromiso de comprensión, compasión y reconciliación.

En el centro de Maqasid se encuentra el reconocimiento de los valores humanos universales que trascienden las diferencias nacionales, culturales y religiosas. Estos valores podrían convertirse en el terreno común para la mediación de conflictos, ofreciendo un medio para salvar divisiones y fomentar debates significativos. En este escenario ideal, la diplomacia pasa de un ejercicio competitivo a un proceso colaborativo que respeta la vida (Nafs) y promueve la armonía comunitaria (Ummah).

Sin embargo, convertir esta visión en realidad presenta desafíos importantes. Los conflictos a menudo surgen de agravios históricos profundamente arraigados, disparidades económicas y malentendidos culturales. Una mediación eficaz requiere no sólo buena voluntad sino también una comprensión matizada de estos complejos factores. Ejemplos del mundo real, como las negociaciones de paz en Sudáfrica después del apartheid o el proceso de paz en Irlanda del Norte, ilustran cómo la aplicación de valores compartidos, junto con una comprensión profunda de las cuestiones subyacentes, puede conducir a una resolución exitosa del conflicto.

En este marco, la diplomacia preventiva, un enfoque proactivo para abordar los conflictos emergentes, es vital. Al participar activamente en el diálogo y comprender los posibles impulsores del conflicto, las naciones pueden trabajar para calmar las tensiones antes de que se intensifiquen. Este enfoque exige un cambio de una diplomacia reactiva a una diplomacia proactiva, donde se dé prioridad a la santidad de la vida (Nafs) y al bienestar comunitario (Ummah) para evitar que surjan conflictos.

En este mundo imaginado, la responsabilidad ética se extiende más allá de los intereses nacionales. Las naciones reconocen la interconexión de la comunidad global y comprenden que sus acciones tienen consecuencias de largo alcance. La búsqueda de la paz se convierte no sólo en una opción estratégica sino en un imperativo moral, donde los líderes no sólo son responsables ante sus ciudadanos sino también ante la comunidad internacional en general.

La inclusión de diversos actores (organizaciones internacionales, ONG, grupos de la sociedad civil e incluso individuos) es crucial en este proceso. Cada uno desempeña un papel distinto en la resolución de conflictos, desde proporcionar ayuda humanitaria y facilitar el diálogo hasta monitorear los altos el fuego y reconstruir las sociedades posconflicto.

Esta visión de paz y colaboración globales no es un sueño lejano, sino un camino que requiere esfuerzo y dedicación concertados. Nos desafía a priorizar la santidad de la vida, el bienestar de las comunidades y la prevención del sufrimiento relacionado con los conflictos. Al adoptar los principios Maqasid como guía, podemos pasar de ser observadores pasivos a participantes activos en la creación de un mundo más justo, pacífico y armonioso. El camino ético hacia la paz está ante nosotros y es nuestra responsabilidad colectiva seguirlo con compromiso y acción.

Alianzas globales: más allá de la conveniencia política

Imaginemos un mundo donde las alianzas entre naciones no se basen en una conveniencia política fugaz sino en un compromiso firme con los principios éticos. Imaginemos coaliciones internacionales que sirvan como poderosos impulsores del bienestar colectivo, trascendiendo las preocupaciones tradicionales de seguridad. Esta visión, arraigada en la base ética de Maqasid, ofrece un enfoque transformador a las alianzas globales, remodelando las relaciones internacionales con un enfoque en los valores humanos compartidos.

En este mundo, las naciones se unen para formar coaliciones éticas guiadas por los principios Maqasid, que trascienden intereses políticos estrechos. Estas alianzas emergen como faros de valores compartidos, que defienden el bienestar de la humanidad (Ummah) y el bien común. Representan un cambio de un paradigma en el que la seguridad es sinónimo de poder militar a uno en el que abordar las causas profundas del conflicto, la pobreza y la desigualdad es primordial.

Sin embargo, la transición a esta nueva forma de alianza global plantea desafíos importantes. El panorama geopolítico actual a menudo está impulsado por dinámicas de poder e intereses nacionales. Superar estos sistemas arraigados requiere un enfoque gradual, comenzando con colaboraciones a pequeña escala centradas en cuestiones específicas como el cambio climático o la salud pública. Los modelos exitosos como las iniciativas de ayuda humanitaria de la Unión Europea, que a menudo trascienden los intereses políticos por un bien mayor, proporcionan un modelo de cómo se pueden integrar las consideraciones éticas en la cooperación internacional.

Estas coaliciones éticas, que promueven la santidad de la vida (Nafs), el bienestar comunitario (Ummah) y los principios de justicia y equidad, podrían remodelar la formulación de políticas globales. Trabajarían para abordar cuestiones como el cambio climático y la pobreza con una dedicación colectiva a los valores éticos, trascendiendo la mera retórica.

De estas coaliciones éticas también podría surgir un sistema de gobernanza global reinventado. Las propuestas para reestructurar organizaciones internacionales, como las Naciones Unidas, para incorporar los principios Maqasid en los procesos de toma de decisiones reflejan este cambio. Es un cambio de una política de poder a un sistema centrado en la ética, la justicia y el bienestar global.

El impacto de tales coaliciones y de un marco de gobernanza renovado podría ser profundo. La búsqueda de la paz, la justicia y la prosperidad se convertiría en un objetivo colectivo, que trascendería los intereses de unas pocas naciones poderosas. Este enfoque protegería a los vulnerables, abordaría las desigualdades y defendería la dignidad humana.

Esta visión no es mero idealismo; es una respuesta necesaria a los desafíos globales de hoy. El cambio climático, las crisis sanitarias y la difícil situación de los refugiados exigen soluciones colaborativas arraigadas en marcos éticos. Es imperativo ir más allá de los estrechos intereses nacionales para abrazar el bien común.

Crear alianzas basadas en valores éticos compartidos no es sólo un llamado a la acción; es una necesidad para dar forma a un mundo mejor. Este futuro, guiado por los principios Maqasid y el bienestar colectivo, está a nuestro alcance, a la espera de nuestro compromiso y acción colectiva para realizarlo.

Asociaciones económicas: prosperidad a través de la ética

Imaginemos un mundo en el que las asociaciones económicas vayan más allá de las pérdidas y ganancias y estén ancladas en principios éticos que defiendan el desarrollo sostenible y la distribución equitativa de la riqueza. Esta visión, guiada por los principios de Maqasid, transforma las asociaciones económicas en asociaciones éticas: no sólo una posibilidad, sino un imperativo para nuestros tiempos.

En este mundo imaginado, las naciones predican con el ejemplo, participando en proyectos de desarrollo global que se alinean con los principios Maqasid. Estas iniciativas priorizan el desarrollo sostenible (Watan) y la distribución equitativa de la riqueza (Mal). La prosperidad económica no se persigue a expensas del medio ambiente o de las comunidades sino en armonía con el bien común.

Ejemplos del mundo real, como los programas de microfinanzas en Bangladesh o iniciativas comerciales sostenibles como el Comercio Justo, demuestran cómo se pueden integrar consideraciones éticas en los modelos económicos. Estos programas han demostrado que el éxito financiero puede coincidir con la responsabilidad social y ambiental.

Sin embargo, la transición a este modelo no está exenta de desafíos. Superar sistemas económicos arraigados impulsados por las ganancias requiere enfoques innovadores, reformas de políticas y, a menudo, un cambio en el comportamiento del consumidor. Los intereses corporativos y la resistencia política pueden plantear obstáculos importantes, pero pueden mitigarse mediante regulaciones, incentivos y campañas de concientización pública.

Las asociaciones económicas éticas se basan en el concepto de que la riqueza va más allá del mero valor monetario e incluye el bienestar tanto de las personas como del planeta. En este modelo, las decisiones económicas priorizan la justicia y la igualdad, cuestionando las prácticas convencionales y reformando las políticas económicas.

Además, estas asociaciones tienen como objetivo reformar las relaciones comerciales, promoviendo sistemas en los que los beneficios se compartan equitativamente entre todas las partes. Se trata de construir un ecosistema económico global donde se comparta la prosperidad y se aborden activamente las disparidades.

El impacto de tales asociaciones sería profundo. El crecimiento económico se convertiría en sinónimo de sostenibilidad ambiental. Las naciones empobrecidas recibirían oportunidades justas de crecimiento, no agobiadas por la deuda sino fortalecidas por relaciones económicas equitativas. La riqueza no sería acaparada por unos pocos sino distribuida equitativamente, defendiendo la dignidad de cada individuo.

Esta visión es un imperativo ético en respuesta a las crisis ambientales, las disparidades de riqueza y las injusticias sociales exacerbadas por nuestros modelos económicos actuales. Exige un cambio hacia un marco económico en el que la ética sea integral, no una ocurrencia tardía.

Las asociaciones económicas éticas son más que prosperidad; se trata de justicia, sostenibilidad y bienestar colectivo. Este futuro, en el que las decisiones económicas se toman concienzudamente y la riqueza se persigue de forma ética, está a nuestro alcance. Exige la acción colectiva de gobiernos, empresas, organizaciones internacionales y consumidores. Esto no es sólo un llamado a la acción; es un llamado a remodelar el panorama económico mundial, una asociación ética a la vez. Este futuro no es sólo un sueño sino una realidad factible que espera que la aceptemos.

Responsabilidad Ambiental: Cuidado Colectivo del Planeta

Imaginemos un mundo donde las naciones trasciendan la retórica y se unan activamente para proteger nuestro planeta. Visualice un futuro donde el cuidado de la Tierra (Watan) sea una responsabilidad global compartida, parte integral de las relaciones internacionales. Este mundo ve la gestión ambiental no sólo como una preocupación local sino como una piedra angular de la cooperación global.

En este mundo imaginado, las naciones priorizan el bienestar del planeta por encima de sus estrechos intereses propios. Lideran o apoyan iniciativas de sostenibilidad global que se alinean con el principio sagrado de protección de la patria (Watan). Estas iniciativas tienen un impacto e impulsan una gestión responsable a escala global. La preservación del medio ambiente se convierte en una obligación ética, no en una mera elección.

Por ejemplo, la respuesta mundial al agotamiento de la capa de ozono, que culminó con el Protocolo de Montreal, demuestra cómo la acción colaborativa puede abordar eficazmente las crisis ambientales. Imagínese expandir este espíritu cooperativo a otras áreas como la reforestación, la preservación de la vida silvestre y la lucha contra el cambio climático. Las naciones trabajan juntas en esfuerzos transnacionales de conservación, reconociendo que la salud de nuestro planeta está interconectada con toda la vida.

La gestión ambiental ética presenta una oportunidad para la unidad. Es una oportunidad para que las naciones combinen recursos, conocimientos y tecnologías para combatir los desafíos ambientales. Fomenta las relaciones diplomáticas, genera confianza y establece responsabilidad colectiva. Esta cooperación no es una carga sino una oportunidad de construir una comunidad global más armoniosa.

Además, esta gestión es una inversión en nuestro futuro. Reconocer que las acciones de hoy impactan a las generaciones futuras es un compromiso de salvaguardar el planeta para nuestros niños y más allá. Es entender que la Tierra, un recurso finito, requiere una gestión cuidadosa y respetuosa.

En esta visión, las naciones se convierten en líderes en la gestión responsable de los recursos. El crecimiento económico se alinea con prácticas sostenibles, asegurando el bienestar de las generaciones actuales y futuras. Las políticas de recursos naturales se guían por consideraciones éticas, pasando de la explotación a la utilización sostenible.

Esta visión es un imperativo ético, no un sueño lejano. Los desafíos ambientales que enfrentamos, desde el cambio climático hasta la pérdida de biodiversidad, exigen soluciones colectivas y viables. Es hora de que las naciones pasen de las promesas a medidas concretas y asuman su función rectora.

El cuidado colectivo de nuestro planeta no se trata únicamente de preservar la naturaleza; se trata de salvaguardar nuestro futuro compartido. Esta visión es un llamado a todas las naciones para que acepten su deber moral de proteger la Tierra. Es un llamado a la acción unificada y la armonía sostenible: un futuro por el que debemos trabajar activamente por el bien de nuestro planeta y todos sus habitantes.

Justicia social: un movimiento global

Imaginemos un mundo donde las naciones defiendan la justicia social no como una agenda secundaria sino como un compromiso global primario. Este futuro, arraigado en el marco ético de Maqasid, prevé un esfuerzo concertado para erradicar la pobreza, ampliar el acceso a la educación y garantizar la atención sanitaria universal. Esta visión va más allá de las fronteras y transforma la justicia social en un movimiento que resuena a nivel mundial.

En este mundo imaginado, las plataformas internacionales se convierten en escenarios no sólo para promover los intereses nacionales sino también para defender vigorosamente cuestiones sociales alineadas con los principios Maqasid. Las naciones se hacen oír en su lucha contra la pobreza, no por caridad, sino impulsadas por un imperativo moral. Defienden la educación como un derecho fundamental, entendiendo que el conocimiento (Aql) es esencial para el potencial humano y el crecimiento social.

Además, estas naciones abogan por la atención sanitaria universal, defendiendo la preservación de la vida (Nafs) como primordial. Reconocen que la justicia social implica más que la redistribución de la riqueza; se trata de garantizar oportunidades equitativas de dignidad y bienestar para todos.

Por ejemplo, iniciativas como los Objetivos de Desarrollo Sostenible (ODS) de las Naciones Unidas proporcionan un modelo de cómo las naciones pueden colaborar en estos frentes. Sin embargo, el desafío radica en pasar de la política a la acción. Superar la inercia política, las diferencias culturales y las barreras económicas requiere un esfuerzo concertado, políticas innovadoras y una sólida cooperación internacional.

En este mundo, el liderazgo humanitario eclipsa el dominio militar y económico. Las naciones inician o apoyan misiones humanitarias que reflejan los principios Maqasid, priorizando la preservación de la vida (Nafs) y el bienestar de la comunidad (Ummah). Este enfoque sienta un precedente para una acción global ética, donde la compasión trasciende las fronteras.

Esta visión de justicia social no se trata de promesas vacías sino de acciones tangibles e impactos mensurables. Las naciones colaboran para abordar las causas profundas de las injusticias sociales, creando soluciones sostenibles y de largo plazo. La justicia social se convierte en un objetivo unificador, que trasciende las diferencias políticas y culturales y nos recuerda nuestra humanidad compartida y nuestros destinos interconectados.

Al reconocer la diversidad de contextos globales, esta visión de justicia social adapta los principios Maqasid para que se ajusten a diversos marcos culturales y políticos, garantizando inclusión y relevancia. Es un llamado a la solidaridad global, donde cada nación contribuye según sus capacidades y contexto.

Éste no es un sueño utópico sino un imperativo ético. Los desafíos apremiantes de la pobreza, la disparidad educativa y la insuficiencia de la atención sanitaria exigen una respuesta global. Es hora de que las naciones dejen de lado los intereses propios y asuman su papel de campeones de la justicia social.

Las naciones no sólo deben perseguir su bienestar sino también contribuir activamente al bienestar colectivo de la humanidad. Un mundo donde prospera la justicia social es un mundo de mayor estabilidad, prosperidad y armonía. Es un futuro en el que cada individuo tiene la oportunidad de alcanzar su potencial, enriqueciendo la experiencia humana global.

El llamado a la justicia social es a la vez un imperativo moral y un llamado práctico a la acción. Invita a las naciones a colaborar, innovar y marcar una diferencia sustancial en miles de millones de vidas. Este futuro, en el que la justicia social sea una realidad global, no sólo es alcanzable; es esencial y está a nuestro alcance colectivo.

Maqasid: allanando el camino para una unidad global ética

En un mundo frecuentemente afectado por conflictos, desigualdad y degradación ambiental, la perspectiva de paz y colaboración globales puede parecer lejana. Sin embargo, la aplicación de los principios Maqasid ofrece un plan pragmático para reformar las relaciones internacionales. Este enfoque no es una fantasía utópica sino una estrategia tangible arraigada en las realidades interconectadas de nuestro mundo.

Maqasid proporciona un marco integral que aborda desafíos globales clave, enfatizando la preservación de la vida, el bienestar comunitario, el desarrollo sostenible, la distribución equitativa de la riqueza, el crecimiento intelectual y la protección del medio ambiente. Se trata de objetivos tangibles, ejemplificados por iniciativas como los Objetivos de Desarrollo Sostenible (ODS) de las Naciones Unidas, que reflejan el espíritu de Maqasid en su alcance y ambición globales.

Las naciones pueden elegir un camino diferente en la resolución de conflictos dando prioridad a la santidad de la vida (Nafs) y la armonía comunitaria (Ummah). La mediación ética, como se vio en los esfuerzos diplomáticos que llevaron al Acuerdo de París sobre el cambio climático, demuestra cómo se pueden encontrar puntos en común sin recurrir a la violencia. Este enfoque no es idealista sino una elección consciente accesible a las naciones de hoy.

Considere un panorama económico donde los acuerdos comerciales priorizan la justicia y las prácticas laborales éticas (Mal). Las naciones pueden dar ejemplo invirtiendo en proyectos que se centren en el bienestar social (Ummah) y el desarrollo sostenible (Watan). Esa transformación ya está tomando forma en iniciativas como las políticas comerciales de la Unión Europea, que incorporan cada vez más estándares sociales y ambientales.

Además, imaginemos que la ayuda humanitaria priorice el desarrollo sostenible sobre las soluciones a corto plazo, guiada por los principios de preservación de la vida (Nafs) y bienestar comunitario (Ummah). Los esfuerzos de colaboración, como la respuesta global a la pandemia de

COVID-19, muestran cómo las naciones pueden unirse para abordar las necesidades inmediatas manteniendo al mismo tiempo la sostenibilidad a largo plazo como foco de atención.

Las alianzas globales pueden evolucionar más allá de la conveniencia política, formándose en torno a valores compartidos y un compromiso con los principios Maqasid. Estas alianzas podrían abogar por una gobernanza ética e influir en organismos internacionales como las Naciones Unidas, pasando de una gobernanza global centrada en el poder a una gobernanza global centrada en la ética.

La diplomacia ambiental, respaldada por Maqasid, puede conducir a acuerdos climáticos significativos. Las naciones que colaboran en objetivos ambientales ambiciosos muestran que proteger nuestro planeta compartido (Watan) no es una ilusión sino un objetivo colectivo a nuestro alcance.

Esta visión no es sólo una aspiración; es un llamado práctico a la acción. Los desafíos que enfrentamos exigen una respuesta colectiva basada en principios éticos. Es un llamado a líderes, formuladores de políticas y ciudadanos a adoptar una visión transformadora y colaborar para lograr un orden global más justo, equitativo y sostenible.

Comencemos este viaje ahora. Reemplazando el conflicto por colaboración y la división por unidad, podemos remodelar la narrativa de las relaciones internacionales. Esta es nuestra oportunidad no sólo de hacer historia sino de redefinirla de acuerdo con nuestros más elevados ideales éticos. Aprovechemos este momento para crear un legado preciado para las generaciones futuras. El camino hacia un mundo mejor comienza con nosotros y comienza hoy.

Redefiniendo el futuro: un llamado a la unidad ética en las relaciones globales

A lo largo de la historia, ha habido momentos cruciales en los que las civilizaciones se han levantado para enfrentar desafíos formidables, impulsadas por visionarios y líderes que se atrevieron a imaginar un mundo mejor. Hoy nos encontramos en la cúspide de una oportunidad transformadora similar. La narrativa de larga data de las relaciones internacionales, caracterizada por luchas de poder y divisiones, está lista para cambiar. Poseemos el poder colectivo para redefinir esta narrativa, dirigiéndola hacia la colaboración, la unidad y la gobernanza ética.

Imaginemos un mundo en el que las naciones cambien sus perspectivas de adversarias a cooperativas, uniéndose frente a desafíos globales como la pobreza, el cambio climático y las crisis sanitarias. Imaginemos una comunidad global donde el diálogo triunfa sobre el conflicto y el bienestar mutuo eclipsa los estrechos intereses nacionales. Esta visión no es mera fantasía; es un objetivo realista que comienza con un cambio fundamental en la forma en que abordamos las relaciones globales.

Sin embargo, lograr esta visión requiere que afrontemos desafíos reales. La inercia política, las disparidades económicas y las diferencias culturales son obstáculos importantes. Para superarlos, las naciones pueden comenzar por participar en esfuerzos de colaboración a pequeña escala, generando confianza y entendimiento mutuo. Estos pasos iniciales pueden sentar las bases para una cooperación más amplia.

Los principios de Maqasid (priorizar el bienestar de todos, preservar la vida y buscar la justicia) ofrecen una brújula moral en este viaje. En lugar de dejar que las divisiones dicten nuestras interacciones, podemos alinear nuestras políticas y acciones con estos principios éticos. Sin embargo, este enfoque debe ser adaptable a los diversos paisajes políticos y culturales de nuestro mundo, asegurando que estos principios resuenen universalmente.

Ahora es el momento de actuar, no de complacerse. Tenemos la tarea de dirigir la historia hacia un mundo marcado por la justicia, la equidad y la gobernanza ética. Esta no es una responsabilidad que deba remitirse a las generaciones futuras, sino un llamado inmediato para los líderes y ciudadanos de hoy.

Al emprender este camino, debemos comprometernos con la unidad sobre la división, la colaboración sobre el conflicto. Cada decisión, alianza y política debe reflejar nuestro compromiso con los ideales éticos. El viaje hacia un mundo mejor comienza con nuestras decisiones de hoy.

Este nuevo capítulo en la historia de la humanidad no se trata sólo de redefinir cómo interactúan las naciones; se trata de crear un legado que las generaciones futuras apreciarán: un mundo donde la justicia, la unidad y la colaboración no sean sólo ideales sino realidades. El camino a seguir comienza con nosotros y comienza ahora. Aprovechemos este momento con determinación y esperanza, asumiendo nuestro papel en la configuración de un mundo definido por nuestras más altas aspiraciones éticas.

Conclusión: El amanecer de una nueva era en las relaciones globales

Imaginemos un mundo donde los paradigmas tradicionales de la política de poder den paso a una nueva era en las relaciones globales, anclada en los profundos principios de Maqasid. Esta visión transformadora redefine nuestro compromiso con el mundo, abogando por una comunidad global armoniosa y ética.

En este futuro, el escenario internacional pasará de ser un campo de batalla de supremacía a un foro para la colaboración y el progreso compartido. Las naciones se unen no sólo para la coexistencia sino para la cooperación activa, abordando los desafíos apremiantes de la humanidad, desde la pobreza y los conflictos hasta el cambio climático y la injusticia social.

La base de esta nueva era es la gobernanza ética. Las naciones se comprometen con los principios Maqasid en sus relaciones internacionales, comprometiéndose a defender la preservación de la vida (Nafs), el bienestar comunitario (Ummah), el desarrollo sostenible (Watan), la riqueza equitativa (Mal), el crecimiento intelectual (Aql) y la protección de nuestro planeta (Watan).).

Imaginemos unas Naciones Unidas donde los principios Maqasid guíen cada decisión, fomentando un mundo que busque el bien común más allá de los estrechos intereses nacionales. La diplomacia evoluciona hacia un compromiso moral, con conflictos resueltos a través de una mediación ética, enfatizando la santidad de la vida (Nafs) y la armonía comunitaria (Ummah).

Sin embargo, hacer realidad esta visión enfrenta desafíos importantes. El cambio de una dinámica de poder arraigada a un enfoque basado en Maqasid requiere navegar por paisajes geopolíticos complejos, superar intereses económicos y salvar diferencias culturales.

Para hacer la transición a esta nueva era, las naciones pueden comenzar con colaboraciones a pequeña escala centradas en cuestiones globales compartidas, generando gradualmente confianza y comprensión. Incorporar los principios Maqasid en tratados y acuerdos internacionales y fomentar políticas económicas globales que prioricen la distribución equitativa de la riqueza y la sostenibilidad ambiental son pasos prácticos hacia esta visión.

En este mundo transformado, las alianzas globales se forman no para obtener ganancias políticas sino para valores éticos compartidos. Las naciones abogan por integrar los principios Maqasid en la gobernanza internacional, pasando de un modelo centrado en el poder a uno centrado en la ética. La diplomacia ambiental, respaldada por un compromiso con la sostenibilidad y políticas de recursos equitativas, se convierte en un aspecto clave de las relaciones internacionales.

Esta nueva era no es un sueño utópico sino una realidad factible, arraigada en nuestra humanidad compartida y nuestra capacidad de crecimiento moral. Los desafíos que enfrenta nuestro planeta exigen una respuesta colectiva y ética. Es un llamado a la acción para que las naciones, los líderes y los ciudadanos superen el interés personal y adopten una comunidad global guiada por valores morales.

Trabajemos para crear este mundo, convirtiéndonos en arquitectos de una nueva era en las relaciones globales. Este futuro, en el que las naciones cooperan basándose en valores compartidos y un destino común, no es sólo una posibilidad; es un imperativo. Es un futuro en el que la paz, la justicia y la colaboración globales no sean metas a las que se aspira, sino objetivos alcanzables, esperando que los aprovechemos.

IV

Perspectivas de futuro

Maqasid redefine la gobernanza hacia la justicia y el bienestar social, pasando de meros conceptos a la acción ética. Este es un comienzo hacia la mejora continua en un mundo en evolución. Al elegir entre el pragmatismo de corto plazo y un futuro basado en principios, Maqasid impulsa un cambio revolucionario hacia una gobernanza equitativa y sostenible. Los desafíos subrayan la urgencia de nuestra misión. Abrazemos Maqasid y construyamos un futuro justo y equitativo. El momento para actuar es ahora.

12

Los desafíos y trampas

Reconocer y mitigar las posibles desventajas: una estrategia proactiva para la gobernanza ética

El crisol de la transformación: afrontar la complejidad con valentía

A medida que nos embarcamos en la integración de Maqasid en la gobernanza, es vital abordar de manera proactiva sus desafíos, no como una señal de duda, sino como un testimonio de nuestro compromiso con la gobernanza responsable. Aquí, exploramos sucintamente estos desafíos y proponemos soluciones estratégicas:

1. Resistencia al cambio: El cambio a menudo genera resistencia. Para aliviar esto, son clave campañas específicas de concientización pública e iniciativas educativas. Al articular claramente los beneficios éticos y las mejoras prácticas de Maqasid, podemos transformar el escepticismo en apoyo.

2. Disputas de interpretación: la flexibilidad de los principios de Maqasid puede generar desacuerdos. Establecer consejos de expertos para orientar y mantener procesos transparentes de toma de

decisiones será crucial para navegar estas disputas.

3. Ajustes económicos: el cambio a un modelo de gobernanza centrado en la ética podría perturbar ciertos sectores económicos. Una transición gradual, junto con el apoyo a las industrias afectadas, puede facilitar este cambio. Destacar los beneficios a largo plazo, como el crecimiento sostenible y la distribución justa de la riqueza, también puede generar apoyo.

4. Relaciones globales: Nuestra postura ética podría no alinearse con todas las prácticas internacionales, lo que plantea desafíos diplomáticos. Participar en un diálogo abierto y buscar un terreno ético común, al mismo tiempo que aprovechamos nuestro compromiso con la justicia y la sostenibilidad, puede fortalecer las relaciones internacionales.

5. Adaptación burocrática: Las burocracias pueden resistirse a los cambios en sus sistemas establecidos. Los programas de capacitación específicos y una comunicación clara sobre las ventajas de la gobernanza ética pueden fomentar el apoyo interno.

6. Explotación política: existe el riesgo de que los principios de Maqasid sean cooptados para obtener beneficios políticos. Establecer mecanismos sólidos de seguimiento y rendición de cuentas, con la participación de la sociedad civil y los medios de comunicación, puede garantizar una adhesión genuina a estos principios.

7. Relaciones internacionales: Equilibrar nuestro enfoque ético con los intereses internacionales requiere una postura de principios pero pragmática. La diplomacia y la mediación se convierten en herramientas clave para mantener nuestros valores y al mismo tiempo resolver disputas globales.

Consideremos el ejemplo de un país que superó con éxito desafíos similares mientras hacía la transición a un modelo de gobernanza más ético. Su enfoque, que implicaba un diálogo inclusivo y una implementación gradual de políticas, resultó eficaz para superar la resistencia y generar consenso.

En conclusión, reconocer y abordar estos desafíos es parte integral de nuestro camino hacia una gobernanza ética. Al emplear sabiduría y coraje, podemos sortear estas complejidades, siempre conscientes de nuestro objetivo final: una sociedad justa, equitativa y compasiva para todos.

Rigor intelectual: protección contra malas interpretaciones

En la búsqueda de una sociedad justa y ética, es indispensable garantizar la interpretación y aplicación precisas de los principios Maqasid en la gobernanza. Para evitar posibles malas interpretaciones y fomentar la profundidad intelectual, proponemos una estrategia dual:

Supervisión académica: establecer juntas diversas de académicos

La piedra angular para prevenir malas interpretaciones reside en formar juntas de académicos profundamente versados en la jurisprudencia y la ética islámicas. Estos académicos brindarán información esencial sobre la aplicación práctica de Maqasid en la formulación de políticas. Es importante destacar que estas juntas deben representar un espectro de puntos de vista dentro del pensamiento islámico, garantizando un enfoque equilibrado y holístico. Sus diversas perspectivas impedirán que prevalezca una interpretación única y guiarán a los formuladores de políticas y a los legisladores a tomar decisiones que realmente encarnen los objetivos éticos de Maqasid.

Consideremos, por ejemplo, la implementación exitosa de un consejo asesor similar en Noruega, que jugó un papel fundamental en la armonización de los principios éticos tradicionales con los desafíos de gobernanza contemporáneos.

Educación Pública: Implementar Campañas Integrales de Concientización

Una raíz común de las malas interpretaciones es una falta fundamental de comprensión pública. Para abordar esto se requieren campañas integrales de concientización que expliquen los fundamentos éticos de Maqasid y sus objetivos de justicia, igualdad y bienestar humano. Utilizando varios canales de medios y programas de participación comunitaria, estas campañas no solo deben educar sino también mostrar los impactos de los principios Maqasid en la vida real, cerrando así la brecha entre conceptos abstractos y resultados tangibles.

Además, estos esfuerzos educativos deberían fomentar el pensamiento crítico y el diálogo abierto entre los ciudadanos, capacitándolos para participar activamente y cuestionar la aplicación de Maqasid en la gobernanza. Este enfoque no sólo profundiza la comprensión social sino que también cultiva una comunidad informada y proactiva.

Sin embargo, la implementación de estas estrategias no está exenta de desafíos. Por ejemplo, conseguir financiación para amplias campañas educativas y garantizar una representación genuina en los consejos académicos son obstáculos importantes. Estos desafíos exigen soluciones colaborativas y el compromiso de organizaciones gubernamentales y no gubernamentales.

En conclusión, estableciendo diversos consejos académicos y lanzando campañas educativas de gran alcance, podemos protegernos contra las malas interpretaciones de Maqasid, encaminándonos hacia una sociedad más justa y con una base ética más alta. Estas medidas, aunque exigentes, son pasos críticos en nuestro camino hacia una gobernanza responsable.

Transparencia y rendición de cuentas: prevenir la explotación política

Para garantizar una integración genuina de los principios Maqasid en la gobernanza y evitar su explotación política, son esenciales mecanismos sólidos de transparencia y rendición de cuentas. Aquí hay dos estrategias clave para lograrlo:

Auditorías periódicas: realizar auditorías independientes

Las auditorías periódicas e independientes son vitales para verificar que los principios Maqasid estén verdaderamente arraigados en las prácticas de gobernanza, y no simplemente como gestos simbólicos. Estas auditorías, realizadas por organismos imparciales con conocimientos de jurisprudencia y ética islámicas, deberían evaluar críticamente una variedad de políticas, desde iniciativas económicas hasta asuntos exteriores. Deben evaluar tanto los objetivos previstos como el impacto social real: ¿están fomentando la justicia, la igualdad y el bienestar general?

Por ejemplo, la implementación de sistemas de auditoría similares en Canadá ha demostrado un éxito significativo en alinear la gobernanza con los principios éticos. Estos sistemas analizan críticamente tanto las intenciones como los resultados de las políticas, asegurando su alineación con los estándares éticos.

Estas auditorías también deberían incorporar conocimientos de académicos y expertos Maqasid, mejorando la profundidad de la evaluación. Los hallazgos deben compartirse de manera transparente con el público, fomentando la confianza y la rendición de cuentas en el gobierno.

Informes públicos: mejorar la transparencia en la gobernanza

Los resultados de estas auditorías deben ser de acceso público, subrayando el compromiso con la transparencia en la gobernanza. Estos informes públicos tienen múltiples propósitos: informan a los ciudadanos sobre la adhesión del gobierno a Maqasid, permiten el seguimiento por parte de organizaciones de la sociedad civil y fomentan una cultura de apertura dentro de los círculos gubernamentales.

El uso de tecnología moderna, como plataformas digitales, puede hacer que estos informes sean más accesibles y atraigan a un público más amplio. Este enfoque no solo garantiza la transparencia, sino que también facilita que el público interactúe y comprenda los hallazgos.

Además, el gobierno debería participar activamente en diálogos con grupos de la sociedad civil, líderes religiosos y ciudadanos, invitando a recibir comentarios y participación. Esto no sólo defiende los principios Maqasid sino que también los adapta a las necesidades sociales en evolución.

Sin embargo, es necesario abordar desafíos como garantizar la independencia de los auditores y difundir información de manera efectiva a una población diversa. Estrategias como nombrar auditores de diversos orígenes y aprovechar múltiples canales de comunicación pueden ayudar a superar estos obstáculos.

En conclusión, a través de auditorías independientes periódicas y de informes públicos transparentes, podemos cultivar una cultura de gobernanza ética. Estas estrategias garantizan que los principios Maqasid se integren auténticamente en la gobernanza, empoderando a los ciudadanos, generando confianza y manteniendo los más altos estándares éticos.

Compromiso social: superar la resistencia social

La implementación efectiva de los principios Maqasid en la gobernanza, especialmente en la superación de la resistencia social, requiere un diálogo abierto y la colaboración con las comunidades y las partes interesadas.

Aquí hay dos estrategias clave optimizadas para una mejor comprensión y una accesibilidad más amplia:

Diálogos comunitarios: facilitar debates inclusivos

Organizar diálogos comunitarios y reuniones públicas es crucial para comprender y abordar las preocupaciones y los matices culturales relacionados con los Maqasid. Estos debates deberían proporcionar una plataforma acogedora para que todos expresen sus opiniones y preguntas. Los beneficios de dicho compromiso incluyen:

- Generar confianza: los diálogos transparentes y abiertos demuestran la voluntad del gobierno de escuchar, fomentando la confianza y la aceptación social.
- Aclarar conceptos erróneos: las interacciones directas permiten aclarar cualquier malentendido sobre Maqasid, asegurando una comprensión precisa de la comunidad.
- Identificación de matices culturales: los diálogos ayudan a descubrir interpretaciones culturales únicas de los Maqasid, esenciales para adaptar los enfoques de gobernanza.
- Resolución de conflictos: Estas discusiones ofrecen una plataforma pacífica para abordar los desacuerdos y alinear las soluciones con los principios Maqasid.

Por ejemplo, un caso exitoso en Nueva Zelanda demostró cómo los diálogos comunitarios facilitaron significativamente la integración de nuevos principios de gobernanza, alineándolos más estrechamente con las expectativas públicas y los valores culturales.

Participación de múltiples partes interesadas: mejorar la toma de decisiones colaborativa

La inclusión es vital en la aplicación de Maqasid. Involucrar a líderes religiosos, académicos, activistas y organizaciones de la sociedad civil en el proceso de toma de decisiones garantiza un enfoque integral y éticamente sólido. Este esfuerzo colaborativo ofrece:

- Perspectivas diversas: cada grupo aporta conocimientos únicos, creando una comprensión más integral de las necesidades de la sociedad.
- Controles y equilibrios: esta diversidad previene la concentración de poder y promueve un consenso ético más amplio.
- Mayor legitimidad: los procesos inclusivos de toma de decisiones se perciben como más legítimos y representativos.
- Resolución de conflictos: los foros de múltiples partes interesadas son fundamentales para encontrar puntos en común y reducir la resistencia.

Sin embargo, la organización de diálogos comunitarios y reuniones de partes interesadas eficaces puede enfrentar desafíos como limitaciones logísticas y agendas políticas diferentes. Estos pueden mitigarse aprovechando las plataformas digitales para una participación más amplia y estableciendo procesos de diálogo claros y estructurados.

En conclusión, superar la resistencia social a los principios Maqasid requiere un enfoque dual que facilite los diálogos comunitarios y fomente la participación de múltiples partes interesadas. Esta estrategia no solo promueve la transparencia y la inclusión, sino que también respeta la diversidad cultural, lo que conduce a una aceptación más amplia y una integración exitosa de los principios Maqasid en la gobernanza.

Transformación sistémica: sorteando barreras institucionales

La integración de los principios Maqasid en la gobernanza representa un cambio sistémico significativo, a menudo obstaculizado por barreras institucionales. Sin embargo, estos desafíos pueden gestionarse con medidas estratégicas y proactivas. Aquí hay dos estrategias clave refinadas para lograr efectividad:

Programas piloto: pruebas y escalamiento por fases

Embarcarse en una transformación sistémica puede resultar menos intimidante mediante programas piloto cuidadosamente diseñados. Estos permiten a los gobiernos:

- Probar la viabilidad: los programas piloto actúan como pruebas prácticas, probando qué tan bien se pueden integrar las políticas alineadas con los principios Maqasid en los sistemas existentes.
- Recopilar datos valiosos: brindan la oportunidad de recopilar datos y comentarios, lo cual es crucial para el refinamiento y la mejora de las políticas.
- Exhibición de éxitos: cuando tienen éxito, estos pilotos sirven como evidencia persuasiva de los beneficios de Maqasid, generando apoyo público y político.
- Identificar y abordar los desafíos tempranamente: la detección temprana de problemas potenciales permite realizar ajustes oportunos.

Por ejemplo, un programa piloto en Indonesia introdujo con éxito políticas basadas en Maqasid en un sector específico, lo que demostró mejores resultados sociales y obtuvo una aceptación más amplia para su posterior implementación a nivel nacional.

Una vez que se haya demostrado su eficacia, estos programas se pueden ampliar gradualmente, facilitando la transición y reduciendo los riesgos asociados con el cambio sistémico.

Puesta en común de recursos: enfoque colaborativo para la asignación de recursos

La transición a la gobernanza Maqasid puede requerir muchos recursos. Los gobiernos, especialmente aquellos con presupuestos limitados, pueden superar esto mediante la mancomunación de recursos y la asociación con sectores privados, ONG y organismos internacionales. Este enfoque ofrece:

- Apoyo financiero: Los socios externos pueden financiar diversos aspectos de la transición, desde la investigación hasta el desarrollo de capacidades.
- Experiencia compartida: la colaboración con ONG y organizaciones internacionales puede aportar conocimientos especializados, particularmente en áreas como la justicia social y la sostenibilidad ambiental.
- Uso eficiente de los recursos: aunar recursos puede agilizar los esfuerzos, evitar la duplicación y promover la eficiencia logística.
- Mejores Prácticas Globales: Trabajar con organismos internacionales permite a los gobiernos aprender de las experiencias globales en gobernanza ética.

La integración de la tecnología en estos procesos, como el uso de herramientas de análisis de datos para la evaluación de programas piloto o plataformas digitales para la colaboración, puede mejorar aún más la eficiencia y el impacto.

Sin embargo, es necesario sortear con cuidado desafíos como la resistencia burocrática a los programas piloto o las complejidades en la gestión de asociaciones público-privadas. Una comunicación clara, roles definidos y procesos transparentes son clave para abordar estos desafíos.

En conclusión, al implementar programas piloto por fases y fomentar la puesta en común colaborativa de recursos, los gobiernos pueden sortear eficazmente las barreras institucionales a la gobernanza Maqasid. Este enfoque no sólo garantiza una transición más fluida, sino que también aprovecha los recursos y la experiencia compartidos, sentando una base sólida para el éxito de la gobernanza ética a largo plazo.

Delicadeza diplomática: resolver dilemas globales

En el complejo ámbito de las relaciones internacionales, integrar los principios Maqasid en las prácticas diplomáticas es crucial para fomentar la gobernanza ética a escala global. Así es como los gobiernos pueden navegar y resolver eficazmente los desafíos internacionales:

Diplomacia ética

- Enfoque matizado: La diplomacia en el escenario global requiere equilibrar diversos intereses y culturas. Un enfoque ético, guiado por Maqasid, implica encontrar valores compartidos con otras naciones respetando al mismo tiempo su soberanía y contextos culturales. Por ejemplo, los recientes esfuerzos diplomáticos de Malasia en las negociaciones sobre el Mar de China Meridional demostraron cómo el respeto y la comprensión mutuos, basados en los principios Maqasid, condujeron a un gran avance en las negociaciones.
- Resolución de conflictos: Se debe emplear la diplomacia ética para resolver conflictos pacíficamente. Fomentar el diálogo y las negociaciones basadas en valores humanos compartidos puede reducir las tensiones y promover una paz duradera. Los principios de Maqasid, como la preservación de la vida ("Nafs") y el bienestar comunitario ("Ummah"), ofrecen un terreno común que trasciende las fronteras nacionales.
- Poder blando: utilizar el poder blando mostrando los beneficios de una gobernanza alineada con Maqasid, como la justicia social y la gestión ambiental. Este enfoque puede influir positivamente en las percepciones globales y apoyar la gobernanza ética.

Asociaciones globales

- Coaliciones Éticas: Formar o unirse a coaliciones internacionales comprometidas con la gobernanza ética basadas en Maqasid. Estas coaliciones pueden abordar desafíos globales y al mismo tiempo promover el bienestar colectivo. Un ejemplo es la Alianza para el Multilateralismo, que ha reunido a naciones para abordar cuestiones como la pobreza y el cambio climático a través de principios éticos compartidos.
- Reforma de la Gobernanza Global: Abogar por la incorporación de los principios Maqasid en los procesos de toma de decisiones de organizaciones internacionales como las Naciones Unidas. Esta reforma puede conducir a una gobernanza global más inclusiva y ética.
- Liderazgo humanitario: Liderar los esfuerzos humanitarios internacionales que reflejen los principios Maqasid. La participación activa en misiones humanitarias globales demuestra un compromiso con la acción ética e inspira a otras naciones.

Sin embargo, la integración de Maqasid en la diplomacia global no está exenta de desafíos. Equilibrar los intereses nacionales con principios éticos, navegar por diversos paisajes políticos y abordar las críticas desde diferentes perspectivas culturales y éticas son consideraciones importantes.

En conclusión, practicar la diplomacia ética y participar en asociaciones globales son clave para resolver dilemas internacionales y promover la gobernanza ética en todo el mundo. Al adoptar estas estrategias, los gobiernos pueden contribuir a una comunidad global más justa, equitativa y armoniosa, mientras navegan por las complejidades de las relaciones internacionales con los principios Maqasid como guía.

Convertir los desafíos en catalizadores del progreso

A medida que los gobiernos se esfuerzan por integrar Maqasid en sus marcos de gobernanza, es imperativo ver los desafíos que surgen no como obstáculos sino como oportunidades de desarrollo y perfeccionamiento. Este cambio de mentalidad es clave por varias razones:

Rigor intelectual y supervisión académica

- Fortalecimiento de la gobernanza: una sólida supervisión académica garantiza que los principios Maqasid se respeten con integridad. Este enfoque, lejos de impedir el progreso, en realidad enriquece la gobernanza y la toma de decisiones. Por ejemplo, la implementación de Maqasid en la reforma política de Marruecos demostró cómo el rigor académico mejoró significativamente los resultados de las políticas.
- Ciudadanía educada: Las iniciativas eficaces de educación pública cultivan una ciudadanía informada y comprometida. Esto conduce a una sociedad que participa activamente en la gobernanza ética, reforzando el contrato social entre el gobierno y el pueblo.

Transparencia y rendición de cuentas

- Confianza en la gobernanza: Las auditorías periódicas y la presentación de informes transparentes no sólo disuaden la explotación política sino que también fomentan la confianza pública. Este enfoque ha tenido éxito en Dinamarca, donde una mayor transparencia generó una mayor confianza pública en las acciones gubernamentales.
- Credibilidad del gobierno: a nivel internacional, dicha transparencia eleva la credibilidad de una nación, posicionándola como un líder ético y fomentando colaboraciones globales.

Compromiso social y participación de múltiples partes interesadas

- Gobernanza inclusiva: involucrar a las comunidades en diálogos crea políticas inclusivas que reflejan diversas necesidades sociales. Esta estrategia ha sido eficaz para resolver conflictos y mejorar la armonía social, como se ha visto en el proceso de consolidación de la paz en Irlanda del Norte.
- Resolución de conflictos: la utilización de estas plataformas para la resolución de conflictos contribuye a la estabilidad social.

Transformación sistémica y puesta en común de recursos

- Transición progresiva: Los programas piloto permiten una transición gradual y adaptable a una gobernanza ética. Aprender de estas iniciativas más pequeñas permite ampliar estrategias exitosas, como lo ejemplifica la Misión de Ciudades Inteligentes en India.
- Viabilidad financiera: Las estrategias financieras colaborativas con organizaciones del sector privado, ONG y organismos internacionales garantizan una transformación sostenible. Este enfoque fue fundamental para el éxito de las reformas de gobernanza en Ruanda.

Al aceptar los desafíos como catalizadores del progreso, los gobiernos no sólo pueden sortear posibles dificultades sino también mejorar la esencia de la gobernanza. El viaje de integración de los principios de Maqasid se convierte en uno de mejora y aprendizaje continuos, donde cada desafío superado fortalece el compromiso con la gobernanza ética. Es un camino que conduce a una sociedad más ética, próspera y armoniosa; un camino que, si bien exigente, es inmensamente gratificante y crucial para las generaciones futuras.

Conclusión: Abrazar la complejidad: transformar los desafíos en oportunidades

En nuestro esfuerzo por integrar los principios Maqasid en el tejido de la gobernanza, aceptemos de todo corazón las complejidades inherentes de este viaje transformador. Estas complejidades no deben verse como barreras sino como catalizadores vitales para refinar y perfeccionar nuestros sistemas de gobernanza. Así es como aceptar la complejidad se convierte en un conducto hacia el éxito:

Campo de pruebas para la innovación

- Mejora continua: Las complejidades de integrar Maqasid nos desafían a innovar, fomentando un sistema de gobernanza dinámico y adaptable. Por ejemplo, la introducción de políticas ambientales basadas en Maqasid en Costa Rica condujo a avances en el desarrollo sostenible, mostrando cómo la complejidad puede impulsar soluciones creativas.
- Toma de decisiones inclusiva: las cuestiones complejas requieren un proceso de toma de decisiones multifacético. Al involucrar a una amplia gama de voces, desde activistas de base hasta expertos en políticas, la gobernanza se vuelve más democrática y equitativa.

Resiliencia y determinación

- Fortalecimiento del carácter: abordar estos desafíos de frente genera resiliencia y fortalece nuestra determinación colectiva. Infunde el coraje necesario para aplicar una gobernanza ética, incluso frente a la adversidad.
- Cohesión social: superar juntos desafíos complejos puede fortalecer significativamente los vínculos sociales. Este viaje compartido hacia una gobernanza ética fomenta la unidad y un sentido de propósito común.

Acción colectiva y progreso

- Soluciones colaborativas: la naturaleza multifacética de los principios Maqasid a menudo requiere esfuerzos colaborativos. Esto ha sido evidente en asociaciones globales, como los Objetivos de Desarrollo Sostenible de las Naciones Unidas, donde los países trabajan juntos para abordar problemas globales complejos, reforzando la importancia de la cooperación para el bienestar colectivo.
- Medición del éxito: al aceptar la complejidad, desarrollamos métricas de éxito más holísticas, evaluando la gobernanza no sólo cuantitativa sino también cualitativamente, en términos de adherencia a principios éticos e impacto social.

Aprovechando el momento

- Acción oportuna: La necesidad urgente de abordar estas complejidades nos impulsa a tomar medidas decisivas. El momento de transformar la gobernanza de acuerdo con los principios Maqasid es ahora, no en un futuro lejano.
- Lograr lo posible: al aceptar la complejidad, convertimos las aspiraciones en realidades tangibles. Es un recordatorio de que la sociedad ética y justa que imaginamos está a nuestro alcance.

Entonces, mientras nos arremangamos, unámonos en nuestra determinación de transformar estas complejidades en peldaños. Integrar a Maqasid en la gobernanza va más allá de la teoría; es un camino práctico hacia un futuro en el que la gobernanza ética y los principios Maqasid estén en el centro de una sociedad justa, equitativa y próspera. Ahora es el momento de actuar en colaboración y avanzar audazmente.

Estrategias para superar la resistencia política y los desafíos sociales: un enfoque táctico para la gobernanza ética

El obstáculo como camino: convertir la oposición en oportunidad

Al integrar los principios Maqasid en la gobernanza, un camino plagado de resistencia política y desafíos sociales, es crucial transformar estos obstáculos en catalizadores para un cambio positivo. Exploremos cómo afrontar estos desafíos de forma eficaz:

Diálogo inclusivo

- Compromiso político: colaborar proactivamente con actores políticos y partes interesadas. Comprender sus preocupaciones e incorporar sus puntos de vista puede crear un sistema más sólido e inclusivo. Por ejemplo, en Sudáfrica, involucrar a los partidos de oposición en el diálogo ayudó a perfeccionar y obtener un apoyo más amplio para las nuevas políticas.
- Discurso Público: Fomentar debates públicos y discusiones sobre la integración Maqasid. Esta transparencia garantiza que la gobernanza refleje los valores y aspiraciones del pueblo, mejorando la participación democrática.

Educación y Concientización

- Campañas de Concientización Social: Lanzar campañas para educar a la sociedad sobre los principios y objetivos de Maqasid. Abordar los conceptos erróneos para generar comprensión y aceptación.
- Papel de liderazgo: Empoderar a los líderes religiosos y comunitarios para educar y guiar la percepción pública hacia una gobernanza ética.

Sus voces influyentes pueden cambiar significativamente la opinión pública.

Implementación pragmática

- Transición gradual: reconocer que el cambio de gobernanza lleva tiempo. Comience con políticas ampliamente respaldadas, que demuestren los beneficios de Maqasid para ganarse a los escépticos.
- Programas piloto: implementar programas piloto en áreas específicas para probar los principios Maqasid. Los resultados positivos de estos pilotos, como los observados en la Iniciativa Ciudad Verde en Curitiba, Brasil, pueden generar credibilidad y apoyo.

Colaboración y creación de coaliciones

- Alianzas internacionales: forjar alianzas con países que defienden objetivos de gobernanza similares. Los esfuerzos colectivos, como el Acuerdo de París sobre el Cambio Climático, refuerzan el apoyo y añaden legitimidad.
- Asociaciones de múltiples partes interesadas: trabajar con la sociedad civil, el mundo académico y el sector privado para dar forma y supervisar la gobernanza, garantizando la propiedad colectiva y perspectivas diversas.

Responsabilidad y transparencia

- Supervisión Independiente: Establecer comisiones para monitorear la aplicación de Maqasid, asegurar el cumplimiento y prevenir una implementación superficial.
- Informes públicos: compartir públicamente los hallazgos de la supervisión, utilizando plataformas digitales para una mayor accesibilidad y participación, reforzando la rendición de cuentas del gobierno.

Adaptación y flexibilidad

- Aplicación contextual: Adaptar la aplicación de Maqasid a contextos culturales, sociales y económicos, manteniendo al mismo tiempo los valores universales de justicia y equidad.
- Aprender de los desafíos: considere los reveses como oportunidades de aprendizaje. Un modelo de gobernanza flexible evoluciona tanto a partir de éxitos como de fracasos, adaptándose a circunstancias cambiantes.

En conclusión, en lugar de dejarnos disuadir por la oposición y la resistencia, deberíamos verlas como impulsos para buscar una gobernanza más ética. A través del diálogo inclusivo, la educación, la implementación pragmática, la colaboración, la rendición de cuentas y la adaptación, los desafíos políticos y sociales pueden convertirse en peldaños hacia el progreso. El camino hacia una gobernanza ética, sustentada en los principios Maqasid, puede ser desafiante pero, en última instancia, es gratificante y conduce a una sociedad fundada en la justicia, la compasión y la dignidad humana. Al adoptar estas estrategias, podemos transformar la oposición en una oportunidad para un futuro mejor.

El panorama político: superar la resistencia en la gobernanza

Navegar por las complejidades políticas al introducir conceptos transformadores como Maqasid en la gobernanza requiere una combinación de planificación estratégica y promoción persuasiva. A continuación se presentan estrategias refinadas para asegurar el apoyo político:

Construyendo alianzas

- Creación de coaliciones: formar alianzas con figuras políticas y organizaciones que abogan por una gobernanza ética. Este frente unificado amplifica la influencia, como se vio en España, donde una coalición de diversos partidos abogó con éxito por una reforma de la gobernanza.

- Compromiso interreligioso: colaborar con líderes de todas las comunidades religiosas, enfatizando los valores éticos compartidos de Maqasid. Estas asociaciones fueron fundamentales para la Iniciativa Interreligiosa para los Bosques Tropicales, al reducir las divisiones culturales.

Asociaciones Público-Privadas

- Justificación económica: resaltar los beneficios económicos a largo plazo de Maqasid, como una fuerza laboral más sana y mejor educada. Las empresas tienden a apoyar iniciativas que se alinean con sus intereses, como lo demuestra la asociación entre corporaciones multinacionales y la Iniciativa de Educación Global.
- Responsabilidad corporativa: alentar a las empresas a adoptar iniciativas de RSE que resuenen con los principios de Maqasid. Este enfoque puede mejorar su reputación y la lealtad de sus clientes.

Transparencia y rendición de cuentas

- Métricas claras: Desarrollar métricas mensurables para políticas basadas en Maqasid, como una mejor cobertura de atención médica o calidad de la educación. La presentación de informes transparentes, tal como se practica en la reforma del sistema educativo de Finlandia, permite una evaluación objetiva.
- Accesibilidad pública: hacer que los datos relacionados con las políticas estén disponibles públicamente. Esta transparencia genera confianza y valida los impactos positivos de la gobernanza ética.

Programas piloto de políticas

- Impacto demostrable: iniciar programas piloto para ilustrar la eficacia de Maqasid. Por ejemplo, un proyecto piloto en Kuala Lumpur centrado en viviendas asequibles mostró mejoras notables en el bienestar de la comunidad, lo que justifica una implementación más amplia.
- Participación de las partes interesadas: Incluir a ciudadanos, expertos y líderes comunitarios en el diseño y evaluación de programas piloto. Su participación garantiza un enfoque más integral y el apoyo de las bases.

Participación pública y educación

- Diálogos comunitarios: organizar foros para debates abiertos sobre Maqasid. Abordar las preocupaciones directamente, como se hizo en las reuniones públicas "Voces de la Juventud" en Ammán, Jordania, puede aclarar conceptos erróneos y demostrar beneficios para la sociedad.
- Campañas Educativas: Lanzar campañas para educar al público, utilizando medios variados para llegar a diferentes audiencias. Adapte los mensajes para que resuenen en grupos específicos, desde los responsables políticos hasta la población en general.

Si bien estas estrategias son sólidas, conllevan desafíos, como una posible oposición política o complejidades para formar asociaciones público-privadas efectivas. Estos obstáculos requieren una navegación cuidadosa y adaptabilidad.

En conclusión, transformar la resistencia política y social en apoyo a la gobernanza ética es un objetivo complejo pero alcanzable. A través del diálogo inclusivo, la implementación pragmática, los esfuerzos colaborativos y las prácticas transparentes, podemos allanar el camino hacia una sociedad más justa, equitativa y compasiva. Es un viaje que, a pesar de sus desafíos, ofrece importantes recompensas para mejorar la nación y su gente.

La esfera social: navegando por los desafíos sociales

Garantizar el apoyo de la sociedad es crucial en la búsqueda de una gobernanza ética guiada por los principios Maqasid. Este esfuerzo, aunque desafiante, puede tener éxito con un enfoque bien elaborado que genere comprensión, inclusión y participación pública activa. Aquí hay estrategias mejoradas para lograr esto:

Campañas de concientización pública

- Campañas en los medios: implementar campañas integrales en los medios en televisión, radio, redes sociales y otras plataformas para educar al público sobre los valores universales de Maqasid. Por ejemplo, una campaña en Malasia aumentó efectivamente la conciencia pública y la aceptación de las reformas de gobernanza.
- Desarme de mitos: abordar y desacreditar activamente los mitos comunes sobre los Maqasid, proporcionando información clara y precisa para aliviar temores y conceptos erróneos.

Participación de la comunidad

- Foros inclusivos: Organice foros comunitarios, reuniones públicas y debates para brindar a los ciudadanos una plataforma para expresar sus puntos de vista. Estos foros deben diseñarse para que todos se sientan escuchados y valorados, similar a las iniciativas exitosas de participación comunitaria que se vieron en el Proyecto de Presupuesto Participativo en Porto Alegre, Brasil.
- Aportes locales: Garantizar que los conocimientos locales se integren en la toma de decisiones, permitiendo a las comunidades influir en cómo los principios Maqasid abordan sus necesidades específicas.

Educación y entrenamiento

- Integración Curricular: Abogar por la inclusión de los principios Maqasid en los planes de estudio escolares, fomentando la comprensión temprana. Este enfoque se implementó con éxito en los programas educativos de la Universidad Islámica Internacional de Malasia.
- Educación de Adultos: Ofrecer cursos accesibles de educación de adultos sobre Maqasid, centrándose en sus aplicaciones prácticas en la vida diaria, garantizando una amplia participación de la comunidad.

Celebre las historias de éxito

- Mostrar impacto: dar a conocer historias de éxito en las que la aplicación de Maqasid haya conducido a mejoras comunitarias tangibles, como en el desarrollo de proyectos de viviendas asequibles en Indonesia, donde contribuyó a avances sociales notables.
- Reconocimientos y premios: Establecer programas para homenajear a las personas y organizaciones que implementan eficazmente los principios Maqasid, fomentando una cultura de reconocimiento e inspiración.

Si bien estas estrategias son sólidas, conllevan desafíos como superar el escepticismo público o las dificultades logísticas para organizar eventos a gran escala. Estos pueden mitigarse mediante estrategias de comunicación específicas adaptadas a diferentes segmentos de la comunidad y estableciendo mecanismos de retroalimentación eficientes para adaptar y mejorar continuamente las iniciativas.

En conclusión, involucrar al público en la gobernanza ética requiere un esfuerzo activo para crear conciencia, facilitar el diálogo y reconocer los logros. Al implementar estas estrategias con un enfoque en la inclusión y la capacidad de respuesta, la transición a un sistema de gobernanza basado en Maqasid puede ser más fluida y ampliamente aceptada. Es un viaje hacia una sociedad que no sólo defienda los valores universales sino que también valore el bienestar de cada ciudadano.

Elaboración de un plan maestro para la transformación social: el poder de la estrategia

En la gran narrativa del cambio social, las transformaciones significativas, como la integración de los principios Maqasid en la gobernanza, a menudo enfrentan resistencia. Este viaje no se trata simplemente de enfrentar la oposición; se trata de dominar el arte de la transformación estratégica. Un plan maestro bien elaborado es crucial, que combine delicadeza en las maniobras políticas con conexiones profundas en las comunidades a las que servimos.

Comprender el poder de la estrategia: una estrategia sólida transforma los desafíos en oportunidades. Es un modelo guía que convierte la resistencia en resiliencia y los obstáculos en peldaños. Este enfoque se ha ejemplificado en movimientos como el Movimiento por los Derechos Civiles en Estados Unidos, donde la planificación estratégica y la movilización comunitaria condujeron a un profundo cambio social.

Componentes de un plan maestro

1. Coaliciones y alianzas: Tomemos como ejemplo la Alianza Amazónica, donde varias organizaciones ambientalistas, grupos indígenas y ciudadanos preocupados colaboran para proteger la selva amazónica de la deforestación y la explotación industrial.
2. Apalancamiento económico: Involucrar al sector empresarial destacando los beneficios económicos a largo plazo de Maqasid, como el crecimiento sostenible, puede ser fundamental. Esta estrategia refleja iniciativas exitosas como el compromiso de Business Roundtable con el capitalismo de partes interesadas en Estados Unidos.
3. Transparencia y rendición de cuentas: métricas claras para evaluar

las políticas Maqasid, junto con la accesibilidad pública a estos datos, generan credibilidad y confianza, de manera muy similar al enfoque adoptado en la Iniciativa de Gobierno Abierto de Suecia.

4. Programas piloto: implementar programas piloto para demostrar el impacto de Maqasid es vital. Estas iniciativas a pequeña escala, como el Movimiento del Cinturón Verde en Kenia, sirven como evidencia tangible de los beneficios de la gobernanza ética.

El plan maestro en acción

Este plan maestro no es estático sino que se adapta a nuevos desafíos y oportunidades. Es una hoja de ruta a través de la resistencia política y social, en la que cada paso está diseñado para convertir la oposición en apoyo. Por ejemplo, al interactuar con partes interesadas que se resisten, pueden ser eficaces estrategias de comunicación adaptadas y diálogos inclusivos, como se vio en la Comisión de la Verdad y la Reconciliación en Sudáfrica.

El compromiso con la transformación

Un elemento central de este plan es un compromiso inquebrantable con el poder transformador de Maqasid. Este compromiso, que se hace eco de la dedicación que se vio en Nelson Mandela, debe ser evidente en cada acción, e inspirar a otros a unirse a la causa.

Medir el éxito

El éxito se medirá no sólo por los resultados de las políticas, sino también por los indicadores más matizados del cambio social, como los niveles de participación pública y los cambios en las actitudes sociales hacia la gobernanza.

En conclusión, elaborar un plan maestro para la transformación social es una tarea dinámica y compleja. Al construir alianzas estratégicas, aprovechar los argumentos económicos, garantizar la transparencia y demostrar el éxito a través de programas piloto, podemos cambiar el rumbo de la resistencia. Es un viaje que requiere paciencia, compromiso y astucia estratégica, pero que conduce a una sociedad arraigada en los principios de Maqasid. Embarquémonos en este viaje con la determinación de llevarlo a cabo, paso a paso estratégico.

Aceptando los desafíos como catalizadores de la transformación: el poder de dar forma a una nueva realidad

En nuestra búsqueda por establecer una sociedad guiada por los principios Maqasid, debemos considerar los desafíos no con inquietud sino como oportunidades de crecimiento y transformación. La resistencia no debe verse como una señal de fracaso sino como un testimonio del profundo impacto de nuestro esfuerzo. El camino hacia una sociedad basada en Maqasid, aunque plagado de obstáculos, está lleno de propósitos y promesas.

El catalizador de los desafíos

Los desafíos en este viaje no son barreras sino catalizadores del cambio. Ponen a prueba y fortalecen nuestro compromiso con la gobernanza ética. Por ejemplo, cuando el Movimiento por el Sufragio de las Mujeres enfrentó resistencia, la utilizó como una oportunidad para perfeccionar sus estrategias y fortalecer su determinación, lo que en última instancia condujo a un progreso social significativo.

Aprovechar el poder transformador

La resistencia que encontramos subraya el potencial de Maqasid para remodelar las normas sociales. No es simplemente una visión idealista; es una fuerza práctica y transformadora, como se demuestra en la implementación del modelo nórdico en los países escandinavos, donde la alineación con los principios éticos condujo a cambios profundos en la gobernanza y el bienestar social.

El camino menos transitado

Emprender este camino es un desafío. Es un camino menos transitado, lleno de complejidades e incertidumbres. Sin embargo, estos desafíos enriquecen nuestro viaje y subrayan nuestra dedicación a estándares éticos más altos y un mundo más equitativo.

El llamado a la acción

Debemos ser agentes activos de cambio, no observadores pasivos. Esto implica participar en una planificación estratégica y una acción decisiva. Por ejemplo, a través de iniciativas de participación comunitaria como el Proyecto de Presupuesto Participativo en la ciudad de Nueva York, podemos involucrar a diversas partes interesadas en un diálogo significativo y una acción colaborativa.

Nuestro poder para dar forma al futuro

La sociedad a la que aspiramos está a nuestro alcance. Requiere nuestra voluntad colectiva y dedicación a los principios de Maqasid. Tenemos el poder de hacer realidad esta visión, como se ve en los esfuerzos transformadores de Mahatma Gandhi y el Movimiento por la Independencia de la India, quienes, contra todo pronóstico, dieron forma a una sociedad más justa y ética.

Navegando los desafíos

Al enfrentar estos desafíos, debemos anticipar obstáculos específicos como la oposición política o la resistencia cultural. Abordarlos requiere estrategias personalizadas, una comunicación clara y un compromiso con el aprendizaje y la adaptación continuos.

En conclusión, aceptemos los desafíos que tenemos por delante como oportunidades de crecimiento y avance social. Nuestro viaje hacia una gobernanza ética, guiado por Maqasid, no es simplemente un sueño sino una realidad tangible en ciernes. Si estamos a la altura de las circunstancias y superamos los obstáculos, podemos marcar el comienzo de una era de gobernanza ética. El momento de actuar es ahora y el futuro que imaginamos está en nuestras manos.

Conclusión: el arte de la transformación táctica

Abrazar el camino hacia una gobernanza ética sustentada en los principios Maqasid es más que una prueba de determinación; es una forma de arte que requiere inteligencia táctica, paciencia estratégica y una creencia inquebrantable en el potencial transformador de estos principios.

Inteligencia táctica

Navegar por el terreno político exige la construcción astuta de coaliciones con políticos, partidos y organizaciones comprometidos con la gobernanza ética. Estas alianzas, ejemplificadas por la exitosa coalición en Alemania, mejoran la influencia colectiva y apoyan el avance de las políticas. Igualmente estratégico es involucrar al sector empresarial, destacando los beneficios económicos a largo plazo de la gobernanza ética, como una fuerza laboral calificada y un crecimiento sostenible, muy similar al Pacto Mundial de las Naciones Unidas que alineó los objetivos corporativos con los estándares éticos.

Paciencia estratégica

La paciencia es indispensable a la hora de afrontar la resistencia y fomentar el cambio social. Adoptar transparencia y rendición de cuentas, como se ve en la Ley de Servicio Público de Nueva Zelanda de 2020, ayuda a ganarse a los escépticos. Establezca métricas claras para medir el éxito de las políticas y garantice que estos datos sean de acceso público para generar credibilidad y confianza. La implementación de programas piloto, similares a los proyectos de desarrollo comunitario basados en Maqasid en Jordania, proporciona una prueba concreta del impacto social positivo de Maqasid, allanando el camino para una implementación más amplia.

Compromiso inquebrantable

La fuerza impulsora principal es un profundo compromiso con los valores universales de Maqasid y su capacidad para crear una sociedad más justa y próspera. Que este compromiso sea evidente en cada acción y comunicación, sirviendo de inspiración a los demás.

Reconocer los desafíos

Es crucial reconocer y abordar desafíos como la oposición política o las barreras culturales. Abordarlos con estrategias adaptativas, incluido el compromiso digital y la cooperación internacional, garantiza un proceso más sólido e inclusivo.

Medir y celebrar el impacto

Más allá de las métricas, es importante comunicar y celebrar los éxitos de la integración de Maqasid, fomentando un apoyo más amplio. Publicitar las mejoras en el bienestar de la comunidad o la eficiencia de la gobernanza puede galvanizar el respaldo público y político.

En conclusión, el arte de la transformación táctica para integrar los principios Maqasid en la gobernanza es un esfuerzo multifacético. Implica formar alianzas, demostrar beneficios económicos, mantener la transparencia y comprometerse con el viaje de transformación ética. A través de este enfoque, los desafíos pueden convertirse en apoyo, haciendo que la visión de un futuro mejor se convierta en una realidad tangible.

A medida que recorremos este camino complejo pero gratificante, es primordial mantener la concentración, la paciencia y el compromiso con la gobernanza ética. Juntos, podemos desbloquear todo el potencial de Maqasid y fomentar una sociedad que prospere según sus principios.

13

Maqasid para una nueva era

Adaptación de estos principios eternos al siglo XXI: el plan para una gobernanza ética moderna

El poder de la atemporalidad: encontrar la modernidad con la sabiduría antigua

Presentamos Maqasid: fundamentos de la gobernanza ética

En nuestro mundo que cambia rápidamente, donde la tecnología y las normas sociales evolucionan constantemente, los antiguos principios de Maqasid se destacan como pilares de una sabiduría duradera. Con origen en el pensamiento islámico clásico, Maqasid abarca objetivos centrales como la preservación de la vida, el intelecto, la fe, el linaje y la propiedad, formando un enfoque holístico de la gobernanza ética y el bienestar social.

Adaptación, no estancamiento: reinventando la sabiduría antigua

La belleza de Maqasid no reside en su rígida adhesión a interpretaciones pasadas sino en su adaptabilidad dinámica. Nos desafía a dar nueva vida a estos principios eternos, asegurando su relevancia para abordar los desafíos contemporáneos. Consideremos la evolución de la noción de justicia, central para Maqasid. En un mundo que se enfrenta a cuestiones como la privacidad digital, la disparidad económica y el cambio climático, este antiguo concepto nos guía hacia soluciones equitativas basadas en la justicia y la dignidad humana.

Un contexto moderno: desafíos específicos y Maqasid

Por ejemplo, al abordar el cambio climático, el énfasis de Maqasid en la preservación de la vida y la propiedad se vuelve crucial a la hora de formular políticas que protejan el medio ambiente y al mismo tiempo garanticen el desarrollo sostenible. En el ámbito de la privacidad digital, el principio de proteger el intelecto nos guía para equilibrar la innovación tecnológica con la salvaguardia de la información personal.

Narrativas personales: Maqasid en acción

Imaginemos un ayuntamiento que utiliza Maqasid para formular su plan de desarrollo urbano, dando prioridad a los espacios verdes y los servicios públicos que mejoran la vida y el bienestar de la comunidad, una demostración práctica de estos principios en acción en la gobernanza moderna.

El llamado a la acción: abrazar la sabiduría eterna hoy

A medida que enfrentamos los desafíos de nuestra era, el llamado a una gobernanza ética basada en la sabiduría eterna de Maqasid se hace más fuerte. Este es un llamado a la acción para los formuladores de políticas, los líderes comunitarios y los individuos. Debemos integrar estos principios en el tejido de nuestras sociedades, no como reliquias históricas sino como luces guía que nos conduzcan hacia un futuro más equitativo, sostenible y armonioso.

Un paso práctico hacia adelante

Este viaje comienza con la educación y la concientización. Los talleres y debates sobre políticas que incorporan Maqasid pueden ilustrar tanto a los líderes como a los ciudadanos, fomentando un compromiso colectivo con estos principios. A partir de ahí, la incorporación de Maqasid a los procesos legislativos y a las iniciativas comunitarias puede marcar el inicio de una profunda transformación en la forma en que gobernamos y vivimos.

Gobernanza del siglo XXI: forjando un camino de claridad en medio de la complejidad

En una era marcada por rápidos avances tecnológicos y crisis ambientales, la claridad en la gobernanza es primordial. Maqasid, un antiguo conjunto de principios arraigados en la jurisprudencia islámica, ofrece esta claridad tan necesaria. Estos principios, que priorizan la dignidad humana, la justicia y la preservación del mundo natural, pueden ser nuestra brújula para navegar las complejidades del siglo XXI.

Ética tecnológica: guiar la innovación con sabiduría

La era digital presenta oportunidades extraordinarias junto con importantes dilemas éticos. El principio Maqasid del intelecto (Aql) nos insta a utilizar nuestros avances sabiamente. Por ejemplo, consideremos el desarrollo de la IA. En lugar de centrarse únicamente en la eficiencia, incorporar Aql significa construir sistemas de inteligencia artificial que respeten la privacidad (Nafs) y la propiedad intelectual (Mal), reflejando nuestros valores éticos compartidos.

En la práctica, este enfoque ha hecho que empresas de tecnología en lugares como Singapur colaboren con expertos en ética para diseñar una IA que respete la privacidad del usuario y al mismo tiempo mejore la calidad del servicio. Este tipo de iniciativas demuestran cómo Maqasid puede dirigir la innovación tecnológica hacia el beneficio social.

Sostenibilidad ambiental: un imperativo moral

El principio de proteger la patria (Watan) dentro de Maqasid se alinea perfectamente con la urgente necesidad de sostenibilidad ambiental. Este principio ha inspirado iniciativas como la "Fatwa Verde" de Indonesia, un decreto religioso que alienta a los musulmanes a combatir el cambio climático. Ilustra cómo los principios religiosos pueden motivar la gestión ambiental a gran escala.

Es posible lograr un mundo en el que las naciones adopten la energía limpia, la distribución equitativa de los recursos y la justicia ambiental. Al aplicar el principio colectivo de Ummah de Maqasid, los países pueden unirse en sus esfuerzos contra el cambio climático, dando un ejemplo de cooperación global y responsabilidad mutua.

El llamado a abrazar la claridad

A medida que enfrentamos las complejidades de nuestros tiempos, desde la ética de la IA hasta la degradación ambiental, la claridad que ofrece Maqasid es indispensable. Es un llamado a los líderes y formuladores de políticas para que adopten estos principios eternos, creando modelos de gobernanza que respeten tanto el progreso tecnológico como la salud de nuestro planeta.

Adoptar *Maqasid* en la política y la práctica

Para hacer realidad esta visión, debemos comenzar por incorporar Maqasid en los planes de estudio educativos, las discusiones sobre políticas públicas y la gobernanza corporativa. Los talleres prácticos y los marcos de políticas pueden facilitar esta integración, asegurando que la próxima generación de líderes esté equipada con el conocimiento y la brújula ética para afrontar los desafíos de nuestro tiempo.

En esta era de incertidumbre y cambios rápidos, dejemos que Maqasid nos guíe, ofreciendo un camino de claridad y sabiduría que conduzca a un mundo más justo, sostenible y próspero para todos.

Equidad social: allanando el camino hacia un futuro más justo

Mientras navegamos por una era definida por avances notables y disparidades profundamente arraigadas, la búsqueda de la equidad social trasciende la aspiración y se convierte en un imperativo. Los antiguos principios de Maqasid, que se originan en la jurisprudencia islámica y enfatizan la dignidad y la justicia humanas, brindan un marco atemporal que puede guiarnos en la configuración de una sociedad más equitativa en nuestro mundo contemporáneo.

Atención sanitaria universal: un derecho, no un privilegio

En el corazón de Maqasid se encuentra el principio de vida (Nafs), que valora cada existencia humana. Este principio, cuando se aplica a nuestro contexto moderno, se convierte en un argumento convincente a favor de la atención sanitaria universal. Aboga por un sistema en el que la atención sanitaria sea un derecho fundamental, accesible a todos, independientemente de su situación económica.

Consideremos el ejemplo de países como Canadá y los países escandinavos, donde se han implementado con éxito sistemas de salud universales.

Estos modelos demuestran cómo el compromiso con la santidad de la vida, un principio fundamental de los Maqasid, puede materializarse en las políticas, garantizando que todos los ciudadanos tengan la atención médica que necesitan para vivir una vida plena.

Reducir la brecha de riqueza: hacia la justicia económica

El principio Maqasid de riqueza (Mal) enfatiza la distribución equitativa de los recursos. En el mundo actual, esto se traduce en abordar la desigualdad de ingresos mediante medidas como impuestos progresivos y redes de seguridad social. Estas políticas apuntan a reducir la brecha entre ricos y pobres, creando oportunidades para todos.

Tomemos, por ejemplo, los sistemas fiscales progresivos de países como Alemania y Nueva Zelanda. Estos sistemas ejemplifican cómo la orientación de Maqasid sobre la distribución de la riqueza puede manifestarse en políticas para fomentar la prosperidad compartida y la cohesión social.

El camino hacia la equidad social: superando los desafíos

Lograr la equidad social es complejo e implica no sólo cambios de políticas sino también cambios en las actitudes y prácticas sociales. Es necesario afrontar con cuidado desafíos como la resistencia política, las restricciones presupuestarias y los diferentes valores sociales.

Un llamado colectivo a la acción

El camino hacia la equidad social, guiado por Maqasid, requiere esfuerzos concertados por parte de los formuladores de políticas, los líderes comunitarios y los ciudadanos. Implica no sólo formular políticas equitativas sino también fomentar una cultura de inclusión y empatía. Los talleres, los diálogos comunitarios y las campañas educativas pueden desempeñar un papel fundamental en este proceso, creando conciencia y obteniendo apoyo para prácticas equitativas.

En nuestra búsqueda de un futuro más justo, dejemos que los principios de Maqasid sean nuestra guía, conduciéndonos hacia un mundo donde la equidad y la justicia no sean sólo ideales sino realidades. Al alinear nuestros esfuerzos colectivos con estos principios ancestrales, podemos construir una sociedad donde cada individuo tenga la oportunidad de prosperar, contribuyendo a un mundo estable, próspero y equitativo.

Educación moderna: forjando líderes éticos del mañana

En este panorama del siglo XXI en rápida evolución, la educación va más allá de un mero camino hacia el conocimiento: se convierte en un crisol para dar forma al futuro. Al integrar los principios de Maqasid en nuestros marcos educativos, podemos equipar a nuestros jóvenes con los valores, habilidades y ética vitales para los desafíos de nuestros tiempos.

Alfabetización digital: adoptar la responsabilidad intelectual

El principio Maqasid del intelecto (Aql) subraya la importancia del conocimiento y el pensamiento crítico. En nuestra era digital, esto se traduce en un imperativo educativo para ofrecer programas integrales de alfabetización digital. Por ejemplo, iniciativas como el plan de estudios nacional de Finlandia, que integra la alfabetización digital y el pensamiento crítico desde una edad temprana, sirven como modelo de cómo podemos incorporar Aql en la educación.

Los estudiantes de hoy necesitan ser más que simples expertos en tecnología; también deben ser ciudadanos digitales perspicaces, capaces de navegar las complejidades del mundo en línea con sabiduría y consideración ética. Al alinear las prácticas educativas con Aql, podemos preparar a los estudiantes para usar la tecnología de manera que mejoren nuestra humanidad compartida.

Ciudadanía ética: cultivando líderes globales compasivos

Los principios de comunidad (Ummah) y religión (Din) en Maqasid hablan del corazón de la responsabilidad social y la conducta ética. Es esencial que la educación moderna no sólo cubra materias académicas sino también fomente una ciudadanía ética. Esto se puede ver en programas como el Bachillerato Internacional (IB), que enfatiza la mentalidad global y la comprensión ética.

Imaginemos una generación de estudiantes que no sólo sean académicamente competentes sino que también estén profundamente en sintonía con las necesidades de sus comunidades y del mundo en general. Al incorporar los principios de la Ummah y el Din en nuestros sistemas educativos, podemos formar líderes comprometidos con el bienestar colectivo y capaces de superar las divisiones culturales y sociales.

Abordar los desafíos del mundo real

La implementación de estos ideales no está exenta de desafíos. Las escuelas en entornos con recursos limitados podrían tener dificultades para integrar la alfabetización digital o la ética global en sus planes de estudio. Las colaboraciones entre gobiernos, ONG y sectores privados pueden desempeñar un papel crucial al proporcionar los recursos y la capacitación necesarios para cerrar estas brechas.

Un camino concreto hacia adelante

Para hacer realidad esta visión, los educadores y los responsables de la formulación de políticas deben colaborar para desarrollar planes de estudio que reflejen estos valores. El desarrollo profesional de los docentes, la inversión en infraestructura tecnológica y la participación comunitaria son pasos clave en esta dirección.

El futuro de la educación: el conocimiento se une a los valores

La educación moderna, guiada por la sabiduría eterna de Maqasid, puede convertirse en una poderosa fuerza para el bien. Se trata de algo más que impartir información; se trata de moldear líderes éticos, responsables y compasivos para un mundo interconectado. Al adoptar estos principios, allanamos el camino para una generación que no sólo sobresale académicamente sino que también lleva adelante la antorcha de los valores éticos, iluminando el camino hacia un futuro más brillante y equitativo para todos.

Diplomacia global: dando forma a un nuevo paradigma para la ética global

En el mundo interconectado del siglo XXI, la diplomacia trasciende las negociaciones tradicionales entre naciones. Se convierte en una plataforma para defender principios éticos que trascienden fronteras. Al infundir a la diplomacia global los valores de Maqasid, podemos promover los derechos humanos y trabajar por el desarrollo sostenible, forjando un mundo más justo y armonioso.

Defensa de los derechos humanos: más allá de la estrategia diplomática

El principio Maqasid de preservar la vida (Nafs) enfatiza la santidad de la vida humana. Esta ética, cuando se lleva al ámbito internacional, transforma la defensa de los derechos humanos de una estrategia diplomática a un imperativo moral. Por ejemplo, la respuesta internacional a la crisis de refugiados en los últimos años, donde algunas naciones han tomado medidas significativas para brindar asilo y apoyo, refleja la integración de Nafs en las acciones diplomáticas.

Imaginemos un mundo donde las naciones se unan no sólo por interés propio sino también en defensa de los derechos humanos universales.

Al basar nuestros esfuerzos diplomáticos en Nafs, luchamos por una comunidad global donde el derecho de cada persona a la vida, la libertad y la seguridad sea respetado y protegido, libre de discriminación y violencia.

Defender los Objetivos de Desarrollo Sostenible: una misión ética unificada

Los principios de bienestar comunitario (Ummah) y protección de la patria (Watan) se alinean estrechamente con los Objetivos de Desarrollo Sostenible (ODS). Estos objetivos, que abarcan justicia, equidad y sostenibilidad, proporcionan un modelo para un futuro mejor. Un ejemplo de esta alineación se ve en los acuerdos climáticos globales, donde las naciones se unen para abordar los desafíos ambientales, reflejando los principios de Ummah y Watan.

Imaginemos colaboraciones internacionales impulsadas no solo por intereses estratégicos sino también por un compromiso con los ODS. A través de esfuerzos diplomáticos basados en estos principios Maqasid, podemos abordar desafíos globales como la pobreza, la desigualdad y el cambio climático de manera más ética y efectiva.

Navegando por las complejidades de la ética diplomática

La implementación de estos principios en el complejo mundo de las relaciones internacionales no está exenta de desafíos. Las diferencias en los antecedentes culturales, políticos y económicos pueden plantear barreras importantes. Los diplomáticos deben navegar estas realidades mientras se esfuerzan por defender estándares éticos.

Hacia un marco diplomático ético

Para remodelar la diplomacia global, debemos fomentar programas de capacitación para diplomáticos que enfaticen estos principios éticos. Los foros y grupos de expertos internacionales pueden desempeñar un papel crucial a la hora de fomentar debates y estrategias que se alineen con los valores Maqasid.

El futuro de la diplomacia: anclado en la ética

La diplomacia global, guiada por Maqasid, puede trascender los intereses nacionales para defender valores que beneficien a la humanidad en general. Con una brújula moral basada en la justicia, la compasión y el bien común, los esfuerzos diplomáticos pueden pasar de ser un mero arte de gobernar a una fuerza para un cambio global positivo. Al abrazar estos principios, contribuimos a construir un mundo donde la diplomacia defienda el bienestar de todas las personas y del planeta que compartimos.

Abrazar la sabiduría eterna para un mañana mejor

En nuestro mundo en rápida evolución, lleno de desafíos y cambios complejos, los principios de Maqasid se erigen como un faro de sabiduría duradera. Nuestra misión va más allá de simplemente preservar este conocimiento antiguo; se trata de revitalizarlo para que resuene con nuestros problemas globales actuales. Este esfuerzo no se trata sólo de honrar el pasado sino de forjar un futuro mejor, y la urgencia de hacerlo es ahora.

Revitalizando la sabiduría antigua para su relevancia contemporánea

Maqasid no es una reliquia estática sino una filosofía dinámica, vibrante y aplicable a nuestro contexto moderno. Al adaptar sus principios para abordar los problemas del siglo XXI, revitalizamos su esencia. Esto no es un rechazo de nuestra herencia sino una celebración de su continua relevancia. Por ejemplo, los principios de Maqasid se están aplicando en la planificación urbana moderna en ciudades como Kuala Lumpur, donde se prioriza el desarrollo sostenible y el bienestar comunitario, lo que demuestra cómo la sabiduría antigua puede abordar los desafíos urbanos contemporáneos.

Un plan para una gobernanza ética en un mundo complejo

Mientras enfrentamos cuestiones como el cambio climático, la disrupción tecnológica y la desigualdad social, Maqasid ofrece un marco para la gobernanza ética. Es una herramienta de navegación que nos guía hacia soluciones que defienden la justicia, la dignidad humana y el bienestar comunitario. La gobernanza ética, como la describe Maqasid, se convierte en un objetivo tangible, no sólo en una visión idealista.

La urgencia del ahora: actuar

Los desafíos de nuestro tiempo son inmediatos y la necesidad de una orientación ética es fundamental. Aceptar la sabiduría de Maqasid nos impulsa no sólo a reflexionar sobre el pasado sino a moldear activamente el futuro. Se trata de crear un mundo donde las decisiones y acciones estén influenciadas por la justicia, la compasión y las consideraciones éticas. Por ejemplo, incorporar los principios Maqasid en reformas educativas o iniciativas de responsabilidad social corporativa puede conducir a cambios positivos tangibles en la sociedad.

Construyendo un futuro basado en principios éticos

Adaptar Maqasid a nuestra era nos convierte en arquitectos de un futuro esperanzador. Sentamos las bases para un mundo donde la gobernanza ética, la justicia social y la sostenibilidad ambiental no sean conceptos aspiracionales sino experiencias vividas. Esta transformación de la sabiduría antigua en una luz guía para hoy allana el camino hacia un mundo más brillante y equitativo.

Un llamado a la acción universal

El futuro está moldeado por nuestras acciones presentes. La aplicabilidad universal de los principios Maqasid en diferentes culturas y sistemas políticos subraya su potencial como fuerza para un cambio positivo global. Abracemos la intemporalidad de estos principios y apliquémoslos activamente en diversas esferas de nuestras vidas. El momento de actuar es ahora y el potencial de un futuro mejor está en nuestras manos.

Liberar el potencial transformador: una visión para el futuro

Nos encontramos en un momento crucial en el que podemos aprovechar el potencial transformador para dar forma a un mundo mejor. Imaginemos un futuro en el que la gobernanza encarne valores éticos profundos, en el que la tecnología mejore la experiencia humana y en el que una comunidad global no sólo dialogue sino que escuche y aprenda activamente. Este futuro no es un sueño lejano sino una necesidad urgente, especialmente en un siglo XXI que no sólo da la bienvenida sino que exige la adaptación de los principios Maqasid.

Gobernanza ética para una sociedad mejor

La gobernanza ética puede pasar del concepto a la realidad, impactando profundamente las vidas. La integración de Maqasid en la gobernanza ha mostrado resultados prometedores en lugares como Noruega, donde las políticas priorizan el bienestar social y la justicia, incorporando la equidad y la compasión. Siguiendo este modelo, la gobernanza ética se convierte en una ruta pragmática para mejorar el bienestar social.

La tecnología como fuerza para el bien

En el ámbito de la tecnología, la innovación debe ir acompañada de humanidad. Consideremos cómo las iniciativas éticas de IA, como las emprendidas en Japón, se centran en alinear los avances tecnológicos con la dignidad humana y las consideraciones éticas. Este enfoque garantiza que el progreso tecnológico beneficie a la sociedad de manera integral, convirtiéndolo no solo en una ambición sino en una necesidad en nuestra era impulsada por la tecnología.

Una comunidad global que escucha

En medio de la división global, la importancia de una comunidad que escuche (voces diversas, sabiduría antigua y valores humanos compartidos) es primordial. Los principios de Maqasid pueden guiar los foros internacionales, como las Naciones Unidas, fomentando un diálogo y un entendimiento genuinos. Este enfoque es crucial para construir un mundo más unificado y empático.

Un llamado urgente a adaptarse y prosperar

A medida que navegamos por las complejidades del siglo XXI, adaptar nuestros valores a los desafíos contemporáneos se vuelve esencial. Maqasid ofrece un camino no sólo para preservar el pasado sino también para enriquecer el presente y asegurar un futuro sostenible. Por ejemplo, incorporar estos principios en la educación puede empoderar a las generaciones futuras con valores de ética, innovación y unidad.

El potencial para crear un mundo donde la ética, el avance tecnológico y la unidad global prosperen juntos es inmenso. Este no es sólo un modelo teórico; ejemplos prácticos en todo el mundo demuestran que es posible lograrlo. Aprovechemos esta oportunidad para transformar nuestra sociedad global, adoptando los principios Maqasid como piedra angular para un cambio positivo. El tiempo para la acción es ahora; el futuro que damos forma hoy es el legado que dejamos para mañana.

Conclusión: De las páginas de la historia a la gobernanza moderna: principios eternos para un futuro oportuno

A medida que nos embarcamos en un viaje desde los anales de la historia hasta la vanguardia de la gobernanza moderna, descubrimos que los principios de Maqasid no son meras reliquias del pasado, sino piedras fundamentales para un futuro lleno de promesas. Estos principios, arraigados en la preservación de la fe, la vida, el intelecto, el linaje y la propiedad, ofrecen un modelo para la gobernanza ética y el florecimiento humano.

Hacer oportunos los principios eternos

En una era marcada por desafíos sin precedentes, desde el cambio climático hasta la agitación tecnológica, aplicar los principios eternos de Maqasid no es sólo una opción sino un imperativo moral. Estos principios sirven como una brújula moral que nos guía a través de las complejidades de nuestros tiempos con un enfoque en la justicia, la equidad y la compasión.

Dar forma al siglo XXI con fundamentos éticos

No somos meros espectadores del siglo XXI; somos sus moldeadores. Al integrar a Maqasid en nuestros modelos de gobernanza, podemos construir sociedades donde la justicia y la compasión no sean aspiraciones sino realizadas. Por ejemplo, la incorporación de estos principios en políticas como el presupuesto de bienestar de Nueva Zelanda demuestra cómo la sabiduría antigua puede informar la formulación de políticas modernas en beneficio de la sociedad.

Definiendo el futuro con acciones conscientes

Nuestras acciones de hoy pintan el lienzo del mañana. Al afrontar el futuro, definámoslo con principios que sostengan nuestra humanidad compartida. Esto significa trascender las divisiones y unirnos en nuestra búsqueda común de un mundo mejor. El énfasis de Maqasid en el bienestar comunitario y la dignidad humana proporciona un marco para esta unificación.

El momento de actuar es ahora

El futuro es un tapiz tejido a partir de nuestras elecciones y acciones presentes. Nos invita a tejerlo con hilos de ética, compasión y sabiduría. El momento de actuar no es un futuro lejano; Esto es ahora. Debemos aprovechar este momento para aplicar la sabiduría de Maqasid, elaborando políticas y estructuras sociales que reflejen estos valores. Por ejemplo, integrar estos principios en los planes de estudio educativos puede preparar a las generaciones futuras para continuar con este legado ético.

Aprovechemos la sabiduría eterna de Maqasid y, juntos, creemos un futuro que supere nuestros sueños más grandiosos. El futuro no está sólo sobre nosotros; lo estamos creando activamente. Ahora es el momento de actuar, de incorporar estos principios en nuestra gobernanza, nuestras comunidades y nuestra vida diaria.

El papel de la tecnología, la globalización y el intercambio cultural: la confluencia de las realidades Maqasid y modernas

Navegando por la confluencia de tradición y transformación: el poder de la adaptación ética

Mientras navegamos por un mundo donde los avances tecnológicos, la interconexión global y las interacciones culturales definen nuestra era, la integración de la sabiduría eterna de Maqasid nos ofrece una guía invaluable. Esto no es simplemente una tendencia, sino la realidad que define nuestros tiempos, donde la tradición y la transformación convergen para trazar un camino hacia un mundo justo y compasivo.

Abrazar la era digital con principios éticos

El alcance de la tecnología remodela nuestras vidas de maneras sin precedentes. Consideremos la iniciativa de Corea del Sur para integrar la alfabetización digital en el sistema educativo, alineándola con el principio Maqasid del intelecto (Aql). Este enfoque promueve no sólo el dominio tecnológico sino también el uso ético, garantizando la privacidad (Nafs) y el bienestar de la comunidad (Ummah). En nuestro mundo rico en información, empoderar a las personas y las comunidades con una alfabetización digital ética es una forma potente de aprovechar el potencial de la tecnología.

Globalización: una plataforma para valores compartidos

La globalización presenta una oportunidad única para aplicar Maqasid a escala global. Los esfuerzos internacionales como el Acuerdo de París sobre el cambio climático ejemplifican cómo los países pueden unirse bajo principios compartidos como preservar la vida (Nafs) y promover el bienestar comunitario (Ummah). Al abogar por políticas que trasciendan los intereses nacionales, podemos abordar de manera colaborativa los desafíos mundiales, adoptando la globalización como una fuerza para el cambio positivo.

Fomentando el intercambio cultural para la armonía global

El intercambio cultural, cuando se navega con respeto, enriquece nuestra comunidad global. Programas como las iniciativas de intercambio de estudiantes, que reúnen a jóvenes de diversos orígenes, se alinean con el énfasis de Maqasid en el respeto mutuo y la armonía social (Ummah). Estas interacciones profundizan la comprensión y la empatía entre culturas, llevándonos más allá del miedo y los prejuicios hacia un mundo más inclusivo.

Adaptación ética para un futuro de convergencia

La fusión de los principios Maqasid con las realidades modernas no tiene que ver con el conflicto sino con la creación de un futuro armonioso. La adaptación ética en la era digital, la globalización y el intercambio cultural nos permite compartir y amplificar los valores inherentes a Maqasid. Ya sea a través de innovaciones tecnológicas guiadas éticamente, iniciativas globales de colaboración o intercambios culturales respetuosos, estas son plataformas para mostrar nuestros valores humanos compartidos.

Aprovechemos esta oportunidad y abordemos estas transformaciones con una visión ética, arraigada en Maqasid. La era digital, la globalización y el intercambio cultural ofrecen no sólo desafíos sino también la oportunidad de demostrar cómo la sabiduría tradicional puede informar y mejorar nuestro mundo moderno. Es un llamado a la acción no sólo para coexistir con estos cambios, sino también para darles forma activamente de manera que fomenten un mundo justo, compasivo e interconectado.

Tecnología: el motor del progreso ético

La revolución digital: equilibrar el progreso con la ética

En el siglo XXI, la tecnología ha pasado de ser una mera herramienta a una piedra angular del progreso, influyendo profundamente en las economías, las sociedades y los sistemas de gobernanza. Sin embargo, esta transformación trae no sólo oportunidades sino también importantes desafíos éticos. Al integrar los principios de Maqasid en nuestro panorama digital, podemos navegar estas complejidades, asegurando que la tecnología no solo impulse la eficiencia sino que también mantenga profundos estándares éticos.

Gobernanza digital: fusionando eficiencia con responsabilidad ética

Imaginemos una gobernanza transformada por la innovación digital en la que la eficiencia se entrelaza perfectamente con la gestión ética. Al alinear los objetivos de Maqasid, como preservar el intelecto (Aql) y la riqueza (Mal) con los modelos de gobernanza digital, podemos fomentar un sistema que garantice la transparencia, la rendición de cuentas y la distribución equitativa de los recursos. Aquí, cada byte de datos se utiliza de manera responsable, priorizando el bienestar público sobre la mera ganancia comercial. Sin embargo, este enfoque requiere vigilancia contra cuestiones como las violaciones de la privacidad de los datos y la brecha digital, garantizando que los beneficios de la tecnología lleguen a todos los segmentos de la sociedad.

Telemedicina y aprendizaje remoto: tecnología ética que cierra las brechas sociales

El acceso universal a la atención sanitaria y a la educación es un derecho fundamental. La telemedicina y el aprendizaje a distancia son excelentes ejemplos del potencial de la tecnología para hacer realidad este derecho, alineándose con los principios de Maqasid de preservar la vida (Nafs) y fomentar el intelecto (Aql). El alcance de la telemedicina a áreas remotas democratiza el acceso a la atención médica, mientras que el aprendizaje remoto rompe las barreras educativas. Sin embargo, también debemos ser cautelosos ante las posibles desigualdades en el acceso y esforzarnos por hacer que estas tecnologías sean universalmente accesibles.

La revolución ética en tecnología: un llamado a la innovación responsable

La tecnología refleja los valores inherentes a ella. Infundir los principios de Maqasid en el desarrollo tecnológico garantiza que el progreso beneficie a la comunidad en general. Debemos crear conscientemente ecosistemas digitales que respeten la dignidad y la justicia humanas. Esta revolución ética en la tecnología no se trata sólo de avance sino de progreso con un propósito, utilizando la tecnología para mejorar la experiencia humana y promover el bienestar comunitario (Ummah).

Forjando un futuro con tecnología ética

La revolución digital ofrece un inmenso potencial para el avance social. Sin embargo, este viaje debe recorrerse con perspicacia ética, equilibrando el optimismo tecnológico con una evaluación realista de sus riesgos y desafíos. Al adoptar un marco como Maqasid, podemos alinear nuestros avances tecnológicos con valores duraderos, asegurando que nuestro progreso mejore la vida (Nafs) y el intelecto (Aql) para las generaciones futuras. Comprometámonos con este camino de avance tecnológico ético, dando forma a un futuro donde la tecnología no sea solo una herramienta de progreso sino también un faro de transformación ética.

Globalización con corazón: una visión para la responsabilidad colectiva

En nuestro mundo intrincadamente conectado, la globalización es más que una tendencia económica; es la fuerza que define nuestras sociedades y economías. Pero esto nos lleva a una pregunta fundamental: ¿a qué tipo de globalización aspiramos? ¿Una búsqueda incesante de ganancias o un enfoque más humano basado en el progreso ético y la responsabilidad colectiva? Los principios de Maqasid nos ofrecen no sólo una visión sino una hoja de ruta práctica para lograr esto último.

Ética del comercio global: ganancias con principios

La globalización no tiene por qué ser sinónimo de explotación y desprecio por el medio ambiente. Integrar el principio de riqueza (Mal) de Maqasid en el comercio global puede revolucionar nuestro espíritu comercial. Imaginemos acuerdos comerciales que exijan salarios justos, prácticas sostenibles y responsabilidad social corporativa. Consideremos el movimiento de comercio justo, que defiende estos valores y demuestra que es posible equilibrar las ganancias con consideraciones éticas. Este enfoque redefine el éxito en el comercio global, enfatizando la prosperidad compartida y la gestión ambiental.

Liderazgo humanitario: más allá de los intereses nacionales

En el ámbito de las relaciones internacionales, el principio Maqasid de bienestar comunitario (Ummah) insta a las naciones a mirar más allá del estrecho interés propio. Esta visión desafía a los países a liderar iniciativas humanitarias, como la ayuda en casos de desastre y el apoyo a los refugiados, lo que refleja un cambio de la política de poder al liderazgo humanitario. Hemos visto destellos de esto en coaliciones internacionales que responden a crisis globales, lo que sugiere un posible cambio en las prioridades geopolíticas hacia el bienestar y la armonía colectivos.

Afrontar los desafíos de la globalización ética

Hacer realidad esta visión de la globalización ética no está exento de desafíos. Las disparidades económicas, los intereses políticos y las diferencias culturales pueden impedir el camino hacia un orden global más equitativo. Abordar estas cuestiones requiere un diálogo abierto, una formulación de políticas innovadoras y un compromiso para encontrar puntos en común entre las diversas partes interesadas.

Pasos prácticos hacia una globalización ética

Para avanzar hacia este paradigma ético, las empresas pueden adoptar prácticas más transparentes y responsables, mientras que los consumidores pueden apoyar los productos producidos éticamente. Los gobiernos pueden renegociar acuerdos comerciales para incluir normas éticas y colaborar en cuestiones globales con un espíritu de cooperación en lugar de competencia.

Un llamado a transformar la globalización

Los principios de Maqasid no sólo ofrecen una visión idealista de la globalización; Proporcionan pautas prácticas para un mundo más ético, compasivo e interconectado. Esta visión de la globalización no es un juego de suma cero sino un esfuerzo colaborativo que beneficia a todos. Es un llamado a la curación y la unidad global, que nos insta a repensar cómo nos conectamos, comerciamos e interactuamos en el escenario mundial. Abracemos este imperativo, tejiendo los hilos de la ética, la equidad y la sostenibilidad en el tejido de nuestra comunidad global.

Intercambio cultural: un tapiz de valores compartidos

En el panorama global actual, donde las culturas se entrelazan más estrechamente que nunca, el papel del intercambio cultural es invaluable. Es dentro de este rico tapiz donde los principios de Maqasid pueden contribuir significativamente a fomentar la comprensión, el respeto y la unidad entre diversas naciones y pueblos.

Diálogos interreligiosos e interculturales: superar desafíos para construir puentes

Al adoptar el principio Maqasid de religión (Din), las naciones pueden iniciar diálogos interreligiosos e interculturales significativos. Si bien estos diálogos pueden resultar desafiantes debido a las diferencias en creencias y prácticas culturales, ofrecen una plataforma para abordar estas cuestiones, fomentando conversaciones que promueven el respeto mutuo y objetivos éticos compartidos. Por ejemplo, iniciativas como el Parlamento de las Religiones del Mundo muestran cómo diversas comunidades religiosas pueden unirse en el diálogo, enfatizando los valores comunes y fomentando el entendimiento mutuo.

Imagine un mundo donde los líderes religiosos y culturales se reúnen periódicamente para explorar valores compartidos que trascienden sus diferencias. Además, los programas de intercambio cultural, como los intercambios de estudiantes o los festivales de arte internacionales, pueden ser fundamentales para promover la comprensión y desmantelar los prejuicios, contribuyendo a una coexistencia global más armoniosa.

El lenguaje universal del arte y los medios: más allá del entretenimiento

El arte y los medios, trascendiendo las barreras del idioma, poseen una capacidad única para educar y unir. Alinear estas formas culturales con el principio Maqasid del intelecto (Aql) puede crear contenido que entretenga, ilumine y unifique. Considere cómo los festivales de cine internacionales o los proyectos artísticos globales colaborativos pueden mostrar narrativas culturales diversas, promoviendo la tolerancia y un espíritu global.

Imaginemos un mundo donde los medios y el arte sean herramientas para la educación ética, donde los narradores y artistas sean embajadores de la compasión, creando narrativas que resuenan con experiencias humanas compartidas en todas las culturas. Este enfoque no sólo entretiene sino que también construye puentes de comprensión y empatía entre públicos diversos.

Aprovechar el potencial del intercambio cultural

El intercambio cultural, a través de diálogos, arte y medios, tiene el poder de conectar e iluminar. Sin embargo, hacer realidad este potencial requiere un esfuerzo intencional para superar desafíos como la apropiación cultural y garantizar una representación respetuosa. Los gobiernos, las comunidades y los individuos pueden desempeñar un papel apoyando y participando en programas de intercambio y producciones mediáticas culturalmente sensibles.

Un llamado a abrazar la diversidad y la unidad

El intercambio cultural es un testimonio de la adaptabilidad y relevancia de Maqasid en nuestra sociedad global en evolución. Nos invita a abrazar la diversidad, celebrar los valores compartidos y construir un mundo más unido. Participemos activamente y promovamos el intercambio cultural, tejiendo un tapiz global donde cada hilo contribuya a una imagen más rica y armoniosa de la humanidad.

Imagine un mundo donde la ética impulse el progreso

Cierra los ojos por un momento e imagina un mundo donde la tecnología mejore, en lugar de socavar, la dignidad humana. Imaginemos una sociedad globalizada que prioriza el bienestar colectivo sobre el beneficio individual y un intercambio cultural que profundiza nuestra humanidad compartida. Esta visión para el siglo XXI es ambiciosa pero alcanzable, a la espera de que nuestro esfuerzo colectivo la haga realidad.

En este mundo, la tecnología es un rayo de esperanza, guiada por principios éticos. Las innovaciones, desde la privacidad de los datos hasta la IA, se desarrollan con un profundo compromiso con la dignidad humana. Por ejemplo, iniciativas como el Reglamento General de Protección de Datos (GDPR) de la UE demuestran cómo la tecnología puede alinearse con estándares éticos, protegiendo los datos personales y la privacidad. La inteligencia artificial está diseñada no sólo para la eficiencia sino también para mejorar las capacidades y la ética humanas.

En esta visión, la globalización se reinventa como una fuerza para el bien. Los acuerdos comerciales, inspirados en Maqasid, equilibran los objetivos económicos con los imperativos éticos de prácticas laborales justas y la sostenibilidad ambiental. Naciones lideradas por valores humanitarios, ejemplificados por esfuerzos como los Objetivos de Desarrollo Sostenible (ODS) de las Naciones Unidas, centrados en el bienestar global y las soluciones cooperativas a los desafíos compartidos.

El intercambio cultural en este mundo trasciende las meras bromas. Fomenta la comprensión y el aprecio genuinos de la diversidad. Programas como los Diálogos Interculturales de la UNESCO ilustran cómo diferentes culturas pueden colaborar, fomentando el respeto mutuo y los objetivos compartidos. El arte y los medios sirven como lenguajes universales, educando y uniendo a personas a través de divisiones culturales.

Este mundo imaginado reconoce los desafíos que implica alinear el progreso global con los valores éticos. Las disparidades económicas, los intereses políticos y las diferencias culturales plantean obstáculos importantes. Sin embargo, si adoptamos un enfoque colaborativo y aprendemos de los modelos existentes, podemos superar estos desafíos.

Para convertir esta visión en realidad, necesitamos acciones concretas: las empresas deben adoptar prácticas éticas y sostenibles; los gobiernos deberían crear políticas que prioricen las consideraciones éticas en la tecnología y la globalización; las personas pueden defender y participar en intercambios culturales que promuevan la comprensión y el respeto.

Esta visión no es un sueño lejano sino un camino a nuestro alcance. Al alinear los objetivos de Maqasid con las fuerzas transformadoras de la tecnología, la globalización y el intercambio cultural, podemos crear un modelo de gobernanza adecuado no sólo para el futuro sino para darle forma. Podemos hacer del progreso ético la fuerza motriz de nuestra era.

Entonces, abramos los ojos a este potencial. Comprometámonos con este camino, impulsados por el poder transformador de Maqasid. El futuro no es abstracto; está moldeado por nuestras acciones de hoy. Al adoptar estos principios, podemos crear un futuro tecnológicamente avanzado, éticamente ilustrado, globalmente interconectado y culturalmente armonioso. Esta visión está esperando que le demos vida. Hagámoslo realidad.

Aprovechar la oportunidad: forjar un futuro de gobernanza ética

Mientras navegamos por las mareas de cambios rápidos, nos encontramos en una encrucijada crucial. La evolución de nuestro mundo presenta desafíos sin precedentes y profundas oportunidades. En medio de esta transformación, existe un poderoso potencial para dirigir el curso de la modernidad hacia un futuro basado en la gobernanza ética, la justicia social y el bienestar humano.

La era digital: aprovechar la tecnología con vigilancia ética

La era digital ha marcado el comienzo de una nueva era de conectividad, transformando la forma en que se comparte la información y la forma en que interactuamos. Sin embargo, esta revolución digital también trae consigo desafíos como la preocupación por la privacidad de los datos y el uso ético de la Inteligencia Artificial. Por ejemplo, iniciativas como el desarrollo de directrices éticas sobre IA por parte de organismos internacionales demuestran un compromiso para garantizar que la tecnología sirva a los mejores intereses de la humanidad. Al aplicar los principios de Maqasid, podemos garantizar que los avances tecnológicos respeten la privacidad personal y la propiedad intelectual, haciendo de cada innovación digital un paso hacia el progreso ético.

Globalización: equilibrar el crecimiento económico con imperativos éticos

El alcance de la globalización ha sido profundo, pero sus impactos son desiguales y a menudo exacerban la desigualdad. Al infundir el principio de riqueza (Mal) en los acuerdos comerciales globales, podemos fomentar un enfoque más equitativo. Esto implica elaborar políticas que exijan prácticas comerciales justas, gestión ambiental responsable y condiciones de trabajo humanas. Por ejemplo, el movimiento de comercio justo ilustra cómo el comercio global puede ser a la vez rentable y socialmente responsable. Las naciones, impulsadas por el bienestar colectivo (Ummah), tienen la oportunidad de liderar los esfuerzos humanitarios, sentando un precedente para un enfoque más ético de la globalización.

Intercambio cultural: fomentando la unidad en la diversidad

En el ámbito del intercambio cultural, las oportunidades para el entendimiento y el respeto mutuos son inmensas. Programas como las iniciativas sobre patrimonio cultural de la UNESCO muestran cómo el diálogo intercultural puede promover la paz y el entendimiento. El arte y los medios, cuando se alinean con el principio del intelecto (Aql), se convierten en más que entretenimiento; son vehículos para la educación y la unidad, salvando divisiones culturales y celebrando nuestra humanidad compartida.

Un llamado a la acción: adoptar una gobernanza ética

Aprovechemos este momento crucial para dar forma a un mundo donde los principios éticos guíen nuestros avances en tecnología, nuestro enfoque de la globalización y nuestras interacciones culturales. Se requiere una voluntad colectiva para abordar estos desafíos, desde los obstáculos políticos y económicos hasta las diferencias culturales. Los gobiernos, las empresas y los individuos tienen roles que desempeñar, desde implementar políticas éticas hasta apoyar prácticas sostenibles y participar en intercambios culturales que mejoren el entendimiento.

El futuro no es un concepto lejano; es el resultado de nuestras acciones de hoy. Al entrelazar los principios de Maqasid en el tejido de nuestro mundo moderno, podemos crear un futuro que no sólo sea avanzado en tecnología sino ilustrado en ética, no sólo interconectado sino responsable, y no sólo culturalmente diverso sino armonioso. Esta visión espera nuestro esfuerzo colectivo para darle vida. Aprovechemos esta oportunidad y emprendamos juntos este viaje, forjando un mundo donde la ética y el progreso sean inseparables y donde nuestra humanidad compartida sea nuestra mayor fortaleza.

Conclusión: La intersección de lo viejo y lo nuevo: la puerta de entrada al futuro

Mientras nos encontramos en una encrucijada histórica, donde la sabiduría antigua se encuentra con la innovación moderna, se nos presenta una oportunidad única. La tecnología, la globalización y el intercambio cultural no son sólo fenómenos de nuestra época; son herramientas que, cuando se utilizan con intención ética, pueden impulsar una transformación profunda. Los principios de Maqasid, en este contexto, se vuelven cruciales para dirigir estas fuerzas modernas hacia un futuro que equilibre el progreso con la ética.

Aprovechar las herramientas modernas con sabiduría ética

En una era de conectividad incomparable, el rápido flujo de información, bienes e ideas trasciende las fronteras tradicionales. La tecnología nos permite cerrar las brechas de conocimiento y mejorar vidas, pero también plantea desafíos como preocupaciones sobre la privacidad de los datos y las brechas digitales. De manera similar, si bien la globalización nos acerca, también plantea cuestiones de desigualdad económica y homogeneización cultural. El intercambio cultural, aunque enriquecedor, requiere una navegación cuidadosa para evitar la apropiación cultural y garantizar una representación respetuosa.

Aplicar Maqasid a los desafíos modernos

Los principios de Maqasid nos guían para aprovechar la tecnología para el bien común, convertir la globalización en una fuerza para el desarrollo equitativo y utilizar el intercambio cultural como medio de comprensión y respeto mutuos. Por ejemplo, iniciativas como el impulso global para lograr objetivos de desarrollo sostenible demuestran cómo la globalización puede alinearse con principios éticos para abordar cuestiones ambientales y sociales. En el ámbito de la tecnología, el creciente énfasis en la IA ética refleja un compromiso de alinear la innovación con los valores humanos.

Una visión para el futuro

Imaginemos un mundo donde la tecnología promueve el progreso ético, donde el comercio global se caracteriza por la justicia y la sostenibilidad, y donde los intercambios culturales profundizan nuestra comprensión colectiva. Este futuro no es sólo un sueño sino un camino tangible. Requiere esfuerzos concertados de gobiernos, empresas e individuos. Los gobiernos pueden promulgar políticas que den prioridad a las consideraciones éticas en la tecnología y el comercio; las empresas pueden adoptar prácticas sostenibles y justas; las personas pueden defender y participar en intercambios culturales que fomenten la comprensión y el respeto.

Caminando juntos el camino

Esta intersección de la vieja sabiduría y las nuevas realidades abre una puerta a un futuro donde la ética y el progreso están entrelazados. Nuestras acciones de hoy dan forma a este futuro. Al guiar estas acciones con los principios de Maqasid, tenemos el poder de forjar un mundo que no sólo sea tecnológicamente avanzado sino también éticamente ilustrado, no sólo interconectado sino responsable, y no sólo culturalmente diverso sino también armonioso. Aprovechemos esta oportunidad y caminemos juntos por este camino, forjando un mundo donde nuestra humanidad compartida sea nuestra mayor fortaleza.

14

La hoja de ruta por delante

Un plan paso a paso para que los gobiernos inicien este viaje transformador: la guía táctica para la gobernanza ética

La línea de partida: la urgencia del ahora

Como líderes gubernamentales, formuladores de políticas y administradores, ¿alguna vez han reflexionado sobre el poder transformador de la gobernanza ética? El llamado a un modelo de gobernanza basado en los principios Maqasid no es sólo una sugerencia; es un imperativo que define nuestra era. El camino hacia este objetivo no sólo es posible sino necesario, y aquí tienes un plan claro y conciso para guiarte.

1. Comprometerse con el cambio: la gobernanza ética comienza con un compromiso firme. Imagine un futuro en el que nuestras decisiones se alineen con los principios de Maqasid, al servicio del bienestar de la sociedad. Esta visión debe impulsar nuestras acciones.
2. Establecer un grupo de trabajo: formar un grupo de expertos, incluidos académicos y formuladores de políticas, para integrar a

Maqasid en la gobernanza. Por ejemplo, el enfoque de Singapur de formar comités especializados para la integración de políticas puede servir de inspiración.

3. Evaluar e identificar: examinar las leyes y políticas existentes. Identificar dónde se puede aplicar Maqasid de inmediato y dónde se necesitan reformas más amplias. Piense en esto como sentar las bases para la transformación.

4. Involucrar y educar al público: utilice talleres, seminarios y campañas para explicar los beneficios de Maqasid. La comprensión y el apoyo del público son cruciales. Consideremos como modelo las estrategias de participación pública de Noruega en las políticas ambientales.

5. Reformas legislativas: Colaborar con los órganos legislativos para introducir las reformas necesarias. Fomentar el diálogo abierto para construir consenso. Mire el enfoque legislativo de Alemania sobre la gobernanza ética como punto de referencia.

6. Programas piloto: implementar iniciativas de prueba en sectores como la educación y la atención médica para mostrar el impacto de Maqasid. Estos pilotos pueden ser una prueba de concepto, como se ve en las reformas sanitarias de Canadá.

7. Monitorear y evaluar: configurar sistemas para rastrear el progreso y realizar ajustes basados en la retroalimentación. Este paso asegura la mejora y adaptación continua.

8. Colaboración interdepartamental: trabajar entre diferentes sectores gubernamentales para lograr un enfoque unificado. Los principios Maqasid deberían impregnar todos los aspectos de la gobernanza, de forma similar a las políticas integradas de Nueva Zelanda.

9. Asociaciones internacionales: Forjar asociaciones con naciones y organizaciones comprometidas con la gobernanza ética. Compartir las mejores prácticas a nivel mundial puede mejorar nuestras estrategias.

10. Integración Educativa: Incorporar Maqasid en los planes de estudio educativos en todos los niveles, preparando a los futuros líderes. El sistema educativo de Finlandia ofrece un plan para esta integración.

11. Desarrollo Sostenible: Crear una estrategia de desarrollo sostenible

alineada con Maqasid. Este plan debe abarcar el crecimiento económico, el cuidado del medio ambiente y la equidad social.

12. Institucionalización: Hacer de Maqasid una parte intrínseca de la gobernanza. Esto no es sólo una adición sino la base de nuestro espíritu de gobernanza.

Esta guía proporciona una hoja de ruta estratégica, atractiva y visualmente enriquecida para iniciar el viaje transformador hacia una gobernanza ética impulsada por Maqasid. Es una oportunidad para liderar la creación de un mundo donde la gobernanza sea sinónimo de justicia, compasión e integridad. Ahora es el momento de actuar: ¿estás preparado para ser parte de este cambio fundamental?

Fase 1: Preparativos preliminares

El viaje hacia una gobernanza ética basada en los principios Maqasid comienza con un primer paso crucial: los preparativos preliminares. Esta fase es fundamental y sienta las bases para los cambios transformadores que se avecinan. Imaginemos un modelo de gobernanza en el que la justicia, la compasión y el bienestar social no sean sólo ideales, sino realidades. Así es como comenzamos:

1. Directiva ejecutiva: el viaje comienza con un paso audaz: una directiva ejecutiva. Esto no es sólo una declaración; es un compromiso. Piense en ello como una declaración a la nación y más allá, que muestra nuestra determinación de combinar la ética con la gobernanza. Consideremos cómo el gobierno de Nueva Zelanda emitió directivas para la preservación del medio ambiente, estableciendo un punto de referencia global para la gobernanza ética.

2. Consulta con expertos: Fusionar la sabiduría antigua con las complejidades de la gobernanza moderna no es tarea fácil. Necesitamos las mentes más brillantes en nuestra mesa: eruditos, académicos, profesionales bien versados en Maqasid. Su papel es crucial, ya

que garantiza que nuestro viaje no sea sólo un guiño simbólico a la tradición sino una integración significativa de valores en nuestra gobernanza cotidiana. Sus ideas serán el faro que nos guiará a través de aguas inexploradas.

3. Anuncio público: seamos claros y expresemos nuestras intenciones. Anunciar este plan públicamente es más que una formalidad; es una invitación a nuestros ciudadanos a unirse a nosotros en este viaje transformador. Al comunicar abiertamente los beneficios (una sociedad arraigada en la justicia, la compasión y el bienestar) generamos confianza. La transparencia aquí es una herramienta estratégica, tal como lo fue cuando Dinamarca lanzó sus iniciativas públicas para el bienestar social, creando un modelo de participación y confianza ciudadana.

Al embarcarnos en esta fase, no sólo estamos estableciendo un tono; estamos colocando los propios ladrillos de la gobernanza ética. Acepte esta fase con la conciencia de que es la base para un futuro en el que la gobernanza sea un reflejo de nuestras más altas aspiraciones éticas.

Fase 2: Investigación y Evaluación

A medida que nos embarcamos en la Fase 2 de nuestro viaje hacia una gobernanza ética basada en los principios Maqasid, nuestro enfoque cambia a una etapa crítica: la investigación y la evaluación. Esta fase es fundamental y une nuestra comprensión fundamental con la aplicación práctica. Profundicemos en los pasos clave:

1. Auditoría de políticas: comenzar con una auditoría integral de las leyes, políticas y programas gubernamentales existentes. No se trata sólo de identificar áreas para la aplicación inmediata de los principios Maqasid; se trata de transformar todo nuestro marco legal y político. Consideremos cómo Suecia llevó a cabo una revisión exhaustiva de sus políticas ambientales, que condujo a un desarrollo sostenible

significativo. De manera similar, su objetivo debe ser garantizar que cada política se alinee con principios éticos, yendo más allá del simbolismo hacia un cambio sustancial.

2. Análisis de las partes interesadas: Recuerde, la gobernanza eficaz involucra a varias partes interesadas. Identifique actores clave, desde departamentos gubernamentales hasta organizaciones comunitarias y ciudadanos. Para cada uno, comprenda sus funciones, intereses y contribuciones potenciales. Participar en un diálogo abierto, tal como lo hizo Canadá al reformar su sistema de salud, involucrando a las partes interesadas en todos los niveles para garantizar que el sistema satisfaga las necesidades de todos. Este enfoque inclusivo no consiste sólo en reunir perspectivas diversas; se trata de construir un modelo de gobernanza que realmente refleje los valores Maqasid y satisfaga las necesidades de la comunidad.

3. Asignación de recursos: ahora hablemos de recursos. Para convertir nuestra visión en realidad, debemos asegurar los recursos financieros, humanos y tecnológicos necesarios. Esto significa asignar presupuestos, capacitar al personal en gobernanza ética y proporcionar la tecnología para una administración transparente. Pensemos en la inversión de Corea del Sur en gobernanza digital, que mejora significativamente la transparencia y la rendición de cuentas. Su asignación de recursos muestra su compromiso con este viaje transformador y lo prepara para enfrentar los desafíos de implementación de frente.

En la Fase 2, la convergencia de la investigación y la evaluación informa los pasos prácticos necesarios para entrelazar los principios Maqasid en el tejido de la gobernanza. Se trata de examinar críticamente las políticas, involucrar a todas las partes interesadas y comprometer recursos para garantizar el éxito. Con un trabajo preliminar meticuloso, recorrerá el camino hacia una gobernanza ética de manera más efectiva y segura. ¿Estás listo para tomar estos pasos cruciales?

Fase 3: Implementación inicial

Al embarcarse en la Fase 3 de su viaje hacia la implementación de Maqasid en la gobernanza, es hora de llevar estos principios a la práctica en el mundo real. Esta fase es crucial, ya que pasa de la teoría a la acción. Exploremos cómo proceder de manera efectiva:

1. Programas piloto: Comience por lanzar programas piloto a pequeña escala en diversos sectores como educación, atención médica y aplicación de la ley. Piense en estos como sus bancos de pruebas para los principios Maqasid. Por ejemplo, observemos cómo la reforma del sistema educativo de Finlandia comenzó como iniciativas a pequeña escala y luego revolucionó las políticas educativas nacionales. Sus programas deben incorporar los valores Maqasid y actuar como ejemplos tangibles de gobernanza ética. Al comenzar en una escala más pequeña, puede gestionar, monitorear y evaluar su impacto de manera más efectiva, sentando las bases para una implementación más amplia.

2. Mecanismo de retroalimentación: Establecer un sistema de retroalimentación sólido es crucial. Involucrar tanto a expertos en los principios Maqasid como a miembros de la comunidad. Se podrían emplear encuestas, grupos focales y foros públicos, de forma muy similar a cómo Singapur recopila activamente comentarios del público sobre iniciativas políticas. Este enfoque dual de aportes de expertos y públicos proporcionará una visión holística, asegurando que los programas no solo se adhieran a los principios Maqasid sino que también resuenen con las necesidades y expectativas de la comunidad. Recuerde, la transparencia en este proceso es clave para generar confianza y credibilidad.

3. Revisar y adaptar: Después de un período, digamos de 6 a 12 meses, revise minuciosamente estos programas piloto. Evaluar su alineación con los principios Maqasid y su eficacia en el impacto social. Inspírese en cómo Corea del Sur revisa periódicamente sus iniciativas de

gobernanza digital, adaptándolas en función de los comentarios del público y los avances tecnológicos. Esta fase de revisión y adaptación es vital para afinar su enfoque. Sea flexible y esté preparado para realizar los ajustes necesarios, asegurándose de que su modelo de gobernanza sea dinámico y receptivo.

La Fase 3 es más que sólo el comienzo de la aplicación práctica; es donde empiezas a ver los frutos de tus esfuerzos en materia de gobernanza ética. Al diseñar meticulosamente programas piloto, establecer canales de retroalimentación efectivos y comprometerse con la mejora continua, no sólo se está demostrando la viabilidad de la gobernanza impulsada por Maqasid, sino también fomentando una cultura de responsabilidad y capacidad de respuesta. Esta fase es fundamental y allana el camino para una implementación más amplia y de mayor impacto en el futuro.

Fase 4: Expansión y mejora

A medida que avance a la Fase 4 en su viaje hacia una gobernanza ética basada en Maqasid, es hora de aprovechar sus primeros éxitos y ampliar su impacto. Esta fase consiste en convertir los triunfos piloto en cambios generalizados. A continuación se presenta una hoja de ruta para una expansión y mejora efectivas:

1. Ampliar iniciativas: basándose en el éxito comprobado de sus programas piloto, identifique los más efectivos y comience a ampliarlos. Mire cómo se pueden extender a áreas más grandes o a sectores más diversos de la población. Consideremos el enfoque de Dinamarca al expandir sus programas de energía renovable, que comenzaron siendo pequeños y ahora sirven como modelo nacional. A medida que escala, explore también formas de integrar principios adicionales de Maqasid, garantizando que su modelo de gobernanza evolucione continuamente para satisfacer las necesidades de la comunidad.
2. Coordinación interdepartamental: Establecer un organismo de

coordinación central o grupo de trabajo para garantizar un enfoque cohesivo en todos los departamentos gubernamentales. Este paso es vital para evitar esfuerzos fragmentados y para garantizar que los principios Maqasid se apliquen de manera uniforme. Tomar prestadas estrategias de cómo Singapur gestiona sus esfuerzos interdepartamentales en planificación urbana, asegurando que los diferentes departamentos trabajen armoniosamente hacia objetivos comunes.

3. Participar en informes y comentarios públicos: mantenga un fuerte compromiso con la transparencia actualizando periódicamente al público sobre el progreso y los desafíos de sus iniciativas. Utilice informes, reuniones públicas y plataformas digitales para comunicar actualizaciones. Además, buscar e incorporar activamente la retroalimentación del público en futuras mejoras de la gobernanza, de manera similar a como Nueva Zelanda involucra a sus ciudadanos en el desarrollo de políticas. Esta comunicación abierta genera confianza y fomenta un espíritu de colaboración entre el gobierno y sus ciudadanos.

En esta fase, no sólo se están ampliando las iniciativas sino también sentando un precedente para la gobernanza ética. Al ampliar metódicamente los programas exitosos, garantizar una colaboración interdepartamental cohesiva y comprometerse con informes públicos transparentes y participativos, se muestran los beneficios tangibles de los principios Maqasid en la gobernanza. Esta fase es fundamental para consolidar su papel como pionero en gobernanza ética y sienta las bases para su adopción sostenida.

Fase 5: Institucionalización y Liderazgo Global

Al ingresar a la Fase 5, alcanza el cenit de su viaje hacia una gobernanza ética basada en Maqasid, preparando el escenario para que su gobierno emerja como un faro de liderazgo global. A continuación se explica cómo solidificar estos principios dentro de su marco de gobernanza e inspirar al mundo:

1. Codificación de políticas: Comience por entrelazar los principios Maqasid en el tejido mismo de sus sistemas legales y regulatorios. Esto significa codificar formalmente estos principios en leyes, regulaciones y documentos de políticas, de manera similar a cómo Noruega integró la sostenibilidad ambiental en su legislación nacional. Esta transformación garantiza que los principios Maqasid se conviertan en una parte duradera de su gobernanza, salvaguardando su continuidad más allá de los ciclos administrativos y de liderazgo actuales.

2. Promoción internacional: Salir al escenario global como defensor del modelo Maqasid. Comparta su viaje, desafíos y triunfos con pares internacionales. Emular el enfoque de países como Suecia, que ha promovido eficazmente sus políticas innovadoras sobre desarrollo sostenible en todo el mundo. Participe en diálogos, forme asociaciones para proyectos colaborativos y participe en foros internacionales para mostrar la eficacia de su modelo de gobernanza para abordar los desafíos globales. Su promoción activa puede inspirar a otras naciones y contribuir a un cambio global hacia prácticas de gobernanza más éticas.

3. Desarrollo de una estrategia a largo plazo: redacte una estrategia integral plurianual que detalle su visión, objetivos y planes de acción para incorporar los principios Maqasid en la gobernanza. Esta estrategia no debería ser sólo un modelo sino también un documento vivo, adaptable al cambiante panorama de la gobernanza. Observemos cómo Japón revisa periódicamente sus estrategias económicas en respuesta a las cambiantes tendencias globales. Este enfoque demuestra un compromiso con la sostenibilidad y relevancia de los principios Maqasid a largo plazo.

La Fase 5 es más que sólo el paso final; es una fase de construcción de legado en la que los principios Maqasid quedan profundamente arraigados en su estructura de gobierno y su nación se eleva como líder en gobierno ético en el escenario mundial. Su compromiso en esta fase extiende el impacto de sus esfuerzos más allá de las fronteras nacionales, contribuyendo a un mundo más ético, justo y sostenible. Este es un legado que se ganará la admiración y el respeto de las generaciones venideras.

Conclusión: comienza el ascenso

Al concluir esta discusión, tomemos un momento para reflexionar sobre la importancia del viaje que tenemos por delante. Este no es sólo un ejercicio de gobernanza teórica, sino un plan pragmático y viable para la transformación social. Como líder, usted está equipado con un plan integral, conocimiento experto y un imperativo moral. Pero, ¿ha considerado el impacto duradero que tendrán sus decisiones? ¿Qué legado aspira a crear en el ámbito de la gobernanza ética?

Recuerda, tu papel trasciende el de ser un mero cuidador del presente. Eres un arquitecto del futuro. Sus acciones tienen el poder no sólo de remodelar las políticas sino de reorientar el curso de la civilización misma. La responsabilidad es inmensa y lo que está en juego es inmensamente alto. Cada momento de inacción es una oportunidad perdida para fomentar una sociedad más equitativa, compasiva y ética.

Recordemos los pasos que hemos esbozado: desde los preparativos preliminares hasta la institucionalización y el liderazgo global. Cada fase es un elemento básico hacia este objetivo monumental. Sin embargo, surgirán desafíos. Es posible que enfrente resistencia, limitaciones de recursos o momentos de duda. En estos tiempos, recuerda la importancia de la constancia y el poder del esfuerzo colectivo.

Recordemos esta era como un punto crucial en el que la gobernanza recuperó su brújula moral, guiándonos hacia un mundo más justo y más ético. El futuro no es sólo una llamada; nos está llamando a actuar con rapidez y decisión. El viaje comienza ahora. Juntos, forjemos un futuro donde el liderazgo ético no sea una aspiración sino una realidad tangible y realizada. Ha llegado el momento del cambio y usted está al mando, listo para liderar el ascenso.

V

Conclusión

La frase "El paraíso está bajo los pies de los gobiernos" refleja la urgencia de una gobernanza transformadora, guiada por principios como la justicia, la ética y la inclusión. Este libro aboga por superar la inercia y la resistencia, promoviendo una sociedad que valore la dignidad individual, el empoderamiento comunitario y el progreso sostenible. Se requiere un liderazgo fuerte para integrar la tecnología y el progreso social en una gobernanza ética, y así convertir los sueños de una sociedad justa y solidaria en realidad.

15

La génesis de un nuevo amanecer

Un claro llamado al cambio: la invitación final e inquebrantable a transformar la gobernanza para siempre

El sonido de la urgencia: una sinfonía que espera a su director

En el incesante estrépito de nuestro mundo moderno, se eleva un sonido distintivo: un clamor rotundo al cambio que se extiende por todas las naciones. Más que un susurro de esperanza, se trata de una exigencia imperiosa de una nueva era en la gobernanza. Una era que remodela no sólo el destino de las naciones sino también la vida cotidiana de sus ciudadanos.

Escuchar. En las bulliciosas calles de las ciudades, lo escuchas. Está en las voces de las personas que claman por justicia, por equidad. Resuena en los serenos paisajes del campo, donde las comunidades buscan la armonía. Este llamado trasciende fronteras y culturas y encuentra eco en los corazones de millones. Sueñan con un mundo donde la gobernanza beneficie a todos, no sólo a unos pocos privilegiados.

Pero ¿qué implica realmente este llamado? En esencia, aboga por un modelo de gobernanza inspirado en los principios de Maqasid, un enfoque que prioriza la ética, la justicia y la inclusión. Para quienes no están familiarizados, Maqasid es una filosofía que enfatiza el bienestar de todos, asegurando que la gobernanza apoye las necesidades y derechos fundamentales de cada individuo.

El tiempo de cambiar es ahora. Esta sinfonía urgente nos llama a liderar, a convertirnos en conductores de este movimiento transformador. Juntos podemos forjar un futuro más brillante y justo para todos. Comienza con un paso, una voz, una decisión. El momento de actuar está aquí. Aceptémoslo.

Lo que está en juego: nada menos que nuestra humanidad compartida

Nos encontramos en un momento crucial en el que nuestras acciones trascienden los ajustes administrativos y las reformas legislativas. Nos embarcamos en un viaje para elevar el espíritu humano mismo. Nuestro objetivo es de gran alcance: revitalizar el alma del individuo, empoderar a comunidades enteras y revitalizar el núcleo mismo de la sociedad.

Responder a este llamado al cambio no consiste solo en adoptar un nuevo modelo de gobernanza. Se trata de alinearse con las esperanzas colectivas de nuestro pueblo. Al unirte a esta causa, pasas a formar parte de un movimiento mundial que lucha por la equidad, la compasión y la justicia. Esta búsqueda trasciende las ambiciones individuales: es un esfuerzo colectivo, un testimonio de nuestro compromiso duradero con el progreso humano.

Los efectos en cadena de nuestras acciones repercutirán más allá de nuestras vidas y dejarán un legado en el tejido de la historia. Este viaje es más que gobernanza; se trata del legado que dejamos: un legado de liderazgo ético, compasión duradera y respeto por la dignidad de cada individuo. Lo que está en juego es inmenso, pero también lo son las recompensas potenciales. Debemos aprovechar este momento para mejorar nuestra humanidad compartida y las generaciones que heredarán nuestro legado.

La resistencia: la inercia que debemos superar

El camino hacia la transformación nunca está exento de obstáculos. Encontraremos desafíos, obstáculos y resistencias. La comodidad del status quo, fortalecido por el interés propio y la tradición, a menudo se opone al cambio. Sin embargo, encontrar resistencia no debería desanimarnos; debe afirmar la importancia vital de nuestra misión.

Nuestra búsqueda para impulsar el cambio inevitablemente alterará las normas establecidas. Cuando nos enfrentamos a un retroceso, es un testimonio de la profundidad de la transformación que buscamos. La resistencia que encontramos no es una barrera sino un punto de referencia de la importancia de nuestro viaje.

Al enfrentar estos desafíos, debemos permanecer firmes. La historia está repleta de ejemplos en los que se lograron cambios monumentales frente a una oposición feroz. Pensemos en el movimiento ecologista, el impulso a la innovación tecnológica o la lucha por los derechos de los pueblos indígenas. Cada uno de ellos, al igual que los movimientos por los derechos civiles y el sufragio femenino, enfrentó una resistencia significativa y, sin embargo, triunfó.

Es vital discernir qué resistencia es una señal de un cambio significativo y cuál podría ofrecer una crítica válida que valga la pena considerar. Este discernimiento es crucial para navegar nuestro camino hacia adelante.

Entonces, cuando surja resistencia, considérelo como una confirmación de su camino. Es una oportunidad para fortalecer nuestra determinación y perfeccionar nuestras estrategias. Recuerde, el cambio real a menudo nace del crisol de la oposición. Aceptar la resistencia no sólo como un desafío a superar, sino como una parte crucial del camino hacia el progreso.

La oportunidad: un momento sin precedentes en el tiempo

Estamos en una coyuntura única en la historia, llena de promesas para aquellos lo suficientemente audaces como para abrazarla. Nuestro mundo se está transformando rápidamente, con tecnologías como la inteligencia artificial y las energías renovables revolucionando la forma en que vivimos y trabajamos. Los movimientos sociales están remodelando nuestra comprensión de la justicia y la igualdad a un ritmo extraordinario.

Este momento está lleno de posibilidades y anhela que haya líderes que estén listos para aprovechar estos cambios. La oportunidad que tenemos ante nosotros es inmensa y nos invita a forjar un camino de impacto transformador.

Sin embargo, esos momentos son fugaces. La historia nos enseña que las oportunidades pueden desaparecer tan rápido como surgen, dejando tras de sí un rastro de "qué pasaría si". El tiempo no espera a nadie y las posibilidades de hoy pronto pueden convertirse en oportunidades perdidas de mañana.

El llamado a la acción no es un sueño lejano sino un imperativo inmediato. Las condiciones son ideales, la necesidad es urgente y usted, como líder, está preparado para impulsar este cambio. Con las herramientas de la tecnología, los conocimientos del progreso social y el compromiso con el liderazgo ético, se puede encabezar una nueva era de gobernanza que dé prioridad al bienestar de todos.

El mundo busca líderes que puedan transformar aspiraciones elevadas en acciones tangibles, que puedan hacer realidad la promesa de esta era. El tipo de líderes que reconocen el potencial de las ciudades inteligentes para una vida sostenible, que comprenden el poder de las plataformas digitales para una gobernanza inclusiva y que defienden la equidad social junto con el crecimiento económico.

Este es tu momento. El escenario está preparado para que usted tenga un impacto duradero. ¿Darás un paso al frente para dar forma a un futuro que sea más equitativo, justo y sostenible? El momento es ahora y el mundo espera ansiosamente su liderazgo.

La acción: de las palabras a los hechos que cambian el mundo

Ha llegado el momento de tomar medidas decisivas. Escuchar el toque de clarín no es suficiente; debemos responder con un compromiso inquebrantable. Hemos explorado los principios y el potencial de estas páginas; ahora debemos darles vida mediante actos transformadores.

Contamos con un plan detallado para una gobernanza ética y compasiva: una guía hacia un futuro más equitativo. Pero recuerde, un plan es tan bueno como su ejecución. Es hora de movilizar a sus equipos, galvanizar a sus comunidades y embarcarse en este viaje transformador. Sí, habrá obstáculos, pero el camino hacia un cambio significativo rara vez es fácil.

Sea el iniciador del cambio. Aplicar los principios de Maqasid en todos los aspectos de la gobernanza, desde la formulación de políticas hasta las decisiones cotidianas. Esfuércese por ser un líder que no sólo sueñe con un mundo mejor sino que le dé forma activamente.

Recuerde, toda transformación significativa comenzó con la acción de un individuo: una persona que creyó en el cambio y dio un paso adelante. Usted tiene el potencial de ser ese agente de cambio en su comunidad, su organización o su campo.

Liderar con el ejemplo y fomentar la colaboración. Insta a otros a unirse a usted en esta misión. Si estás en educación, incorpora valores éticos en tu plan de estudios. En los negocios, priorizar prácticas sostenibles y equitativas. En la gobernanza, garantizar que las políticas reflejen los principios de justicia y compasión.

Si nos unimos en este esfuerzo, podremos hacer de la visión de una sociedad justa y ética una realidad tangible. El mundo necesita líderes que desafíen el status quo y construyan con valentía un futuro más equitativo y compasivo. El momento de actuar es ahora, con el mundo como testigo.

El llamado resuena: ¿responderás?

Un llamado resuena en nuestros tiempos, un llamado que exige atención, compromiso y dedicación. No es un llamado cualquiera, sino un llamado de atención a la acción: un llamado a dar forma a nuestro futuro, transformar la gobernanza y elevar a la humanidad.

Nos encontramos en una encrucijada donde el futuro nos llama a honrar la vida, valorar la riqueza cultural y defender las virtudes que nos definen. Imagine un futuro en el que la gobernanza trascienda la burocracia y se convierta en una misión moral, guiada por los principios de Maqasid, que defienda la justicia, la compasión y la ética.

Este llamado no es un leve susurro, sino una súplica resonante que responde a las aspiraciones de muchos, instando a políticas que eleven y reconozcan la dignidad de cada individuo. La pregunta ahora es: ¿será usted el administrador de esta visión transformadora? ¿Serás el arquitecto de un futuro venerado por las generaciones venideras?

El mundo necesita líderes que desafíen el status quo, que desafíen las normas y reconozcan la inmediatez del cambio. Su respuesta a este llamado puede moldear los destinos de las naciones y las vidas de innumerables personas.

Deja que tu respuesta sea un rotundo "sí". Muestre su compromiso a través de acciones que encarnen un gobierno ético. Imaginemos un futuro en el que la gobernanza equivalga a la compasión, la justicia y la excelencia ética, un futuro en el que las políticas sirvan y eleven.

El llamado es un conjunto, una invitación a unirse a un coro de agentes de cambio. Es una oportunidad para alinearse con personas con ideas afines para iniciar una nueva era de gobernanza, una que priorice el bienestar de todos.

Ahora es el momento de abrir la puerta a este futuro. Al responder a este llamado, te unes a una ola transformadora en la gobernanza. Redefinimos su narrativa, anclándola en la ética y la justicia. El escenario está preparado, el llamado es claro: ¿responderás?

El sueño utópico: no una fantasía sino una realidad factible

A menudo, la idea de una utopía (una sociedad donde la armonía, la equidad y la prosperidad sean universales) ha sido descartada como un acto de fantasía. Pero ¿y si esta visión no es tan descabellada como parece? ¿Qué pasaría si, en lugar de un espejismo lejano, fuera una realidad tangible que realmente podamos lograr? Es hora de liberarnos del escepticismo que limita nuestra imaginación y abrazar el potencial de una sociedad guiada por los principios perdurables de Maqasid.

Imaginemos un mundo donde la gobernanza sea más que burocracia y regulaciones. Imagínese una sociedad donde las políticas mejoran las vidas, nutren los espíritus y fomentan el propósito. Esto no es una simple ilusión; es una visión viable, basada en la practicidad.

Los principios de Maqasid ofrecen una hoja de ruta para dicha sociedad: un modelo que equilibra los aspectos espirituales y materiales de la existencia humana. Este enfoque valora la compasión, la justicia y la excelencia ética, proporcionando una base sólida para una sociedad justa y próspera.

Consideremos, por ejemplo, las comunidades donde los modelos de gobernanza participativa han mejorado el compromiso cívico y el bienestar. Estos casos, aunque de menor escala, reflejan los elementos de nuestra utopía imaginada, lo que demuestra su practicidad.

Las utopías no tienen por qué limitarse a la fantasía. Pueden ser realidades alcanzables. El camino hacia esta sociedad casi mítica está intrincadamente entretejido en los principios de Maqasid. Al dejar de lado las dudas, podemos embarcarnos en un viaje hacia una utopía que no sea sólo un sueño sino una visión realizable y alcanzable.

Los principios: un faro guía para toda la humanidad

Hagamos una pausa para apreciar la brillantez de Maqasid, un faro que ilumina nuestro camino hacia un mundo mejor. Sus principios trascienden las fronteras religiosas y culturales y resuenan con las necesidades y aspiraciones fundamentales de todos los seres humanos.

Tomemos, por ejemplo, el principio de preservar la vida. Esta verdad universal valora cada vida como algo precioso. Imaginemos modelos de gobernanza que integren este principio profundamente en las estructuras sociales, dando prioridad a la vida en cada política y acción.

Consideremos también el empoderamiento del intelecto. Una sociedad donde la educación sea accesible para todos, no como un privilegio sino como un derecho fundamental, se alinea con este principio. Es una visión que Maqasid hace alcanzable, no sólo idealista.

Los principios de criar familias y fomentar la comunidad resaltan nuestra interconexión. Visualizar una gobernanza que refuerce las estructuras familiares y construya comunidades inclusivas. Esto va más allá de una mera política: es un plan para la armonía social.

Y el principio de proteger la propiedad y defender prácticas económicas justas trasciende las diferencias culturales. Es un llamado a una economía ética, donde las políticas estén impulsadas por la justicia, no por la codicia.

Estos principios son inclusivos y edificantes y pertenecen a todos. Adoptarlos en la gobernanza no es opcional sino un imperativo moral. Ahora debemos tomar medidas para integrar estas verdades en el tejido de nuestras sociedades. Esta no es sólo una visión elevada; es un llamado práctico a la acción. Trabajemos para hacer de estos principios una realidad viva, para el bien de todos.

La armonía del espíritu y la materia: donde el cielo se encuentra con la tierra

En nuestro mundo, donde la búsqueda de riqueza material a menudo eclipsa la realización espiritual, Maqasid brilla como modelo de equilibrio y esperanza. Aboga por una gobernanza que trascienda el mero crecimiento económico, la destreza tecnológica o la fuerza militar, enfatizando en cambio el alma de una nación: sus valores, ética y salud espiritual.

Maqasid impulsa un cambio de paradigma hacia una sociedad donde el progreso tecnológico sirva tanto para propósitos económicos como éticos.

Imagínese las innovaciones destinadas al mejoramiento social, con sus beneficios compartidos equitativamente. Esta visión trasciende la mera prosperidad; defiende la prosperidad con un propósito.

Bajo este modelo, se redefine la prosperidad económica. La riqueza no la acaparan unos pocos, sino que se comparte de manera más equitativa, asegurando el progreso comunitario. Los impulsores económicos se reorientan desde el mero beneficio hacia principios de justicia y conducta ética, fomentando un crecimiento compartido y sostenible.

También se reinventa la riqueza cultural. Se convierte en un medio para mejorar la riqueza espiritual, y la diversidad fortalece la comprensión y la unidad. El patrimonio cultural se celebra no sólo por sí mismo sino por su capacidad para enriquecer el espíritu humano.

En esencia, Maqasid nos llama hacia una utopía equilibrada donde las actividades materiales y espirituales se integren armoniosamente. Visualiza un mundo donde el progreso va acompañado de responsabilidad y donde nuestros valores definitorios se elevan. Si bien esto puede parecer un objetivo ambicioso, se pueden tomar medidas prácticas para lograr esta visión. Implementar políticas que prioricen el bienestar social junto con el crecimiento económico, fomentar una educación inclusiva que valore la comprensión ética y fomentar prácticas culturales que promuevan la cohesión comunitaria son formas tangibles de comenzar este viaje.

Esto no es simplemente un sueño; es una realidad práctica y alcanzable que espera que la adoptemos, paso a paso.

El efecto dominó: de los individuos a la comunidad global

El poder transformador de Maqasid se extiende mucho más allá de las vidas individuales, con el potencial de remodelar comunidades, naciones y, en última instancia, la comunidad global. Este efecto dominó comienza con un cambio positivo en los individuos y se extiende en cascada hacia arriba, impactando profundamente la gobernanza y la sociedad.

En esencia, Maqasid prioriza el bienestar individual, entendiendo que las personas prósperas fortalecen a las familias, que son la base de comunidades fuertes. Estas comunidades, a su vez, son los pilares de las naciones prósperas. Pero este modelo va más allá del crecimiento económico: fomenta sociedades donde las personas se sienten valoradas y empoderadas.

El impacto de Maqasid no se detiene en las fronteras nacionales. Sus principios reflejan valores universales, resuenan en todas las culturas y abordan necesidades humanas fundamentales. Las naciones que adopten estos principios pueden convertirse en ejemplos de esperanza y progreso, especialmente en nuestro mundo interconectado.

En una era marcada por políticas divisivas y desafíos globales como el cambio climático, Maqasid ofrece más que un camino: allana una carretera hacia un futuro más armonioso. Es una visión que trasciende las divisiones culturales y religiosas, uniendo a la humanidad en la prosperidad colectiva y el progreso ético.

Imaginemos un mundo donde las naciones colaboren, no compitan, centrándose en elevar a la humanidad. Imagine una comunidad global comprometida con el bienestar de cada individuo, donde la gobernanza ética sea estándar. Esta visión no es simplemente un sueño: es una meta tangible.

Por ejemplo, consideremos el impacto potencial de la adopción de los principios Maqasid en las políticas ambientales, lo que conduciría a esfuerzos internacionales de colaboración para combatir el cambio climático. O imaginar su aplicación en los negocios, promoviendo el comercio justo y las prácticas laborales éticas.

Para contribuir a este efecto dominó, las personas pueden comenzar en sus comunidades, abogando por políticas y prácticas alineadas con los principios Maqasid. Las organizaciones pueden adoptar marcos éticos en sus operaciones y los gobiernos pueden priorizar estos valores en la formulación de políticas.

Esta visión es una invitación a unirnos en nuestra diversidad, celebrando la riqueza humana mientras luchamos por un futuro mejor para todos. Aprovechemos esta oportunidad y participemos activamente en la configuración de esta nueva trayectoria para nuestro mundo.

El último llamado a la acción: ahora es el momento de una visión utópica

Ahora es el momento de trascender las dudas y abrazar la posibilidad de un mundo mejor. El proyecto de una sociedad utópica, guiada por los principios de Maqasid, no es un sueño lejano sino una realidad alcanzable. La urgencia de tal transformación no tiene precedentes y el llamado a la acción se extiende a todos, especialmente a quienes ocupan puestos de gobierno e influencia.

Los desafíos de la injusticia social, la disparidad económica, las crisis ambientales y la división política son formidables pero no insuperables. Maqasid ofrece un camino a seguir, imaginando una sociedad en la que el bienestar de cada individuo sea primordial y la prosperidad se comparta equitativamente.

Esta visión no es una fantasía sino una posibilidad práctica. Imagina la gobernanza como una fuerza para el bien, líderes que priorizan el bienestar y comunidades que prosperan en armonía. Esto trasciende fronteras y creencias, uniéndonos en una misión para el mejoramiento de la humanidad.

El momento de esta visión es ahora. Exige medidas audaces, un desafío al pensamiento convencional y un compromiso con un futuro en el que el espíritu humano alcance nuevas alturas. Debemos defender estos principios e implementarlos en nuestra gobernanza, comunidades y vidas, convirtiéndonos en catalizadores del cambio que nuestro mundo necesita.

Considere el potencial que hay dentro de cada uno de nosotros para la compasión, la innovación y la cooperación. Podemos imaginar un mundo donde la dignidad sea universal, las oportunidades sean accesibles y prevalezca la justicia. Este futuro es realizable a través de nuestros esfuerzos colectivos.

Para hacer realidad esta visión, debemos desafiar el status quo, enfrentar las injusticias y defender políticas que prioricen el bienestar ciudadano. Debemos fomentar una cultura de empatía e inclusión, donde se celebre la diversidad y se fortalezcan los vínculos comunitarios.

El viaje que tenemos por delante es desafiante pero gratificante, trasciende las divisiones políticas y culturales y nos une en un propósito. No soñemos simplemente con una sociedad utópica; construyámoslo con pasos audaces para transformar nuestro mundo.

Este momento es un lienzo en blanco y nosotros somos los artistas. La historia mostrará nuestra obra maestra, un testimonio de nuestro esfuerzo y búsqueda de un mundo mejor. El futuro nos llama y el poder de darle forma está en nuestras manos. Unámonos y pintemos un retrato de una sociedad utópica que sea un faro de esperanza. Nuestro legado no estará definido por nuestras palabras sino por la profundidad de nuestras acciones. Juntos, podemos y debemos crear una obra maestra, un símbolo del potencial humano y de nuestra búsqueda duradera de un mundo mejor.

VI

Apéndices

Estos apéndices ofrecen herramientas prácticas y estrategias para implementar los principios de gobernanza ética discutidos en el libro. Proporcionan enfoques paso a paso para líderes e individuos, con listas de verificación, estudios de casos y plantillas diseñadas para respaldar la aplicación práctica de estos ideales en contextos reales.

16

Apéndice A: Glosario de términos

Navegando por Maqasid: una guía completa de jurisprudencia islámica para la gobernanza moderna

Comprender el lenguaje Maqasid es crucial para captar su potencial transformador en la gobernanza. Este glosario proporciona no sólo definiciones sino también información sobre los profundos principios de la jurisprudencia islámica y sus implicaciones para la gobernanza moderna. Al explorar estos términos, estará dando un paso vital hacia la comprensión de un modelo de gobernanza que sirva a los propósitos más elevados de la humanidad.

1. Maqasid (mah-kah-sid): Los objetivos generales de la ley islámica (Shari'a), centrándose en la preservación de la religión, la vida, el intelecto, la progenie y la propiedad. Por ejemplo, en gobernanza ambiental, Maqasid enfatiza la protección de la vida y la progenie mediante la promoción de prácticas sostenibles.

2. Fiqh (feekh): Esta es la jurisprudencia islámica, la comprensión humana y la interpretación de la ley Shari'a. Las cuatro principales escuelas suníes (Hanafi, Maliki, Shafi'i y Hanbali) representan cada

una diferentes metodologías de Fiqh.

3. Ijtihad (ij-tee-had): Se refiere al razonamiento legal independiente en la ley islámica, particularmente para casos no cubiertos explícitamente por el Corán o el Hadiz. Un ejemplo notable de Ijtihad fue la reforma de las leyes de familia en algunos países musulmanes modernos, que refleja el cambio de las normas sociales.

4. Fatwa (fat-wah): Opinión o decreto legal emitido por un erudito islámico calificado. Las fatwas desempeñan un papel crucial a la hora de abordar cuestiones contemporáneas dentro del marco jurídico islámico.

5. Corán (koo-rahn): El libro sagrado del Islam, que se cree que es la palabra literal de Dios revelada al profeta Mahoma. Es la fuente principal de la ley Shari'a.

6. Hadith (ha-dieth): Estos son dichos y acciones registrados del Profeta Mahoma, que sirven como fuente de orientación en la jurisprudencia islámica junto con el Corán.

7. Ley Shari'a: El código moral y legal del Islam, derivado del Corán y el Hadiz, que cubre todos los aspectos de la vida. La Sharia influye en diversos grados en los sistemas legales de varios países de mayoría musulmana.

8. Ijma (ij-mah): El consenso de los eruditos islámicos sobre un tema particular, considerado una fuerte fuente de derecho en la jurisprudencia islámica.

9. Qiyas (kee-yas): Analogía o razonamiento utilizado para derivar decisiones sobre situaciones que no se abordan explícitamente en el Corán o el Hadiz. Qiyas se aplica a menudo en cuestiones legales modernas donde los textos religiosos directos no son explícitos.

10. Istislah (is-tis-lah): Interés o bienestar público, un principio utilizado en decisiones legales que sirven al bien común, incluso si no tienen una base directa en el Corán o el Hadiz.

11. Istis'hab (is-tis-hab): Este principio implica la presunción de continuidad de sentencias anteriores en ausencia de prueba específica en contrario. Garantiza la estabilidad y coherencia de la jurisprudencia

islámica.

12. Maslaha (mas-la-ha): Este principio se centra en buscar el bien común o interés público en la toma de decisiones legales y éticas. A menudo se utiliza para justificar reformas legales contemporáneas que se alinean con los objetivos generales de la Sharia.

13. Haram (ha-ram): Significa "prohibido" o "prohibido" en el Islam. Este término es esencial para comprender la ética y la ley islámicas, delineando lo que es moral y legalmente inaceptable.

14. Halal (ha-lal): lo opuesto a Haram, este término significa "permisible" o "legal" en el Islam. Abarca todo, desde leyes dietéticas hasta prácticas comerciales.

15. Ijtihad al-Maslahah (ij-tee-had al-mas-la-ha): Este es el uso de razonamiento y juicio independientes para lograr el bien mayor y cumplir los objetivos de la Shari'a. Refleja la naturaleza dinámica de la jurisprudencia islámica, adaptándose a contextos cambiantes.

16. Fiqh al-Maqasid (feekh al-mah-kah-sid): Jurisprudencia que se centra en los objetivos y propósitos superiores de la Sharia, a menudo utilizada en contextos reformadores para alinear las leyes tradicionales con las necesidades contemporáneas.

17. Fiqh al-Ijtihad (feekh al-ij-tee-had): este término se refiere a la jurisprudencia basada en razonamiento jurídico independiente, que enfatiza la naturaleza evolutiva del pensamiento jurídico islámico.

18. Ruh al-Quds (rooh al-koods): El Espíritu Santo, que se cree que es una fuente de guía divina en el Islam. A menudo se menciona en contextos espirituales y místicos.

19. Tawhid (taw-heed): El concepto islámico de la unidad de Dios, que forma la base de las creencias y prácticas islámicas.

20. Islam sunita: La rama más grande del Islam, que sigue la Sunnah (tradiciones) del profeta Mahoma. Incluye varias escuelas de pensamiento y jurisprudencia, como Hanafi y Shafi'i.

21. Islam chiíta: rama del Islam que enfatiza el liderazgo de los imanes como autoridades espirituales y temporales. Tiene sus propias prácticas e interpretaciones únicas de la ley islámica.

22. Sufismo: a menudo descrito como la dimensión mística y espiritual del Islam, el sufismo se centra en la experiencia personal e interna de Dios y abarca una variedad de prácticas y creencias.

23. Califato (ka-lif-ate): El sistema islámico de gobierno, históricamente dirigido por un califa como líder político y espiritual de la comunidad musulmana. El concepto juega un papel importante en la historia y el pensamiento político islámico.

24. Ummah (um-mah): La comunidad musulmana global, que trasciende las fronteras nacionales y étnicas. Representa el concepto de una identidad islámica unida.

25. Ismaili (is-mai-li): una rama del Islam chiíta, conocida por su distinta tradición teológica y espiritual y su énfasis en la interpretación esotérica del Islam.

26. Madhhab (mad-hab): una escuela de jurisprudencia islámica. Las cuatro principales escuelas suníes –hanafi, maliki, shafi'i y hanbali– representan diferentes enfoques de la ley islámica.

27. Ibn Rushd (ibn rooshd): también conocido como Averroes en Occidente, este destacado filósofo y jurista islámico contribuyó significativamente a la filosofía islámica y occidental.

28. Ibn Sina (ibn see-na): Conocido como Avicena en Occidente, un renombrado erudito persa cuyas obras en filosofía y medicina fueron influyentes tanto en el mundo islámico como en Europa.

29. Sulh al-Hudaybiyyah (sul al-hu-day-bee-yah): El Tratado de Hudaybiyyah, un acuerdo de paz fundamental entre el profeta Mahoma y la tribu Quraysh. A menudo se cita como un ejemplo de establecimiento de paz estratégico en la historia islámica.

30. Ahl al-Bayt (ahl al-bayt): En referencia a la familia y los descendientes del profeta Mahoma, este grupo es especialmente venerado en el Islam chiita y ocupa un lugar importante en la tradición islámica.

Comprender estos términos no es sólo un ejercicio académico; es un paso esencial para adoptar una visión matizada de los principios islámicos y su aplicación en la gobernanza contemporánea y la toma de decisiones éticas. Con este glosario mejorado como guía, estará mejor equipado para embarcarse en un viaje transformador hacia un modelo de gobernanza que se alinee con los valores profundos de la humanidad.

A través de este glosario ampliado, obtendrá una apreciación más profunda de las complejidades de la jurisprudencia islámica y su aplicación en la gobernanza contemporánea. Cada término abre una ventana al rico tapiz del pensamiento legal, ético y espiritual islámico, ofreciendo una comprensión integral que va más allá de la superficie.

17

Apéndice B: Estudios de caso

Maqasid en movimiento: estudios de caso de gobernanza ética desde los Rashidun hasta el mundo moderno

En la búsqueda de una gobernanza transformadora guiada por los principios de Maqasid

Estos estudios de caso seleccionados, que abarcan contextos históricos y contemporáneos, ofrecen no sólo un vistazo a la aplicación de los principios Maqasid, sino que también brindan una comprensión integral de su impacto y desafíos. Sirven como faros de esperanza e ilustraciones prácticas, demostrando la versatilidad y el potencial transformador inherente a este modelo.

1. Los califas Rashidun (632-661 d.C.): esta era representa un modelo histórico ejemplar de gobierno, donde líderes como Abu Bakr y Umar ibn al-Khattab enfatizaron la justicia, la compasión y el bien común. Políticas específicas, como los innovadores sistemas de bienestar y seguridad social de Umar, destacan la aplicación de Maqasid en la gobernanza, centrándose en la preservación de la vida y la propiedad,

y la búsqueda de la justicia.

2. Califato andaluz (711-1492 d.C.): La Edad de Oro de la España islámica, conocida por su coexistencia armoniosa de diversas comunidades religiosas, es un testimonio del principio Maqasid de diversidad cultural y florecimiento intelectual. Los avances de este período en ciencia y filosofía ilustran la compatibilidad de Maqasid con el fomento de una sociedad vibrante y multicultural.

3. Malasia contemporánea: La integración de Malasia de los principios Maqasid en su marco de gobernanza ofrece una idea de su aplicación en la actualidad. Iniciativas como el índice de desarrollo basado en Maqasid y las regulaciones de finanzas éticas resaltan cómo estos antiguos principios se adaptan a la formulación de políticas contemporáneas, apuntando a la justicia social y el desarrollo equitativo.

4. Industria financiera islámica: esta industria es un ejemplo vivo de cómo los principios Maqasid pueden remodelar los sistemas económicos. Principios como el riesgo compartido y la inversión ética demuestran la alineación de las finanzas islámicas con los Maqasid, con el objetivo de lograr la estabilidad financiera y la distribución ética de la riqueza. Sin embargo, desafíos como garantizar estándares regulatorios globales y una aceptación más amplia resaltan las complejidades de implementar estos principios en un contexto económico moderno.

5. Organizaciones de ayuda humanitaria: en países predominantemente musulmanes, varias organizaciones incorporan los principios Maqasid en sus misiones. Priorizan la preservación de la vida y la justicia social, pero su eficacia a menudo depende de navegar por paisajes políticos y sociales complejos, destacando tanto el impacto como los desafíos de la aplicación de estos principios en los esfuerzos humanitarios.

6. Iniciativas islámicas de financiación social: programas como Zakat y Waqf tienen sus raíces en Maqasid. Tienen un impacto significativo en el alivio de la pobreza y el desarrollo comunitario, y ejemplifican

cómo estos antiguos principios pueden abordar los problemas sociales modernos. El éxito de estos programas a menudo radica en su adaptabilidad local y participación comunitaria, lo que muestra una aplicación práctica de Maqasid en el bienestar social.

Estos estudios de caso no sólo demuestran la practicidad de los principios Maqasid sino que también revelan los desafíos y complejidades que implica su aplicación. Desde los primeros modelos de gobernanza islámica hasta la formulación de políticas contemporáneas, estos ejemplos muestran un hilo conductor de lucha por la justicia, la compasión y el bienestar, a pesar de los diferentes contextos y desafíos. Proporcionan pruebas convincentes de la viabilidad y el potencial transformador de Maqasid en la gobernanza. A medida que profundizamos en estos casos, nos inspiran a abrazar estos principios en nuestra búsqueda de una gobernanza ética y reafirmar nuestra creencia en la capacidad de la humanidad para crear un mundo más justo y equitativo.

18

Apéndice C: Políticas modelo y legislación

Proyectos para la justicia: los principios Maqasid como pilares de la formulación de políticas progresistas

Lograr una gobernanza transformadora a través de los principios Maqasid

En nuestra incesante búsqueda de una gobernanza ética y eficaz, el Apéndice C presenta una serie de políticas modelo y marcos legislativos que encarnan los profundos principios de Maqasid. Estas plantillas son más que construcciones teóricas; representan proyectos viables diseñados para empoderar a los responsables de la formulación de políticas a la hora de configurar una sociedad más justa y equitativa.

1. Ley de Preservación de la Vida: Esta ley consagra el principio fundamental de salvaguardar la vida humana. Integra atención médica integral, normas de seguridad sólidas y protocolos de gestión

de desastres. Por ejemplo, políticas similares en países como Dinamarca han mostrado un éxito notable en los resultados de salud pública, lo que demuestra la practicidad de dicho marco.

2. Ley de Equidad y Bienestar Económicos: Anclada en el ideal Maqasid de justicia económica, esta política aborda la distribución justa de la riqueza, las finanzas éticas y las redes de seguridad social. Su objetivo es garantizar que el crecimiento económico beneficie a todos los estratos de la sociedad. Sin embargo, el desafío radica en equilibrar el crecimiento económico con una distribución equitativa de la riqueza, un dilema que se enfrenta y se gestiona creativamente en economías como Suecia.

3. Proyecto de Ley de Empoderamiento de la Familia y la Comunidad: Esta legislación se centra en el fortalecimiento de las familias y las comunidades, componentes integrales de una sociedad cohesionada. Abarca educación, viviendas asequibles e iniciativas comunitarias. El éxito de programas similares en Canadá pone de relieve cómo estas políticas pueden adaptarse a diferentes contextos culturales.

4. Reforma de justicia y equidad: este modelo aboga por un sistema de justicia caracterizado por la transparencia, la rendición de cuentas y la asistencia jurídica equitativa. Si bien aspira a una justicia imparcial, reconoce los desafíos, como la necesidad de independencia judicial y la lucha contra los sesgos sistémicos, extrayendo lecciones de reformas en países como Alemania.

5. Ley de Gobernanza Ética y Transparencia: Estableciendo estándares para la transparencia gubernamental y la lucha contra la corrupción, esta ley es fundamental para la buena gobernanza. La implementación de medidas similares en Nueva Zelanda, conocida por su transparencia, ofrece información valiosa sobre la viabilidad de tales reformas.

6. Ley de Gestión Ambiental: Esta política subraya la necesidad del desarrollo sostenible y la conservación del medio ambiente. La integración de tecnologías verdes, como se ve en las políticas de países como Alemania, sirve como modelo práctico para la gestión

ambiental.

7. Iniciativa de florecimiento cultural e intelectual: promoviendo las artes, la cultura y el desarrollo intelectual, esta política apoya las instituciones educativas y la innovación. La inversión de Corea del Sur en industrias culturales ejemplifica cómo dichas políticas pueden mejorar la riqueza intelectual y cultural de una nación.

8. Pacto de Ayuda Humanitaria y Cooperación Internacional: Esta legislación orienta los esfuerzos y la cooperación humanitaria internacional, reflejando la solidaridad global. La eficacia de tales iniciativas, vista a través de organismos internacionales como las Naciones Unidas, subraya la importancia de la colaboración global.

Estas políticas modelo y proyectos legislativos, aunque idealistas, se basan en aplicaciones y desafíos del mundo real. Se inspiran en las mejores prácticas mundiales, lo que demuestra que los principios de Maqasid no sólo son aspiracionales sino también alcanzables. A medida que los formuladores de políticas y los líderes consideran estos modelos, se les alienta a participar en diálogos activos, adaptar estas políticas a sus contextos únicos y tomar medidas decisivas para redefinir la gobernanza como una misión para el bien común. A través de estos esfuerzos concertados, nos acercamos a la realización de una sociedad donde la justicia, la compasión y el bienestar no sean sólo ideales, sino realidades vividas.

19

Apéndice D: Herramientas para la participación pública

Cultivar la gobernanza colaborativa: integrar los principios de Maqasid con la participación pública

Fomento de una gobernanza inclusiva a través de los principios Maqasid

A medida que nos embarcamos en este viaje transformador hacia una gobernanza alineada con los principios Maqasid, la participación pública emerge como un elemento fundamental. Va más allá de ser una mera elección; es un imperativo crucial para construir una sociedad basada en la justicia, la compasión y el bienestar colectivo. La participación pública activa es clave para que este proceso de cambio sea inclusivo y eficaz.

A continuación se presentan algunas herramientas refinadas y mejores prácticas para una participación pública efectiva, junto con ejemplos y estrategias para abordar desafíos potenciales:

1. Reuniones públicas: estas reuniones ofrecen oportunidades de par-

ticipación directa. Los ejemplos exitosos incluyen los ayuntamientos de Noruega, que han utilizado la tecnología para lograr un alcance más amplio y al mismo tiempo mantener interacciones cara a cara para aquellos con menos inclinación digital. Garantizar que estas reuniones sean accesibles e inclusivas es fundamental para la participación comunitaria diversa.

2. Encuestas y circuitos de retroalimentación: las encuestas periódicas, como las que se utilizan eficazmente en Singapur, miden la opinión pública y crean circuitos de retroalimentación receptivos. Demostrar cómo la retroalimentación de los ciudadanos conduce a cambios de políticas tangibles puede mejorar el compromiso y la inversión en el proceso de gobernanza.

3. Talleres y seminarios educativos: estos eventos, al igual que los programas de educación cívica en Corea del Sur, educan al público sobre los principios Maqasid y su papel en la gobernanza. Ayudan a fomentar una comprensión más profunda y empoderar a los ciudadanos para participar activamente en la gobernanza.

4. Programas de extensión comunitaria: Adaptar la extensión a las necesidades locales, como se ve en las iniciativas centradas en la comunidad de Canadá, ayuda a involucrar a las personas en proyectos impactantes. Este enfoque genera confianza e ilustra los beneficios prácticos de una gobernanza inclusiva.

5. Redes sociales y plataformas en línea: plataformas como las utilizadas en la gobernanza digital de Estonia pueden involucrar a grupos demográficos más amplios, particularmente a los jóvenes. Crear contenido diverso y organizar debates interactivos en línea puede ampliar el alcance y fomentar una ciudadanía más comprometida.

6. Toma de decisiones colaborativa: Involucrar al público en el desarrollo de políticas, similar a las asambleas ciudadanas en Irlanda, puede fomentar la responsabilidad y la propiedad colectivas. Las juntas y comités asesores de ciudadanos brindan aportes valiosos y mejoran la relevancia de las políticas.

7. Transparencia y rendición de cuentas: Seguir modelos como las

iniciativas de gobierno abierto de Nueva Zelanda, compartir información detallada sobre los procesos de formulación de políticas y habilitar mecanismos sólidos de rendición de cuentas son esenciales para mantener la confianza y el compromiso públicos.

8. Sensibilidad e inclusión culturales: reconocer la diversidad dentro de la comunidad es crucial. Las estrategias deben ser culturalmente sensibles e inclusivas, garantizando que todas las voces sean escuchadas, especialmente las de grupos marginados o subrepresentados.

9. Empoderar a los líderes locales: identificar y apoyar a personas influyentes locales, similar a los programas de liderazgo comunitario en los Estados Unidos, puede impulsar significativamente los esfuerzos de participación pública. Su respaldo puede mejorar la credibilidad y el alcance de las iniciativas de gobernanza.

10. Comunicación continua: La comunicación constante y abierta, como se demuestra en los servicios de información pública del Reino Unido, mantiene al público informado sobre el progreso y los próximos cambios. Las actualizaciones periódicas mejoran la confianza y mantienen el compromiso a largo plazo.

La participación pública es un proceso continuo y en evolución. Se trata de fomentar una relación de colaboración entre el gobierno y sus ciudadanos. Al incorporar estas estrategias mejoradas, garantizamos que las políticas y reformas resuenen en la comunidad, fomentando un sentido de responsabilidad compartida. A medida que integramos estas herramientas con empatía, compasión y un deseo genuino de honrar tanto el espíritu como la materia de la existencia humana, nos acercamos a la realización de un modelo de gobernanza que beneficie a todos los miembros de la sociedad.

20

Apéndice E: Lecturas y recursos recomendados

Navegando la gobernanza con Maqasid: una guía de recursos para la formulación de políticas éticas

Mejorando su trayectoria con los principios de gobernanza de Maqasid

Su dedicación a la comprensión y aplicación de los principios Maqasid en la gobernanza es admirable. Para ayudar en este esfuerzo, hemos compilado una lista seleccionada de recursos diversos y esclarecedores. Estas selecciones ofrecen una variedad de perspectivas y se centran tanto en la comprensión teórica como en la aplicación práctica de los principios Maqasid.

Libros

1. "Maqasid Al-Shariah Made Simple" de Mohammad Hashim Kamali: este libro proporciona una introducción concisa y accesible a los principios de Maqasid, ideal para principiantes.

2. "Maqasid Al-Shariah como filosofía de la ley islámica" por Jasser Auda - Auda profundiza en los fundamentos éticos y los fundamentos filosóficos de la ley islámica, ofreciendo una visión profunda de Maqasid.

3. "Reformar la modernidad: la ética y el nuevo ser humano en la filosofía de Abdurrahman Taha" por Wael Hallaq - Este análisis crítico examina las obras de Abdurrahman Taha, una figura clave en la erudición Maqasid contemporánea.

4. "El derecho islámico y el derecho internacional de los derechos humanos" por Anver M. Emon: una exploración convincente de las intersecciones y tensiones entre el derecho islámico, incluido el Maqasid, y las normas internacionales de derechos humanos.

5. "El cierre de la mente musulmana: cómo el suicidio intelectual creó la crisis islamista moderna" por Robert R. Reilly: este libro ofrece perspectivas históricas y filosóficas sobre la evolución del pensamiento y la gobernanza islámicos.

Publicaciones académicas

1. Revista de Ética Islámica: se centra en las aplicaciones contemporáneas de la ética islámica, incluidos artículos y artículos sobre Maqasid. Enlace a la revista

2. Revista de estudios Maqasid: dedicada a explorar los aspectos teóricos y prácticos de Maqasid. Enlace a la revista

Recursos en línea

1. Instituto Maqasid: una plataforma integral que ofrece artículos, cursos y seminarios sobre Maqasid. Visita el sitio web

2. Enciclopedia de Filosofía de Stanford - Ética islámica - Ofrece artículos detallados sobre diversos aspectos de la ética islámica, incluido Maqasid. Leer artículos

3. Academia.edu: un centro para trabajos y artículos académicos sobre

Maqasid y la gobernanza islámica. Explorar la investigación

4. Conferencias y charlas de YouTube: busque conferencias de académicos de renombre como Jasser Auda y Tariq Ramadan para conocer diversas perspectivas sobre Maqasid.

Recursos interactivos y comunitarios

- Participar en foros en línea y grupos de discusión centrados en Maqasid.
- Inscríbase en cursos y seminarios web en línea que ofrecen conocimientos prácticos sobre la implementación de Maqasid en la gobernanza.

Su viaje hacia la implementación de los principios de Maqasid es un proceso de aprendizaje continuo. Estos recursos le proporcionarán una base sólida y un apoyo continuo en su esfuerzo por crear una sociedad justa y ética. Manténgase dedicado, interactúe con diversas perspectivas y deje que sus acciones reflejen el poder transformador de Maqasid. Juntos podemos construir un futuro guiado por estos profundos valores.

21

Apéndice F: Métricas de evaluación y KPI

Métricas Maqasid: Evaluación del impacto de los principios jurisprudenciales islámicos en la gobernanza

Evaluación del progreso en la implementación de los principios Maqasid

Para implementar eficazmente los principios Maqasid en la gobernanza, es crucial contar con un marco sólido de evaluación. Las siguientes métricas e indicadores clave de rendimiento (KPI) están diseñados para medir el progreso, el éxito y las áreas de mejora. Son adaptables a diversos contextos culturales y sociales y proporcionan una visión integral del impacto de la gobernanza.

Dignidad y bienestar humanos

- Índice de Calidad de Vida: Evaluar las mejoras en la calidad de vida general, con puntos de referencia establecidos de acuerdo con estándares regionales y globales.
- Esperanza de vida: monitorear los aumentos en la esperanza de vida, reflejando los avances en la atención médica y las condiciones de vida.

Igualdad Social

- Índice de Desigualdad de Ingresos: Evaluar la reducción de la disparidad de ingresos, fijando objetivos alineados con las metas nacionales y los promedios internacionales.
- Acceso a la educación: realizar un seguimiento del aumento del acceso equitativo a una educación de calidad, garantizando la inclusión en todos los grupos socioeconómicos.

Gobernanza ética

- Índice de Transparencia: Evalúa la apertura y rendición de cuentas de las instituciones gubernamentales, con objetivos basados en las mejores prácticas globales.
- Índice de Percepción de la Corrupción: Mide las reducciones de la corrupción, apuntando a la mejora continua hacia los puntos de referencia internacionales.

Cuidado del medio ambiente

- Reducción de la Huella de Carbono: Monitorear las reducciones en las emisiones de gases de efecto invernadero, estableciendo objetivos alineados con los acuerdos climáticos internacionales.
- Conservación de Recursos Naturales: Evaluar esfuerzos en el manejo sustentable y conservación de los recursos naturales.

Cohesión comunitaria

- Índice de Cohesión Social: Evaluar las mejoras en la armonía e integración social, teniendo en cuenta las dinámicas culturales locales.
- Participación comunitaria: monitorear las tasas de participación en actividades cívicas y proyectos de desarrollo comunitario.

Prosperidad económica

- Crecimiento del PIB: Analizar el crecimiento económico, asegurando que sea inclusivo y equitativamente distribuido.
- Tasa de Desempleo: Evaluar las reducciones en el desempleo y el subempleo, buscando puntos de referencia que reflejen la salud económica.

Bienestar familiar e individual

- Índice de Estabilidad Familiar: Mide la fortaleza y estabilidad de las unidades familiares, considerando las definiciones culturales locales de familia.
- Salud mental y bienestar: evaluar mejoras en el apoyo y los resultados de la salud mental.

Reformas legales y judiciales

- Índice de Acceso a la Justicia: Evalúa la accesibilidad, equidad y eficiencia del sistema legal.
- Estado de derecho: supervisar el cumplimiento de los principios legales, garantizando que la justicia se respete de manera uniforme.

Preservación cultural y del patrimonio

- Índice de Patrimonio Cultural: Evaluar los esfuerzos en la protección y promoción del patrimonio cultural.
- Promoción de las artes y la cultura: medir la inversión y la participación en actividades artísticas y culturales.

Confianza y satisfacción pública

- Encuestas de opinión pública: realizar encuestas periódicas para medir la confianza y la satisfacción del público, adaptando las preguntas para que sean culturalmente sensibles.
- Mecanismos de retroalimentación ciudadana: monitorear la efectividad de los canales de retroalimentación para influir en las políticas y la gobernanza.

Implementación e interpretación de métricas

- Los datos deben recopilarse y analizarse periódicamente, y la frecuencia dependerá de la métrica específica.
- Es necesario considerar desafíos como la disponibilidad de datos, los matices culturales en la interpretación y la garantía de estándares de medición consistentes.
- Los estudios de casos, como la implementación de métricas similares en países como Singapur y Dinamarca, pueden proporcionar ideas prácticas e inspiración.

Estas métricas y KPI no son solo indicadores sino herramientas para la mejora continua de la gobernanza. Al evaluar periódicamente estas áreas, los principios Maqasid se transforman de ideales en estrategias viables, lo que genera beneficios tangibles para la sociedad. Recuerde, el camino hacia una gobernanza ética y justa está en curso, y estas métricas son cruciales para orientar y perfeccionar este camino.

22

Apéndice G: Preguntas frecuentes (FAQ)

Maqasid en la modernidad: analizando el papel de los principios jurisprudenciales islámicos en la gobernanza contemporánea

Esta sección tiene como objetivo aclarar dudas comunes sobre Maqasid, ofreciendo información sobre su relevancia y aplicación en la gobernanza moderna. Esperamos que estas respuestas proporcionen una comprensión más profunda y alienten una mayor exploración de los principios Maqasid.

P1: ¿Qué es Maqasid y por qué es relevante para la gobernanza moderna?

R1: Maqasid se refiere a los objetivos más elevados de la ley islámica (Shari'a), centrándose en principios como la justicia, la igualdad, la dignidad humana y el bienestar social. En la gobernanza moderna, ofrece un marco ético holístico que resuena con las aspiraciones universales de una sociedad justa y compasiva.

P2: ¿Maqasid sólo se aplica a los países de mayoría musulmana?

R2: No, los principios universales de Maqasid son relevantes más allá de los contextos de mayoría musulmana. Enfatizan valores como la gobernanza ética y la justicia social, lo que los hace aplicables

y beneficiosos para sociedades diversas a nivel mundial.

P3: ¿Implementar Maqasid significa imponer la ley islámica (Sharia) a una sociedad?

R3: Implementar Maqasid no significa imponer la ley Sharia. Se trata de adoptar los principios éticos y universales de Maqasid para fomentar una sociedad justa y equitativa, respetando el estado de derecho, los derechos humanos y la diversidad.

P4: ¿Cómo aborda Maqasid la separación de religión y Estado?

R4: Maqasid apoya la gobernanza ética y la justicia, independientemente de las formas de gobierno. Respeta la separación de religión y Estado, centrándose en principios éticos compatibles con diversos modelos de gobernanza.

P5: ¿Cuáles son algunos pasos prácticos para implementar los principios Maqasid en la gobernanza?

R5: Para implementar Maqasid:

- Educar a los formuladores de políticas y al público sobre sus principios.
- Elaborar políticas alineadas con los valores Maqasid como la justicia y el bienestar social.
- Garantizar la transparencia y la rendición de cuentas en la gobernanza.
- Priorizar iniciativas en bienestar social y sostenibilidad ambiental.
- Promover la participación pública en la gobernanza.

P6: ¿Existen ejemplos del mundo real de países que implementen con éxito los principios Maqasid?

R6: Sí, países como Malasia y Jordania han incorporado elementos Maqasid en sus sistemas de gobernanza. Estos ejemplos muestran cómo Maqasid puede informar políticas y marcos legales, conduciendo a sociedades más equitativas.

P7: ¿Maqasid entra en conflicto con la democracia y las libertades individuales?

R7: Maqasid se alinea con los valores democráticos y las libertades individuales. Enfatiza la justicia y la dignidad humana, parte integral de los sistemas democráticos. Es clave equilibrarlos dentro de marcos de gobernanza ética.

P8: ¿Cómo puedo contribuir a la implementación de los principios Maqasid en mi comunidad?

R8: Para contribuir:

- Infórmese a sí mismo y a los demás sobre Maqasid.
- Participar en diálogos que aboguen por una gobernanza ética.
- Participar en iniciativas comunitarias que defiendan la justicia y el bienestar social.
- Responsabilizar a los formuladores de políticas por sus decisiones éticas.

P9: ¿Qué desafíos podrían surgir en la implementación de Maqasid y cómo se pueden abordar?

R9: Los desafíos incluyen conceptos culturales erróneos y resistencia al cambio. Para abordarlos se requiere un diálogo abierto, educación y demostrar los beneficios universales de los principios Maqasid.

P10: ¿Dónde puedo encontrar más recursos sobre Maqasid?

A10: Explore revistas académicas, libros sobre jurisprudencia islámica y plataformas en línea centradas en Maqasid. Participar en foros y debates con académicos y profesionales también puede resultar esclarecedor.

P11: ¿Existen diferentes interpretaciones de Maqasid dentro del pensamiento islámico?

R11: Sí, varias escuelas de pensamiento ofrecen diferentes perspectivas sobre Maqasid. Estas interpretaciones enriquecen la comprensión y aplicación de los principios Maqasid en diversos contextos.

Comprender Maqasid y su aplicabilidad a la gobernanza moderna es un viaje de aprendizaje continuo. Al explorar estos principios y sus diversas interpretaciones, usted puede defender y contribuir a la gobernanza ética en su comunidad y más allá.

23

Apéndice H: Información de contacto y redes

Sinergia Maqasid: construcción de redes para la gobernanza ética y la justicia social

Adoptar una gobernanza ética a través de los principios Maqasid requiere una red sólida de personas, organizaciones y académicos informados. Esta guía le proporciona contactos y recursos esenciales para mejorar su viaje.

1. Organizaciones Internacionales

- Organización de Cooperación Islámica (OCI): Participar en las iniciativas de la OCI en materia de gobernanza ética. Contacto: www.oic-oci.org
- Naciones Unidas (ONU): Conéctese con programas de la ONU sobre ética, derechos humanos y sostenibilidad. Explorar: https://unsdg.un.org/2030-agenda/universal-values/human-rights-based-approach

2. Think Tanks e instituciones de investigación

- Centro de Estudios del Islam y la Democracia (CSID): Investigación sobre el Islam y la democracia. Visita: https://www.csid-online.org/
- Brookings Institution: Análisis de expertos sobre gobernanza. Explorar: https://www.brookings.edu/programs/governance-studies/

3. Académicos

- Dr. Jasser Auda: influyente erudito Maqasid. Siga: @JasserAuda en Twitter
- Dr. Tariq Ramadan: Reconocido pensador islámico. Explorar: https://tariqramadan.com/

4. Organizaciones Locales y Nacionales

- Buscar ONG centradas en la gobernanza ética y la justicia social. Consulte los directorios locales y las juntas comunitarias para conocer los contactos.

5. Comunidades en línea

- LinkedIn: únase a grupos dedicados a la gobernanza ética y Maqasid. Búsqueda: grupos 'Gobernanza Maqasid'
- Twitter: manténgase actualizado con hashtags como #Maqasid y #EthicalGovernance.

6. Revistas y publicaciones académicas

- Revista Estadounidense de Ciencias Sociales Islámicas: Acceso: www.ajiss.org
- Revista Internacional de Pensamiento Islámico: Visita: https://www.ukm.my/ijit/

7. Seminarios y Conferencias

- Asistir a eventos sobre gobernanza ética. Los sitios web como www.eventbrite.com a menudo enumeran seminarios y seminarios web relevantes.

8. Iniciativas locales

- Participar en proyectos comunitarios que promuevan la gobernanza ética. El voluntariado puede abrir puertas a oportunidades de colaboración.

9. Consejos para establecer contactos

- Acérquese a sus contactos con respeto y con intenciones claras.
- Haga preguntas específicas y busque oportunidades de colaboración.
- Asistir a eventos de networking y participar en debates.

10. Inclusividad y Accesibilidad

- Verifique si los recursos están disponibles en varios idiomas o formatos accesibles.

11. Acciones posteriores al contacto

- Proponer proyectos colaborativos o iniciativas de investigación.
- Manténgase en contacto a través de actualizaciones periódicas o actividades conjuntas.

Estos contactos y redes son su puerta de entrada a una comprensión más profunda y una aplicación impactante de los principios Maqasid en la gobernanza. Participe activamente con estos recursos, establezca relaciones significativas y aproveche esta red para impulsar un cambio transformador. Juntos podemos fomentar una sociedad justa, ética y próspera.

24

Recursos adicionales para estudios adicionales

Maqasid y gobernanza: una guía de aprendizaje continuo para la formulación de políticas éticas

Al concluir este libro, recuerde que su viaje hacia las profundidades de Maqasid y la gobernanza ética apenas comienza. Este no es simplemente el capítulo final, sino una puerta abierta a un ámbito expansivo de conocimiento, rico en oportunidades para una comprensión más profunda y perspectivas más amplias.

Para saciar su siempre creciente sed de sabiduría, considere estos recursos adicionales como compañeros invaluables en su viaje:

1. Materiales de lectura diversos: profundice en libros como "Islam y buen gobierno" de M. A. Muqtedar Khan y "El espíritu de la ley islámica" de Bernard G. Weiss para obtener conocimientos más profundos. Explore artículos en revistas académicas como el "Journal of Islam Studies" para realizar análisis contemporáneos.

2. Relacionarse con expertos: conectarse con líderes de opinión y académicos en el campo. Asista a conferencias de figuras como el

Dr. Tariq Ramadan o participe en debates y talleres dirigidos por expertos en gobernanza islámica.

3. Plataformas de aprendizaje interactivas: únase a cursos en línea ofrecidos por universidades o plataformas como Coursera y EdX, que a menudo incluyen módulos sobre ética y gobernanza islámicas. Participar en foros y grupos de discusión para intercambiar ideas y puntos de vista.

4. Compromiso crítico: mientras explora estos recursos, practique el pensamiento crítico. Cuestione suposiciones, participe en debates y contribuya con sus perspectivas a las discusiones en línea.

5. Aplicación práctica: busque oportunidades para aplicar su aprendizaje en escenarios del mundo real. Esto podría implicar participar en proyectos de gobernanza comunitaria, ser voluntario en ONG o iniciar un grupo de estudio para discutir e implementar prácticas de gobernanza ética en su comunidad.

6. Podcasts y multimedia: para diversas experiencias de aprendizaje, escuche podcasts sobre gobernanza ética y vea documentales relevantes que ofrecen conocimientos prácticos sobre la implementación de los principios Maqasid.

Recuerde, estos recursos son como un pozo de conocimiento: profundos, refrescantes e infinitamente enriquecedores. No son sólo para lectura o consumo pasivo; son herramientas para la participación activa y la aplicación práctica. Al sumergirse en estos textos, interactuar con líderes de opinión y aplicar lo que aprende, se convierte en un participante vital en el discurso en curso que da forma al futuro de la gobernanza.

Esta búsqueda de un modelo de gobernanza que eleve a la humanidad es un esfuerzo colectivo. Ahora estás equipado con un rico arsenal de herramientas y recursos para navegar por estas aguas con confianza. Abrace este viaje con la mente abierta y el compromiso de actuar. Deje que estos recursos lo guíen, lo inspiren y lo capaciten para contribuir significativamente a un mundo más justo y ético.

Su viaje hacia una nueva era de gobernanza está iluminado por esta riqueza de conocimientos. Estos recursos son su luz guía y los conducirán hacia un futuro en el que los principios de Maqasid no sean sólo conceptos sino realidades vivas en la gobernanza de las sociedades. El camino está trazado y el viaje aguarda.

Libros

Estos libros, que se embarcan en el viaje transformador de la gobernanza a través de la lente de los principios Maqasid, no son sólo colecciones de páginas; son puertas de entrada a la sabiduría. Exploremos cada uno, con información adicional sobre su accesibilidad y contexto:

1. "Filosofía general de la ley islámica (Maqāsid) y leyes de prioridades (Fiqh al-Awlawiyāt)" por el Dr. Sulaiman Lebbe Rifai: Este trabajo fundamental es clave para comprender los fundamentos éticos de Maqasid. El Dr. Rifai, un renombrado estudioso de la jurisprudencia islámica, ofrece una guía completa a la que pueden acceder lectores de distintos niveles de experiencia. Disponible en formato digital e impreso, este libro es adecuado para quienes comienzan a explorar la ley y la gobernanza islámicas.

2. "Dios y la UE: Fe en el proyecto europeo (Estudios de Routledge sobre religión y política)" de Jonathan Chaplin y Gary Wilton: Si bien se centra en la gobernanza europea y la ética de las virtudes, este libro ofrece ideas valiosas que resuenan con los principios Maqasid. Se analiza cómo los valores morales influyen en la gobernanza, un aspecto crucial para comprender a Maqasid. Aclamado por la crítica por su enfoque interdisciplinario, es adecuado para lectores interesados en estudios de gobernanza comparada.

3. "Los límites del significado y la formación de la ley" de Sharron Gu: La búsqueda de la justicia es fundamental para Maqasid, que el libro de Gu explora profundamente. Este libro explora la implementación práctica de la justicia en la ley islámica, alineándose con los principios Maqasid. Dirigido a lectores con cierta experiencia en derecho o

estudios islámicos, está disponible en varias bibliotecas y tiendas en línea.

Materiales complementarios

- Explore artículos en la Revista de Estudios Islámicos para discusiones académicas relacionadas con estos temas.
- Vea la serie documental "El Califa" para conocer el contexto histórico del gobierno islámico.
- Asista a seminarios web o conferencias de estos autores, a menudo disponibles a través de instituciones académicas o plataformas en línea como Coursera.

Perspectivas críticas

- Participar en reseñas de libros y críticas académicas de estos trabajos para obtener una comprensión completa.
- Participar en foros de discusión o grupos de estudio para debatir y analizar los temas presentados en estos libros.

Estos libros y recursos son su brújula en el vasto océano de la gobernanza y los principios Maqasid. Cada uno ofrece perspectivas únicas, brindándole el conocimiento para defender un modelo de gobernanza arraigado en la ética, la justicia y el bienestar social. Sumérgete en estos textos con una mente abierta, interactúa críticamente con su contenido y deja que la sabiduría que ofrecen impulse tu viaje hacia una gobernanza transformadora.

Publicaciones académicas

En su búsqueda por profundizar su comprensión de Maqasid y la gobernanza ética, estas revistas académicas no son sólo colecciones de artículos académicos; son reservorios de conocimiento revelador y transformador. Profundicemos en cada uno de ellos, destacando su accesibilidad y artículos clave:

1. Journal of Islam Ethics (publicado por Brill): un recurso vital para explorar la ética en el mundo islámico, esta revista cubre una variedad de temas, desde la gobernanza hasta las políticas. En particular, sus artículos de acceso abierto, como "Dimensiones éticas de la gobernanza islámica", brindan información crucial sobre los principios Maqasid. Acceso al sitio web de Brill

2. Ley y sociedad islámicas: esta revista ofrece artículos académicos que se cruzan con los principios Maqasid. Es un centro de investigaciones rigurosas, que incluyen artículos como "Aplicaciones contemporáneas de Maqasid en la gobernanza". Tenga en cuenta que el acceso puede requerir una suscripción o membresía en la biblioteca académica.

3. Harvard Journal of Law and Public Policy: ampliando su perspectiva, esta revista examina la intersección del derecho, la ética y la gobernanza. Si bien no se centran exclusivamente en los principios islámicos, artículos como "Creación de políticas éticas en un contexto global" ofrecen ideas valiosas. Disponible en la mayoría de las bibliotecas académicas.

Recursos adicionales

- Revistas interdisciplinarias: amplíe su lectura para incluir revistas de ciencias políticas y relaciones internacionales, que a menudo analizan la gobernanza ética en un contexto más amplio.
- Plataformas digitales: utilice plataformas como JSTOR o Google Scholar para acceder a una amplia gama de artículos y revistas relacionados.

Comprometerse con el material

- Lectura crítica: Acérquese a estas revistas de manera crítica, comparando metodologías y perspectivas para obtener una comprensión completa.
- Artículos destacados: comience con artículos destacados o números especiales que hayan sido ampliamente citados o discutidos dentro de la comunidad académica.

Estas revistas académicas son más que depósitos de información; son espacios dinámicos que desafían y perfeccionan su comprensión de la gobernanza y la ética. Al utilizar estos recursos, no solo obtendrá conocimientos académicos sino también conocimientos prácticos que pueden contribuir a su defensa de los principios Maqasid. Cada artículo leído y analizado críticamente es un paso adelante en su viaje para mejorar la gobernanza.

Cursos online

En el mundo actual, donde el aprendizaje es más accesible que nunca, los cursos en línea se destacan como herramientas fundamentales para el desarrollo personal y profesional. Especialmente para quienes exploran Maqasid y su impacto en la gobernanza, estos cursos ofrecen conocimientos y experiencia invaluables.

"Filosofía jurídica islámica"

- Ofrecido en plataformas como Coursera y EdX, este curso arroja luz sobre los fundamentos éticos de la ley islámica, con un enfoque especial en Maqasid.
- Está diseñado para proporcionar una comprensión integral de los fundamentos morales que guían las decisiones de gobernanza.
- Las funciones de accesibilidad incluyen subtítulos en varios idiomas,

lo que lo hace adecuado para una audiencia global diversa.

- Los elementos interactivos como foros de discusión y sesiones de preguntas y respuestas en vivo enriquecen la experiencia de aprendizaje.

"Ética y Gobernanza"

- Disponible en plataformas como Udemy y FutureLearn, este curso proporciona un contexto amplio para comprender la gobernanza ética, complementando los estudios centrados en Maqasid.
- Abarca principios esenciales de ética en la administración pública y la formulación de políticas.
- El curso está estructurado para atender a estudiantes de distintos niveles, desde principiantes hasta profesionales avanzados.
- Presenta testimonios de antiguos estudiantes que han aplicado con éxito estos principios en sus carreras.

Ampliando su horizonte de aprendizaje

- Considere cursos sobre temas relacionados como análisis de políticas públicas, relaciones internacionales y ética del liderazgo disponibles en estas plataformas.
- Busque opciones de aprendizaje flexibles, incluidos módulos a su propio ritmo y horarios de tiempo parcial, para adaptarse a diferentes estilos de vida y compromisos.

¿Por qué inscribirse?

- Estos cursos no son sólo para el enriquecimiento académico; son peldaños hacia la aplicación práctica en la gobernanza.
- Cada módulo le proporciona conocimientos y herramientas para ser un defensor eficaz de la gobernanza ética.
- Los cursos suelen incluir estudios de casos de la vida real, lo que

proporciona una conexión tangible entre los principios teóricos y su aplicación en el mundo real.

Dé el paso: aproveche estos cursos en línea como oportunidades para ampliar su comprensión y amplificar su impacto en el ámbito de la gobernanza. Son más que esfuerzos educativos; son caminos para convertirse en un catalizador del cambio. Inscríbase en estos cursos, interactúe con sus enseñanzas y aproveche el conocimiento para defender un modelo de gobernanza que eleve y sirva a la humanidad.

Tu viaje hacia un mundo justo, compasivo y ético comienza con esta decisión de aprender. ¿Estás listo para dar ese paso?

Sitios web y blogs

El mundo digital está lleno de recursos que pueden enriquecer su comprensión de Maqasid y la gobernanza ética. A continuación se muestran algunos sitios web y blogs destacados que ofrecen información valiosa:

Centro de Estudios Maqasid de la Academia de Córdoba

- Visite la Academia de Córdoba para una exploración completa de Maqasid.
- Esta plataforma ofrece artículos, seminarios y conferencias, creando un entorno de aprendizaje rico.
- Es una comunidad vibrante donde puede interactuar con académicos y pares a través de foros de discusión y seminarios web en vivo.
- Actualizado periódicamente, el contenido aquí ofrece nuevas perspectivas y aplicaciones prácticas de los principios Maqasid.

Índices de islamización

- Explore los índices de islamización para comprender cómo los diferentes países implementan los principios islámicos, incluida la gobernanza y la ética.
- El sitio ofrece un enfoque innovador para comparar modelos de gobernanza, completo con análisis y clasificaciones detallados.
- Este recurso se actualiza anualmente, lo que garantiza conocimientos actuales y relevantes sobre las tendencias de gobernanza global.

Revista Maqasid en línea

- Maqasid Journal ofrece una variedad de artículos académicos y publicaciones de blogs sobre diversos aspectos de Maqasid y la gobernanza.
- Presenta diversos puntos de vista, fomentando una comprensión integral del tema.

Blog de Ética y Gobernanza

- Para debates más amplios sobre gobernanza ética, visite el Blog de Ética y Gobernanza.
- Este blog se actualiza frecuentemente con publicaciones de varios colaboradores y ofrece una mirada multifacética a las cuestiones de gobernanza ética.

Compromiso e interacción

- Estas plataformas son más que meramente informativas; Fomentan la participación activa. Participe en las secciones de comentarios, contribuya a las discusiones e incluso considere escribir publicaciones o artículos de invitados.

Puntos de partida

- En la Academia de Córdoba, comenzará con sus seminarios de introducción al Maqasid.
- En los índices de islamización, comience con las clasificaciones de países más recientes y los análisis que las acompañan.

Estos sitios web y blogs abren puertas a un mundo dinámico e interactivo de aprendizaje sobre Maqasid y la gobernanza ética. No son sólo depósitos de información, sino comunidades activas donde se intercambian ideas y el conocimiento evoluciona constantemente. Sumérjase en estos recursos, interactúe con su contenido y únase a la conversación global sobre la transformación de la gobernanza. Su viaje de descubrimiento e impacto en el reino de Maqasid está a solo un clic de distancia.

Documentales y seminarios web

A medida que profundiza en el ámbito de la gobernanza ética a través de Maqasid, una variedad de documentales y seminarios web pueden ofrecerle conocimientos más profundos e inmersivos. Estos recursos combinan narración visual y debates de expertos para mejorar su comprensión:

"Gobernanza ética: una perspectiva islámica" (serie de seminarios web)

- Disponible en el canal de YouTube sobre Gobernanza Islámica, esta serie de seminarios web presenta debates contemporáneos a cargo de destacados académicos en el campo.
- Los temas abarcan desde la aplicación de Maqasid en la gobernanza moderna hasta la formulación de políticas éticas.
- Estas sesiones suelen incluir segmentos interactivos de preguntas y respuestas, lo que permite la interacción con expertos.

- Las funciones de accesibilidad, como los subtítulos en varios idiomas, lo hacen accesible para una audiencia global.

"La Edad de Oro del Islam" (Documental)

- Producido por History Channel, este documental ofrece una exploración histórica del gobierno islámico durante su época dorada, destacando la aplicación de Maqasid.
- Se puede acceder a través de plataformas como History Vault o bibliotecas educativas.
- El documental ayuda a establecer paralelos entre la gobernanza histórica y contemporánea, proporcionando lecciones valiosas para el contexto actual.

Ampliando su aprendizaje

- Explore otros documentales como "Arte islámico: espejo del mundo invisible" para conocer el contexto cultural relacionado con los principios Maqasid.
- Participar en series de seminarios web como "Ética en la vida pública" que se ofrecen en plataformas como Coursera.

Formatos adicionales

- Escuche podcasts como "Pensamiento y gobernanza islámicos" para obtener información sobre la marcha.
- Asista a charlas en línea y paneles de discusión organizados por universidades y centros de estudios sobre temas relacionados.

Participar críticamente

- Mientras mira estos documentales y asiste a seminarios web, practique el pensamiento crítico cuestionando suposiciones y considerando múltiples perspectivas.
- Participar en discusiones o foros en línea para debatir y analizar los conceptos presentados.

Los documentales y seminarios web no son sólo fuentes pasivas de información; son puertas de entrada a un mundo de aprendizaje dinámico e interactivo. Proporcionan un enfoque rico y multidimensional para comprender Maqasid y su aplicación en la gobernanza. A medida que se embarca en su viaje de promoción, estos recursos visuales y auditivos no solo lo informarán sino que también lo inspirarán a contribuir a una sociedad más ética y justa.

Conferencias y Seminarios

Mejore su comprensión de la gobernanza ética y Maqasid participando en una variedad de conferencias y seminarios. Estas plataformas ofrecen no sólo oportunidades de aprendizaje sino también la posibilidad de conectarse con una comunidad de expertos y entusiastas. Exploremos cómo puede aprovechar al máximo estos eventos:

Conferencia Internacional sobre Gobernanza Islámica

- Este evento anual, que se celebra en ciudades como Doha o Kuala Lumpur, reúne a destacados académicos y profesionales.
- Esté atento a su próxima versión en plataformas como Eventbrite o ConferencesAlerts.com, donde podrá encontrar detalles y opciones de registro.
- Para maximizar su experiencia, planifique con anticipación a qué sesiones asistir y no dude en participar en debates y oportunidades

481

de establecer contactos.

Talleres Maqasid

- Estos talleres, organizados por varias instituciones islámicas y grupos de expertos, profundizan en los principios y aplicaciones de Maqasid.
- Las universidades locales o los centros de estudios islámicos suelen anunciar este tipo de talleres, así que esté atento a sus sitios web o boletines.
- Estos talleres son ideales para el aprendizaje práctico y la comprensión práctica, y a menudo incluyen estudios de casos y discusiones en grupo.

Ampliando tus horizontes

- Busque seminarios regionales o seminarios web en línea si no es posible viajar a conferencias internacionales.
- Diversos eventos como el "Foro de Gobernanza Ética" o la "Serie de seminarios web en línea Maqasid" también pueden ser valiosos.

Consejos para la participación activa

- Establezca contactos de forma eficaz preparando una breve introducción sobre su interés en Maqasid y la gobernanza ética.
- Involucre a los oradores y asistentes con preguntas reflexivas y comparta sus perspectivas.
- Recopilar información de contacto para futuras colaboraciones o debates.

Compromiso posterior al evento

- Haga un seguimiento de nuevos contactos a través de LinkedIn o correo electrónico.
- Aplicar los conceptos aprendidos en su comunidad o lugar de trabajo y compartir sus experiencias con sus compañeros o a través de un blog.

Las conferencias y seminarios son vías dinámicas para ampliar su conocimiento y unirse a una conversación más amplia sobre Maqasid y la gobernanza ética. Proporcionan plataformas para un compromiso profundo, un aprendizaje crítico y el fomento de colaboraciones. Al asistir a estos eventos, recuerde que son sólo el comienzo. El impacto real radica en cómo se aplica y comparte este conocimiento, contribuyendo al avance de la gobernanza ética. Aprovecha estas oportunidades y deja que te guíen en tu viaje para convertirte en un participante informado y activo en este campo transformador.

25

Plantillas y listas de verificación para responsables de políticas

Empoderar a los responsables de la formulación de políticas: optimice sus iniciativas transformadoras con plantillas y listas de verificación prácticas

Mientras navega por el complejo mundo de la formulación de políticas con el objetivo de integrar los principios Maqasid, es fundamental tener herramientas prácticas a su disposición. Este conjunto de herramientas, que comprende plantillas detalladas y listas de verificación integrales, está diseñado para cerrar la brecha entre ideales visionarios y políticas tangibles. Exploremos cómo estos recursos pueden potenciar su proceso de formulación de políticas:

Plantillas para el desarrollo de políticas

- Estas plantillas proporcionan marcos estructurados para formular políticas en diversos sectores, como la justicia social, la equidad económica y la gobernanza ética.

- Por ejemplo, un modelo para una política de justicia social podría incluir secciones sobre establecimiento de objetivos, análisis de partes interesadas y evaluación de impacto.
- Disponibles para descargar desde plataformas como Recursos para responsables de políticas públicas, estas plantillas se pueden personalizar para adaptarse a contextos locales y objetivos de políticas específicos.

Listas de verificación para la evaluación

- Utilice estas listas de verificación como guía para evaluar la efectividad y la alineación ética de sus políticas.
- Incluyen elementos para seguir el progreso, identificar áreas de mejora y garantizar el cumplimiento de los principios de Maqasid.
- Estas listas de verificación también pueden servir como herramienta para interactuar con las partes interesadas, recopilar comentarios e iterar en el diseño de políticas.

Alineación con los principios Maqasid

- Cada herramienta se basa en los valores fundamentales de justicia, compasión y gobernanza ética, lo que garantiza que sus políticas reflejen estos principios.
- Fomentan la consideración del impacto social más amplio y promueven políticas inclusivas y equitativas.

Accesibilidad e inclusión

- Estas herramientas enfatizan políticas que atienden a todos los segmentos de la sociedad, centrándose especialmente en las necesidades de los grupos vulnerables.
- Le guían para elaborar políticas que no sólo sean efectivas sino también accesibles e inclusivas.

Supervisión ética y desafíos de implementación

- El conjunto de herramientas incluye orientación sobre cómo mantener la integridad y la supervisión ética durante todo el proceso de formulación de políticas.
- También aborda los desafíos comunes de implementación, ofreciendo estrategias para superar los obstáculos y garantizar una implementación exitosa de las políticas.

Este conjunto de herramientas es más que una simple colección de plantillas y listas de verificación; es una guía completa para implementar cambios significativos a través de políticas. Estas herramientas no sólo ayudan a elaborar políticas alineadas con los principios Maqasid, sino que también garantizan que sus estrategias sean prácticas, efectivas e inclusivas. Le permiten navegar por las complejidades de la formulación de políticas con confianza y convicción, ayudándole a dejar un legado duradero de gobernanza ética. Abrace estos recursos y permita que lo guíen hacia la creación de políticas que resuenen con el espíritu de Maqasid, mejoren las sociedades y fomenten un mundo regido por principios de justicia y compasión.

Plantilla de política: borrador de política alineada con Maqasid

Título de la Póliza: [Insertar Título]
  Fecha: [Insertar fecha]

Descripción general de la política

- Objetivo: Elaborar políticas alineadas con Maqasid para mantener los más altos estándares éticos, priorizando el bienestar ciudadano.
- Alcance: Impacta varias áreas de gobernanza, incluida la justicia social, la equidad económica y la gobernanza ética.

- Duración: Implementación continua con evaluaciones periódicas de relevancia y efectividad.

Principios Maqasid abordados

- Din: Fomentar los valores morales y la tolerancia religiosa.
- Nafs: Mejorar la seguridad ciudadana y la asistencia sanitaria.
- Aql: Impulsar la educación y la innovación.
- Nasl: Fortalecer las estructuras familiares y apoyar la igualdad de género.
- Mal: Garantizar un crecimiento económico equitativo.
- Watan: Mantener la seguridad nacional a través de la diplomacia.
- Ummah: Fomentar la cohesión comunitaria.

Pasos de implementación

1. Revisar las políticas existentes para alinear a los Maqasid.
2. Colaborar con departamentos, expertos y partes interesadas para recomendaciones de políticas.
3. Presentar el proyecto para aprobación legislativa.

Métricas de seguimiento y evaluación

- KPI: Establecer indicadores clave de desempeño para el impacto social, económico y ético.
- Canales de retroalimentación: Permitir la retroalimentación de los ciudadanos para el desarrollo continuo de políticas.
- Proceso de revisión: evaluar periódicamente la eficacia de las políticas y realizar los ajustes necesarios.

Partes interesadas involucradas

- Involucrar a departamentos gubernamentales, ONG, líderes religiosos, académicos y ciudadanos. Identificar partes interesadas específicas en la fase de desarrollo de políticas.

Ejemplos y estudios de casos

- Incluir ejemplos como el enfoque de [País/Región] respecto de [área de política específica] que se alinea con los principios Maqasid.

Flexibilidad y adaptabilidad

- Esta plantilla se puede adaptar a diversas áreas de políticas modificando el alcance y los principios específicos de Maqasid abordados.

Orientación para la resolución de conflictos

- Ofrecer estrategias para navegar los conflictos entre los desafíos de la gobernanza moderna y los principios Maqasid.

Referencias y documentos de respaldo

- Adjunte conjuntos de datos relevantes, documentos de políticas anteriores o investigaciones académicas.

Formato fácil de usar y accesibilidad

- Formatee como PDF descargable o como herramienta web interactiva para facilitar el acceso y uso.
- Garantizar que el idioma sea accesible y considerar proporcionar traducciones cuando sea necesario.

Lista de verificación para los formuladores de políticas: garantizar el cumplimiento de Maqasid

Para los formuladores de políticas comprometidos a alinear sus iniciativas con los principios Maqasid, esta lista de verificación integral garantiza que cada política esté arraigada en una gobernanza ética y sirva al bienestar colectivo.

1. Identifique los principios de Maqasid: determine con qué principios de Maqasid se alinea su política. Por ejemplo, una iniciativa de salud pública podría abordar principalmente la "Nafs" (Preservación de la Vida).
2. Análisis de partes interesadas: Identificar y consultar con todas las partes interesadas relevantes. Utilice encuestas o grupos focales para incorporar diversos puntos de vista, garantizando que las políticas sean inclusivas e integrales.
3. Asignación de recursos: Evaluar los recursos necesarios para la implementación de políticas. Por ejemplo, evaluar el presupuesto y la fuerza laboral necesarios para una nueva reforma educativa.
4. Participación pública: Desarrollar un plan para la participación pública, utilizando reuniones públicas o plataformas en línea para una mayor participación y transparencia.
5. Auditoría ética: Revisar la política en busca de consideraciones éticas. Realizar evaluaciones de impacto para garantizar la alineación con los estándares éticos y los principios de Maqasid.
6. Estrategia de implementación: Delinear un plan de implementación claro, detallando los pasos de acción, cronogramas y responsabilidades. Consulte modelos exitosos de otras regiones o sectores para conocer la estructura.
7. Mecanismos de seguimiento: Establecer KPI para medir el impacto. Por ejemplo, utilice indicadores de salud comunitaria para evaluar la eficacia de una política de atención sanitaria.
8. Revisión Legal: Asegurar que la política cumpla con las leyes

nacionales e internacionales. Consulte a expertos legales para abordar cualquier posible conflicto legal.

9. Bucles de retroalimentación: implementar sistemas para una retroalimentación continua, utilizando plataformas digitales para facilitar el acceso y un alcance más amplio.

10. Revisión y Renovación: Establecer períodos periódicos de revisión para evaluar y actualizar la política. Las políticas adaptativas siguen siendo relevantes y efectivas con el tiempo.

11. Adaptabilidad a los contextos: considerar factores culturales, económicos y geográficos en el desarrollo de políticas. Adapte sus estrategias a los contextos locales para una mayor eficacia.

12. Superar los desafíos: prepararse para obstáculos potenciales, como limitaciones de recursos o resistencia de las partes interesadas, desarrollando planes de contingencia y manteniendo canales de comunicación abiertos.

13. Integración digital: utilizar herramientas digitales para una gestión, seguimiento y participación comunitaria eficientes de las políticas.

Esta lista de verificación es una herramienta dinámica para elaborar políticas que no sólo sean éticamente sólidas sino también prácticas e impactantes. Al aplicar diligentemente estos pasos, los formuladores de políticas pueden crear iniciativas que resuenan con los principios Maqasid y fomentar un modelo de gobernanza que eleve y nutra a la sociedad. Recuerde, la formulación de políticas eficaces es un proceso en evolución que se nutre de la adaptabilidad, la integridad ética y la participación de la comunidad.

Transformar la gobernanza con herramientas prácticas: una guía para responsables de políticas

A medida que se embarca en el desafiante pero gratificante viaje de la gobernanza ética, considere estas plantillas y listas de verificación como sus aliados prácticos. Son más que ayudas administrativas; son instrumentos diseñados para traducir la elevada visión de Maqasid en políticas efectivas y reales. Como formulador de políticas, sus decisiones dan forma a las sociedades. Es imperativo que estas decisiones estén guiadas por una brújula moral que apunte hacia la justicia, el bienestar y la dignidad humana.

Aplicación práctica de herramientas

- Utilice estas plantillas no sólo para redactar políticas, sino también para imaginar y crear un futuro que se alinee con los ideales más elevados de la civilización humana.
- Por ejemplo, una plantilla centrada en la política ambiental puede guiarlo a través de la incorporación de principios de sostenibilidad en línea con Maqasid.
- En áreas como la salud pública, las listas de verificación pueden garantizar que las consideraciones éticas sean centrales en su enfoque.

Navegando las complejidades con realismo

- Si bien estas herramientas agilizan la formulación de políticas, hay que tener en cuenta las complejidades y los desafíos de la gobernanza.
- Utilizar las listas de verificación para identificar obstáculos potenciales y utilizar las plantillas para diseñar estrategias de soluciones, asegurando un proceso de formulación de políticas realista y eficaz.

Adaptarse a diversas áreas políticas

- Estos recursos son versátiles y pueden adaptarse a diversos ámbitos, desde la reforma educativa hasta el desarrollo económico, asegurando que los principios Maqasid estén integrados en todas las facetas de la gobernanza.

Fomentar los esfuerzos colaborativos

- La gobernanza eficaz es un esfuerzo colaborativo. Colabore con expertos, líderes comunitarios y partes interesadas para enriquecer sus políticas con perspectivas diversas.
- Utilizar estas herramientas para facilitar el diálogo y generar consenso entre las diferentes partes.

Enfatizando la mejora continua

- Recuerde, la formulación de políticas es un proceso en evolución. Revise y perfeccione periódicamente sus políticas utilizando estas herramientas para responder a nuevos desafíos y necesidades sociales cambiantes.

Mientras maneja la pluma de la formulación de políticas, permita que estas plantillas y listas de verificación le permitan liderar con integridad y visión. Son sus guías en la construcción de un mundo que no sólo sea eficiente sino profundamente ético. La transformación hacia una sociedad justa, equitativa y compasiva comienza con tus acciones. Adopte estas herramientas con determinación y compromiso para mejorar el mundo.

Envalentonado con estos recursos, su papel en la gobernanza trasciende las obligaciones administrativas. Te conviertes en un administrador del mejoramiento social, elaborando políticas que protejan a los vulnerables y promuevan el bien común. El conjunto de herramientas que tiene en sus manos es una puerta de entrada para crear un futuro mejor para todos.

Caminemos juntos por este camino de gobernanza ética, en beneficio de la humanidad y el bienestar de todos los ciudadanos.

Por qué este libro es su llamado a la acción: una invitación a transformar la gobernanza y la humanidad

Este libro es más que una fuente de conocimiento; es una guía práctica para inspirar un cambio profundo en la gobernanza y el bienestar social. No sólo estamos reorganizando los muebles; Estamos reinventando toda la estructura de gobernanza y liderazgo ético.

Un enfoque visionario pero accesible

- Este libro proporciona una hoja de ruta clara y práctica para integrar los principios Maqasid en la gobernanza moderna, adaptada tanto a principiantes como a expertos en el campo.
- Desglosa conceptos complejos en un lenguaje accesible, asegurando que la visión transformadora que presenta sea comprensible y aplicable a una amplia gama de lectores.

Aplicación práctica en escenarios del mundo real

- Cada capítulo incluye ejemplos de la vida real, estudios de casos y ejercicios prácticos que lo guiarán en la aplicación de los principios a sus desafíos únicos de gobernanza.
- Desde la elaboración de políticas hasta la participación con las comunidades, el libro ofrece estrategias paso a paso para lograr un cambio ético en las estructuras de gobernanza.

Navegando el escepticismo y los desafíos

- El libro reconoce las barreras potenciales y el escepticismo y ofrece estrategias para abordar desafíos e ideas erróneas comunes.
- Proporciona una sección sobre cómo comunicar e implementar eficazmente estas ideas en entornos resistentes al cambio.

Adoptar perspectivas diversas

- Se anima a los lectores a aportar sus propias experiencias a la aplicación de las enseñanzas del libro, enriqueciendo el proceso con diversas perspectivas.
- Los elementos interactivos, como preguntas de reflexión e indicaciones para el debate, fomentan una interacción más profunda y personalizada con el contenido.

Fomento del cambio comunitario y colaborativo

- El libro enfatiza la importancia de la participación comunitaria y los esfuerzos colaborativos para transformar la gobernanza.
- Guía a los lectores sobre cómo construir coaliciones, involucrar a las partes interesadas y crear plataformas inclusivas para el diálogo y la acción.

Este libro no es sólo un llamado a la acción; Es una guía completa para cualquiera que esté dispuesto a desempeñar un papel en la configuración de una sociedad más ética y justa. Le permite tomar medidas concretas hacia la transformación de la gobernanza, ofreciendo herramientas y conocimientos que cierran la brecha entre la teoría y la práctica.

Al profundizar en estas páginas, se embarcará en un viaje que va más allá de la iluminación personal. Te estás uniendo a una comunidad de agentes de cambio comprometidos con elevar a la humanidad a través de una gobernanza ética. Abrace este viaje con mentalidad abierta, practicidad y compromiso con la acción colaborativa. Juntos, podemos rediseñar las bases de la gobernanza y construir un futuro donde los principios éticos guíen nuestras sociedades. La transformación comienza contigo.

Desafía tus puntos de vista, expande tus horizontes

El objetivo de este libro no es simplemente ilustrar sino desafiar y ampliar fundamentalmente sus puntos de vista sobre la gobernanza. Este viaje no se trata de una reforma incremental; se trata de adoptar un cambio completo de paradigma en la forma de percibir el papel y el potencial de la gobernanza.

Aceptando el desafío con orientación

- Si bien desafiar tus creencias arraigadas puede resultar desalentador, este libro proporciona un marco de apoyo para guiarte a través de este proceso transformador. Lo alienta a cuestionar suposiciones y al mismo tiempo ofrece ideas para navegar las complejidades de estas nuevas perspectivas.

Presentación de nuevas ideas con ejemplos prácticos

- El libro presenta ideas innovadoras, como la integración de consideraciones éticas en la formulación de políticas, ilustradas a través de ejemplos y estudios de casos del mundo real. Estas ideas prácticas demuestran cómo un cambio de perspectiva puede conducir a un cambio significativo en la gobernanza.

Fomentar el aprendizaje colaborativo

- Interactuar con una comunidad de lectores y pensadores. Únase a foros en línea o grupos de discusión locales para explorar estos conceptos de manera colaborativa, enriqueciendo su viaje con diversos conocimientos y experiencias compartidas.

Respetar las diversas perspectivas

- Este libro valora una multitud de puntos de vista, incorporando diversas perspectivas sobre la gobernanza. Le invita a considerar y respetar diferentes enfoques e ideologías, ampliando su comprensión de lo que puede implicar la gobernanza ética.

Aplicar nuevos conocimientos en el mundo real

- Más allá del conocimiento teórico, el libro lo alienta a aplicar estas nuevas perspectivas en escenarios reales de gobernanza o en su compromiso cívico, haciendo que los conceptos sean tangibles y procesables en su comunidad y vida profesional.

A medida que profundiza en este libro, abra su corazón y su mente a la posibilidad de un enfoque de gobernanza radicalmente diferente, uno que sea profundamente ético, motivado moralmente y profundamente impactante. Deje que este libro sea su guía mientras explora territorios intelectuales inexplorados, desafía sus ideas preconcebidas e imagina un mundo donde la gobernanza trasciende los deberes administrativos para convertirse en un esfuerzo noble y ético.

Esto es más que una experiencia de lectura; es una invitación a ser parte de un movimiento más amplio hacia la gobernanza ética. Al adoptar estas nuevas ideas y participar en este viaje, usted contribuye a una visión más amplia de la gobernanza, una que priorice el bienestar y la dignidad de todos. El camino a seguir es audaz y requiere valentía, pero la recompensa es una comprensión transformadora de la gobernanza que aspira a lo extraordinario.

Los siete pilares: su modelo para la gobernación celestial

Los siete pilares de Maqasid –Din (religión), Nafs (vida), Aql (intelecto), Nasl (linaje), Mal (riqueza), Watan (patria) y Ummah (comunidad)– son más que conceptos filosóficos; son pilares viables que proporcionan un marco sólido para construir una sociedad justa y virtuosa. Estos pilares sirven como principios rectores, transformando la gobernanza de deberes administrativos en una misión que enriquece y eleva a la humanidad.

Equilibrar la visión con los desafíos del mundo real

- Si bien estos pilares describen una forma ideal de gobernanza, es importante reconocer los desafíos que implica aplicarlos en diversos paisajes políticos y culturales. Es necesario desarrollar estrategias prácticas para sortear estas complejidades.

Incorporar perspectivas diversas

- Es fundamental comprender que diferentes culturas pueden interpretar y aplicar estos principios de diversas maneras. Esta diversidad enriquece la implementación de Maqasid, permitiéndole ser adaptable e inclusivo.

Aplicaciones prácticas y estudios de casos

1. Din (Religión): Ejemplo: una política que garantiza la libertad religiosa y los diálogos interreligiosos, contribuyendo a la armonía social.
2. Nafs (Vida): Estudio de caso: reformas sanitarias centradas tanto en el bienestar físico como en la salud mental.
3. Aql (Intelecto): Ejemplo - Inversión en programas de educación y pensamiento crítico.
4. Nasl (Lineage): Estudio de caso: iniciativas de apoyo familiar que

enfatizan el bienestar de los niños y la igualdad de género.

5. Mal (Riqueza): Ejemplo: Políticas económicas que abordan la distribución de la riqueza y el alivio de la pobreza.

6. Watan (Patria): Estudio de caso: Equilibrar la seguridad nacional con los derechos humanos y la preservación cultural.

7. Ummah (Comunidad): Ejemplo: programas de desarrollo comunitario que fomentan la unidad y la justicia social.

Navegando los conflictos y la interconexión

- Reconocer conflictos potenciales entre pilares, como crecimiento económico versus protección ambiental, y proporcionar estrategias para equilibrar estos intereses.
- Enfatizar cómo estos pilares están interconectados, trabajando colectivamente para crear un modelo de gobernanza holístico.

Imaginemos un mundo donde la gobernanza dé prioridad a estos siete pilares, un mundo donde la formulación de políticas sea una tarea moral y ética profunda. Ésta es la promesa de Maqasid: crear sistemas de gobernanza que no sólo proporcionen servicios sino que también cultiven entornos donde las personas, las familias y las comunidades puedan prosperar. Estos pilares, cuando se implementan cuidadosamente, pueden transformar nuestra gobernanza terrenal en un modelo que se asemeje mucho a una sociedad ideal y armoniosa. Adopte estos pilares como parte de su estrategia de gobernanza y únase a la construcción de un futuro que aspire a lo extraordinario.

Sea el agente de cambio: marque el comienzo de una nueva era de gobernanza compasiva y eficaz

El llamado a la acción es claro y urgente. Ya sea usted un formulador de políticas, un académico, un estudiante o un ciudadano comprometido, posee el poder único de ser un catalizador para un cambio transformador. Este libro no es sólo una recopilación de ideas; es un conjunto de herramientas para la acción, diseñado para ayudarle a construir un mundo que no sólo sea más justo sino también profundamente ético; no sólo más equitativo sino también profundamente compasivo; no sólo más eficiente sino profundamente humana.

¿Por qué responder a este llamado a la acción?

1. Poder transformador: sus acciones individuales tienen el potencial de mejorar a las comunidades, proteger a los vulnerables y fomentar oportunidades para todos.

2. Legado de compasión: Adoptar una gobernanza basada en Maqasid significa crear un legado de justicia y valores éticos para las generaciones futuras.

3. Resiliencia en la sociedad: las políticas éticas mejoran la cohesión y la resiliencia de la sociedad, preparando a las comunidades para enfrentar diversos desafíos.

4. Influencia global: su compromiso puede inspirar cambios más allá de las fronteras, contribuyendo a la justicia y la compasión globales.

5. Realización personal: Participar en una gobernanza ética puede generar un profundo sentido de satisfacción y propósito.

6. Redefinir la gobernanza: Maqasid ofrece una lente única para repensar la gobernanza, priorizando el bienestar holístico sobre las métricas convencionales.

Pasos prácticos para roles diversos

- Responsables de políticas: integrar los principios Maqasid en los borradores de políticas y los procesos de toma de decisiones. Utilice las plantillas y listas de verificación para alinear las políticas con los estándares éticos.
- Académicos e investigadores: realizar estudios y publicar resultados sobre el impacto de los principios Maqasid en la gobernanza. Ofrecer talleres y seminarios para difundir el conocimiento.
- Estudiantes: Participar en cursos y proyectos de investigación relacionados con la gobernanza ética. Participe en pasantías o sea voluntario en organizaciones que se alineen con los principios Maqasid.
- Ciudadanos Preocupados: Aboguen por una gobernanza ética en su comunidad. Participar en consultas públicas y debates políticos.

Navegando desafíos

- Reconocer y prepararse para desafíos como la resistencia burocrática o los recursos limitados. Desarrollar estrategias como formar coaliciones o aprovechar el apoyo de la comunidad para superar estas barreras.

Fomentar la colaboración y la inclusión

- Colaborar entre sectores y comunidades para implementar una gobernanza ética. Fomentar voces y perspectivas diversas en la formulación de políticas.

Compromiso con el aprendizaje continuo

- Adoptar la educación y la adaptación continuas. Manténgase informado sobre los últimos avances en gobernanza ética y esté abierto a revisar los enfoques según sea necesario.

Este libro es su invitación a ser parte de un viaje transformador. Es un llamado a construir modelos de gobernanza que no sean sólo administrativamente competentes sino también moral y éticamente profundos. El camino a seguir es de acción y colaboración audaces. Aproveche esta oportunidad para ser un líder en esta nueva era de gobernanza, una que honra la compasión, la justicia y la dignidad humana.

El viaje hacia un mundo más compasivo, justo y humano comienza con cada uno de nosotros. Asuma este manto de agente de cambio y deje que sus acciones resuenen ahora y en el futuro como testimonio de su compromiso con un mundo mejor. El momento de actuar es ahora y el futuro de la gobernanza ética está en sus manos. Emprendamos juntos este camino transformador, en beneficio de toda la humanidad.

Marquemos el comienzo de una nueva era de gobernanza: donde prevalezcan el amor, la liberación y la inspiración

En el ámbito de la gobernanza, la audacia es esencial. Es hora de adoptar una visión audaz, en la que la gobernanza trascienda las estructuras de poder tradicionales y se convierta en una profunda manifestación de amor por la humanidad, la justicia y el bienestar individual.

Integrando el amor con la gobernanza práctica

- Imaginemos políticas diseñadas no sólo como regulaciones sino como expresiones de cuidado y empatía. Sin embargo, traducir este amor en gobernanza práctica requiere pasos concretos: políticas que aborden directamente los problemas sociales, programas que apoyen genuinamente las necesidades de la comunidad y un estilo de liderazgo que priorice la empatía y la comprensión en la toma de decisiones.

Compromiso inquebrantable con la gobernanza ética

- Nuestra dedicación a principios como la justicia y la integridad debe ser inquebrantable. Necesitamos incorporar transparencia, rendición de cuentas y justicia en todos los aspectos de la gobernanza. Esto podría implicar establecer marcos anticorrupción sólidos o garantizar una distribución equitativa de los recursos.

La liberación como principio rector

- La gobernanza debería ser un camino hacia la liberación, empoderando a las comunidades para que prosperen. Esto implica crear políticas que mejoren las libertades individuales y apoyen el crecimiento comunitario, como sistemas educativos inclusivos y políticas económicas que fomenten la independencia y la creatividad.

Inspiración a través de la gobernanza

- La gobernanza debe inspirar esperanza y acción positiva. Mostrar historias exitosas de gobernanza ética, involucrar a los ciudadanos en la formulación de políticas y celebrar los logros de la comunidad puede encender un espíritu de participación activa y esperanza.

Reconocer y superar los desafíos

- Hacer realidad esta visión planteará desafíos, desde la inercia sistémica hasta las barreras culturales. Debemos identificar estos obstáculos, discutirlos abiertamente y desarrollar estrategias en colaboración para superarlos.

Adoptar perspectivas diversas

- Es crucial reconocer que los diversos contextos culturales y sociales influirán en la aplicación de estos principios. Las políticas deben poder adaptarse a las diferentes comunidades, respetando sus valores y necesidades únicos.

Fomentar la colaboración para la acción colectiva

- Lograr esta visión requiere esfuerzos de colaboración entre varios sectores: gobierno, sociedad civil, sector privado y ciudadanos. Trabajando juntos, aunando recursos e ideas, podemos crear una gobernanza más impactante.

Compromiso con el aprendizaje continuo

- Este viaje requiere aprendizaje, adaptación y reflexión continuos. Es esencial mantenerse informado sobre las tendencias de la gobernanza global y estar abierto a revisar las estrategias a medida que evolucionan las situaciones.

El viaje hacia una nueva era de gobernanza –impulsada por el amor, la liberación y la inspiración– es desafiante pero profundamente gratificante. Mantengámonos unidos, impulsados por nuestras audaces aspiraciones y un fuerte compromiso con la gobernanza ética. Con el amor, la liberación y la inspiración como principios rectores, podemos forjar un mundo más justo, equitativo y humano. El futuro de la gobernanza está en nuestras manos colectivas y es hora de actuar con valentía y convicción.

Embárquese en un viaje transformador: de lo ordinario a lo extraordinario, de las políticas a las vidas

Este libro es más que una simple lectura; es una expedición hacia una gobernanza transformadora. Le invita a emprender un viaje de lo ordinario a lo extraordinario, un camino que promete no sólo cambiar políticas sino transformar vidas.

Visión de gobernanza transformadora con pasos prácticos

- Imaginemos la gobernanza como una fuerza de transformación positiva, donde las políticas sean instrumentos vivos de profundo impacto. Este libro proporciona pasos prácticos para hacer realidad esta visión, guiándolo a través de la implementación de prácticas de gobernanza ética y compasiva.
- Por ejemplo, ofrece marcos para el desarrollo de políticas que priorizan la equidad social y la sostenibilidad ambiental, instándolos a aplicarlos en su contexto.

Viaje colectivo abrazando desafíos

- No estás solo en este viaje. Es un esfuerzo colectivo que invita a formuladores de políticas, académicos, estudiantes y ciudadanos comprometidos a unir su sabiduría y pasión.
- El libro reconoce los desafíos en este proceso transformador, como la resistencia institucional o las limitaciones de recursos, y proporciona estrategias para sortear estos obstáculos de manera efectiva.

Incorporación de perspectivas diversas para una gobernanza inclusiva

- Al enfatizar la necesidad de perspectivas diversas, el libro fomenta la formulación de políticas inclusivas que reflejen una variedad de necesidades culturales y sociales.
- Le orienta en la interacción con diferentes comunidades para garantizar que las políticas sean equitativas y representativas.

Aprendizaje continuo y aplicación en el mundo real

- Este viaje se trata de aprendizaje y adaptación continuos. Manténgase informado sobre la evolución de las prácticas de gobernanza y prepárese para ajustar sus enfoques según sea necesario.
- Los estudios de casos del mundo real incluidos en el libro ilustran cómo se han aplicado con éxito los principios de gobernanza ética, sirviendo como inspiración y guía práctica.

Sumérgete en este libro y deja que sea un catalizador de tu papel activo en la gobernanza. Deje que sus ideas alimenten su determinación de marcar una diferencia tangible. Al pasar cada página, imagínese como parte de un movimiento que está dando forma a un mundo donde la gobernanza eleva y empodera.

Juntos podemos convertir lo ordinario en extraordinario, transformando las políticas en herramientas de cambio positivo. Tenemos la oportunidad de configurar un mundo donde la gobernanza no sólo sea eficiente sino que también enriquezca vidas. El viaje comienza ahora y comienza con su compromiso y acción. ¿Responderá al llamado a ser parte de esta era transformadora en la gobernanza?

La responsabilidad de toda una vida: ser el agente de cambio para un mundo transformado

Este momento es más que una oportunidad; es una responsabilidad profunda que nos llama a actuar con urgencia. Nos encontramos en un punto crucial de la historia, donde nuestras decisiones resonarán a través de generaciones. Esto no es simplemente una propuesta, sino un compromiso solemne para crear un mundo que combine la riqueza espiritual con el bienestar material, donde la gobernanza sea un deber sagrado y las políticas sean instrumentos de elevación y bien común.

Inclusividad en nuestro viaje transformador

- Damos la bienvenida a diversas voces y perspectivas en esta búsqueda. Reconocer que la riqueza de nuestra experiencia colectiva fortalece nuestro enfoque de la gobernanza ética es crucial. Cada individuo, independientemente de su origen o posición, contribuye de manera única a esta visión transformadora.

Pasos prácticos hacia el cambio

- Empiece por participar en diálogos comunitarios para comprender las necesidades locales.
- Abogar por cambios de políticas que reflejen los principios Maqasid en su área de influencia, ya sea en su lugar de trabajo, comunidad local o a través de las redes sociales.
- Infórmese a usted mismo y a los demás sobre los principios de la gobernanza ética y sus aplicaciones en el mundo real.

Superar desafíos con resiliencia

- Debemos reconocer y prepararnos para desafíos como la resistencia institucional o las limitaciones de recursos. Desarrollar estrategias como formar alianzas con personas y organizaciones con ideas afines para afrontar estos desafíos de manera efectiva.

Colaboración y participación comunitaria

- Este viaje no es solitario. Se nutre de la colaboración y la participación de la comunidad. Participar u organizar foros, talleres y proyectos colaborativos que tengan como objetivo implementar prácticas de gobernanza ética.

Compromiso con el aprendizaje continuo

- Adoptar una mentalidad de aprendizaje y adaptación continuos. Manténgase informado sobre los avances en la gobernanza y prepárese para evolucionar sus enfoques a medida que surjan nuevos desafíos y oportunidades.

Al emprender este camino, no seamos meros espectadores de los desafíos de nuestro tiempo. Aprovechemos este momento para ser arquitectos de un mundo más justo, compasivo y humano. El plan está trazado y las herramientas están en nuestras manos. El tiempo para la acción es ahora. ¿Darás ese paso transformador? Juntos, tenemos el poder de lograr un impacto duradero, creando un legado de gobernanza ética y eficaz para las generaciones futuras. Demos este paso juntos, por un mundo donde nuestras aspiraciones colectivas se hagan realidad.

Epílogo

Navegando hacia una gobernanza ética

Al pasar la última página de "El paraíso está bajo los pies de los gobiernos", se hace evidente que el camino para integrar el modelo Maqasid en el tejido de la gobernanza trasciende la ambición: es un esfuerzo fundamental para la prosperidad de las comunidades de todo el mundo. Nuestra exploración ha puesto de relieve el poder innegable de la gobernanza impregnada de principios éticos y valores espirituales para afrontar los complejos desafíos de nuestra era.

Al reflexionar sobre las ideas y narrativas presentadas, este epílogo actúa como un catalizador para el cambio. Es un llamado a gobiernos, formuladores de políticas e individuos por igual a reconceptualizar la gobernanza como una responsabilidad profunda para elevar a la humanidad. Al adoptar el marco Maqasid, nos guiamos hacia un modelo de gobernanza que busca no sólo la eficiencia administrativa sino el bienestar integral de todos los ciudadanos.

Este enfoque previsto de la gobernanza escapa de los límites de la teoría y propone estrategias prácticas e implementables. A través de los principios Maqasid, imaginamos un futuro marcado por la compasión, la justicia y la sostenibilidad, un espejo de nuestra humanidad colectiva y nuestra confianza mutua.

En un momento crucial de la historia, nos enfrentamos a una decisión. ¿Persistimos en el camino familiar de la gobernanza convencional o abrazamos el potencial transformador que ofrece la sabiduría Maqasid? Está en juego el destino de nuestras sociedades, de nuestro planeta y de la esencia de nuestro ser.

Que este libro sirva no sólo como un registro del potencial sino como un grito de guerra para quienes defienden un modelo de gobernanza que coloque los valores más nobles de la humanidad en su centro. Juntos, podemos anunciar la llegada de una nueva era, en la que la gobernanza trascienda la gestión de recursos para celebrar y cultivar el espíritu y las capacidades de cada persona.

Al prestar atención a este llamado superior, rendimos homenaje a los pioneros que han sentado las bases y sentaron una base sólida para que prosperen las generaciones futuras. A pesar de los obstáculos que quedan por delante, el viaje está lleno de potencial. Demos un paso adelante con valentía, honestidad y una firme dedicación a la gobernanza ética. Aquí reside la semilla de un mundo que encarna el pináculo de nuestro potencial colectivo.

Ultima palabra

Un nuevo horizonte en el liderazgo ético

Al concluir nuestro viaje a través de "El paraíso está bajo los pies de los gobiernos", llegamos a la culminación de una narrativa atractiva que aboga por entrelazar los principios del modelo Maqasid con la esencia misma de la gobernanza contemporánea. Esta exploración ha trascendido la mera investigación académica y ha servido como un llamado profundamente arraigado a reconocer y aceptar los deberes inherentes de la gobernanza.

Este trabajo profundiza en la esencia de la gobernanza ética, a partir de las ricas enseñazas espirituales y morales del Islam para presentar un modelo para las sociedades que luchan por lograr un bienestar integral. Ha ilustrado vívidamente que la verdadera medida del éxito de una sociedad no está en su acumulación de riqueza o poder sino en su compromiso inquebrantable con la justicia, la compasión y el bien colectivo.

Al concluir este viaje de iluminación, nuestra aspiración es que "El paraíso está bajo los pies de los gobiernos" encienda una chispa transformadora. Es una ferviente esperanza que este libro inspire tanto a líderes como a ciudadanos a reimaginar la gobernanza como una encarnación de nuestros objetivos más nobles, donde las decisiones se toman no sólo en interés del presente sino como un legado para las generaciones futuras.

Los principios defendidos en estas páginas van más allá de los ideales teóricos; representan un llamado de atención para remodelar nuestro mundo. Esta es una invitación a desafiar el status quo, a atreverse a imaginar la gobernanza como un conducto para el progreso moral y ético.

Deje que las ideas de este libro alimenten los debates en curso, estimulen más investigaciones e inspiren pasos prácticos hacia la realización de una gobernanza ética en todo el mundo. El final de este libro marca el comienzo de un viaje colectivo hacia un nuevo amanecer en el liderazgo, un viaje que nos invita a cada uno de nosotros a contribuir a la creación de un mundo que refleje nuestras más altas aspiraciones de justicia, paz y dignidad humana.

Con cada paso que se da hacia una gobernanza ética, allanamos el camino hacia un futuro radiante con la promesa de equidad, empatía y prosperidad compartida. Emprendemos este camino con determinación, guiados por los principios de Maqasid, para forjar un legado de liderazgo ético que iluminará el camino para las generaciones venideras.

Avisos legales

DESCARGO DE RESPONSABILIDAD GENERAL

Este libro es un trabajo de síntesis y análisis basado en una extensa investigación y las ideas del autor sobre la integración de los Maqasid (objetivos de la ley islámica) en las prácticas de gobernanza. Las opiniones expresadas aquí son las del autor y no necesariamente pretenden reflejar o representar las políticas o puntos de vista de ningún gobierno, organización o grupo religioso específico. Los lectores deben evaluar críticamente la aplicabilidad de cualquier idea o recomendación a sus propios contextos.

CONSULTA PROFESIONALES

Esta publicación está destinada únicamente a fines informativos. Si bien analiza los principios de gobernanza y formulación de políticas, se anima a los lectores a consultar con asesores profesionales o expertos en administración pública, derecho o campos relevantes para comprender las implicaciones de estos principios en sus contextos legales, institucionales o culturales específicos.

RENUNCIA DE RESPONSABILIDAD

El autor y el editor renuncian a cualquier responsabilidad por daños o pérdidas directas, indirectas, incidentales o consecuentes que puedan resultar de la aplicación de las ideas y estrategias analizadas en este libro.

La información proporcionada es "tal cual", y el autor no garantiza la exactitud, integridad o utilidad de la información contenida en estas páginas o que el uso de dicha información cumplirá con los requisitos del lector.

DESCARGO DE RESPONSABILIDAD DE GANANCIAS

Este libro no promete ni garantiza ningún resultado específico en términos de éxito de políticas, desarrollo económico, mejora social o de otro tipo, resultante de la aplicación de los conceptos y modelos discutidos. Los resultados de la gobernanza y la formulación de políticas en el mundo real dependen de una amplia gama de factores más allá de los principios cubiertos en esta publicación.

DESCARGO DE RESPONSABILIDAD POR LA PANDEMIA

Dada la naturaleza cambiante de los desafíos globales como las pandemias, las estrategias y recomendaciones presentadas en este libro deben considerarse a la luz de las directrices de salud pública más actuales y dentro del marco de las respuestas legales y políticas a tales crisis.

NO ES UNA OPORTUNIDAD DE NEGOCIO

El libro analiza los principios de gobernanza y formulación de políticas y no ofrece oportunidades de negocios. Cualquier referencia a modelos económicos o financieros tiene únicamente fines ilustrativos y no debe interpretarse como asesoramiento de inversión ni propuesta comercial.

NO ES UNA FRANQUICIA

Esta publicación no ofrece una franquicia ni un modelo de negocio que pueda replicarse con fines de lucro comercial. Los principios de Maqasid discutidos están destinados a mejorar la gobernanza y las políticas públicas.

DESCARGO DE RESPONSABILIDAD DE AFILIADOS

Este libro puede hacer referencia a otros trabajos, estudios o publicaciones. Estas referencias no implican ninguna afiliación ni respaldo por parte de los autores o editores de dichos trabajos, a menos que se indique explícitamente. El autor y el editor no son responsables del contenido de los sitios o publicaciones externos a los que se hace referencia en este libro.

Sobre el Autor

Abdellatif Raji es un faro en el panorama del pensamiento y la gobernanza islámicos, distinguido por sus esfuerzos pioneros para fusionar la sabiduría de las tradiciones antiguas con las demandas de la sociedad moderna. Su perspectiva única, basada en una comprensión integral del derecho, la sociología y la espiritualidad, lo capacita para idear soluciones innovadoras a los multifacéticos problemas sociales de hoy. Los escritos de Raji logran un equilibrio entre profundidad académica y accesibilidad, invitando a una amplia audiencia a una conversación reflexiva sobre la reforma de la gobernanza con una base de integridad ética y compasión.

En su obra fundamental, "El paraíso está bajo los pies de los gobiernos", Raji articula una visión que trasciende los modelos de gobernanza tradicionales. Este libro es más que una simple recopilación de ideas; sirve como el claro llamado de Raji a una sociedad que lucha por la justicia, la excelencia operativa y el liderazgo moral. Su prosa no sólo ilumina; nos galvaniza y nos anima a implementar reformas tangibles. A través de la narrativa de Raji, se desarrolla una visión de gobernanza que eleva a la sociedad, enfatizando la importancia de los valores espirituales junto con el avance material.

Profundizar en el enfoque interdisciplinario de Raji revela cómo su integración de diversos campos de estudio sienta las bases para un sistema de gobernanza que sea tan éticamente sólido como eficaz. Desafía la noción predominante de que la compasión y la gobernanza ética son incompatibles con la eficiencia y la practicidad, proponiendo un modelo en el que estos elementos coexistan armoniosamente. Su defensa de un enfoque tan equilibrado fomenta un alejamiento de los puntos de vista convencionales, instando a una reevaluación del potencial de la gobernanza para fomentar una sociedad que valore tanto el alma como sus logros civilizatorios.

La influencia de Raji se extiende más allá de los círculos académicos y ofrece esperanza a quienes buscan un mundo más armonioso. Su trabajo no es sólo un esfuerzo académico sino un apasionado llamado a la acción, que nos invita a todos a participar en un movimiento global hacia la gobernanza ética. Al interactuar con las ideas visionarias de Raji en www.abdellatifraji.com, los lectores pueden descubrir estrategias específicas para contribuir a este cambio, incluidos foros de discusión, recursos para un aprendizaje más profundo y plataformas para la acción colaborativa.

- **Puedes conectarte conmigo en:**
- https://heavenisunderthefeetofgovernments.com
- https://twitter.com/ i/communities/ 1760086099014160422
- https://www.facebook.com/ HeavenUnderGovernmentsFeet
- https://www.linkedin.com/ groups/ 12993934

- **Suscríbete a mi newsletter:**
- https://www.abdellatifraji.com

Índice

U

Z